AI시대 언어정보 관리를 위한 제언

사투리의 눈물

AI시대 언어정보 관리를 위한 제언

사투리의 눈물

이상규 지음

한국문화사

:: 머리말

　지난 세기 동안 서방 제국의 식민지 정책으로 언어 다종성이 무너지거나 다양한 언어 변이형이 획일화되고 있지만, 언어학자들은 이러한 중요한 문제를 의식하지 않고, 언어 내부의 구조 분석 쪽으로만 몰입해 왔다. 인류 문화와 역사의 증거이자 가치 있는 자산인 다양한 언어나 방언이 절멸되는 것은 인류의 지적 문명의 재앙이자 다가올 불행을 예고하는 신호라고 할 수 있다. 모든 부족이나 민족의 언어나 방언은 나름대로 가치를 지니고 있고, 사용자들 삶의 지혜와 생존 전략뿐만 아니라 감정과 정서가 반영되어 있어, 그들이 언어와 관련해서 사회적 결속을 어떻게 하고 있는지 보여주는 값진 인류문화 자산이다.

　AI시대 언어는 지식 정보 자산의 핵심이나 음성, 이미지, 텍스트가 지식 자산인 시대에 이들을 통합적으로 관리하고 운용하는 전략이 절실하게 필요한 시대이다.

　이 글은 피지배 민족과 부족의 언어 혹은 그들의 방언이 겪어야 했던 식민지 시대의 고통과 우여곡절을 되돌아보는 언어관과 문화관에 대한 일종의 반성문이라고도 할 수 있다. 어떤 언어나 방언이 사멸한다는 것은 인문사회학자들에게는 그들이 공유하던 사람들의 귀중한 지적 재산의 상실을 의미하며, 결국 그 언어가 나타내는 문화 체계의 소멸로 귀결되는 인류문화의 비극이라고 할 수 있다.

　현재 통용되고 있는 남쪽의 한국어나 북쪽의 조선어도 한낱 일개 변방 언어로 전락하거나 절멸되지 않을까? 이들 언어로 구성되는 우리의 문화도 영어에 떠밀려 일개 변방 잡종 언어문화로 몰락하지 않을까 하는 문제를 심각하게 생각해야 할 시점이다. 어떤 공동체의 언어가 다른 공동체의 언어

보다 우수하다는 것을 이론화하는 것은 바로 식민 언어지배의 시도를 정당화하는 데 가담하게 만든다. 조선조 오랜 시간 동안 한문과 한자가 우리의 말과 글을 대체해 왔고 또 일제 식민지 동안에 일본어가 우리의 말과 글을 지배했으며, 그 이후 영어가 우리 말과 글을 포식하고 있다.

필리핀에서 소수가 사용하는 영어가 타갈로그어를 비롯한 3개의 주요 원주민의 언어를 지배하고 있다. 필리핀의 모어가 스페인, 일어, 영어로 교체된 슬픔을 노래한 필자의 시 「에르미따 4」이다. 자기의 모어를 상실한다는 일은, 그것도 외부의 힘에 의해 강압적으로 약탈당하는 일은 영혼을 빼앗기는 일이다.

    타갈로그 모국어를 삼켜버린
    그대의 혀와 입속
    스페인어와 일어와 영어
    언어가 언어를 살해한다.

    그녀의 것은 모두 잃어버렸다.
    조국과 어머니 그리고 삼촌
    타갈로그어가 비켜선 자리에
    그래도 그런 지나간 추억이 있는 한
    그녀의 삶은 영원할 것이고

    그런 지나간 일을 되돌아보는 일 또한
    인간만이 할 수 있는 일이다.
    또한 사랑도 그렇다.
    우리들 모두 인간이기에 할 수 있는 사랑이
    어떠한 것인지 한 번쯤 그려보자.

    급소 깊숙이 박혀 있는 가시
    제국주의의 높은 유산

> 그대는
> 연약하고 애처로운 에르미따
> 아시아와 아프리카의 어두운 그늘이다.
>
> -이상규의 「에르미따 4」

튀니지에서도 프랑스어가 아랍어, 몰타어, 이탈리아어를 지배하고 있다. 루이-장 칼베(2004)는 초 중심 언어인 영어에 종속된 프랑스어, 스페인어를 비롯한 주변 언어들이 언제, 어떻게 잡아먹힐지 모른다고 경고하고 있다.

그와 마찬가지의 논리로 한 언어의 내부를 들여다보자. 근대 국가주의 이념과 결합하면서 국어(예를 들어 표준어와 문화어)가 초 중심 언어의 자리를 차지하고 변방의 언어인 방언은 주변 언어로 인식하게 되었다. 주변 언어인 방언은 국어를 견고하게 하고 국어의 위엄을 갖출 수 있도록 역사성을 뒷받침해 주는데도 불구하고 방언을 타자화하여 희극화의 대상으로 또는 열등화의 대상으로 치부하고 있다. 어쩌면 국어와 방언의 차이는 언어 영역의 문제가 아니라 정치 영역이나 대중의 심리적인 문제에 속하는 것일지 모른다.

언어학자들이 모호하게 혹은 그릇 규정했던 '방언'을 식민지배자들이나 표준어 중심주의자들은 "알아들을 수 없는 모호한 말"로 그 가치를 폄하하고 훼손시켜 왔다. 표준어는 잘 다듬어진 상태로 분화되고 규범화된 형태이고 '방언'은 가치가 떨어지는 다양한 하위 변이형을 가진 것으로 잘못 이해해 왔다. 민족적 특성을 드러내는 규범어로서의 '표준어'는 정치·문화 영역에서 우위를 점유하여 동일한 위상을 가졌던 주변의 방언을 포식하면서 발전했다. 언어와 언어가 지배 종속관계로 변환되는 언어 식민주의화 현상과 더불어 개별 언어 내부에서도 국어와 방언, 또는 표준어와 방언, 중심 방언과 주변 방언이 상호 지배 또는 포식의 관계로 변화했지만 대부분의 언어학자들은 팔짱을 끼고 관망만 해왔다. 언어 식민주의화와 언어 포식은 결국 언어나 방언의 다양성을 깨트리는 주범이라고 할 수 있다.

국어와 방언이라는 용어를 정확하게 정의 내리기도 힘이 들지만 그 용어가 언어의 식민화와 언어 포식을 정당화하는 수단으로 사용된다면 국어와 방언이라는 이분법적인 명칭을 버려야 한다. '방언'은 억압을 받은 하나의 언어이며, '국어'는 정치적으로 성공한 하나의 방언일 뿐이다. 국어와 방언의 관계와 마찬가지로 표준어와 방언의 관계 역시 마찬가지이다. 언어학이 공인되지 않은 제국주의를 수호하는 수단으로 탈 없이 그 들러리를 해낼 수는 없다.

지난날 우리는 삶의 편의주의를 위해 모든 것을 표준화함으로써 편리함이라는 것을 손에 쥐었지만 다른 한편으로 비표준의 것들은 인간들의 관심 밖으로 밀려나 절멸의 운명을 맞이해야만 했다. 이 표준화라는 함정 때문에 지구에 존재하는 생물들의 종의 다양성이나 인류 문화의 다원성이 무너지는 불균형이 증폭될 수밖에 없었다. 그리고 자본이 지배하는 중심부는 거대하게 발전하였지만 변두리는 차츰 생명력을 잃고 퇴락하는 운명의 길을 걷게 된 것이다.

이제 거시적 관점에서 미시적 관점으로, 표준화에서 다원화의 관점으로, 지역 중심에서 변두리로 우리의 눈길을 되돌려야 한다. 지난 세기 수수방관하여 잃어버린 인간 삶의 유산을 다시 복원하고 이를 불러 모아 새로운 생명력을 불어넣어야 한다. 죽어가는 강을 살려내고 사라진 새와 물고기가 다시 되돌아오도록 노력해야 하듯이, 소수의 언어인 변두리 방언의 미학이 우리의 일상 속에 소생할 수 있도록 해야 한다.

AI의 발달로 인간의 지식 정보를 빅데이터로 처리 가공하여 활용하는 시대에 지금까지 비표준이라는 이름으로 밀쳐내었던 변두리의 언어와 노동 생산 현장의 생활어들도 소중하게 갈무리하여 그 활용도를 높여야 할 것이다.

식민지 시대에 일제와 함께 민족 언어학자들 다수가 합의하여 만든 '표준어'는 한동안 우리의 근대화를 위한 여명의 이정표 역할을 해왔다. 나라 안의 다양한 방언을 포식했음에도 불구하고 권위와 신비로 감싼 표준어의 절대 권위에 어떤 누구의 비판도 허락하지 않는 학단의 종속적 도제주의 태도를 개혁해야 한다. 이데올로기와 정치적 긴장 관계로 버텨온 남의 '표준어'가 북의 '문화어'를 표준어의 사생아 또는 인위적으로 왜곡한 표준어의 변종쯤으로 인식하거나 그 반대로 표준어는 외세의 언어에 찌들고 오염되었기 때문에 주체적인 민족어의 수치로 받아들이는, 남과 북의 차이 나는 이 언어관의 긴장을 어떻게 풀어낼 수 있을 것인가? 이러한 남북 간의 언어 이질화를 오히려 공통 민족 언어의 풍부화로 해석할 수 있는 가능성은 없는가? 남북의 언어를 하나로 담는 방안은 과연 없겠는가? 그러한 측면에서 방언의 풍부한 미학을 통합적 개념으로 서술해야 한다. 남북 간 민족 공통의 방언을 수집하여 보전하기 위해 2006년도 이후 네 차례에 걸쳐 조사가 실시되었으나 이마저 중단되어 있는 상황이다. 통일 국어의 기초는 바로 이러한 변두리의 언어인 방언의 수집을 통합한 공통언어 정책으로 나가야 할 것이다.

　우리나라 고대사 연구가 옛 고토에 거주하던 사람이나 그들의 사용하던 언어나 소통문자에 대한 고려 없이 기술하고 있다. 만주퉁구스 지역의 고아시아족이나 여진 부락인들을 투명 유령인간으로 생각하고 기술한 고조선사와 부여사, 고구려와 발해사를 일민족 국가사로 기술하려는 주체사관에 토대를 둔 고대사가 마치 상상 소설처럼 비치는 이유이다.

　방언은 변두리 사람들이 아끼고 사랑해 왔으며 아직 온기가 남아있다는 점에서 가치가 있다. 근대화의 이정표였던 표준어의 지평을 더 넓히면서 방언을 새로운 각도에서 재해석하려는 노력을 언어 규범을 멸시하는 행위로 여겨서는 곤란하다. 내팽개쳐진 언어문화 유산에 대한 안타까움, 이제 사라져 버리면 다시는 재현하지 못할 현실 앞에서 언어와 방언의 소중함을 호소하기 위해 이 책을 쓰게 되었다. 따라서 이 책은 거창한 학문적 담론이 아닌 담담한 일상의 느낌을 담아낸 목소리이며, 언어와 문화에 대한 나 자신의 반성문임을 전제해 둔다. 앞으로 격렬한 논쟁의 담론으로 이어질 수 있는 소지가 많다 하더라도 한 개인의 사유의 성과라는 점을 존중해 주기 바란다.

이 책의 구성은 일부 논문으로, 책으로, 혹은 기조 강연을 한 글을 모아서 새롭게 구성하였다. 특히 2019년 11월 11~13일 사이에 제주특별자치도에서 개최한 「절멸 위기의 제주어 보전을 위한 부흥 방안, 세계언어학자들에게 듣는다」라는 주제로 개최된 국제학술회의에 필자가 기조 강연을 한 내용과 필자가 방언학회에서 고별 강연으로 행했던 「방언의 미래를 생각한다」라는 글을 맨 마지막에 실었다. 제주방언은 그 기원이 제주어였으며 한반도와의 교류와 교섭을 통해 한반도와 유사한 방언 변종으로 발달되었다. 따라서 그 역사적 유래와 가치를 높게 평가할 수 있기 때문에 여기에 우리나라 방언을 종합적으로 수집 관리하는 국가기관 설립의 당위성이 있다고 판단된다.

이 책은 생태적 관점에서 언어와 방언의 다양성을 주장해 온 필자의 고뇌와 생각이 담겨 있는 책이다. 우리 함께 절멸 위기 방언의 찬가를 들어보자.

2022년 7월 18일
이상규

AI시대 언어정보 관리를 위한 제언

사투리의 눈물

차례

머리말 / 5

01 왜 언어 다양성이 중요한가 / 15

1. 언어 지배와 공존 ·· 15
2. 위기에 처한 언어의 다양성 ································ 22
3. 생물 언어적 다양성의 공동지대 ························ 33
4. 의식주 생활의 변화와 방언의 절멸 ·················· 37
5. 인구 감소와 생태 위기 ······································ 46
6. 우월한 언어란 존재하지 않는다 ······················· 53
7. 『옥스퍼드 영어사전』에 얽힌 두 가지 이야기 ······ 57
8. 권력 중심주의의 권위적 산물인 서울말 ·········· 66
9. 사전 둥지 바깥 국어, 절멸 위기 징후 ············· 69
10. 국어의 외연을 넓히자 ······································ 74

02 내팽개쳤던 금쪽같은 방언 / 81

1. 언어 식민주의 ··· 81
2. 국어와 표준어 그리고 방언 ······························· 84
3. 언어적 죄의식 ··· 92
4. 언어의 사회적 계급 ·· 97
5. 방언과 민속 ·· 100
6. 방언의 종다양성은 문화적 다양성 ···················· 105
7. 방언과 음식 문화 ··· 109
8. 세시 풍속과 놀이의 방언 ··································· 116
9. 방언 차이의 유형과 분화 요인 ·························· 120

10. 방언의 공간 분화 모형 ··· 128

03 방언, 표준어와 문화어의 소통 / 137

1. 겨레말 공통어로서 내면의 소통 ······································ 137
2. 겨레말큰사전에서 방언 ··· 145
3. 언어 횡단으로서의 겨레말큰사전 ···································· ???

04 문학 작품에 비친 언어의 주술 / 159

1. 언어의 위반, 시적 창조 ··· 159
2. 고전 속의 방언 차이 ··· 172
3. 지역방언과 문학 ·· 175
4. 상희구 시인의 경상도 방언으로 쓴 시평 ························· 216

05 지식 정보의 둥지 / 233

1. 국어사전의 위치와 역할 ·· 233
2. 우리나라 어문 정책의 현 주소 ·· 238
3. 남북 언어 이질화 무엇이 문제인가? ································ 254
4. 남북 학술·전문 용어 통일을 위한 법률적 검토 ··············· 256
5. 사전은 현재와 과거를 잇는 징검다리 ······························ 267
6. 문화콘텐츠로서의 기호 ·· 269
7. 방언, 문화원형 ··· 273
8. 토착 지식의 활용과 과제 ··· 283
9. 마지막 보루, 창조적 문학 언어 ······································· 290
10. 웹 기반 언어 지식 정보 처리 ·· 297

06 식민 국어에서 세계 언어로 / 301

1. 황국 식민화 정책과 조선어 ·· 301
2. 사투리의 눈물 ·· 307
3. 쉽고 다양한 방언을 버린 댓가 ·· 311
4. 표준어 제정 과정과 배경 ·· 313
5. 방언을 되살리기 위해 ·· 323
6. 남북 언어 통일을 향한 노력 ·· 329
7. 남북의 언어 차이 ··· 331

07 우리가 함께 지켜내어야 할 절멸 위기의 제주어 / 345

1. 제주어는 세계 유산 ··· 345
2. 언어 다양성에 대한 인식 ·· 349
3. 언어 절멸의 진행 ··· 351
4. 언어 절멸에 대한 대처 ·· 351
5. 우리나라에서 방언의 절멸 ·· 353
6. 생태계 보존의 열쇠는 언어 ··· 355
7. 제주지역어의 생태 지수 측정 ··· 357
8. 왜 제주방언이 중요한가? ·· 360
9. 제주특별자치도에 '국립방언연구원' 설립 추진을 ··············· 366
10. 유네스코 세계 무형 유산 등재 ··· 367

08 AI 기반 방언 기록 정보 확장 전략 / 371

1. 지식의 둥지 · 371
2. 지식 정보의 대용량화(Corpus)와 온톨로지 · 373
3. 온톨로지는 다층적 입체적인 지식체계 · 375
5. Block Diagramm 문자 이미지의 알고리즘과 딥러닝 · · · · · · · · · 379
6. 한글 이미지 Block Diagramm 인식과
   인공지능 학습용 데이터 구축 · 379
7. 딥러닝 인공지능 모델 · 382
8. 문자인식 알고리즘 라벨링 · 384
9. 방언 AI 빅 데이터 구축 · 392

09 방언의 미래를 생각한다 / 395

1. 방언연구 목적의 확장 · 396
2. 표준어와 남북언어의 문제 · 399
3. 방언 연구 목적과 필드의 변화 · 402
4. 정태적 방어지도에서 동태적 방언지도로 · 405
5. 방언 변이의 풍속화 · 411

참고문헌 / 412

01
왜 언어 다양성이 중요한가

1. 언어 지배와 공존

1927년 프랑스 식민 통치 아래에 있었던 아프리카의 코트디부아르 출신인 아만두 쿠루마Ahmadou Kourouma가 쓰고 유정애가 한국어로 번역한 『열두 살 소령』(미래인, 2008)이라는 소설에 이런 대목이 있다.

"나는 네 권의 사전을 갖고 있다. 라루스 사전, 쁘띠 로베르 사전, 아프리카 대륙에서 쓰는 프랑스어가 나와 있는 특수 어휘 사전, 그리고 하렙 사전이다. 내가 똥같은 내 인생, 빌어먹을 내 인생에 대해 다른 사람들에게 그럭저럭 들어 줄 만한 프랑스어로 말할 수 있는 건 이 사전 덕분이다. 이 사전들은 내가 말하기 어려운 말을 설명하고 싶을 때 도움을 줄 거다. 이 사전으로 내가 사용하는 속어나 중요한 말들을 찾고 확인하고, 그 뜻을 설명할 것이다. 내가 떠들어 댈 이야기는 식민지의 백인 지배자들과 아프리카 흑인 토착민들은 물론 프랑스어를 쓰는 온갖 부류의 사람들이 읽어야 하기 때문에 설명을 잘 할 필요가 있다. 라루스 사전과 쁘띠 로베르 사전으로는 프랑스에서 쓰이는 어려운 단어들의 뜻을 찾아 아프리카 흑인 원주민들에게 도움을 줄 수 있을 것이다. 그리고 아프리카 프랑스어 특수 어휘 사전을 잘 이용하면 아프리카의 어려운 말들을 백인 프랑스인들에게 알려 줄 수 있다. 한편 피진 영어를 전혀 이해하지 못하는 프랑스어권 사람들에게 피진 영어 속어들을 설명하고 싶을 땐 하랩 사전을 찾아 볼 것이다. 「중략」
여기서 잠깐 부족에 대한 설명을 좀 해야겠다. 우리가 사는 호로두구에는 밤바라와 말랑케, 두 부족이 있었다. 쿠루마, 시소코, 디아라, 코나테, 디울라 같은 가문들은 우리 말랑케족에 속했고 이슬람교도였다. 말랑케족은 원래 이방인이었지만 알라의 말씀을 섬겨온 사람들이다. 하루에 다섯 차례 기도를 했고 야자 열매로 담근 술은 마시지 않았다. 돼지고기는 물론, 발라 같은 물신 숭배자가 잡은 짐승의 고기도 먹지 않았다. 다른 마을에는 밤바라족이 살았는데, 이들은 우상숭배자들이었고 이슬람교를 거부한 카프로들이었다. 또 미개인인 데다 토착 종교를 믿는 마법사들이기도 했다. 밤바라족은 로비나 세누포스, 또는 카비에스라고 불리기도 했다. 여기가 식민지가 되기 전에는 발가벗고 다녔다는 이들이야말로 진짜 토착민들, 곧 진짜 옛날 땅주인들이다."

그렇다. 아프리카의 코트디부아르의 한 마을에는 밤바라족과 말랑케족, 그리고 그 옛날 토착민들이 프랑스의 지배 아래 살면서 그들의 원활한 의사소통을 위해서 네 가지의 사전을 사용하는 소통의 질서를 이야기하고 있다. 물론 이 소설은 이러한 내용을 주제로 다룬 것은 아니지만 식민 지배의 언어 침탈에 대한 고발과 지배자의 언어와 토착민의 언어 간의 갈등과 또 종교의 충돌을 통해 망가져 가는 12살짜리 주인공의 처참한 삶의 모습을 그리고 있다.

네 권의 사전을 가지고 있어야 소통할 수 있다는 점은 대단히 불편하고 비생산적이라고 할 수 있다. 지배자의 언어인 프랑스어를 습득하면 될 일을 왜 이처럼 여러 가지 불편한 언어를 학습해야 하는가에 대해 간단하게 문제 해결을 할 수 있는 실마리는 어디에서도 찾을 길이 없다. 지난 15세기 이후 서구 유럽의 지배 언어를 중심으로 피지배 국가나 민족 또는 부족들에 대한 언어지배가 강력하게 또 줄기차게 진행되어 왔다. 여러 제국은 기호(문자와 언어)를 지배함으로써 완성된다. 그러나 기호를 지배해 왔던 어떤 제국도 결코 영원하지는 않았음을 우리는 인류 역사를 통해 알고 있다. 응구기와 시옹오가 쓰고 박혜경이 옮긴 『마음의 탈식민지화-내 마음 담는 그릇, 모국어Decolonising the Mind』(수밀원, 2007)에서 "권력이 다른 사람의 영혼을 매혹하고 사로잡아 포로로 만드는 데 있어 가장 중요한 매개는 언어이다. 총탄은 육신을 종속시키는 수단이고, 언어는 정신적 종속 수단이다."라고 말하고 있듯이 언어(기호 곧 문자, 그림, 텍스트, 아이콘, 오디오, 비디오, 이미지, 영상 등을 총칭)의 지배 방식은 제국의 논리에 감추어 둔 독수리의 발톱과 같은 숨겨진 무기이다.

  21세기에는 최소한 세계 언어의 절반 정도가 절멸해 버릴 수 있다고 한다. 걷잡을 수 없는 언어의 혼종이 대량으로 출현하는 시대에 들어섰다. 무슨 일 때문에 이 다양한 목소리가 침묵하거나 뒤섞이게 되는 걸까? 지난 세기 서방 유럽의 몇몇 국가 언어가 아프리카와 오스트레일리아, 뉴기니, 아메리카에 살던 수많은 원주민의 언어를 포식glottophagie하였다. 언어의 식민지화는 여기에서 멈추지 않고 영어의 세계화라는 이름으로 전 세계의 국가와 민족 그리고 부족들에 이르기까지 영어가 온통 세계를 지배할 기운이 보인다. 이미 영어 그 자체가 엄청나게 다양한 변이형을 가진 변종Variation이나 혼종의 영어로 둔갑하여, 지난 세기에 무서운 속도로 죽어간 토착민들이 사용하던 언어의 자리를 다시 메우거나 뒤섞이고 있다. 토착민의 언어는 지구에서 한번 없어지면 대체할 수 없는 천연자원과도 같은 것이다. 언어의 다양성이 조금이라도 줄어들면 우리가 끌어와 쓸 수 있는 지적 기반도 함께 낮아지기 때문에 인류의 환경 적응력은 현저히 감소된다. 우리 주변의 다양한 언어와 방언이 두려우리만큼 빠른 속도로 절멸해 가고 있는데도 그 누구도 이런 위기를 느끼지 못하고 있다. 특히 지난 2백 년 동안 식민 지배, 벌목, 채광, 태풍, 산불, 이민, 고용, 국제결혼, SNS 등 언어 혼류, 다국적기업의 침투 등 다양한 요인에 의해 언어의 절멸이 가속화되었다. 이처럼 언어의 절멸은 다양한 생물 종의 절멸이나 뒤섞임 위협과 마찬가지로 인류가 당면한 매우 심각한 문제라고 할 수 있다. 생물 종의 다양성이 무너지면 지구의 위기를 예견할 수 있듯이 언어 다양성의 절멸 현상도 인류의 지적 문명의 재앙이자 다가올 불행을 예고하는 신호라고 할 수 있다.

지배 언어가 피지배 언어를 잡아먹는 언어 식민주의와 마찬가지로 나라 안의 사정을 들여다보면 도시 언어(표준어)가 변두리 언어(방언)를 잡아먹는 관계, 곧 도시 언어가 지배 언어로, 변두리 언어가 피지배 언어의 관계로 대응된다. 나라 안에서도 어떤 중심의 공동체가 변두리 공동체보다 훨씬 우월하다는 것을 이론화하는 데 성공함으로써 언어 지배의 시도를 정당화하고 있다. 중심에 자리한 표준어 그리고 변방에 자리한 죽어가는 방언들을 바라보면서 지금 우리는 무엇을 해야 하는가 새로운 결심을 해야 할 때이다. 멸종으로 치닫는 생태계의 현상과 같이 죽어가는 강물, 물고기, 새들, 사라져 가는 나무와 들풀처럼 그것들을 명명하던 변두리의 방언도 함께 저 세상으로 보내야 할 것인가. 소수 변두리의 언어인 방언의 미학을 되살려 내는 방식을 모색해야 한다. 그래서 절멸 위기 방언으로 노래할 수 있어야 한다. 어떤 발전이든 그 발전은 다양성이 전제되어야 하며, 오직 다양성이 보장될 때만이 진보적 발전이 가능하기 때문이다. 언어 또한 마찬가지이다.

이상규·조태린 외 공저인 『한국어의 규범성과 다양성』(2008:31-32, 태학사)에 실린 김진해 교수의 「중심 지향의 문화 넘어서기」에서 표준어와 방언과의 끌어당기는 힘의 문제일 뿐만 아니라 표준어는 다시 자본 지배의 언어인 영어에 지배되지 않을 수 없음을 아래와 같이 밝히고 있다.

"거대한 사회체제로부터 자신의 언어를 포기하고 지배언어를 습득할 것을 강요받을 때 개인은 그것에 저항하지 못하고 힘없이 항복하게 된다.
이 깊은 절망은 민족어 내부의 문제(표준어와 지역어의 관계 설정)로만 제한되지 않기에 그 내상은 상상외로 깊고 치명적이다. 언어를 매개로 한 중심 문화와 주변 문화에 대한 논의는 표준어와 지역어 간의 문제로 단순 귀결되지 않는다. 표준어와 지역어를 '민족어'라는 이름으로 묶는다면, 진정한 거대 지배언어인 영어가 모습을 드러낸다. 영어 앞에서 민족어는 옹색하게 쪼그라들어 버린다. 전체로서의 한국어가 내부의 다양한 방언들을 어떻게 공존시킬 것인지를 고민하기 전에, 토착 언어에 대한 지배언어로 작동하는 영어를 살펴보아야 한다."

국민 대다수는 한글날을 전후하여 아름다운 우리 말과 글을 가꾸자는 말을 일시적인 표어에 지나지 않는 것으로 여기고 영어를 '네이티브 스피커와 프리토킹(김진해 교수의 용어)'할 수 있는 뜨거운 욕망에 사로잡혀 있다. 잘 살기 위해서, 출세하기 위한 내면의 욕망으로 영어를 정복하려는 꿈을 가진 한, 모국어 정도는 눈에 보이지도 않을 것이다. 지난 조선조 500년 동안 이어져 온 한문 표기화의 꿈이 전복된 지, 불과 100년도 되지 않는다. 다시 생존의 이유로 온 국민이 '방언 > 표준어 > 영어'로 상승하려는 꿈을 어느 누가 막을 수 있겠는가. 거기다가 정부가 가담하여 그 욕망을 부채질하는 마당에 지역어를 보존하자는 이야기는 가히 미친 소리나 다름없다. 그러나 조금만 더 곰곰이 생각해보자. 그러면 자국어가 절멸된 나라치고 국가가 멸망하지 않은 나라가 없는 이치를 이해할 수 있을 것이다. 나라를 바로 세우기 위해서는 자신들의 말과 글이 시퍼렇게 살아 있어야 한다.

한국은 지난 80년 동안 정치 제도의 민주화와 산업의 첨단화 등 눈부신 발전을 이루었다. 한국어의 위상도 그만큼 올라가 경제, 문화, 스포츠 등 여러 가지 지표가 세계 10대 주요 언어권으로 올라섰다. 그뿐만 아니라 외국인들의 국내 취업과 국제결혼 이민 여성의 증가로 우리나라도 이미 다문화 사회로 진입하였다. 또한 한국 기업의 국외 진출이 늘어나면서 한국 기업체에 고용된 외국인들의 증가와 한류의 영향으로 자연스럽게 한국어를 배우고자 하는 외국인들이 급격하게 늘어나는 추세를 보이고 있다. 한국어의 세계 보급이 빠르게 진행되고 있는 상황에서 국제 기준에 맞는 한국어 교육 방안에 대한 정책과 연구 방법에 대한 논의가 활발하게 진행되어야 할 것이다. 특히 지난 세기의 '문화 교류'는 늘 국가 간에 지배와 피지배의 방식으로 전개되어 왔다는 사실은 최근 유네스코 헌장에 국가 간의 문화 교류의 목적을 '상호 호혜성'이라는 문구를 명시하고 있다는 점에서도 지배적인 방식이 아닌 상호 교류의 방식으로 진행되어야 함을 말해주고 있다.

지난 시기의 문화와 언어 소통 방식에 대한 반성적 전망을 몇 가지로 요약해 볼 수 있다. 문화 교류의 중심 언어의 소통 방식에는 언어 지배language domination의 방식과, 언어 횡단trans-language의 방식이 있다. 언어 횡단의 방식이란 A, B, C의 언어가 있을 때 A와 B가 소통하고 A와 C, B와 C가 소통하는 형식의 소통 구조로 이해될 수 있다. 언어 지배적 방식이라면 A의 언어가 B와 C의 언어를 대치하여 B와 C의 언어를 지배하거나 없애버리는 언어 정책이라고 할 수 있다. 20세기 언어 식민주의 국가들은 약소국가나 변두리 부족의 언어를 절멸의 벼랑 끝으로 내몰아 왔다. 언어 지배 방식은 문화 제국주의 또는 언어 제국주의의 모습으로 중심부가 주변부를 일방적으로 파괴하는 방식이다. 그래서 나는 '한국어의 세계화'라는 식민주의 잔재가 묻어 있는 용어를 결코 사용하고 싶지 않다. 언어 지배의 우월주의가 은연중에 배어 있는 한국어의 세계화라는 용어를 조심스럽게 사용해야 한다. 앞으로 다중 언어의 교육과 정책의 기조는 지배적 방식이 아닌 상호 대등한 방식인 언어 횡단의 방식으로 진행되어야 하며, 문화 상호주의적 방식을 기반으로 한 한국어의 국외 보급 계획이 수립되어야 한다. 특히 아시아의 문화 연대를 위해서는 아시아 내부에 서로 소통할 수 있는 통로를 만들어 나가야 한다. 지배적 언어로서 소통하는 것이 아니라 서로 인접해 있는 언어로 소통의 연결 고리를 만드는 언어 횡단의 방식으로 아시아는 하나의 소통 결속이 되어야 한다. 인공지능 시대 기계번역이 다양한 언어가 공존할 수 있는 생태계를 만들어 줄 것이다. 또한, 다양한 방언도 클라우드로 구축되어 의사소통을 원활하게 지원해주는 날이 멀지 않았다.

식민주의 언어 때문에 가장 상처받은 나라 가운데 하나인 필리핀의 예를 들어 보자. 필리핀의 국민 작가인 프란시스코 시오닐 호세는 장편 소설『에르미따』(아시아, 2007)의 서문에서 미국 작가 제임스 펠로즈의 말을 인용하여 오늘날의 필리핀의 불행은 '손상된 언어문화' 때문이라고 말한다. 필리핀의 '손상된 언어문화'의 속성을 호세는 이렇게 표현하고 있다.

> "한 젊은 작가가 저에게 타갈로그 말, 일로카노 말, 비사야 말로 글을 쓰는 작가들과 한 무리로 평가받는 것에 대해 모욕감을 느끼지 않느냐고 물었습니다. 영어로 글을 쓰며 예술가인 체하는 작가들, 그 일부는 대학에 몸담고 재외의 최신 문학의 흐름에 영향을 받았는데, 제가 그들 중에 속한 사람이었다면 그러했을 거라고 대답했습니다."

스페인에서 일본, 미국으로 이어진 오랜 식민지 시기 필리핀의 언어 혼란이 바로 그들의 문화의 손상을 일으킨 주범이라는 말이다. 최근 필리핀의 경우 그들 민족어의 하나인 타갈로그어가 공용어인 영어의 위세에 눌려 중류 계층에서는 타갈로그 영어와 같은 혼종의 영어가 나타나고 있으며, 교육에서 소외된 하위 계층의 사람들은 타갈로그어밖에 모르는 상황이 전개되었다. 원주민의 언어는 지구에서 한번 없어지면 대체할 수 없는 천연자원과도 같은 것이다. 언어의 다양성이 조금이라도 줄어들면 우리가 끌어와 쓸 수 있는 지적 기반도 함께 낮아지기 때문에 인류의 환경 적응력은 현저히 감소된다. 언어와 언어나 언어와 방언은 서로 경쟁의 관계가 아니라 상호 보완적 관계에 있는 것이다. 다시 말하자면 공존의 방식을 이용할 경우 상호 이득이 그만큼 커질 수 있다는 것이다. 이러한 가정이 실현가능한 디지털 문명시대로 진입하였다.
지난 세기에 비해 21세기는 언어적 억압을 받는 사람이 기하급수로 증가하고 있다. 물론 그 지배 방식에서도 많은 차이가 난다. 지구상에 착취당하고 억압받는 이들은 문화적 식민주의의 끊임없는 위협을 받는다. 식민주의가 일상적으로 휘두르는 가장 큰 무기가 문화 폭탄이다. 특히 언어 제국주의는 언어의 침탈뿐만 아니라 호명의 수단인 이름, 그들의 역사나 문화유산, 그들의 결속력, 그들의 지적 능력과 자신이 가진 믿음마저도 무력화한다. 소수 민족이나 부족의 언어를 조직적으로 멸시하고 짓밟는 언어 식민지화에 대한 일말의 문제점도 의식하지 않고 언어의 미시구조의 체계화에 골몰해 왔던 언어학자들은 이제 지난 시대를 한 번쯤 되돌아보아야 한다.[1]

2. 위기에 처한 언어의 다양성

일제 강점기에 일본은 식민 지배 경영을 위해 '국어'와 '민족'이라는 만들어진 이념이 필요했듯이 민족주의자들은 저항의 방식으로 '국가'와 '민족'이라는 이념이 필요했다. 이러한 식민주의적 방식으로 표준어를 설계하는 일과 그 당위성을 지배자인 일본 당국과 피지배자를 대표하는 민족 운동가(조선어학회)가 함께 공유하고 인정할 수밖에 없었다. 근대화의 환영으로 일본의 표준어 '동경방언'처럼 조선에서는 '경성-서울방언'을 중심으로 하는 표준어가 성립되었고 다른 모든 방언은 경성 표준어에 비해 열등한 것으로 간주되어 표준어가 방언을 포식하기 시작하였다.

표준어와 방언은 모두 고유한 어휘, 문법, 그리고 음운 체계를 가지므로 표준어와 방언 사이에는 국어라는 측면에서는 어떠한 차이도 있을 수 없다. 그러나 표준어와 방언이 차이가 있다면 공공문서, 교과서에서의 문학행위 등의 자격을 갖는 '지위 획득'이라는 면에서 표준어가 방언보다 존중된다. 국어가 규범적인 언어인 표준어와 일치한다는 편견은 방언이 국어가 아니라는 '사투리, 사토리'로 불리면서 오해를 낳는다. 엄밀한 의미에서 우리나

---

[1] 본 내용은 필자가 2008년 8월 고려대학교에서 개최된 제18차 세계언어학자대회에서 「절멸위기의 언어」 분과에서 발표한 내용을 정리하여 요약한 것이다.

라 '국어'는 '국가어'이다. 표준어가 국가어인 '한국어'와 문화어가 국가어인 '조선어'를 합치면 민족 단위의 하나의 '국어'가 될 수 있다. 민족어가 남과 북으로 분단되어 있기 때문에 두 개의 '국가어'를 합쳐야만 진정한 하나의 통일된 '국어'라는 개념으로 통합될 수 있다.

그러나 현실은 어떠한가? 한반도에는 모국어를 관리하는 정부가 두 개 있다. 이 현실은 우리들의 모국어를 항시 반쪽만 사용하도록 강요하는 동시에 이를 통한 이데올로기의 대립과 갈등을 다시 폭력의 수준으로 우리들에게 증폭시키고 있다. 김형수(2006)는 "남과 북에서 서로 대결 의지를 높여 온 위정자들이 반공 정책과 자유주의 정책을 강제한 결과, 억압에 의한 언어의 자살 현상도 극심했다."[2]라고 평가하고 있다. 중심에 자리한 표준어와 문화어 그리고 변방에 자리한 방언들, 그 죽어가는 방언을 관찰하고 바라보면서 지금 우리는 무엇을 해야 하는가?

멸종으로 치닫는 생태계의 현상과 같이 죽어가는 강물, 물고기, 새들, 사라져가는 나무와 들풀처럼 변두리의 방언도 함께 저 세상으로 보내야 할 것인가? 자본주의라는 '비즈니스 문명'의 유통 질서의 세계를 거꾸로 되돌려, 버려진 것, 변두리의 것, 소외된 것들에 대해 이름을 불러주고 관심을 갖게 하는 일이 필요하다. 질리언 비어가 쓰고 남경태가 옮긴 『다윈의 플롯 Darwin's Plots』(휴머니스트, 2008)에서 "진화하는 인간이 사는 세계는 언어가 정치, 경제, 테크놀로지, 가족, 성, 우정 등 개별적으로 재생산의 성공에 핵심적인 역할을 하는 요소들의 복합체로 직조되는 세계다."라고 언어의 중요성을 말하고 있다. 낡은 언어로는 어떤 세상도 바로 볼 수 없다. 어떤 발전이든 그 발전은 다양성이 전제되어야 하며, 오직 다양성이 보장될 때만이 진보적 발전이 가능하다. 그런데 우리는 끊임없이 우리의 문화와 언어를

---

[2] 김형수, 「변두리가 중심을 구원할 것이다-한국 문학이 아시아 연대를 꿈꾸는 이유」, 『ASIA』, VOl 1. NO.3, 2006, pp. 16-17.

단일화하고 획일화해 나가려고 함으로써 지속적인 발전을 우리 스스로 가로막고 있다. 한 언어는 한 민족의 독립성과 자주성을 확립하는 선결 조건이다. 빌려 온 외국 언어로 어떻게 우리의 고유한 삶과 경험의 무게를 온전히 잘 실어 낼 수 있을까? 지난 수 세기 동안 실개울처럼 흐르던 언어 절멸과 뒤섞임 현상이 이제는 홍수가 되어 숱한 원주민의 언어를 휩쓸어가고 있다. 언어의 절멸이 고대 제국이나 낙후된 오지奧地에서만 이루어지는 현상이 아니라 우리 이웃에서도 일어나고 있다.

우리에게 이름도 낯선 '캅카스 북서부의 우비흐어, 미국 캘리포니아주의 팔라 쿠페뇨어, 와포어, 맨섬의 맹크스어와 콘윌어, 오스트레일리아 퀸즐랜드 북부의 음바바람어, 메로에 제국의 메로에어(미해독 비문), 영국 고대의 컴브리아어(3 단어만 남아있음), 켈트어(아일랜드어, 스코틀랜드 게일어, 웨일스어, 브르타뉴어), 캘리포니아의 포모어, 유키어, 메인주 퍼노브스컷어, 나바호어, 체로키어, 모호크어, 매사추세츠(인디언 부족의 이름)에 왐파노아그족의 알곤킨어족' 등 수 많은 원주민 부족들의 언어가 절멸해 가고 있다. 1492년 콜럼버스가 북아메리카를 처음 발견했을 당시만 해도 300여 종의 원주민 언어가 있었으나 지금은 175종 정도가 명맥만 유지하고 있다. 아마 한 세대가 지나기 이전에 대부분 절멸하고 말 것이다. 슬픔을 지닌 아일랜드어는 유럽에서 라틴어와 그리스어 다음으로 오랜 문헌을 가진 언어로 학교에서는 아일랜드어로 학습하지만 집에서는 거의 사용하지 않는다. 서부 해안을 따라 분포하는 시골 농부들의 언어로 일부 남아있다. 젊은 이들에게 전해지지 않는 언어는 결국 절멸하고 말 것이다.

이처럼 세계의 언어들이 무서운 속도로 죽어가고 있다. 지난 5백 년 동안 우리에게 알려진 세계의 언어 가운데 거의 절반가량이 이미 사라졌다. 언어가 이 지구상에서 사라지는 현상을 '죽음', '사멸', '소멸', '절멸' 등의 용어로 표현한다. 언어는 생물체처럼 새로 태어난다거나 그 생명이 다해서 죽는 것과는 전혀 다르다. 언어가 존재한다는 것은 그것을 말하는 사람들의 정신에 그 언어가 존재한다는 뜻이다. 그뿐만 아니라 언어는 그 언어를 소통하는 사람들 사이의 의사소통 체계이지 언어 그 자체가 스스로 존재할 수 있는 것은 아니다. 언어는 먼저 언어 사용자인 화자와 그 말을 알아들을 수 있는 청자가 있어야 한다. 또 언어를 사용하고 전해 줄 수 있는 사회가 존재해야 한다. 언어는 그 사용자가 존재하지 않을 때, 궁극적으로 그 언어를 전승할 사회 집단(가족 사회)이 없으면 그 언어는 죽어버리게 된다. 따라서 언어 사용을 확산시키려는 사회적 함의와 함께 교육 제도도 매우 주요한 인자이다. 최근 절멸 위기의 언어 보전을 위해 뛰고 있는 태국의 활동가인 방콕 마히돈 대학교수 수미뜨라 쑤라랏데차Sumittra Suraratdecha와, 북극지역어의 소멸 위기 보전을 위해 활동하는 미국 시카고대 교수 레노르 그레노블Lenore A. Grenoble, 영국 런던대학 교수인 줄리아 살라방크Julia Sallabank를 제주도에서 개최한 국제학술회의에서 만났다.(<그림-1>) 그들은 주로 현지에서 절멸 위기의 방언을 되살리기 위한 교육프로그램으로 개발하여 실시하고 있었다.

〈그림-1〉 제주도에서 개최된 국제학술대회 참석자들(2019.11.11.~12.)

언어가 자연사하는 것인가 살해당하는 것인가? 그랜빌 프라이스와 같은 학자는 아일랜드어는 영어에 의해 살해당한 것이라고 하고 다른 이들은 아일랜드어가 자살했다고 말한다. 게일인이 그들의 정교하고 아름다운 언어를 스스로 포기하여 내던졌다고 말한다. 세계 도처에서 벌어지고 있는 언어 절멸의 요인은 도대체 무엇인가? 사회에 미치는 다양한 유형의 압력에 대한 반응으로 언어가 절멸하고 있다. 그 압력은 사회적, 문화적, 경제적, 심지어 군사적 압력일 수 있다. 지난 2백 년 동안 언어 절멸을 초래하는 과정이 크게 가속화하여 21세기를 지나는 동안 6천여 가지의 언어 중에 절반가량이 절멸할 것으로 추정하고 있다. 언어의 절멸이 생물 종의 멸종과 유사한 과정과 속도로 진행된다는 사실은 매우 심각한 문제이다. 왜 어떤 언어는 확산되는데 어떤 언어는 위축되게 되는지 그 역사적 사건에 대해 이해할 필요가 있다. 그리스인은 수천 년이 지나서도 그리스어를 아직 사용하는데 아일랜드, 스코틀랜드, 웨일스 사람들은 자신의 언어를 왜 잃어버린 것일까? 언어 절멸의 몇 가지 사례를 들어보자.

1932년 엘살바도르에서 농민 봉기가 일어난 뒤 군인들은 인디언의 차림을 한 사람은 무차별 검거하고 살해했다. 1970년대 이후 역설적으로 인디언이 아닌 사람들이 그들의 언어를 문화유산의 일부로 보존해야 한다는 주장이 일기 시작하였다. 케냐 작가 응구기 와 시옹오는 아프리카 부족 언어인 키쿠유어로 글쓰기를 했다는 죄목으로 투옥 당한 사례도 있다. 또 흑해 동쪽 연안을 따라 뻗어 있는 소치 지역, 1860년대 캅카스 무슬림이 정복을 하는 과정에서 러시아의 우비흐족 대량 학살로 인해 우비흐어가 절멸되었다. 러시아의 캅카스 무슬림 정복이 진행되면서 체첸 지역 역시 민족과 그들의 언어가 절멸 위기에 처했다. 터키에서도 쿠르드족 박해와 쿠르드어 사용 금지령을 내린 것도 정치적인 이유에서 발생된 사건들이다.

이러한 정치적 요인 외에도 대량 학살, 강제 추방, 강제 이동, 창씨개명,

교육 저지, 도로 개통, 종교, 자발적 노력, 엘리트들의 기득권 유지, 출세, 마음의 식민성 등이 토착 언어의 절멸 요인이 된다. 여러 제국 가운데 가장 잔혹했던 소비에트 제국의 강제 이동 정책으로 많은 사람이 참혹하게 죽었고, 그 결과 피식민자들의 언어는 급속도로 무너졌다. 연해주 인근의 고려인들이 강제 추방으로 중앙아시아로 내쫓긴 슬픈 역사의 흔적도 남아있다.

언어의 다양성은 때로는 문화적 다양성의 척도가 된다. 한 언어가 절멸하면 그들의 생활양식도 사라진다는 점에서 언어의 절멸은 매우 불행한 문화 절멸의 징후라고 할 수 있다. 특히 응구기 와 시옹오가 쓰고 박혜경이 옮긴 『마음의 탈식민지화 - 내 마음 담는 그릇, 모국어 Decolonising the Mind』(수밀원, 2007)에서는 "권력이 다른 사람의 영혼을 매혹시키고 사로잡아 포로로 만드는 데 있어 가장 중요한 매개는 언어이다. 총탄은 육신을 종속시키는 수단이고, 언어는 정신적 종속 수단이다. …… 우리의 정치와 문화에 또 우리 문학 안에 우리가 어떻게 해서라도 공략할 수 없는 숙명적 논리를 받아들이는 데까지 이르게 되었다 …… 칼과 총알의 밤은 분필과 칠판의 낮으로 이어졌다. 전쟁터의 물리적 폭력은 교실의 심리적 폭력으로 이어졌다."라고 한다. 피지배민족 스스로 자기 언어를 배척하는 모습을 보인다는 점이 무엇보다 심각한 문제이다. 일제가 우리나라에서 행한 창씨개명이나 조선어 말살 정책, 1879년 '류큐 처분琉救處分'에 따라 오키나와섬 전체에 류큐어를 사용하지 못하도록 금지하면서 류큐 방언을 사용하는 이에게 '방언찰方言札'을 붙이는 등 차별화한 사례들을 세계 여러 곳에서 찾아볼 수 있다.

박완서의 『두부』에서 일제 식민 치하에서 자국어에 대한 주눅 든 우리 민족의 내면적 식민성을 극복하려는 작가의 의지가 다음과 같이 묘사되고 있다.

"엄마는 선생님에게 90도로 허리 굽혀 인사를 하고 나서 교실을 한 바퀴 두리

번거리다가 나하고 눈이 마주쳤다. 엄마는 나를 가리키며 저 애 엄마라고 자기소개를 하고 나서 시골에서 할아버지가 위독하시다는 전보가 와서 딸애를 데리러 왔다는 요지의 말을 통역 없이 곧바로 우리말로 했다. 일인 선생님이 알아들었을 리가 없다. 그러나 엄마의 조선말은 품위 있고 장중했다. 나는 일인 선생님 앞에서 조금도 주눅 들지 않고 조선말로 극상의 예절을 갖추어 하고 싶은 말을 끝까지 하는 엄마가 자랑스러운지 부끄러운지 자신도 이해할 수 없는 감동으로 오싹 소름이 돋는 것 같았다. 나는 선생님의 얼굴에 나타난 여태까지 본 적 없는 낯선 표정, 외경 같은 것도 놓치지 않았다. 그건 직선적인 군인 선생님답지 않은, 혼란스럽고 조금은 겸손하기까지 한 표정이었다."
  　　　　　　　　　　　　- 박완서의 「내 안의 언어사대주의 엿보기」, 『두부』에서

　문화의 다양성과 생물 다양성이 서로 관련되어 있을 뿐만 아니라 종종 불가분의 관계를 띠고 있다. 생물 다양성이 나타나는 지역과 언어 다양성이 높은 지역들 간에 매우 유기적인 관련성이 있다는 사실은 충분히 입증된 바 있다. 언어의 다양성과 생태적 다양성과의 관계에 대해 살펴보자. 대체로 토착민 거주지가 생물 다양성이 높게 나타난다. 세계 인구의 4%가 살고 있는 지역에 세계 언어의 60%가 사용되고 있다. 하와이 제도에 있는 대다수의 토종 식물은 하와이어와 마찬가지로 지구상 어느 다른 곳에서도 찾아 볼 수 없는데 멸종이 임박하다. 하와이 면적은 미국 전체의 1%도 안 되지만 현재 멸종 위기에 있는 1,104종의 생물 가운데 363종(30%)이 바로 그곳에서 멸종되었다. 생물의 멸종이 언어의 멸종과 긴밀한 관계를 맺고 진행되어 온 것이 결코 우연한 일이 아니다.

　모든 인간들이 축적해 놓은 풍요로운 지혜의 원천이 바로 언어다. 기술은 다른 기술로 대체되지만 언어는 그렇지 않다. 각 언어마다 세상을 바라보는 창窓이 있다. 모든 언어는 살아있는 박물관이며, 언어가 스스로 일구어 낸 모든 문화유산의 기념비와도 같다. 다양성의 일부라도 상실되는 것은 우리에게 손실을 의미한다. 모든 사람은 자신의 언어를 가질 권리가 있고 또

그 언어를 문화 자원으로 보존하고 자손들에게 물려줄 권리를 갖고 있다. 오늘날 영어가 아메리카 원주민, 오스트레일리아 원주민, 켈트인 등의 언어를 몰아낸 빈자리를 당당하게 차지하고 있을 어떤 권리도 없다.

자연환경과 긴밀하게 접촉하면서 살아온 집단의 언어 속에는 자연환경에 대한 상세한 지식이 담겨 있다(예를 들면 민간 치료법). 이러한 지식이 어떤 식으로든 우리 모두가 의존하는 자원을 관리하는 데 유용한 통찰력을 줄 수 있다. 생약 의약품의 1/4이 세계의 열대 우림에서 생산된다. 태평양 연안의 주목 나무껍질을 이용하여 난소암 치료제인 택솔을 생산할 수 있다. 과학 발전을 위한 다음 단계들이 오지의 삼림 속에 있는 어느 이름 없는 언어에 담겨있을지도 모른다. 또 다른 사례로 북극 이누이트족의 생존 방식을 살펴보자. 얼음과 눈을 다양한 이름으로 불러오고 있다.

에반 티 프리처드가 쓰고 강자모가 옮긴 『시계가 없는 나라No Word for Time』(2004)에 따르면 미국 원주민 언어인 미크맥어(시간의 개념이 없는 언어)에서는 가을 나무 사이로 불어오는 바람 소리로 나무의 이름을 붙였다. 해양생물학자 R. E. 요하네스는 1894년에 팔라우 어부를 만났는데 이 어부는 컴퓨터와 관련된 단 한마디의 어휘도 알지 못했지만 3백 가지 이상의 물고기의 이름은 기억하고 있었다. 이들 언어 속에서 입으로 전해오는 그들 나름대로의 독특한 문화적인 요소들이 언어의 절멸과 함께 사라질 수 있다.

과거에는 생물 다양성의 상실은 사람이 개입하지 않고 발생되었으나 최근에는 인간이 환경을 바꾸어 놓음으로 인해서 유례가 없는 대규모의 멸종 사태가 이어지고 있다. 언어의 붕괴 현상도 전 세계적인 생태계의 붕괴 현상의 일부로 이해될 뿐만 아니라 인위적인 언어 정책이 언어의 절멸을 가속시키는 요인이 되고 있다. 1452년 유럽의 해외 진출, 18세기 산업혁명, 19세기 도시화된 국가, 20세기 과학 혁명과 같은 인류 역사의 대변혁이 환경 변화와 함께 사람들이 살아가는 방식이 획일화되는 변화의 한 원인이 되었다. 21세기에는 대량의 환경 파괴와 개발, 국제 언어화, 전자 매체, 통신위성, 초고속 정보망-광섬유 전자 통신 기술의 진보로 언어의 획일화가 더욱 가속화되고 있다. 국제 무역 언어의 획일화도 언어 절멸의 한 원인이 된다. 지구촌에서의 대규모의 사회적 변화로 인해 사용자의 규모가 큰 언어는 생존하지만 그렇지 않은 대부분의 언어는 절멸 위기에 빠질 수밖에 없다. 이처럼 지배적 언어가 등장한 것은 사회적 변화가 불균등하게 일어난 결과이며, 선진국과 개도국간의 현저한 자원의 불균형의 결과이다.

지금까지 언어 절멸의 문제가 중요한 주제로 받아들이지 않은 이유는 언어가 많이 있으면 의사소통, 경제 발전이나 현대화에 장애가 된다는 잘못된 생각 때문이다. 다중 언어 사용을 유해한 결과로 연결시키려는 경향을 자주 볼 수 있다. 인도가 다중 언어로 인해 분열되었고 영어권은 단일 언어여서 단합을 이룬 것으로 착각해서는 안 된다. 공통 언어를 사용하고 있어도 정치적 단합이나 통합을 이루지 못한 북아일랜드나 소말리아, 구소련 공화국의 사례를 쉽게 찾을 수 있다.

예루살렘의 거리 표지판은 다중 언어로 되어 있다. '영어, 아랍어, 히브리어'가 서로 상하에 배치되는 정치적 과정은 매우 흥미 있는 일이다. 1919년부터 1948년 사이 팔레스타인이 영국 통치하에서는 '영어, 아랍어, 히브리어'의 순서였지만 요르단 사람이 예루살렘을 점령 시에는 '아랍어, 영어'의 순으로 1967년 이스라엘이 예루살렘을 탈환했을 때는 '히브리어, 영어, 아랍어'의 순위로 된 것처럼 언어는 전 세계에 걸쳐 문화적 정치적 독립 투쟁의 과정에서 핵심적인 역할을 한다.

언어와 언어의 변종은 늘 생태적 경쟁의 상태에서 충돌한다. 우리나라에서도 '표준어'가 인권의 탄압적 요소로 보고 '헌법' 소원을 한 사례가 있다. 근대 국민 국가의 국경은 자의적으로 구획되었으며 많은 경우 서구 식민 국가들의 정치, 경제적인 이해관계에 의해 생겨난 것이다. 웨일스인, 하와이인, 바스크족, 이라크와 터키 내의 쿠르드족처럼 많은 토착민들의 국가를 건설하는 데 아무런 발언권을 갖지도 못했다. 국민 국가의 소수 민족에 대한 탄압으로 소수 민족들은 강요된 동화와 자발적인 동화를 받아왔다. 중앙 집권적 공산주의 체제는 소수 민족의 지역적, 민족적 유대와 이들이 사용하는 언어를 무참하게 짓밟아버렸다. 구소련 연방의 많은 국가와 민족어는 급격한 절멸 위기로 접어들었다. 문화적, 언어적 다양성을 포용하는 국가가 그 존재를 부정하는 국가보다 더 풍요로운 나라라고 말할 수 있다. 언어가 서로 차이가 난다는 사실과 그 가치를 존중하는 마음이 결여된 것이 문제이다.

1970년 이후 매년 개최해 온 '지구의 날'과 같은 활동을 통해 환경 위기를 일반인에게 알려온 방식으로 많은 사람들이 언어 절멸의 위기에 대해서도 관심을 갖도록 해야 한다. 환경에 부정적인 영향을 주는 인간 행위가 결과적으로 환경 재해를 불러오듯 절멸 위기에 처한 언어들과 멸종 위기에 처한 생물 종 사이에는 많은 유사성이 있다. 그중 가장 명백한 점은 이들이 대체 가능하지 않다는 점이다. 작은 규모의 군집 사회를 보존하고 새로 조성하는 노력이 언어와 문화를 보존하고 지원하는 방안이 될 것이다. 그 동안 유네스코를 비롯한 세계 각국에서는 절멸 위기의 언어를 보존하기 위한 다양한 활동을 전개하고 있다.

- 1981년 유럽 의회에서 가에타노 아르페Gaetano Arfé가 '지역 언어, 문화 및 소수 민족의 권리를 다루기 위한 공동체 헌장'의 채택
- 1992년 캐나다 퀘벡주에서 개최된 국제언어학회International Linguistic Congress 소수언어 보호를 위한 헌장 채택,
- 1992년 유럽 의회가 '지역 또는 소규모 언어들을 위한 유럽 헌장European Charter for Regional or Minority Languages' 국제 협약 채택

- 1992년 유네스코와 국제연합에서 '민족적, 인종적, 종교적, 언어적 소수자들의 권리 선언Declaration on the Rights of Persons belonging to National of Ethnic, Religious and Linguistic Minorities' 채택
- 1990년 미국에서는 '아메리카 토착 언어를 쓰고 익히고 발전시킬 아메리카 원주민들의 자유권을 보존, 보호, 증진하기 위한 법' 통과
- 1992년 미국에서는 '아메리카 원주민들을 도와 그들이 자기 언어들의 생존과 지속적인 생명력을 확보하도록 돕기 위한 법안' 통과
- 1993년 11월 유네스코에서 '위기 언어 레드북Red Book of Endangered Languages' 채택
- 1995년 동경대학교에서 위기의 언어들에 대한 국제 정보 센터International Clearing House for Endangered Languages' 개설
- 1995년 미국에서 '위기 언어 기금Endangered Languages Fund' 설치
- 1995년 영국에서 '위기 언어들을 위한 재단Foundation for Endangered Languages' 설립
- 1995~2004년 일본 오사카가쿠인대학교 절멸 위기의 환태평양 언어 보존
- 1996~1998년 헬싱키대학교 핀우그르어 데이터뱅크 구축
- 1998년 동경외국어대학교 구어 카라임어(튀르크어족) CD프로젝트
- 2000년 미국 오스틴대학교 라틴아메리카의 토착어 아카이브 구축
- 2003~2006년 한국알타이어학회의 알타이어 현지 자료조사
- 2007년 일본 아이누 문화 연구 재단에서 아이누어 보존
- 2008년 한국 고려대학교에서 개최된 제18차 세계언어학자대회에서 '언어의 공통성과 다원성'을 주제로 채택
- 2019년 11월 11~13. 제주특별자치도에서 「절멸 위기의 제주어 보전을 위한 부흥 방안, 세계언어학자들에게 듣는다」라는 주제로 국제학술회의 개최

이러한 노력들이 아직은 미시적인 효과밖에 거둘 수 없지만 일반 대중들에게까지 확산될 날이 올 것으로 기대한다.

생물 다양성을 보존하는 나라가 주로 개발도상국들이다. 열대 우림이 파괴되면 직접적인 여파는 열대 국가가 받지만 그 여파는 우리 모두에게 미친다. 산림이 파괴되면 지구 온난화의 원인인 온실 가스가 대기 중에 쌓이게

된다. 전 세계적으로 언어의 다종성이 보장되는 언어의 온상은 주로 적도 부근이나 남반구에 밀집해 있으며, 또 이들이 절멸의 위기에 처해 있다. 21세기에는 세계 언어와 생물 종의 절반 이상이 절멸될 것으로 예상하고 있다. 세계적으로 최고 수준의 생물 다양성이 있는 지역과 최고의 언어 문화적인 다양성을 보이는 지역이 놀랍게도 일치한다. 이런 놀라운 상관관계를 통해 언어 문화적 다양성을 상실한다는 것은 지구상의 생물 다양성을 상실하는 것이다. 언어의 위기에 관한 문제는 지구 생태계 보존에 유용하게 활용할 수 있는 지식을 지킬 수 있느냐는 문제와 직결된다.

언어적 자본은 다른 모든 형태의 자본처럼 불평등하게 배분되어 있다. 특정 언어의 지식을 가짐으로써 얻을 수 있는 이익이 크면 클수록 그 언어는 더욱 습득할 가치가 높아지는 것이다. 예를 들어 영어를 사용하지 않으면 세계적인 경제 혜택으로부터 추방당하는 위험에 처하는 것으로 인식된다. 식민 종주국의 언어가 강화되는 이유도 이러한 이유에서다. 또한 엘리트층은 교육을 통해 지배 언어를 습득하고 그 지식을 이용해서 그 지배 언어를 모르는 대다수의 국민에 대해 권력을 행사할 수 있는 지위를 유지하게 되는 것이다. 조선조 시대에 한자와 한문이 그러했고 또 오늘날 영어 사용 능력자가 그러한 엘리트층을 형성하고 있는 사례를 통해서도 이러한 전제의 타당성은 충분히 입증된다.

3. 생물 언어적 다양성의 공동지대

1966년에 이미 세계 우편물의 70%, 텔레비전 방송 점유 60%, 국제 무역, 금융, 고등 교육, 과학 부문에 영어가 독점적인 언어로 자리매김하고 있었다. 전 세계 4% 미만의 언어만 공식적인 지위를 인정받고 있다. 최근 웨일스어, 마오리어, 아이마라어 등이 공식 언어로 인정되었으나 이들 언어는 모국어 사용자가 1천 명이 되지 않는 위태로운 상황이다. 언어의 세력이 약한 언어에 공식적인 지위를 부여하더라도 이미 그 언어가 되살아날 기미를 보이지 않는다. 가정에서 세대 간에 전승될 수 있도록 하거나 학교에서 교육이 이루어지지 않는다면 언어 위기를 탈출하기란 매우 어려운 일이다.

대륙 간의 언어 사용자의 실태를 보면 오스트레일리아와 태평양, 아메리카 대륙에서는 150명 미만의 사용자를 가진 언어가 20% 이상이고 거의 대부분의 언어가 사용자가 10만 명 미만이다. 아프리카와 아시아, 유럽은 사용자가 10만에서 백만에 이르는 거대 내지는 중간 규모의 언어를 사용하고 있다. 오스트레일리아와 태평양 지역의 상황은 매우 어렵다. 이들 지역의 언어는 거의 절멸 위기에 처해 있으며 또 이들 언어 지역은 모두 발생적, 유형적 다양성을 띠는 온상이다. 대규모 언어라도 외부 압력이 크면 급격하게 절멸될 수도 있고 규모가 작더라도 사회가 안정되면 언어가 절멸될 위험성이 반드시 크다고는 말할 수 없다. 일반적으로 규모가 작은 언어가 절멸될 가능성은 그만큼 더 높은 것이다.

생물계가 멸종하는 시간이 그 다양성을 복구하는 데 필요한 시간보다 훨씬 더 빠르게 진행되고 있다는 점이 위험한 것이다. 멸종보다 진화에 소요되는 시간이 훨씬 더디기 때문이다. 나일스 엘드리지는 하루에 한 종의 생물체가 절멸한다고 추산하고 있다. E. O. 윌슨은 연간 멸종 속도를 약 2만 7천 종으로 추산하여 한 시간에 약 3종이 절멸된다고 보고하고 있다. 이런 추산치를 보면 생물학적 다양성의 절멸이라는 문제가 얼마나 심각한 문제인지 가늠할 수 있다. 이처럼 생물 종 다양성이 어떤 속도로 절멸되는지 정확하게 파악하기 힘든 것과 마찬가지로 언어의 절멸 역시 정확한 통계치를 알지 못하는 어려움에 처해 있다.

언어학자들 역시 사람들이 친숙하게 사용하는 언어만 집중적으로 연구를 해 왔고 사람들에게 익숙하지 않는 소수의 언어에 대한 이해가 부족하기 때문에 언어의 절멸 위기에 대한 계량적 설명에 어려움이 있다. 아프리카

남동부 말라위의 니아사 호수에 사는 물고기의 종 다양성이 대서양의 모든 어종을 합친 것보다 많다고 한다. 또 파푸아 뉴기니에 사는 토종 물고기는 세계 다른 어떤 곳에서도 서식하지 않는다는 점을 고려하면 파푸아 뉴기니의 원주민들의 언어가 얼마나 중요한 것인지 이해할 수 있다. 파푸아 뉴기니는 전 세계 육지의 1%에 지나지 않지만 생물학적 다양성으로 볼 때 전체의 약 5%(40만 종)가 넘는다고 한다. 지구상에 살고 있는 생명체의 복잡한 양상을 완전히 파악할 수 있는 측정 방법이 없듯이 언어 역시 마찬가지이다. 대체로 언어의 다양성이 보장되는 지역의 생물학적 다양성이 풍부하다. 생물학적 다양성은 열대 지역에 집중되어 있고 양극 지방으로 올라갈수록 줄어든다. 물리적인 환경이 이질적이면 이질적일수록 더 많은 수의 다양한 환경이 존재하며, 더 많은 생물 종을 부양할 수 있는 터전이 된다. 어떤 생태적 체계가 다른 체계보다 풍부하고 복잡할수록 그 체제는 더 안정적으로 유지되는 경향이 있듯이 언어의 종이나 생물계의 종 역시 다양한 환경일수록 풍부하다. 언어의 다양성은 이런 풍부함과 안정성이라는 구도에서 고도의 적응력을 가진다. 투구게가 북아메리카 동부 해안의 오염된 강어귀에서 제일 마지막까지 생존하는 이유는 이 투구게가 온도의 변화와 염도에 대한 적응력이 다른 생물 종보다 더 뛰어나기 때문이다. 위도가 높을수록 생물 종의 활동 평균 영역인 위도상의 범위가 넓어지듯이 위도가 높은 지역에서는 상대적으로 적은 수의 생물 종이 위도가 낮은 열대에 서식하는 수많은 종보다 훨씬 더 광범위한 영역에서 활동한다.

    열대 생태계에서는 고위도 지역과 달리 생물 종수가 많은 반면, 생물 개체 수는 적다. 개체 수가 적더라도 풍부한 생물 종이 분포하는 것이 안정적인 생태계가 지니는 또 하나의 특징이다. 이는 마치 열대 지역의 소수 사람들이 매우 다양한 언어를 사용하는 것과 흡사하다. 그런데 생태계의 변화가 온도의 변화나 인간의 개입에 의한 벌목, 광산, 자원 채취, 환경오염 등의 요인으로 생겨난다. 약 만 년 전에 농업 발달로 인한 자연계의 변화를 초래하였으며, 인간은 지구상의 지역의 생태적 한계를 벗어나 살게 된 유일한 종이 된 것이다. 농업은 인구를 폭발적으로 증가시킨 생태적 혁명으로 식량 생산을 위해 지구의 생태 환경은 급격한 변화를 초래하게 되었다.

현재 선진국들이 생물 다양성의 상당 부분을 유지하고 있는 서식지를 급격하게 파괴하고 있다. 1990년대에 이르러 다국적 기업의 진출로 인해 열대 우림의 파괴 속도는 거의 두 배로 빨라졌다. 아마존 우림지대, 말레이시아 열대 우림 등의 위기는 생태계 파괴의 주범이라고 할 수 있다. 시라와크 북동부 밀림 속 일자형 공동 주택 롱 하우스에 사는 페난저족이 잡아먹을 원숭이나 물고기마저 씨를 말려가고 있다. 그들이 사용하던 언어는 서식지의 파괴와 함께 절멸되어 가거나 현대 문명에 동화되어 가고 있다. 20세기에 들어서서 브라질의 인디언 부족 270개 가운데 90개 부족이 사라져 버렸다. 남아있는 부족마저 부족 인구가 천 명이 채 되지 않는다. 순록을 치며 살아가는 북극 사미 부족의 경우 생태 변화로 원주민들이 이미 다 해체되었고 그들이 사용하던 언어는 증발되어 버렸다.

인도 대륙의 펀자브어는 비교적 안정된 지위를 차지하고 있지만 영국으로 이주해 간 많은 사람의 펀자브어는 쇠락해 버렸다. 스페인어 또한 스페인이나 라틴아메리카에서는 잘 견디고 있지만 미국에서는 적응하지 못하는 것 또한 생태계의 현상과 동일한 것이다. 맹크스어와 타이압어, 바스크어는 절멸과 동시에 언어의 블랙홀만 남겨두게 되었다. 인간의 언어와 문화, 인간 이외의 생물 종 그리고 지구의 생태계가 근본적으로 서로 연결되어 있다.

언어도 생물 종과 마찬가지로 환경에 고도의 적응력을 갖고 있으며, 생태계의 변화와 마찬가지로 언어도 변화한다. 생태계나 언어의 절멸 원인이 환경 변화에 있다면 이 환경 변화는 다시 인위적인지 자연적인지 구분해서 논의할 필요가 있다. 다른 문화나 언어가 점차 잠식해 들어오는 상황에 노출되면 언어가 해체되고 붕괴되며 산산이 부서지는 과정을 겪게 된다.

4. 의식주 생활의 변화와 방언의 절멸

언어나 방언은 나름대로 가치를 지닌 인류의 자산이다. 언어나 방언은 그들의 집단적 삶의 지혜와 생존 지략이 반영되어 있으며, 어떻게 사회적 결속을 하고 있는지를 보여주는 거울이다. 오탁번의 『헛 똑똑이의 시 읽기』(고려대학교출판부, 2008)에 "신화적 상상력은 그 민족의 민족어가 지니고 있는 숨과 결에서만 찾아지는 것이다."라고 말한다. 표준어가 '숨'이라면 방언은 그 빛살이 살짝 숨기고 있는 '결'이라고 할 수 있다. 민족 고유의 생활양식이 깃들어 있는 언어의 숨결을 표준어로만 재단할 수 있는 것은 결코 아니다.

전통 문화 가운데 의식주와 관련된 다양한 생활 어휘가 사전에서 어떻게 관리되는지 그 내면을 한번 들여다보자. 먼저 의복과 관련된 방언은 지역적으로 매우 다양하다. 안동 지역에는 '창살고쟁이'라는 여성들의 속옷이 있다. 한여름 조금이라도 더 시원하도록 허리 단에 창문 살처럼 천을 파내어 만든 고의이다. 북조선에서는 '어깨마루', '어북', '긴고름', '짧은고름', '소매전동', '소매끝', '옆선', '치마기슭단', '아래깃', '아래깃끝', '깃줄앞', '깃마루뒷갓', '조끼' 등 의복과 관련된 다양한 방언 어휘가 있다. '버선'에도 '목, 뒤꿈치, 바닥, 버선코, 수눅' 등의 부분 명칭이 지역에 따라 다양하게 분화되어 있다. 베 짜는 일은 오늘날에는 일반 사람들의 기억에서조차 희미해져 다만 추억의 흔적으로 남아있을 따름이다.

이른 봄 들판에 목화씨를 뿌리고, 삼밭에 대마씨를 뿌려 이들을 거두어 한 올 한 올 실로 만들고 또 이것으로 베틀에서 베를 짜고 또 고운 쪽빛이나 감색 물을 들여 옷을 짓는 모든 과정이 바로 우리 선조들이 살아왔던 삶의 방식과 흔적이다. '눌룸대, 도투마리, 비개미·비게미, 비테, 비틀(베틀)연치'와 같은 이런 지역 방언은 언어학적으로 그렇게 유용한 것이 아니기 때문에 중요하지 않은 것인가? 사람들이 살아온 삶의 방식이 세월 따라 변화하면서 그들이 사용하던 각종 일상 용구들도 변화하게 되는 것은 당연지사다. 그러면서 이전에 사용하던 용구들의 이름도 우리 기억 속에서 희미해져 가고 있다. 그러다 보니 요즘은 '엄마 아빠 어렸을 적엔……' 따위의 인형전과 같은, 추억을 파는 전시회나 민속박물관에 박제되어 녹슬고 먼지 묻은 전시물의 이름표 속에서 만날 수 있을 따름이다.

최수연의 『논 -밥 한 그릇의 시원』(마고북스, 2008)에서 지난 농경 생활의 모습을 그려내고 있다. 농촌 생활에서 사용되는 다양한 용어들이 많이 있다. 농경 시절에 사용되던 용어들이 산업사회를 거쳐 농경 사회가 해체됨에 따라 하나씩 절멸되고 있다. 농경 사회의 용어들은 지역 문화에 따라 다양한 차이를 보여 주고 있다. '간답한다, 건생기, 검둥소, 골돈, 꼽써레질, 노가리배, 누렁소, 다밴다, 막다배기, 무삶이법, 보도감, 보매기(보막이), 사이갈이법, 술나무, 써레밍이, 써래이, 윤두패찰, 장써레질, 쟁기밥, 짬주지, 쪽써레' 등은 농경 시대에 우리 선조들이 생생한 삶의 현장에서 사용하던 어휘들이다. 이러한 어휘들이 왜 사전에 실리지 않은 채 내버려졌는가? 농경 사회에서 산업화 사회로 옮아오는 과정에서 자연적으로 우리 곁을 떠나게 되어 있었는지도 모를 농사 현장의 어휘들이지만 우리가 국어사전을 편찬하는 과정에서 인위적인 방식으로 이를 내팽개치고 포기해 버린 탓이 더 크다. 표준어 둥지 밖에서 서성이다가 문명의 변화와 함께 소리소문 없이 우리 곁에서 사라져 가고 있다.

벼는 인도에서 가을에 익는 벼인 '브리히Vrihi'라는 말이 만주 지방의 여진 말인 백미白米를 뜻하는 '베레'를 거쳐 '벼'로 정착되었으며 남부 방언에서는 '나락'이라고 한다. 벼는 '올벼, 못벼, 흑미, 노인미, 개고리벼, 돼지벼, 삼다리벼, 산도벼, 자치, 한바올벼, 돌벼, 해조, 연안조, 풍옥, 서광, 영광,

일진, 대구조, 용천, 예조, 북혹조, 승나, 각씨나, 강릉도' 등 시대와 지역에 따라 다양한 어휘들이 있었다. 그러나 이러한 벼의 종자들의 이름은 사라져 버렸다. 지금까지 그 이름이 남아있는 벼의 종류에 대해 살펴보자. '자광벼'는 김포군 하성면 석탄 2리에서 250여 년간 대물림해 온 안동 권씨들이 보존해 온 볍씨이다. 중국 길림성 남방에서 들여와 이곳 '밀다리' 아래에서 심었다고 해서 '밀다리쌀'이라고도 불렀다고 한다. 『조선도품종일람』에서는 '자광이도, 자광도, 저광도, 자초도, 자광도' 등의 기록이 전한다. 이 벼는 경기도 부평, 통진(강화), 교동군과 충남 한산, 해미와 전남 남평, 완도 등지에서 재배되었다고 한다. 자광도는 쌀의 색깔이 엷은 자색을 띤다고 해서 붙여진 이름이다. '자채미'는 경기도 이천에서 전하는 전통 품종으로 임금님 진상품이었다고 한다. '사래벼'는 강화도에서 전하는 전통 야생 벼 품종으로 1989년 5월 강화군 삼산면 상리와 하리 일대에서 발견한 품종인데 현지 사람들은 사래벼를 잡초로 인식하고 있었다. 갈색사래, 긴까라락사래, 갈색까락사래, 쌀사래, 몽근사래 등의 종류가 있다. 사래벼는 재래종보다 야생성이 크며 빨리 꽃이 피고 열매를 맺으며 환경변화에 대한 저항력도 매우 강한 야생 품종이다.

보리 종류도 시대와 지역에 따라 다양한 품종이 전래되었고 또 거기에 맞는 이름들이 있었다. 남원의 청보리, 순창의 땅개보리, 성주의 왜동보리와 늘보리, 거창의 재래보리, 창녕 쌀보리, 마산 찰보리, 신안 찰보리, 제원 찰보리, 함안 찰보리, 경기도 키다리보리, 홍성 홍성보리, 영호남의 앉은뱅이 보리, 봉당보리, 난장보리, 중보리, 춘천의 춘천 재래보리, 영월의 영월육각 등의 이름은 품종의 절멸과 함께 그 이름도 사라지게 되었다. 토종 찰보리도 함안의 찰보리, 전남의 흑산도 찰보리, 충북 제천 찰보리 등 토속 종자들이 있었다.

밀의 종류로는 앉은뱅이밀, 재령백밀, 진천재래밀, 늘밀, 임실중밀, 소맥

재래, 왜형1호, 재래종, 전북3호, 통밀, 충남재래, 서육 93호, 서천1호, 선천 27호, 수원89호 등이 있다. 특히 앉은뱅이밀은 경남 남해군 덕신리 지역에 재배되는 전통 밀로 까락이 있고 키가 작은 밀로 '난쟁이밀'이라고도 한다. 이 앉은뱅이밀은 일본으로 건너가서 '달마達磨'를 낳고 다시 '후르츠'와 만나 '후르츠달마'를 그리고 터키레드를 만나 '농림10호'를 만드는 인자를 제공한 품종이다. 다시 1945년 일본의 농업고문이었던 사몬S. C. Salmon 박사에 의해 '농림 10'호는 미국으로 건너가서 미국품종 '브레보'와 교잡해서 'Norin 10/Brever'가 되었고 다시 보겔O. A. Vogel 박사에 의해 '게인스(1956)'와 '뉴게인스(1960)'라는 품종을 탄생시킨 밀 육종의 근간이 되었다. 반다나 시바가 쓰고 류지한이 옮긴 『누가 세계를 약탈하는가Strolen Harvest: The Hijacking of the Global Food Supply』(울력, 2003:115)에서 "오늘날 이 같은 다양성은 유전자 침식genetic erosion과 유전자 해적genetic piracy 행위에 의해 위협받고 있다. 단일 지배와 독점이 자연과 농업 경영에 의해 수천 년 동안 우리에게 전해져 내려온 풍부한 종자 수확을 파괴하고 있다."라고 주장하면서 종자의 자본 지배에 대한 경계를 강조하고 있다.

지역 문화와 관련 있는 방언형은 비록 사용자 수가 제한되어 있거나 분포 범위가 좁더라도 사전에 올림말로 등재해야 할 것이다. 그러한 사례를 몇 가지 들어보자. 먼저 지역의 문화적 특징을 잘 반영하고 있는 것이 음식문화이다. 경상북도 중에서도 안동지방에서는 최상의 제사 음식으로 꼽는 것이 문어文魚이다. 남해에서 생산되는 문어 80%가 안동 장에서 소비된다는 말이 있다. 그런데 경주지방에서는 상어(돔배기)를 편으로 떠서 꼬치로 만든 '돔배기' 없이는 제사를 지내지 못한다고 할 만큼 중요한 음식으로 친다. 잔치 음식으로는 육회, 반가의 고급음식으로는 '생치(생 꿩고기)'와 북어를 두들겨서 마치 솜과 같이 가늘고 부드러운 가루처럼 만들어 조미한 '피움' 등 헤아릴 수 없을 만큼 다양하다. 식혜食醯도 재료나 만드는 방식의 차이가 있다. 안동지방에서는 식혜에다가 무, 배, 생강, 마늘, 밤 등의 다양한 재료를 채 썰어 넣고, 고춧가루도 넣어 얼큰하고 달고 시원하게 만들어 먹는다. 경주지역에서는 멥쌀로 만든 것은 '단술'이라고 하고 찹쌀로 만든 것은 '점주'라고 하여 안동지방의 식혜와는 큰 차이를 보인다. 경상북도 상주시 공검면 지역의 민촌에서는 잔칫날이 되면 국수와 '콩지름헛집'이라고 부르는 음식을 해 먹는다고 한다.[3] 반가班家에서는 큰상을 차리는 데 온갖 기름진 음식을 만들어 올리지만 상주 일대의 민초들은 콩나물을 삶아 콩가루에다 버무려서 만든 잔치 음식인 '콩나물헛집'이라는 음식을 만들어 손님을 접대한다고 한다. 무청을 말린 것으로 국을 끓인 '시래기국', 무채로 끓인 '무국', 애동호박(애호박)찌짐, 잘 익은 호박에 콩이나 팥을 넣어 삶은 '호박범벅', 밥에 호박을 썰어 넣은 '호박밥', 쌀가루와 호박 채를 시루에 찐 '호박떡' 등 농가의 일상 음식들 모두 우리에게 추억의 입맛을 돋게 한다. 산나물로는 '취나물', '개나물', '개앙추', '참추', 들나물로는 '나새이(냉이)', '고들빼기', '가시게사레이', '달래이', '비름', '질경이', '말방나물(민들레)', '참뚜갈' 등이 있는데, 이들 나물에다 '담북장'과 '딩기장'을 곁들이면 봄철 잃어버린 입맛을 살려주는 다시 없이 좋은 음식이 된다. '돔배기', '피움', '콩지름기피', '가시게사레이', '말방나물', '참두갈' 등의 어휘는 국어사전에서 전혀 찾아 볼 수 없는 실정이다.

"넓고 넓은 바닷가에 오막살이 집 한 채 …… 늙은 아비 홀로 두고 영영 어디 갔느냐" 그리운 어린 시절에 불렀던 노랫말에 나오는 '오막살이', 이 말은 '오두막집, 마가리, 하룻집, 마름집' 등 다양한 방언으로 분화되어 있다. 의식주 가운데 가장 변화가 적은 사람들이 사는 집에 대한 이름, 그 가운데 가난한 사람들이 옹기종기 모여 살던 집에 대한 이야기를 해 볼까

---

[3] 이상규, 『경상북도 방언 이야기』, (새국어생활 제15권, 2005), 국립국어원. 참조.

한다. 조성기(2006:82)는 '오두막집'을 마루가 없는 3칸 형 이하 홑집으로 규정하고 있다. 야후Yahoo에서는 오두막집을 '비바람이나 막을 수 있게 간단하게 꾸린 집'으로 규정하고 있다. '오두막집'은 지역적인 구조 차이뿐만 아니라 용도상의 차이를 보여주며 또 역사적인 문화 전통에 따라 이름이 더욱더 분화된다는 점을 간과해서는 안 된다. 노비는 집안에 함께 기거하는 '솔거노비'와 멀리 다른 곳에서 사는 '외거노비'로 구분된다. 솔거노비도 다시 집 안에 함께 사는 노비와 주인집 담 바깥이나 중문이 있는 안쪽 곳간과 함께 이어진 행랑채에 기거하는 노비로 구분된다(정연식, 2001:18-19).

상전 집에서 인접해 있는 곳에 지은 별채의 오두막집이 있다. 이런 집은 대개 방 한 칸이 전부이고 주인이 부르면 언제라도 달려올 수 있도록 주인집을 바라보게 지었다. 경주 양동마을에 가면 무첨당, 양졸당, 향단 종가집 입구에 초가집으로 지은 단칸집이 있다. 경주시 강동면 양동리에 거주하는 송국주(가양주) 제조 기능 보유자인 이지휴 씨는 이런 집을 경주 방언으로는 '가랍집', '가람집'이라고 부른다고 한다. 이런 집을 일컬어 '가랍집', '하릿집', '하롯집', '호지집', '마가리', '마가리집'이라 부르듯이 방언 분화형이 매우 다양한데 이들 방언형은 『표준대사전』은 물론이고 어디에도 실려 있지 않다. 소위 '가랍집'이라는 집은 "노비가 사는 오막살이"로 뜻풀이를 할 수 있겠지만 그 집의 용도에 따라 의미가 조금 다르다. 백석의 「나와 나타샤와 흰 당나귀」라는 시에 '오막살이'의 방언형인 '마가리'라는 시어가 실려 있다.

> 가난한 내가/아름다운 나타샤를 사랑해서/오늘밤은 푹푹 눈이 나린다……/나타샤와 나는 눈이 푹푹 쌓이는 밤 흰 당나귀를 타고/산골로 가자 출출이 우는 깊은 산골로 가 마가리에 살자…../눈은 푹푹 나리고……/어데서 흰 당나귀도 오늘밤이 좋아서/응앙응앙 울을 것이다
>
> — 백석, 「나와 나타샤와 흰 당나귀」에서

시인 백석은 어느 누구에게도 침해받지 않는 사랑의 공동체인 '마가리(오막살이)'에서 사랑하는 나타샤와 함께 살기를 기원하는 애틋하고 애절한 마음을 노래하고 있다. 표준어 규정 제23항에 '마바리집'을 '마방馬房집'의 잘못 또는 방언형으로 처리하는 오류를 범하고 있다. '마바리'는 '마가리'의 'ㅂ/ㄱ' 교체형으로 '오막살이'라는 의미를 가지고 있다. 그런데 '마바리집'을 '말이 자는 집'으로 이해하여 '마방집'의 방언형으로 규정하는 잘못을 저질렀다. 대갓집인 큰 기와집 입구에 살림집으로 만들어진 초가집은 그 대갓집에 종살이를 하는 하인들이 사는 집이지만, 일시적으로 멀리서 찾아온 귀한 손님을 모시고 온 하인들이 하루 잠시 머물 수 있도록 만든 집은 홑집으로 부엌이 딸리지 않은 집이다. 이렇게 생긴 단칸 홑집은 "하인이 사는 오막살이"가 아니라 "하인이 잠시 대기하도록 만든 집, 또는 임시로 거처하기 위해 만든 집"이라고 풀이해야 옳은 것이다. 경북 안동 지방에 가면 부엌이 가운데에 있고 양옆에 온돌방과 외양간이 딸린 집을 가리키는 '도투말이집'이라는 것이 있는데 대부분의 국어대사전에는 등재되어 있지 않다. 이처럼 '오두막집'의 다양한 변종을 고려하지 않은 뜻풀이를 어찌 옳다고 할 수 있을까? 황석영 씨의 『폐허, 그리고 맨드라미』라는 작품에 보면 윗집 옛 상전의 그늘 밑에 사는 '홋집'의 소작인의 비애를 그리고 있는데 그 '홋집'은 '호지집'으로도 명명된다. 세월 따라 또 지역에 따라 그 용도와 이름이 바뀔 수 있으니 그 뜻풀이를 정확하게 하는 일 역시 만만치 않은 작업이다.

옛날 시골집에서 밤이 되면 불을 밝히기 위해 다양한 조명기구가 사용되었다. 필자의 경험만으로도 '호롱불', '남포등불', '촛불'에서 '전구', '현광등' 등의 방식으로 변화되었는데 옛날 선조들의 조명 기구는 어떤 것이 있었는가? 깊은 산골의 시골에는 흙집에 조명 겸 벽난로와 같은 역할을 하기 위해 만든 시설이 있다. 태백 준령의 동쪽지역으로 분포되어 있는 '코쿨'이라는 시설이 그것이다. 벽에 외벽으로 통하는 굴뚝을 세워 소나무 괭이나 겨릅에다가 등겨가루를 묻혀 말린 겨릅대를 올려 불을 밝히면서 그 불에서 나오는 열기로 방의 온도를 높이도록 만든 시설물이다.

날로 밤으로/왕거미 줄치기에 분주한 집/마을서 흉집이라고 꺼리는 낡은 집/이 집에 살았다는 백성들은/대대손손에 물려줄/은동곳도 산호관자도 갖지 못했느니라.//재를 넘어 무곡을 다니던 당나귀/항구로 가는 콩실이에 늙은 둥글소/모두 없어진 지 오랜/외양간엔 아직 초라한 내음새 그윽하다만/털보네 간 곳은 아무도 모른다.//찻길이 놓이기 전/노루 멧돼지 쪽제비 이런 것들이/앞뒤 산을 마음 놓고 뛰어다니던 시절/털보의 셋째 아들은/나의 싸리말 동무는/이 집 안방 짓두광주리 옆에서/첫울음을 울었다고 한다.//"털보네는 또 아들을 봤다우/송아지래두 불었으면 팔아나 먹지"/마을 아낙네들은 무심코/차가운 이야기를 가을 냇물에 실어 보냈다는/그날 밤/저릅등이 시름시름 타들어가고/소주에 취한 털보의 눈도 일층 붉더란다.//갓주지 이야기와/무서운 전설 가운데서 가난 속에서/나의 동무는 늘 마음 졸이며 자랐다./당나귀 몰고 간 애비 돌아오지 않는 밤/노랑 고양이 울어울어/종시 잠 이루지 못한 밤이면/어미 분주히 일하는 방앗간 한 구석에서/나의 동무는/도토리의 꿈을 키웠다.//그가 아홉 살 되던 해/사냥개 꿩을 쫓아다니던 겨울/이 집에 살던 일곱 식솔이/어디론지 사라지고 이튿날 아침/북쪽을 향한 발자욱만 눈 우에 떨고 있었다.//더러는 오랑캐령쪽으로 갔으리라고/더러는 아라사로 갔으리라고/이웃 늙은이들은/모두 무서운 곳을 짚었다.//지금은 아무도 살지 않는 집/마을서 흉집이라고 꺼리는 낡은 집/제철마다 먹음직한 열매/탐스럽게 열던 살구/살구나무도 글거리만 남았길래/꽃피는 철이 와도 가도 뒤 울안에/꿀벌 하나 날아들지 않는다.

— 이용악, 낡은집

이용악의 시 「낡은집」에서 "그날밤/저릅등이 시름시름 타드러 가고/소주에 취한 털보의 눈도 일층 붉더란다"라는 대목이 있다. 이 시에 나오는 '저릅등'이 바로 시골에서 사용하던 조명 도구이다. '저릅등'의 재료인 '저릅'은 겨릅 곧 삼의 껍질을 벗겨낸 하얀 속대를 말한다. 옛날에는 이 겨릅으로

벽을 바르기 전에 흙이 흘러내리지 않도록 이것을 엮어서 알매를 치고 그 위에 흙을 발랐다. 뜨물을 가라앉힌 앙금에다가 겨를 섞어 반죽한 것을 겨릅대에 얇게 발라 말린 다음, 불을 붙여 밤에 조명용으로 사용하는 것이 '겨릅등'이다. 경북 북부지역이나 강원도, 함경도 산간지역에서는 벽에다 받침대를 만들거나 혹은 벽에다가 '코쿨, 코쿤'이라고 하는 벽난로와 같은 구덕을 만들어서 그곳에 이 겨릅대를 세워 태우기도 한다.[4] 이 코쿨은 두만강 변경에 거주하던 여진족들의 흔적이다. 연기가 많이 나는 것이 흠이지만 촛불과 같은 정도의 밝기를 가지며 하룻저녁에 대개 서너 개를 쓴다고 한다. 이 '코쿨'이라는 방열 및 조명 시설에 대한 이름이 방언에 따라 매우 다양하다.

이 다양한 방언 분화형을 모두 사전의 올림말로 싣자는 이야기가 아니다. 이들 분화형 가운데 역사적 변천 과정과 사용 빈도를 고려하여 그 대표형을 가려내어서 사전의 올림말로 삼아야 한다는 것이다.

수많은 종족과 언어도 자연계의 숱한 유기체들이 겪는 운명과 마찬가지로 절멸의 위기에 처해 있다. 숱한 종족과 언어가 절멸하는 결정적인 이유는 바로 그들이 살고 있는 생태 공간의 파괴에서 비롯된다. 웨일스의 격언에 "언어가 없는 민족은 심장이 없는 민족이다.Cenedl heb iaith, cenedl heb galon"를 새삼 되뇌어 본다. 이 땅에 기차가 달리고 하늘에는 비행기가 나는 시대, 그보다 훨씬 빠른 인터넷을 통해 이 지구는 크리스털처럼 투명하게

---

[4] 이상규, 『경북방언사전』(태학사, 2001) 코쿨⑲ 벽을 움푹 파고 연통을 내어 나무를 태워 벽난로 기능과 더불어 조명 역할을 함. "요새도 안빵 아룻묵 구석 비람빡에 굴같이 생긴 코쿨이라능 기 있데이"(봉화)(울진) '코쿨'의 방언으로 '고꼬리불, 고꾸리불, 고끌불, 고루채기불, 고코리불, 고쿠리불,고쿨불, 꼭두라지불, 관솔등불, 관솔불, 관술불, 광술불, 괵코리불, 꾕이불, 동디불, 둥지불, 소깨이불, 소깽불, 소깨불, 솔, 솔강불, 솔까이불, 솔깡불, 솔깡이불, 솔깽불, 솔깨이불/솔깽이불, 솔관불, 솔광불, 솔 꾕이불, 오코리불, 오둠불, 오둥불, 우둥불, 입성나불, 코꾸리불, 코꿀불, 코콜불, 코쿠리불, 코쿨불, 회릿불, 햇불' 등이 있다.

음성과 영상, 그리고 정보를 소통하는 시대에 들어섰다. 그래서 지난 시절이 더욱 그리워지는 것이다. 지난 시절의 언어 속에는 그 당대의 삶의 방식과 모습, 그리고 사유와 철학이 남아있다. 꼭 땅속에서 금속이나 돌로 만든 부처가 나와야 문화재인가? 우리 선조들의 일상적 삶의 애환이 서려 있는 말씨인 방언 역시 훌륭한 무형 문화재이다. 방언을 통해 우리는 과거와 만날 수 있으며, 또 과거를 되돌아볼 수 있다. 절멸된 시간과 공간을 재구축할 수 있는 훌륭한 재료가 바로 방언이다. 방언은 사람들이 살아온 자취, 흔적, 잔해와 세월의 흐름에 따라 이루어 낸 위업이 새겨져 있는 오래된 역사의 주름이다. 따라서 방언은 오랜 역사를 가지고 있어 그 언어의 뿌리(기원의 역사)를 확실하게 증명해 주는 '말틀'인 것이다.

물론 이런 다양한 어휘의 방언형 체계를 전면적으로 표준어에 수렴하여 사용하도록 하는 일은 거의 불가능하다. 그러나 이러한 지역적 종의 다양성을 체계적으로 조사하고 어디까지 공통어로 채택할 것인지 논의하는 일은 필요하다.

5. 인구 감소와 생태 위기

한국의 미래가 어떨까? 한국 사람들이 그다지 심각하게 생각하지 않는 인구 감소의 문제는 국가의 절멸과 함께 언어의 절멸로 치닫게 된다. 외국에서는 이미 한국을 전 세계에서 맨 먼저 사라질 나라로 꼽고 있다. 현재 전 세계에서 한국어를 사용하고 있는 숫자로 따지면 세계 10위권 안에 든다. 2020년 행정안전부의 주민등록기준 출생등록 통계에 따르면 한국의 출산율은 0.836명이었다. 다른 변수를 고려하지 않고 현재의 추세대로 간다면 세상에서 가장 먼저 한국인이 절멸될 것이라는 예측이다.

'코리아 신드롬'이라는 유행어를 만들었던 옥스퍼드 인구문제연구소의 데이비드 콜먼 박사는 한국의 저출산 문제를 심각하게 제기하고 있다. 유엔

미래포럼 한국대표인 박영숙이 쓴 『미래뉴스』(도솔, 2008)에서 한국은 2015년경부터 총 인구 수가 줄어들 것으로 예측하고 2305년이면 마지막 한국 사람이 죽을 것이라고 한다. 미래의 예측이 모두 맞아떨어지지는 않겠지만 저출산 문제는 매우 심각한 문제임에 틀림이 없다. 대학에 진학하려는 고등학교 학생들의 숫자보다 대학의 문이 훨씬 더 넓어서 앞으로 대학의 도산이 사회문제로 대두될 것이지만 국내 어떤 대학들도 이 문제의 심각성을 정면으로 논의하지 않고 우리 대학만은 예외일 것이라고 판단하고 있는 듯하다. 최근 아동용 물품을 만드는 시장이 축소되고 산부인과나 소아과 의사들은 경영의 수지를 못 맞추고 있어 수련의들이 전문의 획득을 기피하는 과로 전락하고 있다.

한국의 인구 문제는 비단 언어의 절멸 문제로 이어지는 불행이 아니라 인류의 총체적인 불행으로 이어질 공산이 매우 크다. 인구 변화는 미래사회 메가트렌드를 보여주는 지표이다. 서구 선진 사회에서는 이미 1970년대부터 저출산 문제가 사회문제로 대두되어 온갖 정책적 지원을 쏟았지만 저출산 문제는 해결될 기미를 보이지 않고 있다. 지난 농경사회는 아이가 곧 노동력을 산출하는 자산이었지만 정보화 사회에서는 아이가 비용이라는 인식이 팽배해 있다. 200년 뒤에는 이 지구상에 한국인이 없어진다. 저출산의 이유가 여러 가지가 있지만 2017년 이후 강한 파괴력을 가진 불치병, 핵전쟁, 대규모 인구 이동, 불임, 파시즘, 등의 정치, 경제, 환경 요인이 저출산 문제를 심화시키는 불을 댕길 것이다. 박영숙이 쓴 『미래뉴스』(도솔, 2008: 70)에서 "한국의 출산율을 1.10명으로 넣고 시뮬레이션 해보았을 때 인구 감소세는 2015년부터 나타나기 시작한다. 그러다가 저출산 현상 속에서 태어난 아이들이 부모가 되는 2040년부터 급격히 줄어든다. 2005년에는 4800만이던 것이 2050년에는 3400만 명, 2100년 1000만, 2150년 290만, 2200년 80만, 2250년 20만, 2300년 6만, 2305년에는 한국 사람이 사라진다!" 사람의 절멸은 사람과 함께해온 기호의 절멸로 이어질 것이다.

인구 증가나 급격한 감소, 환경 훼손, 전쟁, 벌목 등의 인간에 의한 자연 훼손 결과로 우리 주변에 있던 동식물들이 하나둘씩 자취를 감추고 있다. 1992년 브라질 리우에서 개최되었던 유엔환경개발회의에서 '생물다양성협약'을 채택함으로써 우리나라 환경부에서도 '자연환경보전법'을 개정하여 194종의 '멸종 위기 및 보호 야생 동식물'을 선정하여 그 보전을 위해 노력하고 있다.

환경부의 「자연환경보전법 제2조 제6호」에서는 멸종 위기 야생 동·식물을 "자연적 또는 인위적 위협요인으로 인한 주된 서식지·도래지의 감소 및 서식환경의 악화 등에 따라 개체 수가 현저하게 감소되고 있어 현재의 위협요인이 제거되거나 완화되지 아니할 경우 멸종 위기에 처할 우려가 있는 야생동·식물을 말한다."라고 정의하고 있으며, 「자연환경보전법 제2조 제7호」에는 보호 야생 동·식물은 "학술적 가치가 높은 야생동·식물, 국제적으로 보호 가치가 높은 야생동·식물, 우리나라의 고유한 야생동·식물 또는 개체 수가 감소되고 있는 야생동·식물을 말한다."라고 정의하고 있다. 대상물이 절멸되면 자연적으로 그에 대응되는 언어가 절멸되기 마련이다.

가. 포유류(22종)
늑대, 산양, 담비, *작은관코박쥐, 대륙사슴, 수달, 무산쇠족제비, *큰바다사자, 바다사자, *스라소니, 물개, 토끼박쥐, 반달가슴곰, 여우, 물범, 하늘다람쥐, *붉은박쥐, 표범, *물범류, 사향노루, 호랑이, 삵

나. 조류(61종)
검독수리, 가창오리, *붉은가슴흰죽지, *적호갈매기, 넓적부리도요, *기구리매, *붉은해오라기, 조롱이, 노랑부리백로, 개리, 비둘기조롱이, *참매, 노랑부리저어새, 검은머리갈매기, *뿔쇠오리, 큰고니, 두루미, *검은머리물떼새, 뿔종다리, 큰기러기, 매, *검은목두루미, *삼광조, *큰덤불해오라기, 저어새, 고

니, *새홀리기, *큰말똥가리, 참수리, *긴점박이올빼미, 솔개, *털발말똥가리, *청다리도요사촌, *까막딱다구리, *쇠황조롱이, 팔색조, 크낙새, 느시, 수리부엉이, 항라머리검독수리, 흑고니, 독수리, *시베리아흰두루미, *호사비오리, 황새, 뜸부기, *알락개구리매, 흑기러기, 흰꼬리수리, 말똥가리, 알락꼬리마도요, 흑두루미, 먹황새, 올빼미, 흰목물떼새, 물수리, 재두루미, *흰이마기러기, 벌매, *잿빛개구리매, *흰죽지수리

다. 양서·파충류(6종)

구렁이, 금개구리, 남생이, *표범장지뱀, 맹꽁이, *비바리뱀

라. 어류(18종)

감돌고기, *가는돌고기, 모래주사, 꼬치동자개, 가시고기, *묵납자루, *미호종개, *꾸구리, 임실납자루, *얼룩새꼬미꾸리, *다묵장어, 잔가시고기, *통사리, 돌상어, 칠성장어, *흰수마자, *둑중개, *한둑중개

마. 곤충류(20종)

*산굴뚝나비, 고려집게벌레, 소똥구리, *두점박이사슴벌레, *깊은산부전나비, *쌍꼬리부전나비, 상제나비, 꼬마잠자리, *애기뿔소똥구리, 수염풍뎅이, *닻무늬길앞잡이, 왕은점표범나비, 장수하늘소, *멋조롱박땅정벌레, *울도하늘소, 물장군, *주홍길앞잡이, *붉은점모시나비, *큰자색호랑꽃무지, 비단벌레

바. 무척추동물(29종)

*귀이빨대칭이, *검붉은수지맨드라미, 자색수지맨드라미, *붉은발말똥게, 나팔고둥, *깃산호, *잔가지나무돌산호, *기수갈고둥, 남방방게, *둔한진총산호, *진홍나팔돌산호, *대추귀고둥, *두드럭조개, 망상맵시산호, *착생깃산호, 장수삿갓조개, *칼세오리옆새우, *밤수지맨드라미, *측맵시산호, *참달팽이, 별흑산호, 해송, *긴꼬리투구새우, *연수지맨드라미, *흰수지맨드라미, 선침거미불가사리, *유착나무돌산호, *갯게, *의염통성게

사. 식물(64종)

*광릉요강꽃, 가시연꽃, 매화마름, *왕제비꽃, *나도풍란, 가시오갈피나무, 무주나무, 으름난초, *만년콩, *개가시나무, *물부추, *자주땅귀개, 섬개야광나무, *개느삼, 미선나무, 자주솜대, 암매, *개병풍, 박달목서, *제주고사리삼, *죽백란, *갯대추나무, *백부자, 조름나물, 풍란, *기생꽃, *백운란, *죽절초, 한란, *깽깽이풀, *산작약, 지네발란, *끈끈이귀개, 삼백초, 진노랑상사화, *나도승마, *선제비꽃, *층층둥글레, *노랑만병초, *섬시호, *큰연령초, 노랑무늬

붓꽃, *섬현삼, *털복주머니란, 노랑붓꽃, *세뿔투구꽃, 파초일엽, 단양쑥부쟁이, 솔나리, *한계령풀, 대청부채, *솔잎란, *홍월귤, *대흥란, 솜다리, *황근, 독미나리, *순채, 황기, *둥근잎꿩의비름, *애기등, *히어리, 망개나무, *연잎꿩의다리

아. 해조류(1종)
*삼나무말

'멸종 위기 및 보호 야생 동식물'의 명칭이 지역적 분화형뿐만 아니라 표준어형으로도 학습될 기회가 박탈되었다. 환경부에서 고시한 멸종 위기의 야생 동식물의 이름 가운데 *가 달린 어휘가 『표준대사전』에 실리지 않았다. 단순하게 이들 어휘가 사전에 실리지 않았다는 사실만으로도 문제가 되지만 사전 편찬자들의 동식물의 생태분류 체계에 대한 무지함이 사전 편찬에까지 이어지고 있다는 충격적인 사실을 결코 간과할 수 없다. 이러한 사전 체계의 문제점을 극복하기 위해 AI를 기반으로 한 새로운 사전을 기획하여 거의 모든 구어를 빅데이터로 구축해야 할 것이다.

숲과 자연환경 파괴가 약탈자의 음모와 이윤 추구라는 이유 때문에 발생한다는 견해를 가진 데릭 젠슨과 조지 드레펀이 쓰고 김시현이 옮긴 『약탈자Strangely Like War』(실천문학사, 2003:7)에서 "자연을 원재료로, 생명을 상품으로, 다양성을 위협으로 전락시키고, 파괴를 진보라고 여기는 단일한 문화 시각의 폭력이 서슬 푸른 칼날을 휘두르는 것이다."라고 말하고 있다. 다국적 기업이나 지배적 국가의 경영이 어떻게 숲과 자연을 파괴하고 있는지 잘 설명해 주고 있다. 언어정책이나 규범이 생태적 언어를 위기로 몰아넣는 또 하나의 요인이라는 사례에 대해 설명하고자 한다.

무수한 생물들이 강제로 죽음에 내몰리고 있듯이 많은 언어나 방언이 눈에 보이지 않는 엄청난 '폭력'에 시달리고 있다. 한 언어나 방언을 사용하고 있는 사람들의 자연적・사회적 공간이 변화하거나 강제 이주에 따라 그

들에게 익숙하지 않은 언어를 사용하도록 강요당하고 있는 것이다. 절멸해 가는 방언을 보존하기 위해 언어학자들이 서둘러 나서지 않는다면, 얼마 가지 않아 그 방언들 역시 수많은 식물이나 동물과 똑같은 절멸 위기에 처할 것이다. 문제는 이 지구상에 다양하게 존재하던 생물의 종과 인간 문화 곧 언어가 함께 급속도로 절멸해가고 있는 이 극한 상황을 어떻게 설명하고 이해해야 하는가? 어쩌면 국어학자나 언어학자들이 이렇게 다양한 언어의 변종에 대해 알고 있는 사실이 너무도 적다는 점을 인정해야 할 것이다. 그리고 급속도로 언어의 다양성이 파괴되고 있는 점에 대해 사람들이 이해하는 정도가 본질에서 너무나 멀리 떨어져 있는 것이 아닌가 반성해 보아야 할 것이다.

생태학에서도 단일 재배는 조만간 부득이 멸종으로 이어질 수밖에 없다고 예고하고 있다. 그럼에도 불구하고 인간은 자연의 다양성을 파괴하고 식량의 원천이 되는 생물의 종을 표준화하거나 생산량이 많은 쪽으로만 육종하는 데 혈안이 되어 있다. 기술적으로 고도의 무장을 하고 있는 인간들은 엄청난 종족의 절멸과 그 언어의 절멸을 아무렇지도 않게 바라만 보고 있다. 북미 대륙에서 백인들에 의해 저질러진 인디언의 절멸이나 아프리카의 많은 부족의 추방과 죽음은 과연 무엇을 의미하는가?

갈치는 은갈치(비단갈치)와 먹갈치로 구분되는데 정작 '갈치'는 '갈칫과'로 '먹갈치'는 '등가시칫과'로 구분하여 상위 '과'가 다른 것으로 사전에서는 뜻풀이를 하고 있다. '갈치'는 『자산어보』에서는 '군대어裙帶魚'라고 하는데 '매가오리'를 연분鳶鱝, 황홍어黃紅魚로 뜻풀이하듯이 갈치 역시 동일한 방식으로 뜻풀이를 하지 않은 이유가 무엇인가? 그뿐 아니다. 아무리 먹어도 배가 나오지 않는 홀쭉한 사람을 '갈치배'라고 하는데 이 '갈치배'라는 어휘도 복합어로 인정하지 않아서인지 『표준대사전』에 실려 있지 않다. 겨울 포장마차에 들러 소주 한 잔에 '고갈비' 한 마리면 넉넉하게 친구들과 우정을 나눌 수 있을 텐데 문제는 이 '고갈비'가 역시 『표준대사전』에 실려 있지 않다. 아직 새로운 어휘로 정착되지 않아서 인가 아니면 표준어심의회의 거수 의결을 거치지 않아서일까?

우리 일상생활과 매우 밀접한 고기로 '명태'가 있다. 싱싱한 생물일 때 '생태'라 하고 겨울에 얼린 것은 '동태'라 하며, 말린 것은 '북어' 또는 '깡태'라 하고 40여 일 비바람에 얼렸다 말린 고급품은 '황태'라 한다. 또 내장과 아가미를 발라내고 보름 정도 꾸덕꾸덕하게 말린 놈은 '코다리'라 하며 북어나 황태를 방망이로 두드려 솜털처럼 푸석푸석하게 만들어 조미한 것을 '피움'이라 한다. 잡는 방식에 따라 유자망으로 잡은 것은 '그물태', '망태'라 하고 연승 어업으로 잡은 것은 '낚시태'라 부르며 산란을 한 뒤에 살이 마른 것은 '꺾대'라 한다. 이 역시 '깡태, 그물태, 꺾태'니 하는 어휘는 서울 교양 있는 양반들이 사용하지 않는 말이라 다 내다 버려야 하는 모양인지 『표준대사전』에 실려 있지 않다. '밴댕이'라는 놈은 속이 좁아 내장이 거의 없다. 사람도 속 좁은 이를 '밴댕이' 같은 놈이라 하듯이 말이다. 그런데 이 밴댕이를 말린 것은 멸치보다 시원한 국물에 우리는 데 적격인데 이 말린 밴댕이를 부산 지역에서는 '띠포리'라 한다. 이것 역시 시원찮은 시골 사람들 말씨라 그런지 『표준대사전』에 실려 있지 않다. 사전에 실려 있지 않다는 이야기만 계속하니 뭐 전문용어로 처리할 것이라서 사전에 없는 데 무슨 소리하느냐고 뻔뻔하게 맞서는 사전 편집자들이나 그런 일은 국가 기관에서 할 일이 아니라고 우기는 국어 정책 책임자들이나 오십보백보인 셈이다. 국가 사전 지식 경쟁력이 약화된 위기에 안일하게 대응하는 사람들이 언어 권력을 휘두르는 이상 언어의 다양성을 확보할 미래의 방안이 보이지 않는다. AI 인공지능을 활용하면 무한정한 언어자료를 빅데이터를 구축하여 검색하고 활용할 수 있다. 사전에 묶여 포기했던 지식 정보를 클라우드 워커를 통해 샅샅이 조사하여 보관할 필요가 있다.

종이사전을 가위로 오려 붙이고 문제가 되는 어휘들을 근사하게 표준어 심의 위원들이 선별하는 투표를 하는 주먹구구식의 사전 지식 관리체계에 얼마나 큰 허점이 있는지 알아내야 한다. 그리고 그 대응 방안을 마련하기 위해 서둘러 노력해야 한다.

6. 우월한 언어란 존재하지 않는다

언어의 급진적 절멸은 ① 언어 사용자의 몰살, ② 자연환경의 급변(인도네시아 숨바와섬에서 1815년 화산 폭발의 경우, 탐보란어 사용자가 모두 죽음), ③ 대량 학살(캘리포니아 야히족의 이사가이 언어의 절멸), ④ 언어 제국주의(18세기 유럽인들과 원주민들의 접촉. 오스트레일리아 시드니, 브리스베인, 애들레이드, 퍼스, 멜버른, 태즈메이니아 지역의 원주민의 전멸)와 같은 요인에 의해서 진행된다.

언어 절멸의 기점을 마지막 사용자의 죽음으로 볼 때 콘월어는 1777년 돌리 펜트리드의 죽음 이후, 1875년 콘월어를 구사할 수 있는 노인 6명을 발견하기도 했고, 와포족과 유키족의 언어 가운데 아서 앤더슨이 1908년 유키어를 마지막으로 사용한 사람으로 알려졌으나, 로라 피시 소머설이 1960년대 와포어의 마지막 사용자로 보도되었고, 1974년 언어학자 라일 캠벨은 엘살바도르에서 사어로 알려졌던 카코페라라어 사용자를 몇 명 찾아내었다. 곧 언어가 완전히 절멸한 시점을 찾기가 쉽지 않다는 것이다.

죽어가는 언어가 여러 세대에 걸쳐 점차 쇠퇴해 가는 것을 점진적 절멸이라고 한다. 언어는 가족의 소통 수단으로 사용하지 않으면 잃게 된다. 파푸아 뉴기니의 시골 마을에서는 그들의 구술 전통인 설화를 전승하지 못하는 상황이며, 오스트레일리아나 일부 지역에서는 구술 전승의 이야기가 원주민의 언어가 아닌 영어로 변화한 경우도 있다. 아네테 슈미트가 오스트레일리아 젊은이들의 다르발어 사용자를 대상으로 연구한 결과 말을 유창하게 하는 사람과 그렇지 못한 사람 간에는 상당한 어휘력의 차이가 있다고 한다. 또한 자신들의 언어로 된 새로운 신조어가 생산되지 않는 특징을 보였다. 죽어가는 언어를 사용하는 사람은 자연스러운 대화보다 기계적이고 판에 박힌 말씨에 의존한다. 죽어가는 언어의 한정된 생산 능력은 마지막 사용자들이 새로운 말을 창조적으로 만들어 사용하기보다는 더 고정된 구문에 점점 의존하도록 만든다. 젊은 층은 구체적인 단어를 잃어버리는 대신 '큰뱀장어 쿠누이qunuii, 큰칠면조 와콸라waqala를 모두 '큰뱀장어', '큰칠면조'처럼 일반적인 단어로 교체해 썼다. 엘리스가 쓰고 안소연이 옮긴 『멸종의 역사no turning back』(아고라, 2006)에서는 세계에서 가장 외롭고 희귀한 새인 '스픽스앵무새'나 천상의 새인 '북미두루미' 등 절멸한 많은 종의 복원을 위한 지속적인 노력에 대해 소개하고 있다. 다르발어 사용자 중에는 600종이 넘는 나무 이름을 기억하는 자도 있었다.

한때 친족 범주가 20여 가지가 되었으나 급격하게 줄어든다. 틀링깃족, 하이다족, 침시아족의 친족 명칭은 영어로 바뀌었다. 전통적 친족 호칭과 씨족의 이름이 절멸되면 이는 분명 부족 구조의 해체와 관련된다. 문명의 변화로 토속 언어가 신문명어로 교체된다는 것은 차세대와 연결고리가 약화되는 것을 의미한다. '불름반bulmban(침상용으로 깔아 놓은 풀)'이 유럽식 '침대'로 교체되었고, 모래를 뜻하는 와퀴waquy가 '설탕'의 의미도 포함한다. 뤼세뇨어는 캘리포니아 남부에서 소수자들이 사용하는 우토아즈텍 어족의 한 갈래인데 마지막 사용자들은 관계절의 사용이 현격하게 줄었으며, 복잡한 구문은 사용하지 못했다. 언어가 죽어가고 있는 사회에서는 문어체에서 배울 만한 표현법을 습득할 기회가 줄어든다는 것이다. 구조가 복잡할수록 배우기 힘들듯이 절멸 위기의 언어는 복잡성이 자꾸 줄어 들어간다. '마후라, 빤스, 난닝구, 빵꾸'와 같은 일본식 외래어를 '머플러, 팬티, 러닝셔츠, 펑크'로 되돌리는 방식으로 한국어의 어휘 기반이 무너져 내리는 현상을 도저히 막아낼 길이 없다. '머플러'가 '마후라'보다 더 우월하다는 말인가. '목감싸게' 정도의 우리말로 바꾸면 안 될까.

태평양 사람들은 다양한 물고기의 형태와 생태에 대한 축적된 지식을 구전으로 전해 오고 있다. 이러한 토착 지식의 규모는 서양 과학자들이 결코 배울 수 없을 정도로 많은 양이다. 정약전의 『자산어보玆山魚譜』에 기록된 어류의 지식은 현대 어류 분류학자들보다 더 정확하고 소상한 토착 지식을 보유하고 있음을 보여준다. 타히티섬 사람들은 침착하지 못한 사람을 '투나하바로tunahaavaro'(뱀장어의 한 종류), 찾기 힘든 사람은 '오후아ohua'(바위 밑에 숨는 물고기)라 부르고 "물고기가 카누 안에 들어오고 나서야 인생을 생각할 수 있다."라는 속담처럼 그들의 모든 삶이 물고기와 어부, 고기잡이 등과 관련되어 있다. 육지에서는 발견할 수 없고 바다에서만 사용하는 비밀스럽고 특수한 어휘나 규약을 갖고 있다. 다르발어 사용자는 수백 종 이상의 식물 이름을 알고 타히티 사람들은 수백 종의 물고기 이름을 알고 있다. 영어나 다른 거대 언어 국가의 사람들 중에 이처럼 생태적 토착 지식이 많은 사람이 있는가? 토착 동식물 이름인 꽃이름, 나무이름, 날벌레 이름을 10가지 이상 알고 있는 학생은 20%도 안 되지만 영어로 된 정보통신 관련 어휘는 수백 가지를 인지하고 있다는 최근 K대학 1학년생을 대상으로 조사한 어휘능력 조사표를 보면 한국어의 어휘 생태계가 얼마나 심한 불균형을 보이고 있는지 짐작할 수 있다. 부족 국가의 언어는 어휘가 불과 수백 가지일 것이라는 선입관이 문제인 것이다. 19세기 언어학자들이 인도유럽어를 가장 선진화한 언어로 믿고 이들 언어가 확장되는 것이 적자생존의 원리라고 신봉하였던 데 문제가 있었다.

토착 언어가 열등하다는 증거는 어떤 곳에서도 찾아볼 수 없다. 언어 간에 우월과 열등이라는 이항적 대립의 잣대는 존재하지 않는다. 프랑스의 한 역사가는 누벨칼레도니의 카나크 토착어 중 한 언어에 대해서 이렇게 말했다. 이 언어는 한 문화의 언어가 될 수 없다. 우리는 구공 신부가 1860년에 그들에게 프랑스어를 가르치는 은덕을 베풀어 준 것을 고맙게 여긴다. 그 덕분에 원주민들은 서구의 수준 높은 문화와 연결될 수 있게 되었다고 말했다.

한 언어의 어휘는 세상을 이해하고, 지역 생태계 내에서 생존하기 위한 지식과 사물들의 목록의 총체이다. 언어는 인간 정신의 무궁한 창의성을 들여다볼 수 있는 통로이다. 개개의 언어는 인간이 외부 세계를 이해하고 그것을 표현할 상징체계를 만들어내서 말하고 사고할 수 있도록 해 주는 방식이며 창의성의 기반 동력이다. 토착 언어와 문화를 원시적이고 후진적이라고 무시하면서 그것을 서구의 언어와 문화로 대치하는 것이 현대화와 진보화의 선행 조건이라고 생각하는 사람들은 모든 사람이 하나의 언어만을 사용하는 미래를 이상적인 세계라고 생각하는 것과 같다.

언어는 복잡한 생태계의 일부이다. 따라서 생물 다양성을 유지하려면 반드시 언어를 지원해야 한다. 기획되지 않은 엄청난 양의 토착 언어의 지적 자원을 내버려 두어서는 안 된다. 세상에는 우리가 상상하는 것보다 훨씬 더 다양한 종족과 언어가 존재한다. 인류 역사를 통해 어떤 연유로 그렇게 많은 언어가 생겨났다가 절멸되었는지? 그 다양성이 생겨나는 과정과 그 다양성이 유지되는 사회적인 힘과 그리고 그것이 파괴되는 원인은 무엇일까?

언어는 허공에 존재하는 것이 아니라 사람이 살고 있는 생태 환경의 일부로 존재하기 때문에 언어와 생태학ecology을 연결 짓기에는 안성맞춤이다. 생태학의 어원은 '집'을 뜻하는 그리스어 'oikos'이다. 언어라는 말 역시 로고스에서 유래된 말인데 하이데카는 인간 존재의 집이 곧 언어라고 말했다. 언어가 형이상학적인 존재의 집이라면 생태계는 물질적 세계의 존재의 집인 셈이다. 언어가 생성되고 절멸하는 이유를 언어 자체로만 볼 것이 아니라 그 언어를 사용하는 사람들의 전체적인 삶의 모습을 살펴봐야 한다. 이러한 견해가 바로 생태학적 사회관이다.

제국주의에 의해 자원과 사회 통제권이 빼앗긴 사회의 변화도 문화와 언어 영역의 큰 변화를 초래할 수 있다. 1987년 후반 브라질의 야노아뫼 인디언의 거주 지역인 북부 열대림 지역에서 금이 발견되자 3만여 명의 채굴꾼들이 몰려들어 인디언들을 추방한 결과 인디언들의 언어가 절멸될 수밖에 없었다. 언어가 절멸하는 일차적 원인은 언어 그 자체에 있는 것이 아니다. 언어 사용에서 일어나는 변화에 환경, 경제, 정치적인 원인으로 인한 사회적인 격변이 내재되어 있다. 언어 절멸에는 감춰진 스트레스가 있다는 것이다.

언어와 사회의 연관성을 밝힐 수 있는 사례를 태평양 지역에서 찾아보자. 토착어가 300개 넘는 고도의 다양성이 유지되는 태평양 지역은 가히 언어의 원시림이라 할 수 있다. 뉴기니섬에는 천 가지가 넘는 언어가 소통되고 있다. 전 세계 6천여 가지의 언어 가운데 1/6이 이 섬에 분포하고 있다. 어쩌면 대단히 비효율적으로 언어를 사용하고 있다고 할 수 있다. 그러나 이 지역은 인간 언어의 다양성을 설명하는 보고이다. 파푸아 뉴기니는 뉴기니섬 동쪽 반과 뉴브리튼, 뉴아일랜드, 부갱빌 등을 포함하는 600여 개의 부속 섬으로 이루어진 나라이다. 세계 인구의 0.1%, 육지 면적의 0.4%의 면적인데 세계 언어의 13.2%를 차지하고 있는, 언어의 다양성이 유지되는 온상과 같은 지역이다. 다니엘 네틀과 수잔 로메인이 쓰고 김정화가 옮긴 『사라져 가는 목소리』(2003:141)에서는 파푸아 뉴기니를 이른바 "천국의 바벨탑"이라 부르고 있다.

7. 『옥스퍼드 영어사전』에 얽힌 두 가지 이야기

한 나라의 지식과 문화 생산 역량은 사전의 어휘 총수와 그 활용 빈도로 측정된다. 소중한 우리 민족의 언어 유산을 포기하여 사전 지식의 가난함을 자초하는 일은 잘못된 언어 정책이나 정책 운용의 잘못에 기인하는 바가 많다. 자국 언어의 미시적인 자료 정보를 체계적으로 함께 수록한 방대한 사전을 나라마다 다투어 출간하고 있다. 영어 사전에서 라틴어의 유산을, 터키어 사전에서 아랍어의 유산을 돌보는 것과 같은 이유로 우리가 만들어야 하는 국어대사전은 다양한 어휘를 수집하여 발음, 문법, 의미, 어원 등 각종 미시 정보를 상세하게 수록하고 또 이를 지원할 수 있는 언어 정보 처리 기술 능력을 갖추어야 한다. 이것은 국가의 지적 발전을 위한 일과 밀접한 관계가 있다.

1928년 6월 6일 오후 8시 영국 런던의 세인트폴 대성당 옆 필립 하드윅 궁전 앞에는 화려한 축하 만찬 행사가 진행되고 있었다. 전 인류를 대표하는 영국인의 자긍심을 담아낸 『옥스퍼드 영어사전Oxford English Dictionary』 출간을 기념하는 저녁 만찬 행사였다.

이날 행사에 영국 수상을 지낸 스탠리 볼드윈Stanley Boldwin을 비롯한 영국의 지성을 대표하는 많은 인사들 이외에도 사전 편찬을 위해 헌신한 봉사자들이 참석하였다. 그곳은 그들의 숨은 노력의 결실이 한데 어우러진, 20세기 세계 최고의 지성의 꽃을 피운 성과를 자축하는 자리였다. 새 영어 사전 편찬을 처음으로 대중에게 선언했던 영국 언어학회의 호소문은 『옥스퍼드 영어사전』 편찬을 대중들에게 알리는 신호탄이었다.

자원봉사자로서 『옥스퍼드 영어사전』 편찬에 참여할 사람들에게 보내는 호소문(사이먼 윈체스트가 쓰고 공경희가 옮긴 『교수와 광인The Professor and the Madman』(세종서적, 2000))의 내용을 잠깐 살펴보자. "1857년 11월, 당시 웨스터민스터의 주임 사제였던 트렌치 대주교는 언어학회에서 '우리 영어 사전이 가진 결함들에 관하여'라는 내용의 논문을 발표했다. 이 일로 인해 언어학회에서는 현존하는 영어 사전들의 결함을 보충할 증보판을 준비하자는 결정을 내리게 되었다. 그러나 기본적으로 사전의 수준이 워낙 형편없었기 때문에 단순한 증보판이 아닌 영국의 국어인 영어와 언어학회의 심각한 현 상황을 개선할 수 있는 새로운 사전을 편찬하자는 목소리가 점점 커졌다. 따라서 1859년 1월, 언어학회는 '새 영어 사전 출간 계획서'를 발표했다. 이 계획서에는 사전 출간 작업의 성격과 영국과 미국 대중에게 새 영어 사전 출간에 필요한 자료를 수집해 달라는 내용이 포함되어 있었다. 그런데 이때 수집해서 보내 주는 자료에는 반드시 어느 곳, 어느 시기든 작가들이 사용한 영어 어휘가 들어간 인용문이 포함돼 있어야 하며, 또 각 인용문들은 일률적으로 백지 반장에 기록해야 한다고 설명되어 있었다. 또 이렇게 모여진 인용문들은 알파벳순과 의미에 따라 분류될 것이라고 차후의 과정까지 상세히 설명하고 있다. 이러한 언어학회의 호소문은 엄청난 반응을 불러일으켜서, 수백 명의 자원봉사자들이 각자 책을 읽고 인용문을 발췌하여 '부편집인들'에게 보내기 시작했다. 그러면 역시 자원봉사자들로 이루어진 부편집인들은 알파벳 한 글자나 한 글자의 일부분 편집을 담당하여 자원봉사자들이 보낸 자료를 좀 더 정리하고 분류해서 사전 편찬에 쓸 수 있게 어느 정도까지 어휘의 의미를 만들어냈다. 이런 영어 사전 편찬 작업의 전체 편집 책임은 허버트 콜리지 씨가 맡았는데, 안타깝게도 그는 이 작업이 막 시작된 즈음 세상을 떠나고 말았다. …"

이처럼 『옥스퍼드 영어사전』 출간 사업은 영국 정부의 최고 책임자인 수상에서부터 영국을 대표하는 지성인들, 대학과 민간기업을 비롯한 온 국민의 관심이 집중된 세계적인 과제였다. 특히 이 사업을 주도한 영국 언어학회에서는 이 사전 사업을 성공적으로 추진하기 위해 영국을 대표하는 많은 학자들뿐만 아니라 일반 대중의 지식인들을 대거 참여시킴으로써 그들의 사전 사업의 성과를 인류문명사 발전의 큰 위업으로 고양할 수 있었던 것이다. 『옥스퍼드 영어사전』은 프레더릭 퍼니발, 제임스 머리 등 사전편찬을 위해 기여한 많은 사람들의 노력 덕분으로 완성될 수 있었다. 특히 전설처럼 전해오는 윌리엄 마이너라는 사람은 살인 혐의로 정신 병동에 수용되어 있으면서도 세계에서 가장 위대한 사전을 만드는 작업에 직접 참여한 감동적인 뒷이야기를 남기도 했다.

수많은 지성은 물론이거니와 수천 명의 자원봉사자가 이 사전을 편찬하는 데 크게 기여했다. 이러한 사실은 1896년에 이미 영국에서 사전 편찬을 위한 오프라인에서의 다중 협업이 이루어졌음을 알렸다. 오늘날 다중 협업으로 구성되는 '위키피디아Wikipedia'나 전문가 집단의 협업으로 이루어지는 '놀KNOL'이 온라인상에서 대중의 지적인 협업으로 추진되고 있는데 이러한 일이 오프라인에서 오래전에 이미 영국에서 진행이 되었다는 사실은 매우 놀라운 일이다. 옥스퍼드 영어사전 편찬을 위해 많은 자원봉사자가 직접 참여했다는 점을 강조하기 위해 비밀에 싸인 정신병자인 윌리엄 마이너의 이야기가 극적인 서사적 구조의 역할을 해내고 있다. 윌리엄 마이너의 이야기는 매우 엄격하고 까다로운 사전 사업을 이토록 공개적이고 개방적으로 진행한 영국 옥스퍼드 사전의 탁월함을 찬양하기 위한 일종의 극적 장치의 역할을 충분히 해낸 것이리라.

이 이야기의 줄거리는 이렇다. 옥스퍼드 영어사전 책임편찬자인 닥터 제임스 머리라는 주인공이 20년의 세월이 흐르는 동안 꾸준하게 너무나도 정교하고 정확한 사전 편찬 기초 자료를 꾸준하게 보내 주던 이 신비롭고 흥미로운 주인공인 윌리엄 마이너를 만나서 그동안의 노고에 대한 감사의 인사를 전하고 싶어 한다. 닥터 제임스 머리가 윌리엄 마이너와 서신을 통해 약속한 장소인 크로손 역에서 마차를 타고 20여 분 달려가 도착한 곳은 놀랍게도 '브로드무어 수용소'였다. 의문의 주인공이 아마 이 병원에서 근무하는 매우 근엄하고 지적인 의사일 것이라는 기대와 달리, 윌리엄 마이너라는 주인공을 만나 보니 놀랍게도 이 수용소에 20년 동안 장기 수용된 정신병자였다. 1872년 2월 17일 새벽 2시 템즈강 건너 웨스트민트 사원 맞은편 부랑자가 뒤끓는 람베스라는 범죄 구역에서 네 발의 총성이 차가운 새벽 아침 공기를 뒤흔들었다. 옥스퍼드 사전 편찬 사업의 충실한 협조자였던 윌리엄 마이너가 람베스에서 조지 메리트라는 사람을 살해한 사건의 주인공이었다. 그 후 그는 브로드무어 수용소에 구속된 상태에서 옥스퍼드 영어사전 편찬을 위한 정밀한 자료를 송고하면서 무료한 수용소 생활 20년을 접어갔다. 윌리엄 마이너와 그의 생을 추적하는 영어사전 책임편찬자인 닥터 제임스 머리와 얽힌 한 편의 영화와 같은 이야기다. 문제는 바로 130여 년 전 기획되었던『옥스퍼드 영어사전』편찬과 관련된 뒷이야기의 함의이다. 20년 동안 꼬박꼬박 사전 편찬 자료를 송고한 주인공 윌리엄 마이너가 알고 보니 끔찍하게도 정신병동에 수감된 살인자였다는 것은 어떤 의미를 갖는 걸까?

『옥스퍼드 영어사전』과 얽힌 두 번째 이야기이다. ≪매일신문≫ 2006년 2월 3일 정인열 기자가 쓴 데스크칼럼 "세계적인 사전 만들자"라는 내용의 일부를 간추린 것이다.

"1928년 6월 6일 오후 8시 영국 런던의 세인트폴 대성당 옆 필립 하드윅 궁전 앞에는 화려한 축하 만찬 준비가 진행되고 있었다. 이날 저녁 만찬 행사에는 세 차례나 영국 총리를 역임한 스탠리 볼드윈를 비롯해서 그때 이후 그처럼 많은 지성인이 한자리에 모인 일은 거의 없다고 해도 과언이 아닐 정도로 영국에서 내로라할 만한 지성을 대표하는 인물 150여 명이 이 축하 만찬에 초대되었다. 그 모임은 "그런 종류로는 역사상 최고의 업적"이라는『옥스퍼드 영어사전』출간을 축하하기 위해 마련된 자리였다.

그 '최고의 업적'이란 지난 71년의 긴 세월을 거쳐 세상에 모습을 드러낸 1만 5천 490쪽에 41만 4천 825개의 표제와 182만 7천 307개의 예문을 갖춘 10권짜리『옥스퍼드 영어사전』을 완성한 것이며, 이를 축하하기 위해 총리가 주재한 만찬 행사였다.

한 나라의 사전 편찬 사업에 국가 최고 지도자를 비롯하여 많은 지도급 지성인들이 국가 지식 체계를 결집한 사전 편찬을 기념하는 뜻깊은 자리에 모여 이를 자축한다는 말만 들어도 부럽기 짝이 없다. 이 사전에 대해 볼드윈 총리는 찬사를 아끼지 않았다.

"사막의 섬에 떨어지게 되어 딱 한 작가의 작품만 가져갈 수 있게 되는 그런 선택의 때가 온다면 나는 옥스퍼드 영어사전을 선택하겠다. 우리의 역사, 우리의 소설, 우리의 시, 우리의 드라마, 이 모든 것이 이 한 권의 책 안에 다 들어있다. 나는 아무리 외로운 곳에 가더라도 이 사전이 있다면 살아갈 수 있을 것 같다. 옥스퍼드 영어사전은 역사상 최고의 업적이다."라고 예찬하였다. 한 국가의 최고 지도자가 적어도 이 정도의 지성을 정치력과 함께 갖춘 나라여서 그런 인류 역사의 지적 자산을 묶어내도록 지원하고 이끌 수 있었으리라."

1857년경 영국이 아프리카와 인도 그리고 아메리카를 비롯한 많은 나라를 정복하고 지배하면서 그들의 언어 통일은 매우 긴요한 국가 정책이 되었다. 셰익스피어와 같은 위대한 대문호를 그들의 자존심을 상징하는 인물로 추앙하면서 대영제국과도 바꾸지 않겠다고 할 만큼 그들의 언어와 문학에 대한 문화적 자긍심을 변방의 식민 국가를 타자화하는 한 방편으로 활용하였다. 이처럼 국가의 언어 자산을 기획하고 관리하는 영역에 이르기까지 세심한 관심을 가지고 지원하고 또 그 사업의 성과를 성공적으로 이끌어 낼 안목을 가진 지도자가 있었기에 제국의 세계를 경영할 수 있었던 것이 아닐까? 이와 함께 영어의 어휘 수와 발달 및 역사 과정 등을 밝혀 줄 사전의 필요성을 느낀 '영국언어학회'라는 단체에 소속된 연구자들과 일반 국민들이 가담하고 또 국가가 지원하는 방식으로 사전 편찬 작업을 성공적으로 이끌어내었다. 옥스퍼드 영어사전의 편찬은 소수 전문가들만 가담하여 이루어진 것이 아니라 위키피디아의 대백과사전처럼 이미 이 시대에 윌리엄 마이너와 같은 자원봉사자들이 다중 협업한 방식으로 이루어졌다는 데 큰 의미가 있다. 그리고 지루할 정도로 장기간에 걸쳐 꾸준한 국가적 지원과 투자가 있었기 때문에 세계적인 성과를 이루어낼 수 있었다.

길어도 10년이면 될 것으로 생각했던 사전이 결국 71년 만에 탄생하게 됐다고 언론인 출신의 사이먼 윈체스터 씨는 자신의 책 『영어의 탄생-옥스퍼드 영어사전 만들기 70년 역사』에서 적고 있다. 지금도 『옥스퍼드 영어사전』은 지속적으로 증보하면서 온라인 판을 보급하는 등 발전시키고 있다. 2007년 3월 초 「파이낸셜타임스」는 2008년부터 『옥스퍼드 영어사전』의 전면 개편 작업에 들어갈 계획이라고 전하고 있다.

갑자기 옥스퍼드 영어사전과 얽힌 이야기를 꺼낸 것은 우리 국가에서 8년 만에 벼락치기로 추진하여 누더기로 만들었던 『표준국어대사전』[5] 편찬 작업의 무성의한 국가 지원체제에 대한 문제점을 지적하고 그 대안을 마련하기 위함이다.

지난 20세기 동안 세계적으로 새로운 지식이 엄청난 속도로 탄생하였다. 지식의 문제는 인간의 본질적인 관심거리였으며, 그 지식의 생산 문제에서뿐만 아니라 이를 관리하는 문제에 이르기까지 개인뿐만 아니라 국가에서도 관심을 갖는 주요한 대상이었다. 백과사전파라는 사람들은 지식을 정리하고 그것을 집대성함으로써 새로운 지식을 탄생시키는 원동력이 되었다. 21세기에 들어서면서 인간이 해결해야 할 과제들도 상대적으로 엄청난 속도로 증가하였다. 에너지와 자원 문제, 환경, 식량, 빈곤문제, 도시 문제, 테러 등 다양한 분야에 걸쳐 단순히 윤택한 인간 삶의 문제보다 안전한 인간 삶을 유지시키는 데 필요한 생명과학, 바이오테크놀로지, 나노테크놀로지, 정보기술, 환경 기술, 에너지 기술, 재료와 생산 기술, 인문과학과 사회

---

[5] 이하에서 『표준국어대사전』을 '『표준』'으로 기술한다.

과학 등 문제 해결의 기초적 지식의 단초를 쥐고 있는 것이 바로 사전 지식이다. AI를 기반으로 지식 정보를 온토로지ontology로 새롭게 체계화한 빅데이터 플랫폼 구축을 하는 기초 토대가 된다.

이처럼 사전 지식은 국력의 바탕이며, 문화 발전의 원동력이라 할 수 있다. 나라마다 모든 지식을 체계적으로 정리한 사전을 편찬하여 그 나라의 대중의 지식 능력을 강화하는 데 노력을 기울이고 있다. 사전은 편찬자의 철학에 따라 다양하게 만들어진다. 국가적 차원에서의 사전 지식은 국가 대중적인 지식 기반에 영향을 미친다. 지식을 조합하고 융합하면 새로운 창조적인 지식이 탄생할 수 있다. 물론 지식만으로 창조성을 기를 수는 없지만 지식 없는 창조성은 불가능한 것이다. 방대한 지식 체계를 가장 조리 있게 정리하여 데이터베이스화할 수 있는 방안은 바로 국어 정보 처리 기술력을 높임으로써 가능하다. 지금 전 세계 지식자원은 대부분 인터넷으로 연결되어 세계 어디서든 지식을 열람하고 교환할 수 있다. 그러나 지식 자원을 합리적으로 공유할 수 있는 환경은 아직 미비하며, 그 형식도 제각각이다.

최근까지 지식 자원은 주로 책이나 종이로 계승되어 왔다. 그러나 앞으로는 우리 후손들에게 어떤 형식으로 지식 자산을 계승할 것인가? 이 문제는 비단 한 나라만의 과제는 아니다. 지속적인 성장을 위해 필수 불가결한 영속적인 인류적 과제이다. 전통적인 지식 관리가 책으로 이루어졌다면 그 책을 분류하여 보관한 최고의 지식 인프라가 도서관이었다. 그러나 최근 지식이 폭발적으로 늘어남으로써 도서관은 여러 가지 결점을 노출하고 있다. 도서관의 장서를 늘린다고 결코 대중의 지식의 폭이 넓어지고 깊이가 생겨나는 것이 아니다. 어쩌면 전문가와 비전문가의 괴리를 더욱 벌려놓게 될 수도 있다. 책의 분류는 이미 한계에 봉착되어 있다. 이 책과 저 책, 이 장과 저 장 간의 지식의 횡단이 불가능하다. 그저 지식의 시체를 보관하는 장소일 뿐이다. 지식의 조합과 융합이 새로운 지식을 낳는 창조적인 원동력서의 역할만으로는 대중의 지식을 확장하는 일은 불가능한 상황이다. 지식과 지식 사이에 새로운 관계를 맺는 사다리가 필요하다. 책에 실린 내용을 지식 체계로 끌어들이기 위해서는 우선 책의 디지털화가 선행되어야 하며, 디지털화된 텍스트를 대량 말뭉치로 전환하여 사전에 실리지 않은 각종 고급 지식 정보를 추출하여 간략한 사전 뜻풀이를 하고 온라인으로 정보를 대중에게 다시 보급하는 형식으로 발전시킨다면 국가 지식 경쟁력을 고도화하는 방식이 될 수 있다.

지식 영역이 증대되면서 언어로 인한 오해도 빈번하게 생겨난다. 일상 신문을 보면 전문 용어들이 부지기수이다. 정부의 공문서, 각종 보고서에도 전문가들끼리 통용되는 자곤jargon을 사용함으로써 일반 대중들은 바보가 될 수밖에 없다. 오히려 자곤을 공유하는 이들끼리는 서로 일체감을 느끼며 각종 학회나 포럼을 통해 자기들끼리만 모여 특권지식층을 형성하고 있다. 과학이 고도로 발전한 현재, 지식의 전모를 파악할 수 있는 전문가가 존재하지 않는다. 전문가라 불리는 사람들도 문제의 단편만 이해하는 이들이다. 전문가가 가진 전문 지식의 범위가 좁아진 결과 일반적으로 같은 영역의 전문가들 사이에도 충분한 상호이해가 어려운 상황에서 복잡한 문제를 해결하기 위해 모아놓는다고 해결되지 않는다. 우리가 살고 있는 이 시대는 새로운 지식을 연결하는 사다리를 놓는 이들이 필요하다. 국가에서 각종 위원회를 구성하더라도 지식의 기반이 강화되지 않은 상황이라면 제구실을 못하는 것은 당연하다. 하나의 학문 영역으로만 해결할 수 없는 문제가 어디 한두 가지인가? 학문 융합과 학제간의 결합의 중요성이 여기에 있다. 또한 기초 지식을 정교하게 정리해서 담은 사전 지식의 중요성을 강조하는 이유도 여기에 있다. 물론 전문가뿐만 아니라 일반 대중들의 지식을 끌어 올리는 일도 모두 이 일과 관련이 있다. 정부가 인터넷 사용자들의 온라인 언어폭력 문제를 탓하고 이를 규제하려고만 해서는 안 된다. 이들 사용자들의 지적 품위를 올리기 위해서는 대중 지식 기반을 선진화하는 일이 규제 법안을 만드는 일보다 더욱 중요하기 때문이기도 하다.

우리도 『표준대사전』이라는 우리말을 집대성한 사전이 있다. 7년에 걸쳐 지난 1999년 국가에서 처음으로 편찬, 발간한 사전이지만 적잖은 문제점을 드러내 부실 편찬이란 질타 등 말이 많았다. 그러나 이제 지난 결과를 비판하는 데 머물러 있어서는 안 될 일이다. 본고는 국가 사전 지식 생산과 관리상에 나타나는 거시적인 여러 문제점들을 제시하고 또 새로운 방향을 모색하고 알리려는 목표를 가지고 있다.

8. 권력 중심주의의 권위적 산물인 서울말

"시의 말들은 모두 유일하다."라는 옥타비오 파스Octavio Paz의 말처럼 낱말 하나가 상처를 입으면 시 전체가 상처를 입게 되며 쉼표 하나를 잘못 고치면 이 세계가 위태로워지는, 시는 교체 불가능한 언어로 구성된 신의 주술과도 같은 것이다. 그럼에도 불구하고 언어로 인하여 상처받은 시들이 너무나 많이 있다.

특히 개화기를 지나 한참 동안 어두웠던 시대에 여러 시인의 시집 곳곳에는 상처받은 낱말들의 세상을 거부하며 신음하는 목소리를 심심찮게 만날 수 있다. 그러나 우리 학계와 이 사회는 잘못된 것을 알고 있으면서도 고치려고 하지 않는 치유 불가능한 중병을 앓고 있다. 그래서 이러한 사회적 현실과 여기에 연루되어 있는 오늘날의 학문적인 방식을 일컬어 인문학의 위기 시대라고 말하는 것이 아닐까?

어느 때부터인가 권력 중심주의의 권위적 부산물인 서울말로 구성되는 표준어가 견고한 지배의 틀을 형성하면서 규범이라는 측면에서는 지역의 방언을 사용한 문학행위가 마치 반모국어적 행위로 간주되는 상황에 이르게 되었다. 이러한 언어 규범이라는 제도가 방언을 사용한 고독한 시의 언어에 다가서려는 민중들의 귀를 틀어막고 있는 꼴이 된 것이다. 오늘날 방언은 모두 버려야 할 대상으로 내몰리면서 우리 모국어는 서울말만 중심에 서고 나머지 지역 말씨는 변두리에 내몰려 위축의 길로 들어선 것이다. 그만큼 서울말만을 중심으로 하는 모국어의 우주는 점점 좁아짐으로써 방언은 내버려지고 지역문화의 다양성마저도 거부되는 사회로 치닫고 있다.

"시에 살아 있는 사투리 그 창조적 마력"이라는 책이름이 말해주듯이 시에서 사용되고 있는 방언(사투리)이 갖는 지배력에 대한 이야기를 하려는 것이 아니라 표준어 중심의 사회에서 시인들이 시에 방언을 사용할 수 있다는 또 사용할 수 있어야 한다는 분명한 정당성을 강조하며, 지역 사투리의 총합으로 이루어지는 모국어를 문학의 가치 체계 속으로 끌어들이려는 충격적인 변화를 시도하지 않으면 안 될 시점이다.

때 묻은 우리의 일상적인 언어가 시와 관계를 맺으면 그 언어는 다시 세상을 향해 일어서듯이 그처럼 절약하는 근거에서 자생하는 시의 언어, 시에 나타나는 방언은 모국어를 더욱 견고하게 쌓아올리는 뒤주간과도 같은 보물창고이다.

과연 방언은 버려야 할까? 서울말이 주가 되는 표준어 중심주의에서 벗어나야 할 이유를 설명하기 위해 많은 소설가들의 작품 속에 서성거리고 있는 지방 사투리에 대한 여러 가지 이야기들을 풀어 보려고 시도하였다. 그뿐만 아니라 근대화와 포스트모더니즘의 논의를 근거하지 않더라도 우리는 역사적 현실의 낙후성을 극복하려는 뚜렷한 의지를 아직도 찾기 힘든 현실 속에 살고 있다. 이 글의 이면에 정치와 문화의 후진성에 기인되는 이러한 징후를 초월하고자 하는 강력한 희망이 담겨 있다고 평가할 수 있다. 또 한편 문학에 사투리가 수용되어야 한다는 논리적 기반 위에서 통일을 전망하는 남북언어, 곧 한민족어의 새로운 지향점을 찾고자 하는 논거를 모색해야 한다.

한글 철자법의 오류를 따지는 규범 중심의 연구 수준을 뛰어넘어 모국어 일반에 대한 성찰과 연구의 심층화가 되기를 갈망하는 염원이 담겨 있다. 과거의 전통을 구성하는 주요한 요소에 대한 검토 없이는 식민지 시대의 어두운 그림자를 쉽게 벗어나지 못할 것은 명백한 우리들의 운명이다. 표준어를 변화시키자는 논의가 아니라 표준어를 '서울' 중심으로 고정시킴으로써 지역말씨, 곧 함경도, 평안도, 전라도, 경상도, 제주도 등의 사투리가 표준어 자격에서 밀려나 배타적 열등관계에 놓이게 될 것이다. 바로 이 구조를 바꾸자는 강력한 논의가 본고에 잠복되어 있다고 본다.

표준어가 아닌 사투리 역시 우리 민족의 정신 자산이다. 표준어를 지배하고 있는 '서울'을 이제 놓아주어야 하며 거칠게 변화하는 산업자본 시대의 끝자락에서 표표히 남아있는 농경시대의 문화 자산의 기표와 기의인 사투리를 수집하여 보존해야 할 것이다. 그리고 남과 북의 이념적 대립으로 묻어두었던 한민족의 결이 고운 언어 자산들을 무형문화재라는 측면에서 이들을 수집 보존하여야 할 것이다.

지난 시절의 구조적 패러다임에 익숙해진 인문학 연구자들에게 시의 구조에 대한 이해가 선결 문제였지 미세한 시 낱말 하나의 의미나 해독은 대수롭지 않은 문제라는 시각이 몰고 올 내일을 상상해 보자. 아직까지 시의 언어 하나가 뭐 그리 대단하고 또 대수롭겠는가고 인식하는 연구자가 있다면 우리의 앞날은 암담할 것이다.

"표준어는 교양 있는 사람들이 두루 쓰는 현대 서울말로 정함을 원칙으로 한다". 표준어 사정 원칙 제1장 총칙 제1항이다. 이것을 근거로 한다면 방언을 이용하거나 혹은 방언으로 이루어진 많은 문학작품은 표준어에서 일탈한 문학행위로 규정될 수밖에 없다. 지금까지 표준어의 기반을 이루는 수도지역, 즉 서울말이라는 제약을 하루빨리 없애야 한다는 주장이 설득력을 얻고 있다. 이에 대한 대안으로 한민족 방언 가운데 사람들이 많이 사용하는 공통성이 가장 많은 현대어를 표준어의 기준으로 삼을 경우 다양한 지역 방언을 포괄하는 언어정책으로 보다 폭넓은 언어자산의 토대 위에 한국어가 존립할 수 있다고 본다.

표준어 등 어문정책의 틀을 수도 중심에서 지방 중심으로 그 축을 이동해야 한다고 생각되며 지역 언어를 존중하는 공통어 정책은 지역과 지역의 갈등을 넘어 문화적 통일성을 확보하는 교두보가 될 것이다. 이와 더불어 지역 언어의 존중은 사회 발전의 가장 핵심적인 민중의 정체성을 일깨우는 본질이다. 우리나라를 제외하고는 수도지역 언어를 표준어로 삼는 나라를 찾아보기 힘들다는 점도 우리의 표준어 규정을 재고케 하는 요인 가운데 하나이다.

우리가 표준어 규정을 따랐던 일본은 1949년 그 규정을 바꿨다. "도쿄의 야마노테선山水線 안에 거주하는 교양 있는 사람들의 언어"에서 민중들이 많이 사용하고 있는 방언을 가려 모아서 사용하는 공통어Common Language로 방향을 선회한 것이다. 영·미권에서도 '소통발화RP: Received Pronounce'를 어문정책으로 활용하고 있다.

아름다운 방언을 '죽이는' 표준어 규정=서울말(정확하게는 '서울 방언')이란 규정이 70년 동안 표준어 규정으로 자리한 결과 우리 말과 글은 적지 않은 문제를 노출하고 있다는 사실을 충분히 입증해 주고 있다.

9. 사전 둥지 바깥 국어, 절멸 위기 징후

사전의 바깥에 방치된 국어가 절멸 위기Endangered에 처했다면 한국어는 잠재적 위기potentially endangered에 처해 있다고 할 수 있다. 지금 한국어는 사회적, 경제적으로 불리한 위치에 있고, 더 큰 언어로부터 커다란 압박을 받고 있으며, 앞으로 어린 사용자가 줄어들 징후를 보이고 있다. 데이비드 크리스탈이 쓰고 권루시안이 옮긴 『언어의 죽음Language Death』(이론과실천, 2005:42)에서는 언어의 위기에 대해 스티븐 웜의 5단계 분류법에 근거한다면 외국어가 물밀듯이 지배하는 한국어가 점점 죽어가는 위협받는 언어라고 진단할 수 있다. 특히 외래어와 외국어의 어휘 침식lexical erosion과 영어 공교육 강화의 움직임은 이를 더욱 가속화할 수 있다. 그러나 이 말에 대해 어느 누구도 심각하게 받아들이는 사람은 찾아보기 힘들다. 일부 언어학자들이 지난 세기 동안 전 세계의 변두리 국가나 부족들의 언어가 절멸하는 양상과 속도가 경악할 만큼 빠른 속도로 전 세계 언어의 반 이상이 절멸하리라 예상하기도 한다.

다양한 부족과 국가의 언어가 절멸해가는 원리와 마찬가지의 논리로 한 언어의 내부를 들여다보자. 근대 국가주의 이념과 결합하면서 국어가 초중심 언어의 자리를 차지하고 변방의 언어인 방언은 주변 언어로 인식되었다. 주변 언어인 방언은 국어를 견고하게 하고 국어의 위엄을 갖출 수 있도록 역사성을 뒷받침해 주는데도 방언을 타자화하여 희극화의 대상으로 또는 열등화의 대상으로 치부하고 있다. 앤드류 달비가 쓰고 오영나가 옮긴 『언어의 종말Language in Danger』(작가정신, 2008)에서 로마제국의 방언이었던 '아시리아어'나 '아람어'가 일상 언어로 다시 회생하는 사례를 들고 있다. 방언이 새로운 언어 지형도상에서 중심 언어로 등극하는 사례도 많이 있다. 어쩌면 국어와 방언의 차이는 언어 영역의 문제가 아니라 정치 영역에 속하는 것일지 모른다.

언어학자들이 모호하게 혹은 그릇 규정했던 '방언'을 식민 지배자들은 '알아들을 수 없는 모호한 말'로 그 가치를 폄하하고 훼손시켜 왔다. 민족적 특성을 드러내는 규범어로서의 '표준어'는 정치·문화 영역에서 우위를 점유하여 동일한 위상을 가졌던 방언을 포식하면서 발전했다. 언어와 언어가 지배 종속 관계로 변환되는 언어 식민주의화 현상과 더불어 개별 언어 내부에서도 국어와 방언, 또는 표준어와 방언, 중심 언어와 주변 언어가 상호 지배 또는 포식의 관계로 변화했지만 대부분 언어학자들은 팔짱을 끼고 관망만 해 왔다. 언어 식민주의화와 언어 포식은 결국 언어나 방언의 다양성을 깨트리는 주범이라고 할 수 있다.

국어와 방언이라는 용어를 정확하게 정의 내리기도 힘이 들지만 그 용어가 언어의 식민화와 언어 포식을 정당화하는 수단으로 사용된다면 국어와 방언이라는 이분법적인 명칭을 버려야 한다. '방언'은 억압을 받은 하나의 언어이며, '국어'는 정치적으로 성공한 하나의 방언일 뿐이다. 표준어와 방언의 관계 역시 국어와 방언의 관계와 마찬가지이다. 언어학이 공인되지 않은 제국주의를 수호하는 수단으로 탈 없이 그 들러리를 해낼 수는 없다.

지난날 우리는 삶의 편의주의를 위해 모든 것을 표준화함으로써 편리함이라는 것을 손에 쥐었지만 다른 한편으로 비표준의 것들은 인간들의 관심 밖으로 밀려나 절멸의 운명을 맞이해야만 했다. 이 표준화라는 함정 때문에 지구에 존재하는 생물들의 종의 다양성이나 인류 문화의 다원성이 무너지는 불균형이 증폭될 수밖에 없었다. 그리고 자본이 지배하는 중심부는 거대하게 발전하였지만 변두리는 차츰 생명력을 잃고 퇴락하는 운명의 길을 걷게 되었다.

이제 거시적 관점에서 미시적 관점으로, 표준화에서 다원화의 관점으로, 자본 중심에서 변두리로 우리의 눈길을 되돌려야 한다. 지난 세기 수수방관하여 잃어버린 인간 삶의 유산을 복원하고 이를 불러 모아 새로운 생명력을 불어넣어야 한다. 죽어가는 강을 살려내고 사라진 새와 물고기를 다시 되돌아오도록 노력해야 하듯이, 소수의 언어인 변두리 방언의 미학이 우리의 일상 속에 소생할 수 있도록 해야 한다.

표준어가 나라 안의 다양한 방언을 포식했음에도 불구하고 권위와 신비로 감싼 표준어의 절대 권위에 어떤 누구의 비판도 허락하지 않는 학단의 종속적 도제주의를 개혁해야 한다. 이데올로기와 정치적 긴장 관계로 버텨 온 남의 '표준어'가 북의 '문화어'를 표준어의 사생아 또는 인위적으로 왜곡한 표준어의 변종쯤으로 인식하거나 또는 그 반대로 표준어는 외세의 언어에 찌들고 오염되었기 때문에 주체적인 민족어의 수치로 받아들이는, 남과 북의 차이 나는 이 언어관의 긴장을 어떻게 풀어낼 수 있을 것인가? 이러한 남북 간의 언어 이질화를 오히려 공통 민족 언어의 풍부화로 해석할 가능성은 없는가? 남북의 언어를 하나로 담아낼 수 있는 방안은 과연 없겠는가? 그러한 측면에서 방언의 풍부한 미학을 통합적 개념으로 서술해야 한다. 표준어의 외연의 말들도 모두 우리 언어의 쓸모 있는 자산이고 또 표준어의 자양분임에 틀림이 없다.

데이비드 크리스탈이 쓰고 권루시안이 옮긴 『언어의 죽음 Language Death』(이론과실천, 2005:56)에서도 지역 언어는 지역 공동체의 결속력과 활력을 촉진하고 문화에 대한 자긍심을 심어주며 지역 공동체에 자신감을 부여하기 때문에 매우 주요한 것으로 평가하고 있다. 방언은 지역의 문화와 전통과 관련 있는 언어 유산으로서 무한한 가치를 지닌 것이 아닐 수 없다. 규범을 중심으로 한 사전에서 이들 어휘는 올림말로서 전혀 고려의 대상이 되지 않았다. 그 결과 전통문화의 의식을 반영하고 있는 지역 방언형의 대표적인 형태는 비록 사용자의 수가 적거나 사용 지역의 범위가 좁더라도 올림말로 올려야 할 것이다.

국어사전의 올림말을 선정하는 데 어휘 발달의 역사와 지역적 분포 문제를 도외시한다면 우선 다양한 겨레말의 유산을 잃게 되는 결과를 가져오게 된다. 표준어 또는 문화어 중심으로 하는 언어 소통의 획일성이 지나치게 강조된 언어정책의 결과 방언이 마치 언어분열의 주범인 것처럼 인식하고 이를 버려야 할 대상으로 여겨 온 것이다. 그뿐만 아니라 더욱 문제가 되는 것은 국어사전뿐만 아니라 방언사전에도 등재되지 않은 방언 어휘에 대한 의미를 확인할 수 있는 길이 없는 셈이다. 언어의 분열을 막는다는 명목으로 지나친 표준어 중심의 언어정책이 사전 편찬에까지 영향을 미침으로써 서울을 중심으로 한 표준어가 아닌 지역 방언의 올림말로 선정하는 데 제약이 가해진 결과이다. 표준어 중심의 사전 편찬의 결과 다양하고 풍족한 민족 언어 유산이 위축의 길로 들어선 지 오래다. 그뿐만 아니라 향토색이 짙은 방언을 많이 활용한 각종 문학 작품의 방언 어휘도 우리들의 관심 밖으로 밀려나게 된 것이다.

한 민족어는 다양한 방언 곧 지리적 계층적인 분화형의 총합이라는 측면에서 남북 겨레말사전의 기본방향이 민족 언어문화 자산인 방언을 대폭 수용하도록 한 것은 매우 바람직한 결과라고 할 수 있다. 그리고 앞으로 국어사전 편찬의 대원칙으로 변방언어인 방언을 최대한 올림말로 살려내도록 해야 할 것이다. 앞으로 이들 다양한 방언 분화형 가운데 어디까지 사전 올림말로 올려야 할 것인지 그 원칙과 기준에 대한 진지한 연구가 진행되어야 하리라 본다.[6]

언론사에서 우리 말과 글을 오랫동안 지켜온 홍성호가 쓴 『진짜 경쟁력은 국어 실력이다』(예담, 2008)에는 국어의 많은 어휘 가운데 규범과 사전, 그리고 현실 사이에 방황하는 것들을 규범주의에 입각하여 바르게 쓰여야 할 자리와 형태를 잘 설명하고 있다. 국어와 관련된 교양서로서는 한번 읽어 볼 만한 맛깔나고 정갈한 책이다. 특히 이 책에서 규범이나 사전이 어휘의 생사여탈권生死與奪權을 쥐고 있음을 극명하게 설명하고 있는 예들 가운데 '겻불'이 사전 편찬자의 개인적 판단에 의해 '곁불'로 둔갑하는 사례를 들고 있다. 곧 '겻불'은 '겨를 태우는 미미한 불'의 의미로 '양반은 얼어 죽어도 겻불은 안 쬔다.'라는 속담이 『표준대사전』에서 '곁불'로 둔갑하여

---

[6] Lee, Sanggyu, 「Gyeoremalkeunsajean: An Alternative to Inter-Korea Communication」, 『ASIA』, Vol.2, No3. Asia publishers, 2007.

'선비는 죽어도 곁불은 안 쬔다.'로 둔갑한 것이다. 생태계가 자연 생태 환경에서 경쟁하듯이 언어도 생태학적 경쟁을 하도록 한 결과를 가지고 판단해야 함에도 불구하고 인위적인 조작에 의해 한 어휘가 절멸하는 사례라 할 수 있다.

'가마니'도 이와 유사한 사례 가운데 하나인데 일본어 '가마스'에서 비롯된 '가마니'에 대응되는 고유어로 '짝거리'라는 어휘가 있는데 방언 차이가 다양하게 나타난다. '짝거리'는 곡식이나 소금 등을 담기 위해 짚으로 자루처럼 엮어 만든 용기이다. 개화기 이후 이 전통적인 어휘가 방언 분화형이 많다는 이유로 버려지고 일본어를 차용한 '가마니'가 마치 우리말인 것처럼 사용해 왔다. 그러나 이 '가마니' 역시 머잖아 우리 곁을 떠날 어휘이다.

기자는 "'현대 서울말'이 아니라는 이유로 수많은 방언들을 표준어와 차별해 온 것은 우리 언어 정책의 실패 중 하나로 꼽힌다."라고 하지만 단순히 '서울말'과 '지방말', '교양인의 말'과 '대중의 말'이라는 이항적 대립의 문제가 아니고 국어 규범이나 국어사전이 지나치게 자연스럽게 진화하는 언어 생태계를 교란시켜 멀쩡하게 사용되는 어휘를 절멸시키는 것이라고 할 수 있다. 이런 방식으로 사전편찬자들이 사전의 둥지 밖에 있는 어휘가 얼마나 많은지도 모르고 규범을 가지고 권위를 행사해서는 안 될 일이다. 사전 편찬자들이야말로 고도의 학식과 사전 편찬 기술, 그리고 철학이 필요하다는 점을 강조해 두고자 한다.

10. 국어의 외연을 넓히자

구한말 미국 선교사였던 제이콥 로버트 무스가 쓰고 문무홍이 옮긴 『1900, 조선에 살다Village Life in Korean』(푸른역사, 2008)에 아주 재미있는 기록이 있다.

"서울이라는 단어는 조선의 수도를 의미할 뿐만 아니라, 중국의 서울은 베이징, 일본의 서울은 도쿄, 그리고 워싱턴은 미국의 서울이라는 식으로 '수도'라는 의미로도 사용된다. 그리고 서울은 진정 조선의 영혼soul이다. 삶의 중심이고, 사회, 정치, 나아가서 다른 모든 것들의 중심이다. 모든 길은 서울로 통한다. 조선인들은 자기 나라의 수도를 말할 때 꼭 '올라간다'라고 표현한다. 수도 밖의 모든 것들은 이 나라의 '아래'에 있는 것으로 여기기 때문이다. 인구 4만 혹은 6만 규모의 도시에 산다고 해도 역시 그는 단지 시골 사람일 뿐이다. 항상 그는 서울로 올라가고 고향으로 내려간다고 표현한다. 누구라도 여인숙에 묵게 되면 같은 방에 있는 다른 사람과 대화를 할 때, 종종 '올라갑니까(Ola-ham-ni-ka) 내려갑니까(na-ri-kam-ni-ka)'라는 질문을 받게 된다. "당신은 올라갑니까, 내려갑니까"라는 뜻으로, "당신은 서울로 갑니까, 아니면 시골로 갑니까"를 의미하는 것이다."

구한말 이래 우리들에게 서울은 중앙이요 중심이라는 인식이 깊이 뿌리를 내리게 되었다. 정치, 경제, 문화의 중심 지역인 수도는 많은 사람들이 살고 있고 또 언어 개신이 다른 변두리 지역보다 빠르기 때문에 언어 규범의 중심 지역으로 삼는 데는 이견이 있을 수 없다. 그러나 서울 중심 밖에 있는 변두리 언어를 내쳐야 할 어떤 근거나 당위성 또한 있을 수 없다. 규범적 근거는 다수 사람들이 모여 사는 수도 지역의 언어를 기준으로 하되 서울 규범어가 이미 전국으로 널리 확장되어 있기 때문에 국어의 다양성을 살리기 위해서도 서울 규범 언어의 둥지 밖에 있는 변두리 언어를 수집 관리할 필요가 절실하다. "말馬은 제주로 보내고 사람은 서울로 보내라."라는 말이 있듯이 서울만 살아남는 시대는 지난 이야기이다. 더군다나 서울 지역의 교양인이 아닌 사람들의 언어는 내다버려야 하는 것인가? 표준어의 기준으로 지역과 계층을 이처럼 철저하게 제한하는 전통은 20세기 이전 일본이나 구미 지역의 제국주의의 언어 기획의 잔재물이다.

표준어 개념을 재검토하기 위해서는 몇 가지 전제해야 할 점이 있다. 표준어와 비표준어로 양분하는 방식을 점진적으로 폐지해야 한다. 이상규·조태린 외 여러 사람이 쓴 『한국어의 규범성과 다양성』(태학사, 2008)은 '표준어'의 범주와 계층성에 대한 문제를 본격적으로 논의한 글을 모은 책이다. 이 책에 실린 조태린이 쓴 「계급언어, 지역언어로서의 표준어」(태학사, 2008:60)에 "표준어의 형성과 함께 더욱 심화된 서울말과 지역말 사이의 차별 구조는 정치·경제·사회·문화 등 거의 모든 분야가 서울을 중심으로 과도하게 집중되어 있는 우리나라의 특수 상황을, 그로 인해 서울에 산다는 자체가 하나의 '특권계급'임을 드러내는 것으로까지 여겨질 수 있는 상황을 그대로 반영하고 있다. 이러한 의미에서, 표준어의 지역성(서울 중심주의)은 표준어의 계급성(중간계급 중심주의)을 지역적으로 표현하고 있을 뿐만 아니라, 그 자체로 '서울 대 지방', '특권지역 대 소외지역'이라는 유사 계급적 차별의 구조를 재생산하는 데에도 기여하고 있다."라고 주장하고 있다. 이처럼 표준어는 임의적인 성격이 많기 때문에 포괄적 개념만을 규정하도록 하고 개별 어휘에 대한 규정은 지양해야 할 것이다. 그리고 국어 규범을 강요하기보다는 언어 기술 위주로 전환하거나 국어사전에 반영하는 방식을 취해야 한다. 표준어와 비표준어로 양분하는 방식을 지양하기 위해서는, 표준어/비표준어를 대립되는 개념으로 이해할 것이 아니라 어휘 사용 실태 조사에 주력하여 방언이라도 필요한 경우에는 규범적인 공통어로 채택할 필요가 있다. 국어사전에 등재되어 있지 않은 어휘의 발굴에 노력해야 한다. 말뭉치 활용(세종계획 말뭉치, 국립국어원 자체 말뭉치 등)과 생활 현장 용어의 조사를 통해 국어의 어휘 수를 더욱 늘리도록 노력하는 동시에 의사소통에 장애를 받지 않도록 표준식으로 말하는 방식을 적극 교육해야 한다. 예를 들면 단모음 '에/애', '으/어'와 '외/우'의 규범적인 발음법은 착실히 교육할 필요가 있다.

70년대 이후 산업화와 도시화의 과정에서 급팽창한 '서울' 지역의 외연外

延과 그 속에 유동하며 살아가고 있는 '교양인'이라는 정체를 규정하기가 어렵게 되었다는 점도 문제이다. 따라서 '표준어 사정 원칙'의 총칙 제1항의 규정은 사문화된 규정이나 다름이 없다. 우리 어문정책의 틀은 결국 우리 민족의 언어 자산을 한정된 '서울' 지역과 '교양인'으로 묶어 버림으로써, 상대적으로 풍부하고 다양한 방언은 표준어에 비해 열등한 것으로 비하되었고 또 공익성이 없는 것으로 여겨져 결국 절멸의 길로 들어서게 되었다. 표준어를 쓰는 서울 사람들에 의해 형성된 서울 중심 문화의 대중화는 지방 사람들로 하여금 자신들이 태어나고 성장한 고장의 언어인 방언을 부정하거나 지역 문화의 우수성까지도 무시하도록 한다는 점에서 신중히 재고되어야 한다. 언어에 대한 왜곡 현상은 학습자 개인의 언어 습관의 문제에 국한되지 않고, 그들이 살아온 지역 문화에 대한 정체성 내지 자긍심 형성에도 영향을 미친다. 이것이야말로 문명적 폭력이라고 하지 않을 수 없다.

규범을 충실하게 반영해야 할 『표준대사전』은 어문규범과 관계없이 올림말을 뒤죽박죽 올려놓은 꼴이다. 신어, 다듬은 말(순화어), 전문어, 표준어로 규정되지 않은 방언, 개인어' 등은 표준어가 아님에도 사전 편찬자의 임의적인 판단으로 올림말로 선정되었으며, 외래어 또한 마찬가지의 방식으로 사전 편찬자 임의로 국어심의회에 상정하여 거수의 방식으로 통과시킨 꼴이다. 역으로 어문 규범을 담아낸 이 사전이 정당하다면 '한국 어문 규범'을 전면 수정해야 한다는 논리에 이르게 된다. 이쯤 해서 조동일 박사(2006)의 조언을 들어보자. "잘못을 합리화하려고 하지 말고, 명실상부한 '국어대사전'을 만들어야 한다. 표준어 사전을 만들면서 다른 것들을 일부 곁들이지 말고, 표준어인지 아닌지 구별하지 않고 모든 국어 어휘를 수록하고 풀이하는 큰 사전을 만드는 것이 국어원의 존재 이유이다. 시대와 지역에 따라 달라진 언어가 어떤 관련을 가지는지 설명해야 한다. (중략) 서사어와 구두어에서 새로 찾아낸 많은 어휘가 표준어인가를 가리는 것은 무의미한 일이다. 표준어 사정을 할 때 그런 말이 있는지 몰라 대상으로 삼지 않았다. 표준어 사정에 들어가지 않은 말은 방언이니까 홀대해도 그만이라는 옹졸한 생각을 가지고 국어대사전을 만들 수는 없다. 국어대사전은 표준어 사전일 수 없다. 표준어인지 옛말인지 방언인지 가리지 말고, 고유어와 한자어를 차별하지 말고, 모든 국어를 포괄하는 사전이 국어대사전이다. 국어원은 국어학 내부의 영역에 머물러 있지 말고, 어문생활사의 여러 문제를 다루어야 한다. 사전 편찬에서 언어문화의 유산을 폭넓게 계승하는 데 그치지 않고, 작문법, 언어 사용의 실상, 국어와 영어, 세계의 한국어 등에 관해서도 조사하고 연구해야 한다. 현재의 제도와 규정으로는 개선이 가능하지 않다면, 국립국어문화원으로 이름을 고치고 성격을 바꾸어야 한다."라는 주장은 매우 타당한 논리이다.

서울-평양을 중심으로 한 언어 정책이 아니라 서울과 평양을 포함하고 나아가서는 평안, 함경, 경기, 충청, 전라, 강원, 경상, 제주를 모두 아우를 수 있는 '공통어 언어 정책'이야말로 지역 간의 갈등과 분열을 초월하여 문화적 통일성을 확보하는 절대적인 교두보가 될 수 있으며, 지역의 문화적 정체성을 일깨우는 가장 핵심적이고 본질적인 일이라 할 수 있다. 수도 중심의 언어, 곧 표준어가 지난 시대의 권위적 상징으로 버티고 있는 한 지방 문화의 다원적 발전은 결코 기대할 수 없을 것이며, 더 나아가 통일 조국의 언어 통합도 하나의 꿈에 지나지 않을 것이다.

최근 문화 다원주의에 입각하여 방언의 공식적인 사용을 정당화한 사례는 여러 방면에 걸쳐 확산되고 있다. 특히 대중 매체가 주도적이라 할 수 있는데, 방송에서뿐만 아니라 영화, 드라마, 소설, 연극 등 다양한 분야에서 방언을 사용하려는 욕구가 분출되고 있다. 이러한 경향은 방송 언어에서 특히 두드러지게 관찰된다. 곧 드라마나 오락 프로그램에서 방언을 사용하는 인물이 등장하는 경우가 많다는 점이다. 방언이 이렇게 부상하는 현상은 단순한 흥미 유발이나 호기심의 발로에서가 아니라 표준어 중심의 지배적인 언어관에서 일탈하려는 민중들의 심리가 반영된 결과라고 할 수 있다.

1933년 이후 수십 년 동안 표준어 규범에 의한 학교 교육의 결과 서울 지역 방언이 남한 전역의 공통어 또는 보통어로 이미 굳게 자리를 잡고 있다. 그 때문에 아직 서울말이 아닌 지역 방언은 없애 버려야 할 대상으로 폄하되고 있다. 정부의 어문 정책의 기본 틀을 서울 지역의 언어로 한정시킴으로써 지역어 곧 방언은 급속도로 절멸되고 있는 실정이다. 중심부의 언어와 변두리 언어가 서로 배타적 관계가 아니라 상호 교호적인 관계로 발전될 때 한 민족 언어가 더욱 풍요롭게 영위될 수 있을 것이며, 이들을 포괄하는 언어 정책의 역량이 갖추어질 때 진정한 민족 언어 통일의 소망이 실현될 것이다.

앞서 제기된 문제들을 포괄할 수 있는 새로운 대안으로서 표준어는 어떤 개념으로 제정될 수 있을까? 표준어에 대한 지역적인 규정으로 '서울'을 내세운 것은 '반지역적'이고 '수도 중심적인' 것은 권위적 사고의 소산이라 할 수 있다. 또한 계층적으로 '교양인'이란 도대체 누구를 두고 한 말인가? 따라서 '표준어'의 기준에서 한 차원 나아가 '한민족 간에 두루 소통되는 공통성이 가장 많은 현대어'라는 '공통어'의 개념으로 확대할 필요가 있다. 여기서 '공통어'란 무엇인가부터 생각하기로 하자. '공통어'란 '한 나라의 어디서나 공통으로 두루 의사를 교환할 수 있는 언어'로 정의할 수 있다. 곧 한민족 언어(겨레말)의 규범이 되고 또 잘 다듬어진 말인 표준어의 기반이 되는 공통어는 바로 '민족 언어 내에서 방언 간의 공통성'을 토대로 해야 할 것이다. 지역 사회 성원 간의 공통성이 많은 방언, 보통 사람들이 소통하는 데 불편이 없는 말은 공통어의 기반이 될 수 있다. 지금까지 표준어 규정은 서울을 제외한 지역의 방언을 배타적인 관점에서 다루어 왔지만, 공통어 규정은 서울말과 지역 방언이 상호 공존하는 방식으로 처리할 수 있다. 겨레말은 여러 방언을 토대로 하므로 그 방언의 공통성을 모아 표준어의 기반으로 삼아야 한다. 곧 '한민족의 방언 가운데 보통사람들이 두루 사용하는 공통성이 가장 많은 현대어'를 표준어의 기준 바탕으로 삼아야 한다. 공통어와 방언이 서로 대응되는 개념이라면 '공통 표준어'는 '공통어를 기반으로 다듬은 인공적인 언어'라고 말할 수 있다. 곧 민족어는 이러한 공통 표준어를 기반으로 제정되어야 할 것이다.

한민족의 의사소통은 공통어를 기반으로 할 때 비로소 우리 민족의 언어 자산은 풍족해질 수 있으며, 이념과 체제의 한계도 언어로 극복할 수 있게 될 것이다. 이러한 측면에서 지역의 사회 전통과 정신적 향취가 남아있는 방언을 공통어로 되살려 우리 언어 자산을 풍족하게 운영해야 할 것이다.

최근 인공지능(AI)의 지식 정보를 얽어매는 일은 사전 작업에서 그 기원을 찾아볼 수 있다. 다양한 지식 정보의 근원인 이미지·소리·문자를 결송한 다차원적 의미망이 인공지능의 토대를 이룬다.

02
내팽개쳤던 금쪽같은 방언

1. 언어 식민주의

특히 지난 세기에 아시아와 아프리카, 남미지역의 많은 국가와 민족·부족들이 서구 유럽의 열강으로부터 그들이 살아왔던 거주지와 문화체계, 언어를 약탈당했다. 독립 말리에서는 소수가 사용하는 공식 언어인 프랑스어가 10여 개의 아프리카 원주민 언어를 지배하고 있으며, 튀니지에서는 프랑스어가 아랍어, 몰타어, 이탈리아어를 지배하고 있다. 식민 지배자의 언어는 피지배자의 언어를 잡아먹는 언어 포식glottophagie의 자리를 차지한다. 이러한 관점을 가진 사람을 아프리카 토착민들은 자기들을 위한 투쟁의 기수로 생각하겠지만 지배자의 나라에서는 불평불만이 많은 또는 급진 좌파의 성향이 있는 부류로 내몰려고 할 것이다.

언어의 다양성이 조금이라도 줄어들면 우리가 끌어와 쓸 수 있는 지적 기반도 함께 낮아지기 때문에 인류의 적응력은 현저히 감소된다. 원주민의 언어는 지구에서 한번 없어지면 대체할 수 없는 천연자원과도 같은 것이다. 우리 주변의 다양한 언어와 방언이 두려울 만큼 빠른 속도로 절멸해가고 있는데도 그 누구도 위기를 느끼지 못하고 있으며, 특히 언어학자들이 이러한 상황을 총체적으로 이해하려고 하지 않는 데 문제의 심각성이 있다.

50여 년 전 아프리카의 콩고, 알제리, 차드가 처했던 식민 상황과 세계화의 물결로 밀려드는 영어의 언어적 억압과는 다르다. 대규모의 중심 언어인 아랍어, 중국어, 프랑스어, 에스파냐어, 말레이시아어, 포르투갈어 등이 오늘에 와서는 영어의 지배를 받거나 지배당하는 과정에 놓여 있다. 지난 세기에 비해 21세기는 언어적 억압을 받는 사람이 기하급수적으로 증가했다. 물론 그 지배 방식에는 큰 차이가 있다. 제국주의가 일상적으로 휘두르는 가장 큰 무기가 문화 폭탄이다. 특히 언어 제국주의는 언어의 침탈뿐만 아니라 호명의 수단인 이름, 그들의 역사나 문화유산, 그들의 결속력, 그들의 지적 능력과 자신들이 가진 믿음마저도 무력화시킨다. 각양각색인 아프리카 부족들은 피할 수 없는 분열적 상황에 몰려 있다. 식민주체의 언어인 유럽 제국의 언어야말로 분열 위기에 있는 아프리카를 구원하고 그들을 결속시키는 능력 있는 언어라고 비치도록 만들어 놓은 문화적 덫과 새로 그어진 국경선이라는 늪에 그들은 빠져 버린 것이다.

이와 같은 논리로 한 나라 내부의 사정을 들여다보자. 한 나라 안에서도 일부의 어떤 공동체가 다른 공동체보다 훨씬 우월하다는 것을 이론화하는 데 성공함으로써 식민지배의 시도를 정당화했다. 프랑스 시엥이 루이 14세의 고향이라는 이유만으로 그 방언이 프랑스의 중심 언어가 되자 중앙집권화된 왕국의 중심 언어인 시엥 방언 이외는 모두 '방언'의 속성으로 규정되었다. 만일 루이 14세가 나뮈르에 거주하였다면 프랑스 전역에 나뮈르의 발론어가 프랑스 국어가 되었을 것이다. 우연하게도 프랑스 시엥 방언이 성공을 거두어 프랑스 방언 가운데 으뜸가는 언어가 되었다.

언어의 식민 관계는 국가와 국가, 국가와 민족, 또는 부족과의 관계에서도 나타나지만 한 언어권 내부에서도 정치적 보호를 받는 공용어나 표준어와 방언과의 관계에서도 나타난다. 이러한 모습이야말로 언어 전쟁이라는 이름을 붙여도 손색이 없는 것이다. 우리나라의 경우, 근대화의 환영으로 경성京城을 중심으로 하는 표준어가 성립되고 다른 모든 방언은 경성 표준어에 비해 열등한 것으로 방언과 방언 사이에 포식이 시작된 것이다. 돌이켜 보면 언어 전쟁은 참으로 야만적임에도 불구하고 언어학자들은 유유자적 목가적으로 관망만 하고 있을 따름이다. 심지어 그들은 표준어는 잘 분화되고 규범화된 세련된 형태이지만 방언은 가치가 떨어진 상당수 복잡한 변이형들의 덩어리라고 판단한다. 따라서 국가의 정체성을 나타내는 국어는 일반적으로 문화적인 우위를 확보하여 지난날 동일한 위상에 있었던 방언들을 희생시키거나 포식하면서 발전해간다. 바로 언어 생태의 교란과 혼란이 여기에서 시작된 것이다. 마치 알사스어와 프랑스어는 두 개의 언어였는데 알사스어는 '방언'이 되고, 그것을 사용하는 자는 '사투리 사용자'로 낙인이 찍히는 것과 같다. 같은 이치로 시엥 방언은 '국어'가 되고 곧 그것을 사용하는 자는 '표준어 화자'가 되는 것이다.

조선조 500여 년을 한자와 한문 사용자가 기득권을 행사했듯이 광복 후 미군정 치하에서부터 시나브로 영어 능력이 우리 사회에서 성공의 보물 열쇠가 되었다. 20세기를 건너면서 영어 공용화의 바람이 거세게 불어와 지방 정부 곳곳에서는 영어 마을을 건립하고 있다. 그들은 자본주의의 물량 공세를 통해 눈에 보이지 않는 그들의 언어와 문화의 우월성을 실감 나게 해 주고 있다. 과거 어느 시대에도 어느 한 나라가 단독으로 전 세계를 지키는 '세계 경찰'의 역할을 맡았던 적은 없었다. 햄버거와 코카콜라로 상징되는 단일 문명의 위협, 인류의 코앞에 다가선 이 엄청난 위기를 어떻게 극복할 것인가? 19세기 서구 유럽의 산업화에 이어 20세기의 확대된 시장 경제와 세계화 체제는 철저하게 다양성을 파괴하는 방향으로 달려가고 있다. 어떤 발전이든 그 발전은 다양성이 전제되어야 하며, 오직 다양성이 보장될 때만 진보적 발전이 가능하다. 그런데 우리는 끊임없이 우리 문화와 언어를 단일화하고 통일시켜 나가려 함으로써 지속적인 발전을 스스로 가로막고 있다. 그러면서도 정작 우리 자신이 그런 상황에 처해 있다는 사실조차 깨닫지 못하는 우를 범하고 있다. 언어는 한 민족의 독립성과 자주성을 확립하는 선결조건이다. 빌려온 언어에 어떻게 우리의 고유한 삶과 경험의 무게를 온전히 잘 실어낼 수 있을까?

2. 국어와 표준어 그리고 방언

국어는 규범적인 언어와 비규범적인 언어 그리고 용인하여 사용하고 있는 들어온 말 모두를 포함한다. 국어라는 측면에서는 국어와 방언 사이에 어떠한 차이도 있을 수 없다. 국어와 방언은 모두 동일한 어휘, 문법, 그리고 음운체계를 가진다. 그러나 국어와 방언은 '지위 획득'에서 차이가 있다. 국어가 규범적인 언어인 표준어와 일치한다는 편견은 방언이 마치 국어가 아닌 것으로 이해될 수 있다. 엄밀한 의미에서 우리나라 '국어'는 '국가어'이다. 표준어의 국가어인 '한국어'와 문화어의 국가어인 '조선어'를 합치면 민족 단위의 하나의 '국어'가 될 수 있다. 동일한 민족어가 남과 북으로 분단되어 있어서 두 '국가어'를 합쳐야만 하나의 '국어'라는 개념으로 통합될 수 있다.

국어가 방언에 미치는 언어 폭력과 포식에 대해서는 전혀 신경 쓰지 않는 일부 학자들은 국어는 국어를 구성하고 있는 방언들의 총합이라고 규정하면서 국어는 개별 방언들이 갖는 공통적 특질로 구성된다는 대단히 목가적인 설명만 되풀이하고 있다. 방언학자들은 방언 관계를 진지하게 역사적으로 엮어내려고 하기보다 오히려 언어 식민화와 언어 포식을 정당화하는 이데올로기에 봉사하는 일종의 지적 테러리즘에 가담하고 있다.

지난 세기는 제국의 정치, 자본 중심의 경제 기획이 중심 도시로부터 파문을 일으키는 문화에서 산출된 '비즈니스 문명'의 시대였다. 특히 문화 소통 방식의 본질인 언어 생태계도 마찬가지로 다종의 언어가 절멸되거나 급속히 파괴된 시기였다. 우리나라 안에서도 상황은 마찬가지이다. 수천 년 동안 개인과 개인이 쌓아 올린 일종의 언어 기념비인 방언이 표준어라는 힘 있는 언어로부터 지배당하게 됨으로써 급속한 절멸의 길을 걷게 되었다. 변두리 언어의 절멸은 변두리 사람들이 과거로부터 줄곧 살아오던 땅에서 강제로 추방을 당하게 되는 것과 동일한 꼴이다.

더 나아가 한반도에는 모국어를 관리하는 정부가 두 개 있다는 현실이 우리 모국어를 항시 반쪽만 사용하도록 강요하는 동시에 이를 통한 이데올로기의 대립과 갈등을 다시 폭력의 수준으로 우리에게 노정시키고 있다. 김형수(2006)는 "남과 북에서 서로 대결 의지를 높여 온 위정자들이 반공 정책과 반자유주의 정책을 강제한 결과 억압에 의한 언어의 자살 현상도 극심했다"라고 평가하고 있다.

중심에 자리한 표준어와 문화어 그리고 변방에 자리한 죽어가는 방언들. 지금 우리는 무엇을 해야 하는가? 죽어가는 강물, 멸종으로 치닫는 어류와 조류, 사라져 가는 나무와 들풀처럼 변두리의 방언도 함께 저 세상으로 보내야 할 것인가? 소수 언어인 방언의 미학을 되살려 내는 방법을 고민해야 한다. '비즈니스 문명'의 유통 질서 세계를 거꾸로 되돌리는 노력을 기울여 버려진 것, 변두리의 것, 소외된 것들에 대해 이름을 불러주고 관심을 갖는 일이 필요한 시점이다.

언어 소통의 어려움을 줄이기 위해 우리나라처럼 정치·경제의 중심지인 수도 지역의 말을 규범으로 삼는 표준어Standard Language 정책을 사용하는 나라도 있고, 일본처럼 방송에서 통용되는 언어를 기준으로 하여 일상 대중이 두루 사용하는 말을 규범으로 삼는 공통어Common Language 정책을 사용하는 나라도 있다. 영어와 같은 다국적 언어는 엄격한 규범을 규정하기 힘들기 때문에 상층 사회에서 소통되는 수용 발화Received Pronunciation 정책이라는 다소 느슨한 언어 정책을 채택하기도 한다. 표준어 정책이나 수용발화 RP 언어 정책은 사회계층적인 면에서 주로 상층 사회의 언어를 전형으로 삼는 것이 일반적인 경향이지만, 중국의 보통화普通話나 북한의 문화어文化語는 중간층, 곧 일반 서민들의 언어를 전형으로 삼아 대조를 보인다. 자국의 언어나 문자가 없는 나라나 비록 자국어가 있어도 식민지 지배를 받는 경우 다른 나라 또는 지배 국가의 언어를 빌려서 공적으로 소통할 수 있도록 하는 공용어Official Language 정책을 운용하는 나라도 있다.

1948년 공통어 정책으로 전환하기 전에 도쿄 중심의 표준어 제도를 채택하였던 일본의 어문 정책을 본보기로 하여 우리나라에서도 1933년부터 서울 중심의 표준어 정책을 실시하게 되었다. 우리나라 표준어는 오늘날 서울 지역에서 소통되는 교양인 계층에서 두루 사용하는 말을 기준으로 삼고 있다. 70여 년 동안 표준어 정책이 순조롭게 정착된 결과, 특수한 지역을 제외하고는 현재 의사소통이 단절되거나 어려운 지역은 거의 없다. 나라 안 어느 지역에 가더라도 의사소통의 장애를 일으킬 정도의 어려움이 없는 만큼 서울 중심의 표준어가 우

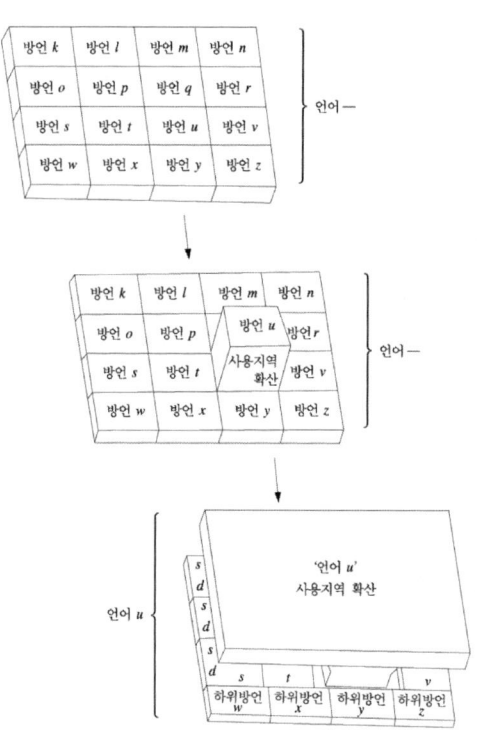

〈그림 1〉 서울방언의 공통어화 현상의 모델

리나라 대중들의 일상 언어로 확대되어 제 자리를 잡았다고 할 수 있다. 단 북쪽 지역은 분단과 더불어 체제의 차이로 인해 언어 격차가 생기고 있으나 전문용어를 제외한다면 방언 차이로 이해해도 될 수준이다.

<그림 1>에서처럼 방언 k에서 z로 이루어진 어떤 언어가 그 언어를 구성하고 있는 여러 방언 중의 하나인 방언 u가 두루 통용되어 여러 다른 방언 지역에서도 서로 소통될 수 있다고 가정할 수 있다. 그러한 경우 방언 u는 방언 k지역에서 방언 z지역까지 모든 지역에서 상호 소통Mutual intelligibility이 가능한 공통어共通語로 확산되었다고 할 수 있다. 이와 같이 특정 방언이 사용 지역 확산synecdoche을 통해 한 개별 언어를 대표하게 된다. 이러한 원리와 과정에 의해서 20세기 초반 서울을 중심으로 정한 표준어가 최근에 와서는 전국 어디에서나 공통으로 소통될 수 있는 상황이 되었다.

일본에서는 1948년 동경 중심의 표준어 정책에서 의사소통에 어려움이 없는 다수가 사용하는, 동경 말씨를 기본으로 하는 공통어 정책으로 전환하였다. 이는 특정 지역의 언어만을 중심으로 사고하던 방식에서 의사소통에 큰 장애가 없는 범위 내에서는 다양한 지역 방언을 선별하여 사용함으로써 더욱더 다양하고 폭넓은 언어 정책을 취하려는 선택이었다. 그러나 우리나라에서는 1933년 이래 70여 년간 계속해서 표준어를 서울말로 고정함으로써 서울 지역어 이외의 다양한 지역의 언어 문화 자산을 깡그리 잃어버릴 만큼 각 지역의 방언을 소홀하게 다루어 왔다. 따라서 지금이야말로 표준어 중심 정책에서 공통어 정책으로의 변화, 즉 좀 더 포용적인 어문 정책으로의 변화를 신중하게 검토해 볼 시점이라고 판단한다.

개별 국가의 언어는 규범을 기준으로 규범어와 비규범어로 구분된다. 표준어는 지역성과 계층성을 기준으로 하여 크게 지역 방언과 계급 방언(사회 방언)으로 구분된다. 또 표준어는 언어 규범과 밀접한 관계를 맺고 있는바 인위적으로 만든 규범을 엄격하게 준수한다. 따라서 대부분의 사람들은 '표준어=국어'라고 인식하고 있다. 한편 일상어나 대중말은 규범을 준수하되 표준어만큼 엄격하지는 않은데 이처럼 언중이 의사소통의 장애를 일으키지 않는 일상어와 대중말은 비표준어인 사투리나 변방어, 지역어와 구분되어야 한다. 앙드레 마르티네André Martinet는 방언 1은 "단일어 사용 화자들이 구두 의사소통 과정에 사용하는 언어 형태들"로 언어의 지역적 형태라는 의미로, 방언 2는 "2개 언어 병용자들이 공동체의 일부 구성원들과 의사소통을 할 때, 일상어Vernacular로 사용하는 언어 형태들"로 정의한다. 이 방언 2는 일상어와 유사한 개념이며, 대체로 표준어 교육을 받은 사람들이 사용하는 말을 뜻한다.

표준어에 대응되는 전체적인 개념으로서의 방언을 가리키는 용어들이 매우 다양하다. 계층 방언 가운데 서울 지역의 교양인층의 언어는 표준어이지만 나머지는 모두 비표준어이다. 표준어에 대립되는 비표준어는 계층 방언인 은어, 컴퓨터에서 소통되는 소위 외계어 등의 사회 계층어와 지역 방언인 사투리, 변방어, 지역어 등의 무리로 구분된다. 여기서 표준어란 한글 맞춤법이나 표준어 규정에 따라 정해 놓은 매우 엄격하고 한정된 범위의 인위적인 언어이다. 거기에 비해서 일부 사회 계층 방언이나 지역 방언은 규범에서 벗어난다는 측면에서 표준어와 대응된다. 물론 표준어 범주에 '교양인'의 말을 계층적 기준으로 설정하고 있으나 이것은 있으나 마나 한 규정일 뿐이다. 각 지역의 일상어 가운데 지역적 특색이 있는 말을 표준어에 대응되는 방언方言이라고 생각하는 경향도 있다. 방언은 지방의 말이고 표준어는 그 바탕이 서울말인 까닭에 지방과 중앙의 대립적인 의미로 해석하기 쉽다. 방언을 사투리라는 이름으로 폄하하여 일상어의 주류에서 배제해 왔다. 표준어에 대응되는 말은 비표준어이다. '사투리', '지방말', '지역어', '방언', '탯말' 등은 모두 '표준어'에 대응되는 개념으로 비규범어이기 때문에 가치 평가상 '질이 낮다', '나쁘다', '그르다'라는 평가를 받는 경우가 많다. 그러나 '비표준어는 나쁘다'라는 판단에는 그 어떤 합당한 기준도, 이유도 찾아보기 힘들다.

다음으로는 표준어에서 준수되는 대부분의 규범을 지키되 특정 지역의 어휘, 음운, 억양 등을 반영하는 지역의 소통 말씨, 곧 고등교육을 받은 사람들이 소통하는 규범어(중류 계층에서 두루 소통되는 규범어)를 '일상어(또는 대중말)'라고 할 수 있다. 대체로 '사투리'가 학교에서 규범 언어를 배우지 못한 지역 사람들의 말이라면 일상어는 학교 규범 언어를 배웠고 서울 토박이 말씨와는 약간의 차이를 보이지만 의사소통에 장애가 없는 말을 뜻한다. 물론 고등교육을 받았다고 하더라도 개인차에 따라 일상어가 아닌 사투리를 고수하는 사람들도 있다.

일상어는 표준어에서 조금 일탈되지만 상호의사 소통에 어려움이 없는, 표준어보다 좀 더 포괄적인 말이라고 할 수 있다. 사투리는 민속 조사나 구어 조사를 채록한 자료를 제외하면 글말이 거의 존재하지 않지만 일상어 사용 화자들은 글말과 입말이 약간의 차이를 보여준다. 표준어 사용 화자는 비교적 글말과 입말이 일치하는 점에서 사투리와 일상어 화자와는 차이가 있다. 규범을 기준으로 했을 때, 규범 준수의 정도성에 따라 "표준어 > 일상어 > 사투리"와 같이 계열적 관계로 이해할 수 있다. 입말에서는 친구나 가족 간의 자연스러운 발화 환경이냐 그렇지 않으면 학교 강단이나 대중 연설회와 같이 환경에 따라 개인적인 차이를 보이기 때문에 표준어와 일상어, 그리고 사투리의 경계선을 엄격하게 구분하기란 힘들다. 일상어의 개념은 대중말의 개념과 통하는데, 김수업은 '사투리'와 '대중말'을 다음과 같이 규정하고 있다.

"'사투리'는 대중말('대중'은 '눈대중이 매섭다'하는 대중, 곧 '가늠'을 뜻하는 토박이말)에 맞선다. 우리가 쓰는 말에는 사투리와 대중말이 싸잡혀 있다. 대중말은 대한민국이라는 나라에서 온 국민이 막힘없이 주고받도록 규정에 맞추어 마련해 놓은 말이고, 그 규정에서 벗어나는 우리말은 모두 사투리다. 그것에는 어느 고장에서만 쓰는 사투리도 있고, 어떤 사람이나 모둠에서만 쓰는 사투리도 있다."

토박이말은 '들온말(외래어)'에 대응되는 용어이다. 한자어나 외국어, 외래어가 아닌 순수한 우리말이라는 의미다. 토박이말이야말로 순수한 우리 민족의 언어적 혈통을 이어온 알짜요 노른자위다. 표준어나 일상어 그리고 사투리 모두에 '토박이말'이 섞여 있다. 그러나 최근 이 토박이말이 자꾸만 줄어서 걱정이다. 고대 이후 중국 한자어 조어형이 줄곧 우리말 어휘의 본바닥을 형성하다가 일제 강점기에 일본어가 그리고 최근에는 인도유럽어 계통의 외래어와 인터넷 외계어가 우리 토박이말을 밀어내고 있다.

표준어에 대응되는 여러 가지 언어 변이형들을 통틀어서 방언이라고 불러도 좋을 듯하다. 특히 이들이 표준어에 비해서 나쁘거나 천박하다는 생각은 잘못된 것이라는 점을 강조해 두고자 한다. 텅 비어가는 토박이말 창고의 어휘를 더욱 늘려가기 위해서는 사투리나 일상어에 남아있는 많은 토박이말 어휘를 새로 발굴하여 보충해 줄 필요가 있다. 지금까지 내버려 두었던 '사투리'와 '토박이말'의 어휘를 금쪽처럼 귀하게 여겨서 보존할 필요가 있다. 최근에 '탯말'이라는 용어를 '모어(어머니로부터 전수받은 말씨)'의 의미로 사용하려는 움직임도 있다. 본고에서 사용하는 '방언'이라는 개념은 위와 같은 관점에서 '사투리'와 '일상어' 그리고 '토박이말'이라는 개념을 껴안은 포괄적인 개념으로 이해하면 좋을 것이다.

서울말은 표준어이고 그 밖의 말은 방언이라고 하다니 무슨 근거에서 이러한 생각이 굳어지게 되었을까? 사람은 살면서 얻은 삶의 다양한 방식이나 지식을 언어를 통해 효율적으로 전수한다. 사람은 언어로 의사와 감정을 소통하며, 전달하는 능력을 지녔다는 이유로 사회적 영장물이라는 영예를 얻었다. 사람의 언어능력은 곧 사람됨의 징표다. 언어마다 서로 다른 어휘·

문법 체계와 표현 방식을 가졌다는 사실은 서로 다른 문화 체계를 가지고 있음을 의미한다. 이러한 점에서 언어란 그 사회의 고유한 문화 전통의 유산이라고 할 수 있다. 우리는 이러한 사실을 상식적이라고 생각하고 있지만 막상 우리가 사용하고 있는 일상의 언어가 고유한 전통적인 문화유산이라고 한다면 고개를 갸우뚱할 것이다.

대다수의 사람들이 매일 사용하는 일상적인 지역의 말씨를 방언이라고 할 수 있다. 따라서 방언은 다수 사람의 일상생활이 구체적이고 종합적으로 투영된 사료史料라고도 할 수 있다. 한민족 공동체의 고유한 언어는 과거를 향해 바라보면 '방언'이 되고, 미래를 향해 바라보면 '국어'가 되는 것이다. 근대국가에 들어와서 인위적으로 만들어서 사용한 표준어가 일반 보통 사람들보다 더 상위층에 있는 유식한 사람들의 위엄을 보이기 위해 또는 공적인 용도를 위해 만든 일종의 인위적, 가공적인 언어라면, 방언은 민중들의 꾸밈없는 삶의 모습과 그들의 꿈과 욕망의 흔적이 묻어 있는 언어이다. 다시 말하자면 방언은 국민 생활의 구체적인 내용을 껴안고 있는 중요한 문화유산인 것이다. 표준어를 국어라고 생각하면서 방언은 국어의 바깥에 있거나 국어가 아닌 것처럼 생각하는 경우가 많다. 국어는 여러 가지 방언이 모여 형성된다. 표준어는 그 방언 가운데 어느 한 가지를 선택하여 규범 언어로 정한 임의적인 국어일 뿐이다.

국립국어원이 2005년 12월에 현대리서치를 통해 조사한 『어문 규범 영향 평가 결과 보고서』에서 '방언'에 대한 국민의 인식 조사 결과를 살펴보자. 방언이 '향토 문화의 중요한 유산'이라는 데 94.3%가 동의하였고, '국어의 역사를 밝히는 데 중요한 단서를 제공'하며(95.2%), '문학 작품의 사실성을 살리는 요소'(96.2%)라는 등 긍정적 평가가 압도적이었다. 특히 방언이 '언어 통일에 장애'가 되지 않는다는 견해가 81.5%를 차지하며, '지역 감정을 유발'하는 요인이 될 수 없다는 견해가 83.6%를 차지하였다.

특히 방언이 향토문화의 중요한 유산이라는 점에 대해서 응답자의 94.3%가 지지를 한 이유가 무엇일까? 생물의 단일 재배나 개량으로 종을 단일화할 경우 멸종으로 쉽게 이어지듯이 언어도 표준화하거나 지나치게 단순화시킬 경우 언어는 절멸의 위기로 빠져들 수밖에 없다. 그런 점에서 많은 사람들이 아직 방언에 대한 애착을 보이고 있고, 방언에 대한 경멸적인 태도를 보이는 사람이 많지 않다는 것은 매우 다행스러운 일이다.

방언에 대한 경멸은 방언을 타자의 언어로 간주하는 사람에게만 나타나는 현상이 아니다. 그것은 때로 이데올로기의 압력에 굴복한 방언 사용화자 자신들에게 나타나기도 한다. 5공화국 시절, 방송 드라마에서 부엌일을 하는 사람은 '충청' 방언 화자들이, 조폭이나 깡패는 '전라' 방언 화자들이 주류를 이루던 때가 있었다. 언어가 인권 폭력의 주체로 이데올로기에 봉사하는 일종의 지적 테러에 가담할 수 있다는 사실을 보여준 웃지 못할 사례라고 할 수 있다.

3. 언어적 죄의식

어린아이를 키워주는 시골 어머니에게 시골 방언을 배운다는 이유로 아이들과 어머니를 분리시키기를 주장하는 사람은 분명히 시골에서 서울로 오면 서울말에 주눅 들어 마치 자신이 언어적 죄를 저지르는 착각에 빠질 수 있다. 학교에서 어린아이가 교육받을 때 사용하는 필기 언어와 집에 돌아와서 말하는 언어가 유리된 경우가 있다. 자신의 언어가 감수성 예민한 어린 마음에 낮은 사회적 위치, 모멸감, 어리석음과 같은 가치와 연결되어 있다고 느낄 때를 상상해 보자. 방언을 사용하는 자는 과연 열등한 사람일까?

최근 전국 곳곳에 영어마을이 들어서고 있다. 신식민주의 지배 언어인 영어에 종속되기를 바라는 추종자들은 스스로 마음의 식민지적 거처를 마련한 셈이다. 지배계층으로 진입하기 위한 필수적인 교육제도의 덫이 그들

앞에 놓여 있다. 발자크Balzac의 『올빼미당Les Chouans』의 브르타뉴 방언에 대한 경멸은 인종 차별적 죄의식을 반영한 산물임을 보여주고 있다. 마르세유 출신 시인 빅토르 즐뤼Victor Gelu는 1840년 자신의 작품 모음집에서 프랑스어는 대륙에서 유일하게 고귀한 언어이고 오크 방언은 마르세유 하층 구역의 언어라고 밝히고 있다.

그런가 하면 언어를 포식하는 중앙집권주의에 맞서 자기들의 억압 받는 언어들을 옹호하는 사례도 많이 있다. 브르타뉴 출신의 사회주의자인 에밀 마송 Eemile Masson은 브르타뉴어가 방언이 아니라 하나의 진정한 국어라고 단언하고 자유주의 프로퍼갠더는 어느 곳에서든지 그 지역의 방언으로 이루어져야 한다고 주장하고 있다. 표준어는 옳고 방언은 잘못된 언어라는 그릇된 대립적 가치 인식의 전통은 서구에서나 우리나라 현실이나 비슷하다. 언어학자들이 '학문'이라는 페인트로 단장한 이 관념적인 전통은 쉽게 깨어지지 않을 것 같다.

방언이 갖는 역사적 특성을 강조하거나 혹은 방언이 무형문화재라고 평가하여 그 가치를 존중하려는 노력은 언어적인 죄의식에서 벗어나고자 하는 변명 가운데 하나다. 우리가 여기서 방언을 왜 전통적인 문화유산인 무형문화재라고 할 수 있는지 좀 더 구체적으로 살펴보자. 우리나라의 각종 국어사전에 실린 낱말 가운데 표준어 사정 기준에서 벗어나 서울 지역에서 사용하지 않는 낱말이지만 운 좋게도 표준어로 채택된 경우가 있다. '우렁쉥이(멍게)', '선두리(물방개)', '버마재비(사마귀)' 등의 낱말이다. '버마재비'는 주로 경상도와 전라도를 중심으로 한 남부지역에 분포된 방언이다. 그런데 그것이 서울을 중심으로 분포된 '사마귀'와 나란히 표준어의 자리에 등극한 영예를 안은 것이다. 그러나 이런 영예의 새삼스러움과는 달리 '버마재비'에 얽힌 추억을 갖지 않은 이는 아마 드물 것이다. 황대권 씨가 쓴 『야생초 편지』에서는 '버마재비'를 커다란 수레를 두 팔로 막고 서서 가지 못하게 할 만큼 겁이 없는 모습을 비유하여 '당랑거철螳螂車轍'이라 이름하고 있다. 사냥술이 뛰어난 버마재비는 상대방이 겁에 질려 혼미한 상태에 있을 때, 전광석화처럼 상대를 잡아먹는 음흉하기 짝이 없는 놈이다. 교미가 끝난 후에는 암놈한테 순순히 잡아먹히는 종족 보존의 철저함도 갖고 있는 곤충이다. 어린 시절에는 버마재비를 들판에서나 교실에서도 쉽게 만날 수 있었다. 항상 부동의 자세로 몇 시간이고 꼼짝하지 않고 긴 앞다리를 치켜든 채 무섭게 생긴 두 눈을 굴리던 버마재비에 대한 체험적 추억이 있는 사람들도 많을 것이다. 그런데 버마재비에 대한 가장 결정적인 공포는 바로 그놈의 오줌이 눈에 들어가게 되면 소경이 된다는 점이다. 그러나 '버마재비'가 늘 그렇게 부정적인 이미지로만 우리에게 남아있는 것은 아니다. 손등에 돋아 오른 '사마귀'를 그놈의 날카로운 이빨로 뜯어먹게 하면 사마귀가 없어진다는 이야기도 있었다. 이 '버마재비'라는 낱말에는 '버무땅개비, 범이땅깨, 연까씨, 오줌싸개, 각재비, 사마귀' 등과 같이 다양한 방언형이 있다. 마침 손등에 돋아 오른 질병의 하나인 '사마귀'라는 낱말과 동음이의어의 경쟁 관계를 유지하게 됨에 따라 남부 지역 방언인 '버마재비'가 '사마귀'라는 낱말을 제치고 당당하게 표준어로 선택된 것이다. 그러나 '버마재비'는 표준어가 아니고 '사마귀'만 표준어인 것으로 알고 있는 사람들이 아직 많이 있는 것 같다.

표준어에 없는 '과메기', '아구찜', '홍탁'과 같은 지방의 음식 이름은 전국으로 확산되었지만 아직 방언의 신세를 못 면하고 있는 예들이다. '과메기', '과미기'라는 말은 관목貫目 청어를 줄여서 '관목이'라 부르다가 변화된 말이다. 과메기는 경북 포항의 특산물인데 겨울이 되면 전국적으로 팔려나간다. 지방 특산물이 전국상품으로 출세한 '과메기'는 아직 표준어로 승격되지 못하고 방언으로 처리되고 있다. 『표준국어대사전』에 '과메기'의 뜻풀이를 "과메기 [명] [방] 꽁치를 차게 말린 것(경북)."으로 하여 뜻풀이의 오류를 범하고 있다. 과메기는 원래 청어(방언형: 둥어, 비웃, 구구대, 고섭, 푸주치, 눈검쟁이, 갈청어, 울산치, 과목숙구기)를 얼리면서 말린 것이다. 일찍이 가난한 선비를 살찌게 해 주는 청어는 '비유어肥儒魚'라는 별명을 얻기도 했다. 그런데 이 청어가 일제 강점기를 거치면서 거의 잡히지 않게 되자 청어 대신 꽁치로 과메기를 만들게 되었는데 이것이 사람들에게 인기를 얻자 전국적인 상품으로 발전되었다. 그러니까 과메기의 뜻풀이에서 재료로 '꽁치'만 예를 든 것은 분명한 오류이다. 과메기는 추운 날씨에 얼었다 녹았다를 반복하면서 내장의 즙이 고기 살에 고루 스며들어야 제맛이 난다. 과메기 덕장에서 찬 겨울바람에 얼리고 말린 것을 일등 상품으로 치듯이 차게 말린 것이 아니라 얼리면서 말린 것이기 때문에 뜻풀이의 정확성이 떨어진다.

이처럼 대상물이 서울에 없고 지역에만 있다는 이유만으로 그 낱말을 '방언'으로 처리하여 표준어 근처에 얼씬도 하지 못하게 하는 일이 어찌 있을 수 있는 일인가? 어쩌면 방언인데도 표준어로 채택된 영광을 지닌 낱말이 있는가 하면 당연하게 표준어로 채택되어야 할 역사적 정당성이나 합리성이 있는데도 불구하고 서울 사람들의 말이 아니라는 이유 때문에 표준어에서 밀려나는 불행을 겪어야 하는 낱말도 있으니, 이 또한 인생살이의 모습과도 가히 다를 바가 없다는 생각이 든다.

어디 그뿐인가. 오늘날은 거의 사용하지 않지만, 짚으로 둥글고 울이 깊게 결어서 만든 '멱둥구미'라는 용기가 있다. 멱둥구미는 볍씨를 퍼 담아 두거나 콩깍지나 채소 등을 담아 옮기는 데도 유용하게 사용했던 도구이다. 그런데 이 용기의 이름은 지역마다 다르다. 한국정신문화연구원에서 간행한『한국방언자료집』에 의하면 '둥구미, 둥구마리, 둥구마기, 메꾸리, 메꼬리, 며거리, 미꺼리, 멱따리, 멱때기, 멱서리, 멕다리, 송대기, 송태이, 봉생이, 봉태기, 봉오애기, 뚜구마리, 둥구매기, 둥구마리, 믹서리' 등의 '멱둥구미'의 방언형이 있다. 예전에 사용하던 각종 용기가 플라스틱이나 금속 용기의 발달로 차츰 사라져 가듯 그것을 가리키는 이름도 우리의 기억 속에서 가물가물해져 가고 있다. 대상물이 없어지면 우리 선조들이 살아가던 삶의 흔적이 사라지는 동시에 말도 함께 없어진다. 멱둥구미의 방언형의 이러한 차이는 곧 지역적으로 우리 선조들의 삶의 흔적이 다양했던 결과라 할 수 있지 않을까? 언어의 다양성이 사라지는 수많은 공통된 근거 중 가장 핵심은 바로 생태공간의 파괴이다. 세상의 변화와 함께 언어의 절멸 속도 또한 이처럼 빠르게 진행된 적은 결코 없었다.

세상이 참으로 많이 변했다. 농촌 들녘에서 가을걷이를 할 무렵이 되면 온 들판이 소란스러웠다. 탈곡기(와롱기 또는 족답기)의 와롱와롱거리는 소리와 함께 먼지바람을 일으키는 들판에서 어른들은 타작하노라면 아이들은 참(들밥, 새참)을 나르느라 진땀을 흘리던 시골의 풍경이 이제는 그리워진다. 발로 딛는 탈곡기는 조금만 호흡이 맞지 않아도 그 기계 돌아가는 소리가 신이 나지 않고 풀이 죽은 소리가 난다. 멀리서 소리만 들어도 일꾼의 호흡이 맞는지 맞지 않는지를 알 수 있었다. 타작으로 날리는 나락 홰기(새 쾌기)의 티끌과 땀이 범벅되어도 한 해 농사를 결산하는 기쁨으로 탁배기(막걸리)를 벌컥벌컥 마시며, 신명 잡히게 일하던 어르신들이 거의 돌아가신 고향 들녘은 한산하기 이를 데 없다.

더 이른 시절에는 '탯돌, 잘개돌(개상돌)'이라는 큰 돌에 나락단(볏단)을 새끼줄로 묶어 그 돌에 내려쳐서 벼 낟알을 털어 내는 탈곡 방식이 있었다. 요사이도 콩 타작이나 깨 타작은 이와 유사한 방식을 이용하고 있다. 그때 나락(벼)을 묶는 줄을 '탯줄' 또는 '잘개줄(탯줄)'이라고 하고 그러한 탈곡 방법을 '잘개타작(개상질, 태질)'이라 불렀다. 대나무를 빗살처럼 엮어 벼를 그 사이사이에 끼워 넣어 당겨 내면서 하는 타작을 '호리깨, 집께, 홀깨타작'이라고 불렀다. 불과 10여 년 전만 해도 이러한 고전적인 농경 방식을 얼마든지 구경할 수 있었다. 이제는 자동 기계 탈곡은 물론 들판에서 타작과 도정 과정을 트랙터로 한꺼번에 하는 시대에 와 있지만 우리 시골이 더 황량하고 쓸쓸하게만 보이는 이유가 무엇일까. 서울 부근의 농촌이나 저 멀리 진도의 농촌 풍경이나 다른 것이 아무것도 없는 똑같은 풍경일 뿐이다. 시간의 절멸과 함께 지난 시절 농촌의 공간 풍경도 절멸하고 있다.

4. 언어의 사회적 계급

표준어는 서울 곧 우리나라에서 가장 발전한 도회지의 말이고, 광주 방언은 서울에서 멀리 떨어진 변방의 말이다. 서울말과 광주말의 차이처럼 영어와 토크피진어는 '도시 언어'이지만 콘윌어와 타이압어는 각각 영어와 토크피진어에 대응되는 '변방의 언어'이다. 도회지의 언어는 개발도상국의 경제적·사회적 지배 계층인 엘리트층의 언어와 관계있는데 특히 우리나라는 모든 중심이 서울에 있기 때문에 도회지의 언어 중심이 서울이 된 것이다. 반면에 변방의 언어는 경제적으로 뒤쳐진 지역에서, 경제적·사회적으로 보다 제한된 지역에서 사용된다.

광주나 부산 사람들 가운데 금융, 항공, 전산 등의 경제적 영역의 활동을 원한다면 그들은 의사 표현을 위해 '변방의 언어' 대신 '도회지 언어' 곧 서울말을 선호할 것이며, 나아가서 국제적인 경제 활동이나 법률적 문제 해결을 위해서는 다시 '영어'나 '프랑스어' 등의 국제적 소통어를 선택할 것이다. 이런 의미에서 광주말이나 부산말은 서울말에 비해 주변어이고 또 서울말은 영어에 비하면 주변어가 될 수밖에 없다. 하지만 서울말은 도회/주변이라는 상대적 구분으로 정의될 성질의 것이 아니다. 도회적인 '서울말'이 상황에 따라서는 주변적일 수 있다. 케냐와 탄자니아의 많은 학교에서는 스와힐리어로 학습하고 있으며 많은 사람들은 스와힐리어를 배우고자 원한다. 이 스와힐리어는 마사이 유목민이 사용하는 마어에 비해 도회적인 언어이다. 그러나 대학 수준의 교육을 받기 위해서는 대다수의 인쇄물이 영어로 되어 있기 때문에 영어로 학습을 해야 한다. 이러한 측면에서 스와힐리어는 영어에 비해 주변적인 언어일 수밖에 없다.

결국 도회적 언어와 주변적 언어라는 사회 계급적 구분은 언어 그 자체의 속성에 의해 구분되는 것이 아니라 그 언어를 사용하는 사람들의 경제적·사회적 지위 차이를 반영하여 구분된다. 산업화를 통해 축적한 부를 기반으로 아프리카, 오스트리아, 아시아, 아메리카 대륙을 식민지화한 유럽이 세계의 중심 자리에 들어섰다. 21세기에는 세계화라는 미명 아래 세계의 중심에서 군림하고 있는 미국이 다른 모든 나라들을 주변화하고 있다. 이와 같은 국가별 관계의 패러다임이 한 나라의 내부의 패러다임과 일치하고 있다. 언어의 사회 계급화, 곧 계층적 위계가 생겨나는 이 불평등성이 어디에서 생겨나는가? 표준어와 방언의 불평등성, 한국어와 영어의 위계적 불평등성의 문제는 단지 어제 오늘의 문제가 아니다.

15세기 이후 유럽 여러 나라들이 아프리카를 비롯한 여러 나라와 부족들을 식민지화하면서 그들 언어를 포식하는 과정에서 이미 도시(중심)와 주변의 구분이 존재하게 되었다. 도시어는 중심지와 엘리트 계층의 언어이다. 도시어의 부상은 화자의 경제적 역할에 따라 그 대상이 달라지게 되었다. 엘리트 집단이 농민, 상인, 노예, 하인들을 효율적으로 통제하기 위해서는 지방 수령과 같은 중간 집단이 필요했다. 이 중간 집단은 엘리트 집단이 사용하는 말과 농민, 상인, 노예, 하인들이 사용하는 말을 모두 포함하는 이중 언어를 구사하였다. 주변 사람들은 계층 간의 이동이 극히 제한되었으며 이들은 제국 밑으로 들어가든 제국으로 통합되든 일상적 의사소통에는 아무 장애를 받지 않았던 것이다.

오늘날의 상황은 크게 달라졌다. 도시어는 세계의 거의 모든 지역에서 제국주의적인 언어로 변모하여 엄청나게 빠른 속도로 변두리어를 밀어내며

전진하고 있다. 그런데 그 도시어는 또 다시 다른 변종을 만들어내고 있어 언어의 포식 문제는 경제적 주도권 문제와 밀착되어 어디로 튈지 모르는 공이라고도 할 수 있다. 곧 영어가 세계적인 도시어가 되리라 예상했지만 이미 영어의 변종이 세계 도처에 퍼져나가고 있으며 피진어나 크레올어와 같은 영어와 현지어의 혼종이 독버섯처럼 번져가고 있다. 인터넷 시대에 영어가 독주하리라는 예상이 이미 빗나가고 있다는 증거는 이런 것 외에도 이베리아반도에서 많은 독립민족의 언어가 되살아나고 영국 영어의 본토에도 스코틀랜드 게일어가 되살아날 기미를 보이는 것에서 찾을 수 있다. 다니엘 네틀(2003:222)은 도시 언어의 포식 문제를 "스물세 시간 동안 일어날 기미도 보이지 않다가 마지막 20분 동안에 그처럼 혁명적이고 불균등한 충격이 발생해서 현재 전 세계의 언어로 퍼져나가는 충격파를 일으킨" 것으로 말하고 있다.

유럽에서 산업혁명이 끝날 무렵 생산성이 엄청나게 증가하였다. 잉여 생산물을 많은 사람이 공유하면서 생활 지위가 급격하게 향상되고 평균 수명도 길어지게 되었다. 도시를 중심으로 인구가 밀집되면서 경제적 분화와 심화를 유발하게 되었다. 해외 식민지 개척의 성공은 도회지인 유럽의 금고를 살찌우면서 변두리는 경제적 종속화를 가속화하였다. 이러한 경제 운용이 언어에 어떤 영향을 미쳤는가?

번영의 경제, 신기술, 수익성 높은 생산 활동으로 얻어진 재화는 다시 변두리를 지배하기 위한 무기 생산, 엘리트들이 피지배 계층을 세뇌할 수 있는 장치로 작용하였다. 이로 인해 도시 언어가 주변어를 떠밀어 내리는 '떠미는' 힘과 생산 기술 체계를 습득하기 위해 도시 언어를 스스로 받아들이려는 '끌어당기는' 힘이 동시에 작용되고 있다. "말馬도 서울에서 태어나야 한다."는 말과 "세계로 진출하기 위해서는 조기에 영어를 배워야 한다."는 '끌어당기는' 힘이 방언을 버리게 하고 모국어도 버리게 하는 엄청난 힘으로 작용하고 있는 것이다. 지난 세기에는 이 '떠미는' 힘이 강했기 때문에 교묘한 식민지 술책과 군사적 지배 책략이 필요했지만 금세기에는 '끌어당기는' 힘, 곧 자유로운 선택의 힘이 더 강하도록 교묘한 문화정책의 계략으로 엘리트층이 민중을 설득하고 있다.

나라 안에서는 정치·경제의 중심인 서울을 중심으로 변두리 방언 화자들이 서울말로 휩쓸려들면서 변방의 방언과 경제가 무너지고 있다. 이런 과정이 우리 스스로 원한 자유로운 선택이라는 점에서 문제의 심각성은 더 크다.

5. 방언과 민속

영남 지방에는 일제의 강압으로 맥이 끊겼던 '쨍말타기(호미씻이 놀이)'라는 우리 고유의 민속놀이가 있다. 세 벌 논매기 작업을 마칠 무렵이면 힘든 벼농사 일이 끝이 난다. 가을걷이 때까지 힘든 논매기의 노동이 끝나기 때문에 두레패의 호미를 씻는 날이라고 해서 '호미씻이' 또는 호미를 씻어 걸어 놓는다고 해서 '호미걸이' 날이라고도 하는데 '호미씻이하다'는 지역에 따라 '꼼비기묵는다', '서리치술뭉는다' 등으로 다양하게 불리기도 한다. 이날이 되면 '농자천하지대본農者天下之大本'이라 쓰인 큰 깃발을 논 가장자리에 세워두고 버드나무나 칡넝쿨, 솔가지 등을 장식한 소에 길마를 지워 그 위에 상좌농부(상머슴)가 앉아 '딩각(오동나무로 만든 나팔)'을 불며 지주인 부잣집에 모여들어 두레 풍물굿을 벌인다. 이와 비슷한 예로 두레의 일종인 황두 작업을 할 때 황두꾼들이 새벽에 박주라꾼이 신호용 나팔인 '박주라'를 불면 빠른 시간 안에 일정한 장소에 모여 계수稽首의 점검을 받고 작업장으로 나갔다. 이 '박주라'라는 나팔과 '딩각'의 용도가 비슷하다. 박주라는 가둑나무로 두 뼘쯤 되며 그 끝은 나팔 모양으로 퍼지게 만든 악기이다.(주강현, 2006:137)

쨍말타기 놀이의 전통은 삼한 시대부터 내려오던 우리 고유의 풍속이다. 경상남북도 일대에서 전승되어 오다가 일제 강점기에는 사람들을 불러 모아 항일운동의 수단으로 활용될 것을 우려한 일제가 이 놀이를 금지시키면서 그 전통과 맥이 끊겨 버리게 됐다. 이 놀이는 일종의 두레놀이인데 다른 지방에서는 '징, 장구, 북, 쨍과리'로 구성되는 사물놀이를 즐겼지만 영남 일부 지방에서는 사물에서 '딩각'이라는 나팔을 추가하여 오물놀이로 즐겼다고 한다. 최근 송광매기념관 권병탁 이사장은 수년 전부터 각종 문헌을 뒤져 자료를 수집하고, 지역의 70세 이상 노인들을 대상으로 설문 조사 등을 통해 쨍말타기를 복원하였다. '쨍말타기'는 대구 달성, 경북 청도, 고령을 비롯하여 경남 합천, 산청, 창녕 등지에 퍼져있다. 재현된 쨍말타기는 상좌 농부의 딩각 신호에 맞춰 쨍과리와 징, 장구, 북의 사물이 뒤따르며 즐기는 농무農舞이다.

호미씻이 놀이였던 쨍말타기의 절멸과 함께 오물놀이의 주요 악기였던 '딩각'도 자취를 감추면서 그 이름 역시 우리 기억에서 사라지게 되었다. 『표준국어대사전』이나 각종 민속사전에서도 찾아볼 수 없을 뿐만 아니라 심지어 민속학자나 국악 전문가들도 딩각이라는 민속 악기를 알지 못하는 상황에 이르게 되었다. 이처럼 사회의 변화와 함께 사람들이 사용하던 각종 일상 용구나 악기의 이름이 희미하게 지워져 가고 있다. 그래서 지난 시절의 풍경이 더욱 애틋하게 그리워지는 것이리라.

'딩각'은 놀랍게도 울산 반구대 암각화에 나타난다. 이것은 철기시대로 거슬러 올라 원시농경시대부터 수렵이나 농경 또는 어업의 협동을 위해 두레패를 모을 때 보내는 신호로 불었던 악기로 추정된다. '딩각'이라는 방언은 이처럼 심연의 역사를 거슬러 원시시대의 우리 모습과 맞닿아 있다. 남성의 성기(농경 풍요를 상징)를 자랑스럽게 돌출시키고 그 남근보다 몇 배나 더 긴 딩각이라는 악기를 불면서 무슨 생각을 했을까? 더불어 살아가는 인간 공동체의 삶의 꿈은 예나 지금이나 결코 유효기간이 있는 것이 아니다.

옛날부터 안동지방의 안동포는 유명했다. 그러나 베 짜는 일은 오늘날에는 일반 사람들의 기억에서조차 희미해져 다만 추억의 흔적으로 남아있을 따름이다. 이상규(2000)의 『경북방언사전』에 베틀과 관련된 방언의 편린들이 조사·보존되어 있으니 잠시 살펴보도록 하자.

눌룰대 몡 눌림대. 잉아 뒤에 있어 벳날을 누르는 막대. ⇒ 비틀. 눌룰대(안동)
도투마리 몡 천이나 베를 짤 때 날을 감아 베틀 앞다리 너머의 채머리에 얹어 두는 틀. (예) 짜는 거는 그 뒤에 해도 그때까지 매기는 다 매가 도투마리 감아 놓지. 짜기는 가을에 짜지, 삼은 어에든동 여름에 다 매 놓지(안동)
바디 몡 베틀의 부품 이름. 대오리를 참빗처럼 촘촘하게 엮어 살 틈으로 날을 꿰어 베의 날을 고르게 함. (예) 한 구녕에 두 오리식. 그것도 새가 지어서 드가지. 한 오리는 잉아올, 한 오리는 사올이 되니더. 냉재 잉아에 걸 때 잉아올은 잉애에 드가고 사올은 안 드가잖니껴(안동)
비개미·비계미 몡 비경이. 베틀에 딸린 기구의 이름. 잉아의 뒤와 사침대 앞 사이에 날실을 걸치도록 가는 나무 오리 세 개를 얼레 비슷하게 벌려 만든 기구. ⇒ 비틀. 비계미(안동). 비개미(의성)
비테 몡부티. 베틀의 말코 양쪽 끝에 끈을 매어 허리에 두르는 넓은 띠. ⇒ 비틀. 비테(안동)
비틀연치 몡 베짱이. 비틀연치(의성)

이른 봄 들판에 목화씨를 뿌리고, 삼밭에 대마씨를 뿌려 이들을 거두어 한 올 한 올 실로 만들고 또 이것으로 베틀에서 베를 짜고 또 고운 쪽빛이나 감색 물을 들여 옷을 짓는 모든 과정이 바로 우리 선조들이 살아왔던 삶의 방식과 흔적이다. '눌룰대', '도투마리', '비개미·비계미', '비테', '비틀연치'와 같은 이런 지역 방언은 언어학적으로 그렇게 유용한 것이 아녀서 중요하지 않은 것인가? 사람들이 살아온 삶의 방식이 세월 따라 변화하면서 그들이 사용하던 각종 일상 용구들도 변화하게 되는 것은 당연지사다. 그러면서 이전에 사용하던 용구들의 이름도 우리 기억 속에서 희미해져 가고 있다.

 방언은 자연 지리적 환경과도 밀접한 관계가 있다. 우리말은 백두대간을 중심으로 동과 서로 나뉘는데 동부지역은 대체로 소리의 높낮이가 남아있는 악센트 구조로 되어 있다. 곧 '말馬'[높은 소리]과 '말斗'[낮고 짧은 소리] 그리고 '말言'[낮고 긴 소리]이 소리의 높낮이나 소리의 길이에 따라 의미 차이를 보여준다. 백두대간의 서쪽에서는 높낮이는 구분되지 않지만 소리의 길이에 따라 의미가 구분되는 특징을 가지고 있다. 그리고 어휘적으로는 남북을 가로지르는 모습으로 어원적인 분포를 보이며 남북 간의 차이를 보여주기도 한다. 남북 간의 어휘 차이는 고대 신라-가야와 백제, 고구려 지역의 방언 차이의 잔영이라고 볼 수 있다.

 방언은 지역 사회·문화와도 밀접한 관련을 맺는다. 예를 들면 '김치'를 '짠지'라고 하는 방언권 혹은 '식혜'를 '단술'이라 하는 방언권의 음식 문화는 다른 방언권의 문화와 구별될 수 있는 특징을 가진다. 최근에 최영준 교수는 우리나라의 '짚가리' 형태의 지리적 분포를 기호형, 호남형, 중부내륙형, 동부 산지형, 남부 고원형, 영남 내륙형, 남해안형, 동해안형으로 구분하고 있는데 이것은 방언권과 너무나 흡사하다. 문화지리학적인 관점에서 문화권과 방언권이 어떤 연관을 갖는지 탐색해 보는 것도 결국 한국어의 방언 분화와 문화 양상의 분화를 이해하는 데 도움을 줄 수 있을 뿐만 아니라 그 역으로 방언 분포의 이해를 통해 전통문화의 분화 양식을 이해하는 데도 도움을 줄 수 있을 것이다. 누누이 얘기하지만 땅속에서 발굴해 내는 유형문화재만 중요한 것이 아니다. 얼마 전까지 일상어로 사용하던 방언을 잊지 않도록 보존하는 일도 중요한 것이다. 방언은 무형문화재적 가치를 지니고 있기 때문이다.

 방언에는 문헌 기록에도 남아있지 않은 옛 조상들의 말씨의 흔적이 남아

있는 경우가 많다. 방언은 수백 년 전의 문헌에 나타난 어형보다 더 오래된 형태를 보여 주어서 비교언어학적 연구 혹은 내적 재구를 위해 매우 유용한 증거를 제공해 주기도 한다. 경상 방언의 '어불다', '자불다' 등은 15세기 문헌에 나타난 '어블다 > 어울다', '자볼다 > 자올다'보다 더 오래된 화석형을 아직도 유지하고 있는 예이다. 또 한편 형태론적 층위에 방언의 화석형이 남아있는 경우도 많다. 예를 들면 '숯炭'의 방언형이 경상 방언에서는 '수꼉'로 충청 방언에서는 '숫'으로 실현된다. 경상 방언형 '수꼉'은 '텻+-엉(접사)'(이상규, 1991:622)으로 구성된 파생어다. '수꼉'의 기저형이 '텻'이며 이는 15세기 국어에서 '수찌, 수쐭, 수꾸을'과 대응된다. 경기 방언에서는 어말 'ㅅ'에서 'ㄱ'이 탈락하여 어말파찰음화를 겪었고, 충청 방언에서는 어말 'ㅅ'에서 'ㄱ'만 탈락하였으며, 경상 방언에서는 중세어형이 파생어 환경에서 화석으로 남아있다. 전라 방언에서 '쌨-(多)'은 기원적으로 '쌓(積)+-이-+-어#잇(在)-'이 융합하여 형성된 어형으로 형태 화석형이라고 할 수 있다(이승재, 1992:64). 이처럼 문헌 자료에서 확인되지 않는 방언 화석형을 이용하여 한국어의 역사적 연구를 보완해 줄 수 있다. 곧 방언을 통하여 우리는 세종대왕 시대, 그보다 더 오래된 고대의 생생한 말씨와 만날 수 있다. 그러니까 방언은 옛날 우리 선조들의 언어의 흔적이 기록으로 남아있는 하드디스크와 같은 것이다.

　세월의 흐름 속에서 희미해져 가는 우리 선조들의 삶의 흔적이라 할 수 있는 방언도 이젠 급속하게 사라져가고 있다. 이 땅에 기차가 달리고 하늘에는 비행기가 나는 시대, 그보다 훨씬 빠른 인터넷을 통해 이 지구는 크리스털처럼 투명하게 음성과 영상, 그리고 정보를 소통하는 시대에 들어섰다. 그래서 지난 시절이 더욱 그리워지는 것이다. 지난 시절의 언어 속에는 그 당대의 삶의 방식과 모습, 그리고 사유와 철학이 남아있다. 꼭 땅속에서 금속이나 돌로 만든 부처가 나와야지 문화재인가? 우리 선조들의 일상적 삶의 애환이 서려 있는 말씨인 방언 역시 훌륭한 무형문화재이다. 방언을 통해 우리는 과거와 만날 수 있으며, 또 과거를 되돌아볼 수 있다. 절멸된 시간과 공간을 재구축할 수 있는 훌륭한 재료가 바로 방언이다.

방언은 사람들의 살아온 자취, 흔적, 잔해와 세월의 흐름에 따라 이루어 낸 위엄이 새겨져 있는 오래된 역사의 주름이다. 따라서 방언은 오랜 역사를 가지고 있어 그 언어의 뿌리(기원의 역사)를 확실하게 증명해 주는 '말글'인 것이다.

6. 방언의 종다양성은 문화적 다양성

우리나라의 전통 산업은 농업이라 할 수 있다. 전 국토에서 산악이 80%를 차지하고 있기 때문에 전반적으로 논농사보다 밭농사가 더 발달하였다. 서남 지역에는 논농사가, 동남 지역이나 북부지역에서는 밭농사가 발달하였을 뿐만 아니라 기후 환경의 차이도 있어서 농사와 관련된 어휘에서도 지역적인 차별성을 보인다. 농경 생활과 관련된 방언이 많이 남아있지만 이를 체계적으로 조사한 적이 없어 현재 급격한 절멸의 위기를 맞고 있다. 특히 농경과 관련된 낱말의 어휘망은 '문화적 종다양성'(주강현, 2006)을 고려하여 체계적이고 정밀한 조사가 필요하다. 논의 종류만 해도 대략 '수답, 고래실논, 샘논, 천수답, 고답, 건답, 하늘바래기, 하늘받이, 봉천지기, 한답, 구렁배미, 깊은논, 두렁논, 수렁논, 엇답' 같은 명칭을 확인할 수 있다. 주강현(2006)은 논의 명칭 구분을 하면서 물에 따른 논의 구분, 모양새에 따른 논의 구분, 기타 구분의 근거를 제시하고 있다.

논의 명칭을 구체적으로 살피면 다음과 같다. 첫째, 물에 따라 '천수답(고답, 건답, 하늘바래기, 하늘받이, 봉천지기, 한답), 수답(고래실논, 샘논), 수렁논(둠벙배미, 구렁배미, 진논, 깊은논), 엇답'으로 구분한다. 둘째, 모양새에 따라 '멍에논, 삿갓논, 두멍논, 둥근뎅이, 장대논, 갓모배미, 장대배미,

긴논, 진논, 진배미, 실거리, 메물논, 장구배미, 반달배미, 보십배미, 뱀꼬랑지논, 갈치논' 따위로 구분한다. 셋째, 그밖에 '개간답, 간석답, 엇답, 넓은배미, 들논' 등으로 구분한다. 실제 충남 서산시 음암면 고양동에서 표본 사례를 조사한 결과를 제시하면 아래와 같다.

가락부리: 사슴머리의 끄트머리 밑으로 있던 밭.
구렛들: 도당천이 흘러내리는 쪽의 깊은 논.
군모루들: 흔히 그전부터 논메고 두레할 때는 주로 이 끄트머리에 기를 세워 두고 쉬는 장소다. 성암 저수지가 예전에는 군모루벌판이었다. 용대기 꽂고 농악도 다 모여 놓고 논 메고 점심 먹고 쉬던 장소다.
대추나무배미: 대추나무가 있었다고 지은 이름.
덕수자리: '사람이름+자리'. 권씨가 살더라도 예전부터 짓던 논이니까 알기 쉬우라고 덕수자리라 불렀다. 언드리 밑.
동산배미: 산처럼 높은 곳에 있다고 동산배미라 부름. 진걸 위.
마당배미: 새잔걸 옆.
미끄리배미: 미꾸라지처럼 생긴 논.
박첨지자리: 박첨지가 부쳐 먹던 논. 가락부리 밑의 논.
보시배미: 보습처럼 생긴 논. 덕수자리 위.
사슴머리: 수렁치기 위 옆으로 탑곡리 3구에 있음. 생긴 모양이 사슴머리 같이 생겼다고 그런 이름이 붙여졌다.
새잔걸: 논 이름인데 배미로 3배미 잔거리로 쪽 있다고 붙여짐. 동산배미 밑. 새장거리미
수렁치기: 논에 수렁이 많다. 수렁치기 논에는 상답이다. 지하수가 막 솟구친다.
수박지水薄地: 물이 아주 핍박한 땅. 물의 근원이 아주 없다고, 물이 없는 마른 땅이라는 뜻. 아주 없는 사람만 살던 곳.
언드리배미: "여기서 부르기를 언드리라고 했는데, '언드리배미'라는 이름은 농조에서 보 이름 지을 적에 그렇게 '~더라.'라고 했다. 논이 5마지기도 넘는다.
연꽃배미: 연꽃처럼 생긴 논.
장밭들: 넓은 들인데 옛날에는 높은 지대라서 물 대기가 어려웠다. 지금은 저수지에서 물이 내려와서 좋은 논이 되었다. 옛날 좋은 논은 다 성암저수지 속으

로 들어가 버리고 안 좋던 장밭들이나 남았는데 이제는 그곳에도 물이 내려와 서 좋은 논이 되었다.
장화배미: 장화처럼 생긴 논.
진걸: 땅이 질어서 진걸이라 했음.
한배미: 소중리에 있었다. 소중리 끄트머리 서낭 있는 너머로 한배미들.
회귀자리: 9마지기+5마지기=14마지기. 물이 사방천지로 샘에서도 솟구치고 물이 아주 좋아서 좋은데, 물이 많은 날에는 물이 너무 좋아서 벼가 썩어버리니까 주인이 '회~'하면서 뒤로 나자빠진다고 해서 붙여진 이름. 물이 너무 좋아서 논이 소용없고, 장밭들처럼 물이 너무 없어도 소용없는 곳도 있다.

이와 같은 민중의 목소리는 표준어가 아닌 현장에서 사용하는 방언이니까 다 내다 버려야 할 것인가? 쓸쓸히 가물가물 사라져 가는 민중의 목소리. 체계적인 설명을 위해 도움이 되지 않는 군더더기니까, 또 서울 사람들이 모르는 말이니까, 마냥 거들떠볼 필요가 없는 것일까? 민속 생활 어휘의 종의 다양성을 조사 분석하고 또 어디까지 문화 기록으로 남길 것인가라는 문제에 대해 시소러스thesaurus나 어휘 낱말망을 활용하여 더 깊이 있는 연구가 필요하다.

또 다른 예를 살펴보자. 옛적에는 집집마다 디딜방아로 곡식을 찧거나 각종 음식 재료를 빻는 데 손쉽게 활용하였다. 방아를 찧으면서 시어머니와 며느리, 올케 시누이가 오순도순 이야기하면서 정을 나누기도 하였다. 춘궁기에 풋보리를 찧는 일은 끼니를 이어가는 수단이기도 했지만 가족 공동체 간의 정을 나누거나 가족끼리 협동할 수 있는 통로이기도 하였다. 보리방아를 찧으려면 '아시찧기(초벌찧기)', '옆찧기', '쓿기', '넝구기(넘기기)'라는 네 과정을 거친다. 그러나 이런 말은 이제는 찾아 볼 수 없는 말로 우리 기억 속에서만 더듬을 수밖에 없다. 그만큼 그리운 고향의 옛이야기와 추억일 뿐이다. 강원도 도계읍, 정선, 영월, 횡성, 원주 지역에서 '디딜방아'의 부분 명칭의 방언 차이는 매우 다양하다. '괴밀대', '볼씨', '쌀개', '몸채',

'다리', '공이', '확'에 대한 명칭이 지역마다 차이를 보인다. 이미 '디딜방아'는 민속박물관이나 민속촌이 아니면 볼 수 없다. 민중들의 삶의 애환과 손길이 따사롭게 묻어 있던 디딜방아는 그 이름조차도 지워져 가고 있다. 그러니 그 부분적인 명칭이야 어련하랴?

  동식물의 지역적인 종의 다양성에 따른 명칭 분화와 그에 대응되는 방언형은 매우 복잡하다. 경상북도의 '경북 민물고기 전시관' www.fish.go.kr에서는 전국에 분포한 민물고기들의 지역적인 방언형을 수집하여 온라인 상에서 정보를 제공해 주고 있다. 예를 들면 '퉁가리'라는 민물고기 이름의 지역적 분화형을 도별로 구분하여 소개하고 있다. 경기 지역에서는 '소가리, 쏘가리, 탱가리, 탱거리, 텡가리, 텡거리, 텡과리, 텡사, 통과, 통배기, 툉가리, 툉바리, 퉁가리'로, 충청북도 지역에서는 '쏘가리, 퉁바구, 퉁바귀, 퉁바리, 퉁사'로, 강원 지역에서는 '탱바리, 탱수, 텅과리, 텡가리, 텡바귀, 텡바리, 툉가리, 툉과리, 툉바구, 툉바리, 통바리, 통소, 퉹수, 퉝가기, 퉝바리, 퉁바리, 팅바리, 누름바우, 뜽바구, 싸가, 쐬기, 탱가리, 텅바우, 텡바구, 텡수, 퉁가리, 퉁바구, 퉁바귀, 퉁바기, 퉁바우, 퉁바위, 퉁바이, 퉁수, 퉝바리, 틈바구, 틍바구, 틍바귀, 틍바우, 틍바위, 틍쇠, 틍수, 티바리, 팅바구' 등 매우 다양한 이름으로 분화되어 있다. 물론 이런 다양한 낱말의 방언형 체계를 전면적으로 표준어에 수렴하여 사용하도록 하는 일은 거의 불가능하다. 그러나 이러한 지역적 종의 다양성을 체계적으로 조사하고 어디까지 공통어로 채택할 것인지 논의하는 일은 필요하다.

  무수한 생물들이 강제로 죽음에 내몰리고 있듯이 많은 언어나 방언도 눈에 보이지 않는 엄청난 '폭력'에 시달리고 있다. 한 언어나 방언을 사용하고 있는 사람들의 공간이 변화하거나 또는 강제 이주에 따라 그들에게 익숙하지 않은 언어를 사용하도록 강요당하고 있는 것이다. 절멸해가는 방언을 보존하기 위해 언어학자들이 서둘러 나서지 않는다면, 얼마 가지 않아 그 방언들 역시 수많은 식물이나 동물과 똑같은 사멸 위기에 처할 것이다. 문제는 이 지구상에 다양하게 존재하던 생물의 종과 인간 문화 곧 언어가 함께 급속도로 절멸해가고 있는 이 극한 상황을 어떻게 설명하고 이해해야 하는가? 어쩌면 국어학자나 언어학자들이 이렇게 다양한 언어의 변종에 대해 알고 있는 사실이 너무도 적다는 점을 인정해야 할 것이다. 그리고 급속도로 언어의 다양성이 파괴되고 있는 점에 대해 사람들이 이해하는 정도가 본질에서 너무나 멀리 떨어져 있는 것이 아닌가 반성해 보아야 할 것이다.

생태학에서도 단일 재배는 조만간 부득이 멸종으로 이어질 수밖에 없다고 예고하고 있다. 그런데도 불구하고 인간은 자연의 다양성을 파괴하고 식량의 원천이 되는 생물의 종을 표준화하거나 생산량이 많은 쪽으로만 육종하는 데 혈안이 되어 있다. 기술적으로 고도의 무장을 하고 있는 인간들은 엄청난 종족의 사멸과 그 언어의 절멸을 아무렇지도 않게 바라만 보고 있다. 북미 대륙에서 백인들에 의해 저질러진 인디언의 절멸이나 아프리카의 많은 부족들의 추방과 죽음은 과연 무엇을 의미하는가?

7. 방언과 음식 문화

민초와 양반의 음식 문화는 매우 큰 차이를 보인다. 요사이도 돈 많은 사람들은 그들만이 출입할 수 있는 멤버십 클럽을 구성하여 가진 자와 가지지 못한 자를 차별화하고 구분하고 싶어 하는 것처럼 옛날도 마찬가지였던 모양이다. 특히 잔칫날 음식은 반상班常의 차이를 크게 보여준다. 경상북도 상주 공검면 지역의 민촌에서는 잔칫날이 되면 국수와 '콩나물히찝'이라는 음식을 해 먹는다고 한다. 반가班家에서는 큰상을 차리는 데 온갖 기름진 음식을 만들어 올리지만 상주지역 일대의 민초들은 콩나물을 삶아 콩가루에다 버무려서 만든 잔치 음식인 '콩나물히찝'이라는 음식을 만들어 손님을 접대한다고 한다. 이 '콩나물히찜'은 콩나물처럼 쑥쑥 잘 자라라는 다산多産의 농경 제의 의식이 남아있는 민초들의 음식이다. 고대의 풍요 의식과 주술의 끈이 맞닿아 있는 이 하나의 낱말이 얼마나 중요한 것일까? 어쩌면 '콩나물히찜'이라는 그들만의 방언이 방언학자에 의해 조사되지 않는다면 영원히 사라질 수 있다는 말이다. 모든 문화와 언어는 일회성을 띠고 일단 그것이 절멸되면 어떤 것으로도 보상받을 수 없다.

무청을 말린 시래기로 끓인 '시래깃국', 무채로 끓인 '무국', 애호박으로 전을 부친 '애동호박 찌짐(애호박 지짐이)', 잘 익은 호박에 콩이나 팥을 넣어 삶은 '호박범벅', 밥에 호박을 썰어 넣은 '호박밥', 쌀가루와 호박채를 시루에 찐 '호박떡' 등 농가의 일상 음식들 모두 우리에게 추억의 입맛을 돋게 한다. 산나물로는 '취나물', '개나물', '개앙추', '참추', 들나물로는 '나새이(냉이)', '고들빼기', '까시게사레이', '달래이(달래)', '비름', '질깅이(질경이)', '말방나물(민들레)', '참뚜깔' 등이 있는데, 이들 나물에다 '담북장'과 '딩기장(등겨로 만든 장)'을 곁들이면 봄철 잃어버린 입맛을 살려 주는 다시없이 좋은 음식이 아닐 수 없다. 그뿐 아니라. 밀기울로 만든 '밀개떡', 보리등겨 가루로 만든 '딩기장'과 같은 민촌 음식은 요즈음과 같은 참살이(웰빙) 시대에는 오히려 있는 사람들이 즐겨 찾는 건강 음식이 되었으니 음식 문화에도 상전벽해桑田碧海가 있는가 보다.

우리나라의 음식 조리 문화가 어느 정도 발달되었는지 '썰다'라는 낱말의 분화 양상을 보면 알 수 있다. 영어로는 'cut'에 대응되는 '썰다'라는 낱말이 음식 조리 방법으로는 41가지로 구분된다.

썰다: 물건을 칼로 밀거나 당기거나 눌러서 잘게 베다.
1) 가르다: 쪼개다
2) 골패쪽 썰기: 무, 감자 등을 납작하고 골패짝처럼 써는 일.
3) 국화꽃 썰기: 무나 당근 등 원통형 재료를 약 2.5cm 두께로 통썰기를 해서

바닥을 조금 남기고 가로, 세로로 칼집을 넣고 에어서 소금물에 담가 나긋나긋해지면 꽃모양으로 펼친다.
4) 깍뚝 썰기: 무, 오이 등을 가로, 세로로 반듯반듯하게 써는 일. 대략 직육면체 모양이 된다. 깍두기 담글 때 쓰인다.
5) 깎다: 칼이나 대패로 얇게 베거나 밀어내다. 예) 사과를 깎다. 연필을 깎다.
6) 깎아 썰기: 무나 우엉 등을 연필 깎듯이 돌려가며 얇게 써는 일. 무 등의 굵은 것은 몇 가닥 길이로 칼집을 넣어 놓고 썬다.
7) 꽃모양 썰기: 무, 당근, 감자 등을 틀을 이용하거나 하여 꽃모양으로 써는 일.
8) 노리다: 칼로 가로로 길게 베다.
9) 눌러 썰기: 칼을 재료 위에 대어서 직각으로 양손을 이용하여 눌러서 써는 일. 큰 호박이나 무, 배추를 자를 때나 파, 마늘을 다질 때 쓰는 방법이다.
10) 다지다: 파, 마늘, 고추 등을 칼로 여러 번 쳐서 잘게 만든다. 양념을 만드는 데 쓴다.
11) 당겨 썰기: 칼을 재료에 비스듬히 대어 몸쪽으로 잡아 당기듯 써는 일. 오징어 같이 납작하며 부피가 적은 재료를 썰 때 쓰이는 방법이다.
12) 당초무늬 썰기: 날오징어나 문어포의 다리를 당초모양으로 써는 방법의 하나. 날오징어를 세로로 1cm 정도로 썰어 그 조각에 두께의 반 정도 깊이로 가로로 에어 써는 일. 끓는 물에 넣고 데치면 당초무늬로 벌어진 고운 모양을 낸다. 또 문어포로 조화를 만들 때 문어다리를 가로로 에어 썰어 휘어서 모양을 낸다.
13) 도려내다: 칼로 돌려서 베어내다.
14) 돌려 깎아 썰기: 무, 당근 등의 재료를 적당한 길이의 원통형으로 잘라 돌려가며 두루마리를 풀 듯 얄팍하게 긴 띠 모양으로 써는 일. 길게 채를 썰 때 이용한다.
15) 뜨다: ①고기를 얇고 넓게 베어내다. ②죽은 짐승을 해체하다. 예) 각을 뜨다.
16) 마구 썰기: 오이나 당근 등 둥글고 긴 재료를 돌려가며 아무렇게나 어슷썰기 하는 일.
17) 막대 썰기: 무, 오이 등의 재료를 원하는 길이로 자른 다음 알맞은 굵기의 막대로 써는 일.

18) 모로 썰기: 상당한 부피가 있는 것을 큼직큼직하게 두부모처럼 써는 일.
19) 밀어 썰기: 칼을 재료에 비스듬히 대어 칼끝을 앞으로 미는 듯이 써는 일. 오이, 호박, 김밥, 순대 등을 토막내거나 채를 썰 때 쓰이는 방법이다.
20) 반달 썰기: 무, 감자, 고구마 등을 세로로 가운데를 가르고 다시 가로로 썰어 반달 모양으로 써는 일. 통썰기를 한 것을 다시 썰어 반달같이 써는 일. 찜, 비빔밥 등에 쓰인다.
21) 비늘 썰기: 무, 오이 등의 재료를 표면에 돌려가며 비스듬히 칼집을 넣어 에어 써는 일.
22) 빗모양 썰기: 감자, 양파 등 둥근 재료를 절반으로 잘라 얼레빗꼴로 써는 일.
23) 새기다: 말린 문어발 등의 재료를 칼 따위 연장으로 당초무늬나 꽃모양을 만들어내다.
24) 색종이 썰기: 잘린 부분이나 정사각형을 한 재료를 얇게 써는 일.
25) 솔방울 썰기: 오징어를 모양 내어 써는 방법의 하나. 오징어의 안쪽을 빗금으로 에어 썰고 다시 엇갈리게 에이는 일. 끓는 물에 넣고 데치면 예쁜 솔방을 모양으로 만들어진다.
26) 숭덩숭덩 썰기: 무 같은 것을 거칠게 토막지게 써는 일.
27) 십자 썰기: 둥근 재료를 십자로 써는 일. 반달썰기를 한 번 더 써는 일. 감자, 고구마 등을 세로 십자가로 썰고 다시 가로 써는 일. 감자조림, 찌개 등에 쓰인다. 은행잎 썰기.
28) 썰어 꼬기: 반죽한 것을 엷게 밀거나 뜬 것을 5×3cm로 잘라 중앙에 칼집을 세 군데 넣어서 한 단을 접어 넣어 돌린다. 구약조림, 매작과 쓰인다.
29) 얄팍 썰기: 무, 감자, 오이, 두부 등을 얄팍하게 써는 일.
30) 어긋나게 썰기: 원통형의 재료에 평행한 칼집을 중앙에서 넣어 양면에 비스듬히 반반씩 칼집을 넣어 좌우로 분리한다.
31) 어슷 썰기: 긴 토막을 한쪽으로 비스듬하게 써는 일.
32) 에이다: 에다. 가볍게 칼집을 내어 베다. 어이다朝語
33) 오리다: 칼이나 가위로 어떤 모양으로 베다.
34) 우비다: 날카로운 끝으로 구멍이나 틈속을 도려내듯 긁어내다.
35) 자르다: 끊어내다. 동강내다.
36) 저미다: 칼로 얄팍하게 베어서 여러 개의 조각을 내다. 얇게 깎아내다.

37) 조붓 썰기: 잘린 부분이 장방형을 한 재료를 얇게 써는 일.
38) 쥘 부채 썰기: 재료의 끝 부분만 남기고 얇게 칼집을 넣어 쥘 부채처럼 편다.
39) 채 썰기: 얇게 썬 것을 다시 실같이 가늘게 썬다.
40) 토막 썰기: 좀 크게 덩어리로 베어내는 일.
41) 통 썰기: 무, 당근, 고구마 같은 원주형 비슷한 야채를 가로 놓고 평행하게 내려 써는 일. 둥글게 만들어 여러 가지 튀김, 지짐 등에 쓰인다. 통째썰기

제아무리 음식문화가 발달되었다고 하는 중국의 주방장이라도 우리나라 주방장의 칼솜씨를 어떻게 따라올 수 있겠는가? 대장금의 장금이가 세계적인 주목을 받는 이유가 다 있다. 칼로 써는 방식이 이렇게도 다양하니….
우리나라에서 민중 음식 문화가 가장 발달된 지역이 전북이다. 특히 한정식집에 가면 상다리가 휘어지도록 다양한 음식이 나올 뿐만 아니라 아무런 불평 없이 '멀국'을 끝까지 제공해주는 인심 넉넉한 고장이다. 전북대학교 이태영 교수는 전라도 음식집에 들르면 제일 먼저 반기는 인사말에서부터 전북 입말의 맛깔을 느낄 수 있다고 한다.

"어이서 외깃소? 머슬 먹을라고 여그까장 왔다요?"
"비빔밥을 먹을라는디 맹그는 법을 조깨 일러 주실랑가요?"
"비빔밥을 맹글라면 우선 밥을 '고실고실허게'(고슬고슬하게) 히가꼬 밥으다 콩너물 辰은 것 넣고, 솔찬히 매옴헌, 찹쌀로 맹근 꼬창을 넣고 꼬순내 나는 찬지름(참기름)을 느서 볶아요. 꼬창은 우리 집이서 담은 걸 쓰는디, 꼬창을 쓰덜 안 허고 맨드는 비빔밥도 있었지만, 지금은 꼬창을 꼭 씁니다. 찬지름도 조선쩨(깨)를 사다가 집이서 짜가꼬 쓰야 맛이 있어요."
— 이태영, 2005:148

'꼬순내' 나는 '찬지름'은 토종 '조선쩨'(참깨)로 기름을 짜야만 제대로 맛이 나며 소고기를 육회로 할 때와 비빔밥을 만들 때는 반드시 '찬지름(참기름)'을 넣는다. 그래야 전라도 비빔밥이 제맛을 내게 된다. 밥을 비벼 먹을

때는 꼭 '찬지름' 하고 '깨소곰(깨소금)'을 듬뿍 넣어서 비벼 먹는다. 깨 중에는 검은깨도 있는데 이것을 전북에서는 '시금자깨(흑임자黑荏子)'라고 한다.

우리나라 한류 상품 가운데 하나인 김치는 웰빙 음식이라고 세계 모든 나라 사람들이 찬사를 아끼지 않는 음식이다. 김치를 남부 방언에서는 '짠지' 또는 '짐치'라고도 하고, 또 '지'라고도 말한다. '짐치'는 '김치'의 한자어 '침치沈菜'에서 온 말이고, '지'라는 말은 고유어 '디히'에서 온 고어古語이다. '지'의 종류로는 '짠지', '오이지', '무시지', '무김치', '고들빼기지' 등 다양하다. '배추'나 '열무'로 김치를 처음 담글 때, 금방 담근 김치를 경상도에서는 '생지래기', '생재래기'라고 하고 전라도에서는 '쌩지'라고 말한다. 임시로 먹기 위해 배추를 양념에 무친 것 곧 날로 절인 김치라는 의미로 영남에서는 '생저리' 또는 '생지래기'라고 하는데 호남 지역에서는 '생지'를 된소리로 발음하여 '쌩지'라고 한다. 호남 지역에서는 '짓국'이라는 반찬이 있다. 이 말은 이 지방에서는 '김치의 국물'이라는 뜻도 있고, '열무에다가 물을 많이 넣어 삼삼하게 담근 김치'를 말하기도 한다. 후자를 이 지방에서는 '싱건지'라고 한다. '싱건지'는 '싱건 김치'를 말하는데 '싱겁다'라는 말에서 유래된 것 같다. '짓국' 또는 '싱건지'를 '물김치'라고 말하는 분들이 있는데, 이 '물김치'라는 말은 서울말에는 없었고 요즘 새로 생긴 말이다. 호남 지역에서는 김치를 담는 배추와 무를 통틀어 '짓거리'라고 부른다고 한다(이태영, 2005:148). 특히 전북 지역에 가면 음식과 더불어 주는 '멀국'을 표준어 사정 원칙 제4절에서는 '국물'의 방언형으로, 즉 '멀국'을 '국물'과 의미가 동일한 것으로 처리하여 '국물'을 표준어로 채택하고 '멀국'을 버릴 것으로 규정하고 있다. 『표준국어대사전』에서도 '멀국' 또는 '말국'은 '국물'의 방언형으로 여기고 '국물'만 표준어로 인정하고 '멀국'은 버릴 것으로 규정하고 있다. 과연 '국물'과 '멀국'이 같은 의미인가? 지역 방언의 의미 영역에 대한 충분한 검토가 없이 '멀국'을 '국물'의 방언으로 내친 것은 분명히 잘못한 결과이다.

봄나물인 '냉이'를 영남에서는 '나생이', '나싱이'라고 하고 호남에서는 '나숭개'라 부른다. '냉이'의 방언 분포 지도는 매우 다양하다. 또 '달래'를 영남에서는 '달랭이'라고 하고 호남에서는 '달롱개'라고 하고, '씀바귀'를 영남에서는 '심바구', '신나물'이라고 하는 데 비해 호남에서는 '싸랑부리, 싸난부리'라고 말한다.

평안도 음식에서 실례를 들어보면 다음과 같다. '닭죽', '느릅쟁이국수', '올챙이묵', '칼제비국수', '찰강냉이떡', '참나물국', '뱅어남비탕', '도미탕', '내복탕', '어북쟁반', '순안불고기', '뱅어지짐', '가지순대', '갈게절임튀기', '참게장졸임', '준치회' 등의 색다른 방언을 찾아볼 수 있다.

인도네시아의 서뉴기니아에 있는 이리안자야의 아이포Eipo족은 채소를 가꾸며 농경생활을 하고 있는데 특히 수백 종의 식물 이름을 기억하는 사람들이 많다고 한다. 정약전이 『자산어보玆山漁譜』에 숱한 고기 이름과 그들의 모양과 생태를 기술하여 남긴 것처럼 인간이 자연의 대상에 대한 애정을 그들의 세분화된 언어를 통해 확인할 수 있는 것이 아닐까? 언어의 다양성이 사라진다는 것은 우리가 살고 있는 자연환경 여건이 악화되고 있다는 적신호임이 분명하다.

프란츠 M. 부케티츠(2005:181)는 "오늘날 지구상에 사용되고 있는 모든 언어는 '최소한 똑같은 능력을 지닌 언어들이다. 그러므로 만약 어떤 언어든지 일단 사멸되면 그와 더불어 가치 있는 문화유산도 영원히 사라지고 말 것이며, 어떤 언어든지 일단 사멸하게 되면 이는 대단한 정보의 손실을 의미한다."라고 말하고 있다. 그렇다. 다양한 언어의 변종과 변이형들은 표준화를 위해서 마치 걸림돌처럼 생각하기 쉽지만 한 치만 더 깊게 생각해보면 이것이야말로 언어의 역사성이나 문화적 배경의 정보이고 남아있는 중요한 언어의 화석이다.

8. 세시 풍속과 놀이의 방언

우리 민족은 일찍부터 세시와 관련한 놀이 풍속이 매우 발달하였다. 경상 북도 상주 공성면 지역의 세시 풍속에 대해 살펴보자. 정월 보름이면 '마당 놀이'가 시작된다. 북과 장구, 꽹과리 등 풍물을 앞세우고 '관대영감(포수)', '새대기(색시)'가 등장하여 풍물을 치며 집집마다 돌아다닌다. 이와 함께 '다쭐놀이'라는 이 지방 특유의 놀이가 있는데 낫 끝에 짚을 걸어서 낫자루를 돌려가며 새끼를 꼬는 것을 '다쭐 드린다'고 한다. 그리고 농한기인 정월에 '다쭐놀이'로 꼰 '다쭐'을 태우는 놀이를 하며 한 해의 풍년을 기원한다.

지역마다 세시 놀이도 무척이나 다양하다. 정월이면 '연날리기'와 '핑디(팽이)돌리기', '맛떼이(자치기)', '햇불싸움(횃불싸움)', '지불놀이(쥐불놀이)'를 하고 밤이 되면 아이들은 다리를 서로 엇갈리게 끼워서 "이거리 저거리 각거리 천두만두 두만두 짝빠리 양반 동김치 싸리묵"이라는 동요를 부르며 놀이를 즐긴다. 여자 아이들은 '반두깨미(소꿉놀이)', '공개놀이(공기놀이)'를 즐긴다. 민족 시인 이상화의 「방문거절」이라는 시에서 "방두ㅅ게 살자는 영예여! 너거든 오지 말아라."에서 '방두ㅅ게(방두께)'가 『표준국어대사전』에도 실려 있지 않은 경상도 방언이기 때문에 다른 지방 사람들은 물론이고 시 평론가들도 이 낱말의 뜻이 무엇인지 모르는 사람이 많다. '소꿉놀이'에 대한 경상도 방언은 '반두깨미' 외에도 아주 다양하다. 지역에 따라 '방두께비, 방두깨미, 방드깨미, 빵드깨미, 방드깽이, 방더깽이, 방두깽이, 방뜨깽이, 빵또깽이, 방즈깽이, 방주깽이, 빵주깽이, 빵깽이, 동두깨비, 동도깨비, 동대깨비, 동디깨비, 동더깨미, 동지깨미, 동더까래, 세간살이' 등이 사용된다.

경북 상주 공성면에서는 구릉마(용안)와 큰마(평천) 간에 횃불싸움으로 마을 간의 친선을 도모하기도 한다. 특히 횃불싸움은 정월에 마을 간에 펼쳐지는 격렬한 놀이인데 원시 부족 간의 싸움에서 유래된 민속전통이다.

정월 보름날 소 앞에 '부스럼밥'을 차려서 풍년을 점치는데, 소가 부스럼밥으로 차린 밥을 먹으면 풍년이 오고 나물을 먹으면 흉년이 온다고 한다. 2월에는 용두할미가 내려오는 '이월밥'을 해 먹으면서 가족의 건강을 기원한다. 5월에는 '앙네 태이는 날'이 있는데 이날은 아이들이나 일꾼에게 용돈을 주고 놀게 해 준다. 6월 유두날에는 '밀개떡'을 네모지게 만들어 '재릅(겨릅: 껍질을 벗긴 삼대)'에 끼워서 논둑 곳곳에 꽂아 두고 풍년을 기원하는 이 지역만의 독특한 민속 풍속이다. 동지가 되면 팥죽을 끓여 먹고 '성주짝거리[-짝꺼리]' 앞에 가서 내년의 풍년을 기원하고 집안의 건강을 기원하는 고사를 지낸다. '짝거리'는 짚으로 얽어서 만든 '뒤주'를 이르는 이곳 방언형이다.

지난 시절 아이들의 놀이는 자연과 더불어 자연을 대상으로 자연과 함께 했다. 여름이 되면 '밀써리', '수박서리', '이(참외)서리', '콩서리'로 물가에 둘러앉아 옹기종기 놀았던 어린 시절의 기억이 새록새록하다. 경북 상주 공성면 마을의 돌던지기(비석치기) 놀이는 놀이 종류와 방법이 매우 다양하다. '임술놀이(돌 던져 맞치기)', '똥치기(뒷걸음질로 돌 맞치기)', '발등치기(발등으로 던져 돌 맞치기)', '애기놓기(다리 사이에 돌을 끼워 맞치기)', '애기업기(등 위에 돌을 얹어 맞치기)', '애기젖믹이기(가슴 위에 돌을 얹어 맞치기)', '물이기(물동이를 이듯이 머리 위에 돌을 얹어 맞치기)', '빈자놀이(손 위에 돌을 얹어 맞치기)', '물지기(어깨 위에 돌을 얹어 맞치기)'와 같이 매우 다양한 놀이뿐만 아니라 그 방언형이 아직 고스란히 남아있다. '마부리치기(구슬치기)', '땅따먹기', '말타기', '장기치기(짚을 둥글게 말아 막대로 치면서 노는 놀이)', '고무줄놀이', '수건돌리기', '낫꼽기(낫꽂기)', '때기치기(딱지치기)', '그림자놀이', '꼰디기놀이' 등 이루 헤아릴 수 없을 만큼 다양한 아이들의 공동체 놀이가 이제는 컴퓨터 게임으로 바뀌어 혼자 밤을 지새는 문명 놀이로 바뀐 지 오래다.

어린 시절 시골에서 자란 사람들은 가슴이 아릴 정도로 그리운 어머니의 말씨('모태어'라는 용어를 사용하기도 한다.)의 기억을 아련하게 떠올릴 수 있을 것이다. 일상어로 쓰던 안동 방언인 '알찌근하다(아쉬워서 마음이 안 됐다)', '간조증난다(마음이 급해서 짜증이 난다)', '암사받다(하는 일이 치밀하고 완벽하다)', '엉성시럽다(매우 싫다, 불쾌하다)', '얼분시럽다(나이에 비해 아는 척하며 내뛰어서 어른스럽다)'와 같은 말 속에는 우리 어머니들의 일생을 지배했던 정서가 화석처럼 박혀 있다. 그 따스하고 풍성하고 정겨운 느낌에 눈물이 난다. 오늘도 혀에 뱅뱅 도는 말들을 떠올리며 사전을 뒤져 보지만 아무런 소용이 없다. 표준어 아닌 말이 사전에 실렸을 리가 없다. '어매'(어머니)'와 '아지매(아주머니)'와 '할매(할머니)'가 쓰던 말을, 그 냄새와 빛깔과 감촉을 잃어서는 나는 내가 아니다. 아까운 방언, 더 이상 잃어버릴 수는 없다.

"니 배는 똥배 내 손은 약손"이라는 주문을 운율에 실어서 아픈 배를 쓰다듬어 주시던, 어린 시절 어머니의 노랫가락의 추억을 김정대 교수(2006:183)는 다음과 같이 회상하고 있다.

> "묵1구 집3아 무3윴다. 술1:술1 : 내3리가3라. 내3 손은 약3소3이고 니3 배는 똥3배고 물3배고 자래3배고 엉꾸3배고 씨동3배고, 묵1구 집3아 무3윴다. 술1:술1 : 내3리가3라."
> (먹고 싶어 먹었다. 술술 내려가라. 내 손은 약손이고 네 배는 똥배고 물배고 거위배(횟배)고 엉꾸배고 똥배고, 먹고 싶어 먹었다. 술술 내려가라.) [1은 낮은 소리, 3은 높은 소리]

음식을 닥치는 대로 먹다가 얹혀 체한 아이의 아픈 배를 어머니나 할머니가 주술적인 약손으로 쓸어내리시며 구수한 방언의 가락으로 노래해 주시던 추억을 갖지 않은 이는 없으리라.

모든 언어는 나름대로 스스로의 가치를 가진 인류의 자산이다. 그 언어는 해당 민족이나 부족들의 삶의 지혜와 생존의 체험이 반영되어 있다. 전답이 많은 평야지역인 호남 지역과 산악이 많아 경작지가 부족한 영남 지역에서 살아온 사람들의 의사소통의 체계가 각각 어떻게 발전되었는지 또 그들의 소통 방언을 통해 어떻게 사회적 결합을 이루며 살아왔는지 보여준다.

생태적으로나 문화적인 단일화로 융합되면 그 어떤 진보나 발전을 허용하지 않는다. 조지 오웰George Orwell의 『1984년 Nineteen Eighty-four』에서는 '당'이 모든 사람들의 생각을 동일하게 만들기 위해 철저하게 단일한 언어로 통일시키고 또 낱말의 수를 줄인다. 표현의 다양성을 파괴하고 본질적인 존재의 표현 양식을 통제할 때 국민들에게 더 이상 어떤 발전 가능성을 기대하기는 힘들다. 잊혀가는 세시 풍속과 놀이의 재현을 통해 창의적인 전통성을 회복하려는 노력이 필요한 시점이다.

표준어는 한 나라를 대표하는 교육용 언어로서 지역 일상어가 일부만 포함되어 있으며, 순화어와 외래어 등을 포함하여 인공적으로 다듬은 말인 동시에 대체로 글말의 성격이 강하다. 반면 방언과 같은 일상어는 일상 대화에서 통용되는 입말의 성격이 강하며, 어린이부터 노인에 이르기까지 사용자층에 따라 매우 다양한 사용 양상을 보인다. 지역 일상어인 방언은 지역 사회, 문화와도 밀접한 관련을 맺는다. 문화 지리학적인 관점에서 문화권과 방언권 간에 어떤 연관을 갖는지 탐색해 보는 것은 한국어의 방언 분화를 이해하는 데 도움을 받을 수 있을 뿐만 아니라 그 역으로 우리나라 방언 분포의 이해를 통해 전통문화의 분화 양식을 이해하는 데도 도움을 받을 수 있을 것이다. 현재의 방언을 통해 우리는 과거와 만날 수 있으며, 또 과거를 되돌아 볼 수 있다. 방언은 우리 선조들의 일상 삶의 현장을 재구할 수 있는 실마리도 마련해 준다.

그런데 지방에서 교육을 받는 대부분의 학생들은 학교와 집 사이의 이중적인 언어 사용 환경에서 고민할 수밖에 없다. 지방에서 교육을 받은 대부분의 사람들은 집이나 지역 사회에서 부모, 친척 또는 가까운 이웃 사람들을 만나면 모태 언어인 방언을 사용한다. 그래야 정겹고 다양한 심리를 표현하고 받아들일 수 있기 때문이다. 표준어로는 자신의 느낌과 의사를 온전하고 생생하게 전달할 수 없는 경우가 허다하다. 이처럼 방언은 단순한 의사소통의 기능만 하는 것이 아니라 정감 있는 삶을 살 수 있도록 해 주며, 심리적 안정감도 가져다준다. 조태린은 변방 기층 언어인 방언 문제를 언어적 인권linguistic humanright 문제로 보아야 한다는 주장을 제기한 바 있다. 방언을 표준어의 들러리나 박물관의 전시물처럼 바라보는 한계를 극복하기 위해서는 모든 말을 그 지위와 무관하게 그리고 '인간의 기본권으로서의 모어 사용 권리'라는 차원에서 논의될 필요가 있다는 것이다.

9. 방언 차이의 유형과 분화 요인

방언은 어휘적인 차이만 있는 것이 아니라 지역적으로 문법적 차이를 보이기도 한다. 경상북도 방언은 의문형 종결 어미의 사용 양상에 따라 대개 3가지 말씨로 하위 구분을 한다. 첫째, 안동을 중심으로 한 경북 동북부 지역에서는 '하니껴체'를 쓴다. 예를 들어 '아제요, 어디 가니껴?(=아저씨, 어디 가십니까?)'라고 한다. 둘째, 경주를 중심으로 한 경북 동남부 지역에서는 '하능교체'를 쓴다. 예를 들어 이 지역에서는 '아제, 어디 가능교?(=아저씨, 어디 가십니까?)'라고 한다. 셋째, 상주, 김천을 중심으로 한 서북부 지역에서는 '해여체'를 쓴다. 예를 들어 이 지역에서는 '아제, 어디 가여?(=아저씨, 어디 가십니까?)'라고 한다. 아마 경상북도 바깥의 외지 사람들은 이러한 미세한 차이를 구분하지 못하겠지만 경상북도에 살고 있는 토박이들은 이와 같은 인사말 한마디만 들어도 그 사람이 안동 사람인지, 경주 사람인지, 김천 사람인지 쉽게 구분한다.

전북 방언에서는 종결 어미에서도 특징이 나타나는데, '가간디?, 알간디?', '가도만, 오노만, 간다도만'에서처럼 '-간디/가디/가니'와 '-도만, -노만' 등이 많이 쓰인다. 특수 조사로 '-한질라(까지), -맹이로(처럼)'가 쓰인다. 전북 사람들은 '먹어 봉게, 웃응게, 옹게'와 같이 표준어의 연결 어미인 '-니까'를 '-응게'로 발음하고, '웃어 쌈서, 감서, 봄서'와 같이 표준어의 '-으면서'를 '-음서'로 발음한다. 또한 '가는디, 사는디, 말허는디'와 같이 표준어의 '-는데'를 '-는디'로 발음하고, '웃으먼, 보먼, 가먼'과 같이 '-으면'을 '-으먼'으로 발음하는 특징을 보인다.

문법상의 특징 외에 음운적인 특징도 있다. '으'와 '어', 'ㅅ'과 'ㅆ'이 구분되지 않아 서울로 전학을 간 경상도 출신 아이가 '음악'을 '엄악'으로 발음하거나 '쌀'을 '살'로 발음하여 웃음거리가 되었다는 이야기는 이미 잘 알려진 이야기이다. 경상북도 사람들은 이처럼 '으'와 '어', '에'와 '애'를 잘 구분하지 못하며, '외'와 '위'를 이중 모음으로 발음한다. '외'와 '위'를 단모음으로 발음하지 못하는 현상은 전국적으로 보편적인 현상이기는 하지만 경상북도 방언에서는 특히 더 심하며, '외', '위'의 발음이 타 지역보다 더 다양하게 나타난다. 가령 '외'는 단모음 '외'[ö]가 아니라 이중 모음인 '왜/웨/위'로 발음하거나 아예 '이'로 발음하고(예: '된장[댄장, 웬장, 된장, 딘장]', '외삼촌[왜삼촌, 웨삼촌, 위삼촌, 이삼촌]'), '위'[ü]는 이중 모음인 '위'[wi]로 발음하거나 아예 '우'나 '이'로 발음한다(예: '쥐[지]', '귀신[구신, 기신]'). 그리고 '와', '워'도 역시 단모음으로 낸다(예: '과자[까자]', '천원[처넌]', '뭐라고[머라꼬]'). 그런데 '워'의 경우에는 '오:'로 축약되는 일도 있다(예: '권투[곤:투]', '눠라[노:라]', '둬라[도:라]', '줘라[조:라]').

남부 방언에서는 표준어에 규정된 음소보다 더 단출한 음소로도 의사소통에 아무런 장애를 받지 않는다. 그 대신 다른 방언에 없는 '말馬'[높은 소리로 발음]과 '말ᆯ'[낮고 긴 소리로 발음]'이 다르며, '우리(돼지우리)'

['고저'로 발음]와 '우리(we)['저고'로 발음]가 다르다. 성조, 곧 소리의 높낮이와 장음을 가지고 있어 다른 지역 방언과는 구분된다.

우리말의 품격을 유지하는데 방언이 무슨 방해를 하는가? 방언이 있어 어쩌면 더 풍족한 언어생활을 할 수 있음에도 불구하고 임의적인 언어인 표준어 중심의 사유에 빠져 그동안 방언을 너무 소홀하게 다루어 왔다. 방언 가운데 그 지방의 문화적 전통과 밀접한 관계가 있는 낱말들이 사라지면 영원히 다시 찾을 수 없다는 점에서 매우 소중한 문화유산이라고 할 수 있다. 우리 민족의 언어에 녹아 있는 지역적 다양성을 인정하지 않는다는 것은 곧 우리 스스로 존재의 다양성을 인정하지 않는 것이나 다를 바가 없다.

방언 낱말은 매우 다양한 원인에 따라서 분화가 이루어진다. 언어 외적인 요인으로는 시간, 공간, 사회·문화적인 요인 등으로 나눌 수 있으며, 언어 내적인 요인으로는 음운·형태론적인 요인, 어원적 요인, 그리고 어법적 분화 차이에 의한 요인 등으로 크게 구분된다.

'부추/솔~졸/정구지', '벼/나락', '옥수수/강냉이', '잠자리/철갱이'의 예와 같이 어원적인 요인에 의해 차이를 보여 주거나 '뜸북새/무닭/뜸닭', '엿질금/질금'과 같이 접사의 통합이나 낱말의 합성에 의한 단어 형성상의 요인으로 차이를 보이는 예들이 있다. 이처럼 어원에 의한 분화 또는 단어 형성이나 형태론적 요인에 의한 분화 요인이 일반적으로 낱말의 지리적 분화를 일으키는 가장 중요한 요인이 된다. 그뿐만 아니라 '엿질굼/엿질검/엿길금'과 같은 음운론적 요인에 의해 분화를 일으키기도 한다. 특히 음운론적인 요인에 따른 분화 양상은 음운 현상의 지역적 확산 과정을 파악하는 데 주요한 자료로 활용되기도 하지만 단순한 음운 교체나 탈락 현상은 개인어 Idiolect 차이에 지나지 않을 만큼 중요도가 떨어지는 자료도 많아서 음운론적 요인에 의한 분화는 해석할 때 유의해야 한다. 마지막으로 사회·문화적 요인에 의한 방언 분화는 단순한 낱말 분화 요인이 된다는 측면 이외에도 지역 간의 문화 교류 관계를 추적해 보는 데 매우 중요한 의미를 갖기도 한다.

1) 어원적 요인

음운(사)의 차이나 접사나 단어의 통합에 의한 형태론적인 요인과 어원적인 차이에 의해 방언 차이를 보이는 경우가 일반적이다. '상추', '상치'와 '불구', '부루'형과 같은 분화형 중에서 어원 차이에 의한 분화인 '상추'와 '불구'는 음운 교체의 결과인 '상추'나 '상치' 간의 차이보다 중요한 분화 원인이 되기도 한다.

예를 들어 '엿기름'의 방언형의 분화 양상에 대해 살펴보자. 어원적 차이에 의해 두 가지 계열로 구분되는데 먼저 1) '엿기름, 엿질금, 엿지름, 질검-' 계열과 2) '골-' 계열로 구분된다. 이러한 어원 차이는 형태론적 차이나 음운론적 차이에 의한 분화보다 단조롭지만 방언 분화에 결정적인 요인이 된다.

2) 음운 · 형태론적 요인

'엿기름'은 파생이나 합성에 의해 새로운 낱말이 생성되는 형태론적인 차이에 의해 '엿질금, 질검' 계열로 구분된다. '엿+질금'과 같은 합성어와 '질금'과의 차이는 아마 '질금'이 더 고형이며, '질금'의 앞에 '엿'이 합성되었을 가능성이 매우 크다. 또한 음운론적 요인에 의한 방언 분화는 '질금'형에서 어중 'ㄱ'의 탈락 유무에 따라 '엿질금'형과 '엿지름'계, '질금'계와 구개음화형인 '길금'계 등으로 구분된다. '엿질금'형 가운데 '엿질굼', '엿질금', '엿질검'형은 모음 교체에 의한 방언 분화형인데 이는 '질금'계의 '질굼', '질금', '질검'형과 마찬가지로 어말모음 '우', '으', '어' 가운데 어느 것이 가장 고형인가가 문제가 될 것이다. 그런데 '엿지름'계의 모음교체형은 '엿지름', '엿지럼'뿐이고 '*엿지룸'형이 존재하지 않지만 '질금'계에서는 '질굼', '질금', '질검'형이 존재하는 것으로 미루어 보아 어중 'ㄱ'의 탈락현상과 어말 모음 '우', '으', '어' 변이형의 존재는 무관함을 알 수 있다.

'어레미'형의 분화는 음운론적 또는 형태론적 요인이 매우 주요한 요인으로 작용한다. 곧 '얽-이-ㅁ-ㅣ'의 조어 과정에서 어중 'ㄱ'이 탈락되었는지 유무에 따라 '얼게미' 계열과 '어레미' 계열로 구분되며 '-앙이'와 결합한 파생어 '얼랭이'형으로 분화된다.

3) 의미적 요인

의미적 요인에 의해 방언이 분화되기도 한다. 친족 명칭은 지칭term of adress과 호칭term of reference으로 구분된다. 부계율父系律의 원칙을 따르고 있는 우리나라 친족 명칭은 직계와 방계, 부계와 모계 그리고 신분에 따른 차등성이 있어 매우 다양한 모습을 보여준다. 부계 형제의 호칭이 어떤 체계성을 가지고 방언 분화가 이루어지는지 살펴보자 한다. '백부伯父 - 중부仲父 - 아버지의 셋째형 - 아버지 - 숙부叔父 - 삼촌三寸'의 호칭에 대한 방언 분화 양상에 대해 살펴보자. 아버지가 아버지의 형제 가운데 몇 번째이냐에 따라서 호칭이 달라지기도 하며, 삼촌인 경우 결혼 유무에 따라서도 호칭이 달라지기도 한다. '나'의 아버지가 아버지 형제 가운데 넷째라는 가정을 하고 '백부伯父 - 중부仲父 - 아버지의 셋째형 - 아버지 - 숙부叔父 - 삼촌三寸'의 호칭이 방언형에 따라 어떻게 분화되는가 살펴보고자 한다.

'백부伯父'에 대한 호칭은 '큰아버지'형과 '큰아부지'형 그리고 '큰큰아버지'형, '맏아배'형과 '큰아배'형, 그리고 한자어인 '백부'형으로 구분된다. '큰아버지'형과 '큰아부지'형의 방언 분포는 경상남북도 및 전라남북도를 경계로 하는 남북 분화를 보여준다. '맏아배'형은 경북 안동, 영양, 봉화, 의성 지역에서 실현되고 있다. '백부'형은 경남 지역과 전남 지역에서 실현된다. 특히 '큰큰아부지'형은 전남 완도, 광양, 고흥, 광주 광산 지역에서 실현되어 '맏아배'형과 '백부'형은 방언섬을 형성하고 있다. 백부에 대한 호칭 분화의 기준은 먼저 '아버지'에 대한 신구형new-old form에 따라 '아배'형과 '아버지'형으로 구분되며, 다시 '아버지'형은 모음교체에 의한 '아부지'형으로, 그리고 접미사 '-님'이 결합하는 파생형 등의 분포를 보이고 있다.

'숙부叔父'에 대한 호칭은 '삼촌三寸' 계열과 '아재'계, '작은아버지'계로 구분된다. 한자어 '삼촌'계는 모음교체에 의해 '삼춘'으로 실현된다. '아재' 계열은 주로 경북 북부 지역과 강원도 남부지역에서 실현된다. 특히 숙부叔父에 대해 '아재'라고 부르는 지역에서 그 의미 영역이 차이를 보여 주고 있는 점이 매우 특이하다. 곧 강원도 영월, 삼척, 정선 지역에서 '아재'는 제2음절에 고조高調(악센트)가 실려 있으며, 경북 봉화, 영풍, 안동지역에서는 제1음절에 높은 소리마루가 있는 '아재'와 제2음절에 높은 소리마루가 있는 '아재'는 전혀 다른 의미이다.

제1음절 고조 아H재: 기혼의 숙부, 기혼의 종숙부, 기혼의 재종숙부
제2음절 고조 아재H: 미혼의 삼촌, 미혼의 종숙부, 미혼의 재종숙부
[H: 높은 소리마루]

그 외의 지역은 전부 '작은아배', '작은아버지', '작은아부지' 등으로 실현된다. 결혼하지 않은 '삼촌'에 대한 호칭은 '숙부'에 대한 방언형과 동일하지만 그 분포지역은 확연하게 다르다. '삼촌'의 방언 분포 양상은 '삼촌' 지역과 '아재' 지역으로 2대별 된다.

4) 사회·문화적 요인

'호미씻이'에 대한 방언형이 경상도에서는 비교적 다양하게 분화되어 있지만 전라도에서는 경상도만큼 분화되어 있지 않다. 조선조 후기, 경상도

지역에서는 반촌班村 사람과 민촌民村 사람이 별로 멀지 않은 마을에서 공동의 생활을 영위했으나 전라도 지역에서는 민, 반 촌락이 엄격하게 분리된 마을(예: 전북 고창 지역)에서 생활을 했다. 이 때문에 공동체 놀이의 명칭이 경상도에서는 다양하게 분화되었으나 전라도에서는 다양하게 분화되지 않았다. 민, 반촌의 연대 의식이 아마도 전라도 지역보다 경상도 지역이 더욱 강했던 결과의 산물이라 짐작된다.

'호미씻이' 놀이는 농번기를 지나 이제 호미를 사용하지 않아도 되니 물에 씻어서 걸어 놓는, 농한기로 가는 전환기에 벌어지는 행사라는 의미이다. 경상도에서 이를 '호무거리', '심우거리'라 부르는 근원은 어디에 있는 것일까? 지난날 아이들이 서당書堂에서 한 권의 책을 다 공부하고 나면 부모님들이 술도 빚고 떡과 음식을 장만하여 서당의 훈장 어른에게 대접을 융숭히 하였는데 이를 '책거리'라고 부른다. 물론 요사이는 찾아볼 수 없는 일이지만 이때 '책+걸이'라는 말의 의미는 책을 공부하는 일을 모두 마쳤다는 뜻인데 '마치다'라는 의미를 가진 '걸이'와 '호미'와 합쳐져 생긴 말이 '호무+걸이'이고 '심다'의 방언형인 '심우다'의 어간과 합쳐서 생긴 말이 '심우+걸이'이다. 다시 말하면 '호미로 논매기를 마치다' 또는 '김을 매는 일을 마치다'라는 뜻으로 이젠 풍요한 가을 수확을 기다리는 푸근한 심정으로 요사이 말로 하자면 노사勞使가 화합하는 한마당 잔치를 바로 '호무거리, 심우거리'라 불렀다. 일찍부터 이러한 '호무거리'와 같은 우리 민족의 전통적인 미덕美德을 터득한 사주가 경영하는 회사는 아마도 노동쟁의로 인한 갈등과 어려움을 겪지 않았을 것이다. 그래서 삶의 역사는 늘 우리 곁에서 무한의 의미를 주는 것이다.

지역의 문화적 특징을 잘 반영한 또 다른 예는 음식 문화와 관련된 낱말이다. 기호 지방에서는 조기를 매우 귀하게 여겨 제사 음식으로 꼭 챙기며 호남 지역에서는 홍어를 귀한 제사 음식으로 여긴다. 그러나 경상북도 중에서도 안동지방에서 최상의 제사 음식으로 꼽는 것은 문어文魚이다. 남해에서 생산되는 문어 80%가 안동 장터에서 소비된다는 말이 있다. 그런데 경주, 영천 지방에서는 '돔배기' 없이는 제사를 지내지 못한다고 할 만큼 중요한 음식으로 여긴다. '돔배기'란 상어고기를 편으로 떠서 꼬치로 만든 산적을 말한다. 필자가 쓴 「영천 돔배기」라는 시 한 편을 살펴보자.

싱싱하던 상어가
장터에서 돔박고기로 다시 태어나면
영천 사람들은 돔배기라고 한다
산적구이나 탕국으로 만들어
제사상에 올리는 명물
영천 사람들은
돔배기 없이는 제사를 못지네제
눈부시게 싹은 홍어 맛처럼
돔배기가 꿈꾸던 그립고 아리한 맛
톡 쏘아대는 독기어린 꿈틀거림
입안에서 죽었다 다시 살아나는
돔배기
좋아하는 영천 사람들

가난하던 시절 독간 소금 단지에서
펄펄 날뛰던 바다의 꿈을
사쿠느라 세리하게 표백된
가난하던 시절의 꿈 맛
바다에서 펄펄 날던 놈

세월 가는지 모르고
어쩌다 아부지 밥상에라도 오르면
짭짤하고 세리한 냄새만 맡아도
보리밥 한 그릇은 그만이제

– 이상규, 「영천 돔배기」

잔치 음식으로는 소고기육회, 생치(생꿩고기)를 중시한다. 또 반가의 고급 음식으로는 북어를 두드려서 마치 솜과 같이 가늘고 부드러운 가루로 만들어 조미한 '피움' 등 헤아릴 수 없을 만큼 토속 음식의 이름은 다양하다. 식혜食醯도 재료나 만드는 방식의 차이가 있다. 안동지방에서는 식혜에다가 무, 배, 생강, 마늘, 밤 등의 다양한 재료를 채 썰어 넣고, 고춧가루도 넣어 얼큰하고 달고 시원하게 만들어 먹는다. 경주지역에서는 멥쌀로 만든 것은 '단술'이라고 하고 찹쌀로 만든 것은 '점주'라고 하여 안동지방의 식혜와는 큰 차이를 보인다. 이처럼 지역의 자연 환경과 관련하여 민속적 전통 차이가 음식 문화의 차이로 이어지며 여기에 따라 대응되는 음식 관련 낱말도 차이를 보여준다.

10. 방언의 공간 분화 모형

낱말 분화는 개신에 의해 이루어지기 때문에 공간적 확산spatial diffusion 양상은 언어의 통시적 변화와 밀접한 관계를 갖는다. 어떤 언어 변화가 점진적으로 일어난다고 가정을 하면 개신이 일어난 곳에서 가까운 곳일수록 영향을 많이 받고 먼 곳일수록 영향을 적게 받는다. 따라서 언어의 통시적 변화의 과정은 언어지리학적으로 반영될 수 있다.

한국정신문화연구원이 발간한 자료를 토대로 100여 개의 낱말을 언어지도로 작성하여 방언 낱말 분포 유형을 13개 유형으로 구분해 보았다. 이러한 과정에서 '남북 사선형'의 등어선이 가장 두껍게 지나간다는 사실과 남북 역사선형의 유형도 매우 중요한 등어선 다발을 형성하고 있다는 사실을 확인할 수 있다. 동서 분화형이 남북 분화형보다 숫자는 적으나 더 오래된 방언 분화 양식이다. 우리나라 방언 분화는 동서 분화형이 1차적인 방언 분화 양식이고 남북 분화형이 그 이후의 2차 분화 양식이라고 할 수 있다. 특히 'ㅿ'이나 'ㅸ'의 방언 반사형이 고대 신라 지역 곧 동남 방언에 많이 나타난다는 종래의 견해와는 달리 'ㅿ'의 방언 반사형은 남북 역사선형의 유형에 포함되는 서남방언에, 'ㅸ'의 방언 반사형은 남북 사선형에 속하는 곧 동남 방언에 많이 잔존해 있음을 확인할 수 있다. 남한 방언의 방언 낱말 분포 양상을 유형별로 살펴보면 다음과 같다.

1) 동서 분리형

동서 분리형은 등어선이 거의 수직에 가깝게 백두대간을 따라 동서를 중심으로 분화된다. 강원 영서, 충북 일부, 경북, 경남으로 연결되는 등어선이다. '짧다/짜르다', '넓다/너르다', '가볍다/개갑다', '뚫다/뚧다', '진달래/참꽃', '덩굴/넝쿨', '바위/방구', '우박/누리(유리)', '상수리/굴밤' 계의 낱말의 등어선이 여기에 속한다. '외양간/마구간'의 분포를 보이는 동서 분리형의 전형적인 양상을 보인다. 동서 분리형은 국어 방언 분화의 일차적인 기준이다. 남북 사선형의 분화형이 더 일반적이지만 역사적으로 더 이전 단계에 동서 분화형으로 분화가 이루어진 것으로 추정된다. 이것은 백두대간을 기준으로 하여 자연 환경의 분리적 요인이 언어적 구획으로 이어진 것이다.

2) 남북 사선형

중부 지역을 중심으로 강원도에서 전북 지역으로 비스듬히 연결되는 남북 사선형 등어선이 있다. '벼/나락', '그릇/그륵', '달래다/달개다', '목화/미영', '허리띠/허리끈', '무/무꾸, 무시', '옥수수/강냉이', '새우/새비'의 등어선이 여기에 속한다. 그 외에 '부라부라/불무(풀무)불무', '부엌/정지'와 같은 낱말의 등어선도 여기에 속한다.

'벼'의 분화형인 '베', '비'의 분포는 남북을 비스듬하게 가로지르는 모습

을 보여준다. '나락'의 분화형
인 '나락', '나록' 등은 남부
지역에 분포한다. 남북 사선
형의 분포형이 가장 흔한 모
습인데 이것은 아마 삼한 지
역의 지역적 분포와 밀접한
관계가 있는 것으로 추정된
다. '벼'의 분포 지도는 <지도
1>과 같다.

3) 남북 역사선형

남북 역사선형은 남북 사선
형(/)의 반대로 흐르는 빗금
(\ )의 양상인데 전북, 충남을

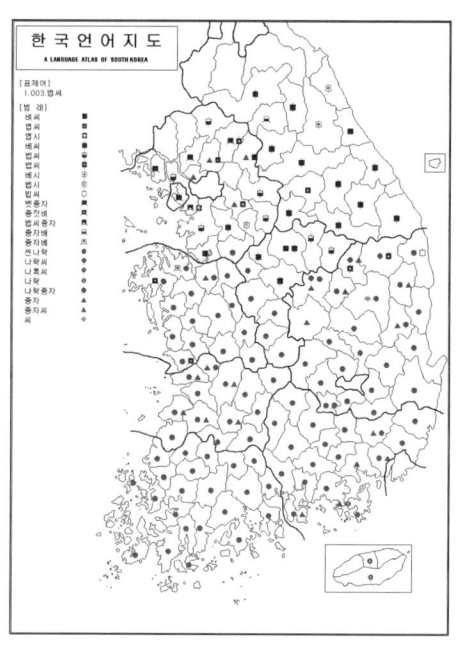

〈지도 1〉 벼의 방언분포

거쳐 서부 경남지역에 이르는 등어선을 보여준다. '거품/버꿈', '절구공이/
도굿대', '절구/도구통', '질경이/빼뿌쟁이', '모이/모시', '구유/구시' 등이
여기에 속한다. 특히 남북 역사선형 가운데 '△'으로 소급되는 낱말들의 반
사형이 이 유형에 많이 포함되어 있다. '거품/버꿈'의 방언 분포형은 남북
역사선형의 전형적인 모습을 보여준다.

4) 남북 절구형

'노을/뽈새, 북새', '저-어라/저서라'와 같은 어형의 등어선은 전형적으로
중부 지역을 가르는 경계선인데 충북 지역이 약간 움푹 들어간 경계선의
모습을 보인다. 북에서는 '노을', '저어라' 그 남쪽에서는 '뽈새, 북새', '저
서라'가 분포하고 있다. '얼레'의 등어선도 남북을 가로지르는 남북 절구형

이다. '꽂-아'형은 '꼽-아', '꼽-어'형과 '꽂-아', '꽂-어'형 그리고 '찔-러'형으로, '꼽-'형과 '꽂-'형의 분포는 전형적인 절구형의 방언 분포를 보여준다. '노을/뿔새, 북새'는 남북 절구형을 나타내는 방언 분포형이다.

5) 동서 남부 분리형

동서형은 등어선이 강원 영서, 충북 일부, 전·남북까지 거의 수직에 가깝게 분리되다 경남 지역으로 그 가지가 펼쳐지는 형태를 보여준다. '꽂아/꼽아', '얼리다/얼구다', '씻어라/씻처라'계의 낱말의 등어선이 여기에 속한다. '꼽다'형과 '곶다'형은 부사형어미 '-아/어' 교체형에 따라 방언 분화를 보인다. 중세어에서는 '곶다'라는 기저형을 보인다. 그런데 중세어에서 '곶다'와 '곱다'는 별개의 낱말인데도 불구하고 동남부 방언에서는 왜 '꼽다'로 기저형이 재구조화되었는지 그 이유는 밝혀지지 않았다.

부추는 '부치'('老解 下 13』, 『朴通解 中 33』)라는 '비+菜'의 한자 합성어에 뿌리를 두고 있는데 어원적으로 다른 '부추', '정구지'형과 '*소불'형에서 분화된 방언형이 있다. '부추'의 방언 분화형으로는 '부ː추', '분ː추', '분ː초' 등이 있으며, '부ː추'형은 경기도 대부분 지역과 강원도 영서 지역에 분포되어 있으며, 자음이 첨가된 '분ː추'형은 강원도 영동 지역 및 강원도와 경상북도와 인접한 지역과 충북 중원, 제천 지역에 분포되어 있다. 특히 경북 서북부 지역인 봉화와 예천 지역에서도 '부추'형에서 ㄴ첨가 및 'o>u' 현상에 의한 분화형인 '분ː초', '분ː추'형이 분포하고 있다. '*소불'에 기원을 둔 '솔', '소풀', '졸'형과 '정구지'형이 있다. '*소불'형은 남부 지역인 경남 남해, 전남 순천, 광양, 여수 지역에 분포하고 있으며, '소풀'형은 경남 서남부 지역인 합천, 함양, 산청, 의령, 하동, 진양, 함안, 사천, 통영, 거제 등지에 분포되어 있다. '솔ː'('*sobul'에서 어중 'b' 약화 탈락과 보상적 장음으로 생성됨)형과 '소ː풀'도 '*소불'에 기원을 둔 것인데 '*소불'이 '소풀'로 바뀐

것은 '소풀卝蒲'에서 유추된 결과로 보인다. '솔:'형은 전남·북 지역에 주로 분포되어 있으며, 충남 남부 지역에까지 분포되어 있다. '졸:'형은 충남 대부분 지역과 경기 평택, 안성 지역까지 분포되어 있다. '정구지'의 어원은 풀이름 '명가茗芥'(『훈몽 상 14』)에서 온 것으로 보인다. '정구지'형의 분화형은 경북 북부 지역에 분포하고 있는 '쟁구지'와 o>u에 의한 '정고지'형이 있는데 '정구지'는 충북 지역과 충남의 청양, 대덕, 금산 지역 및 전북 무주, 장수와 경북 전역, 경남 동북 지역인 거창, 창녕, 밀양, 의창, 김해, 양산, 고성과 울산 울주 지역에 분포하고 있다. '부추'형과 '소불'형, '정구지'형의 분포는 T자형으로 북부 지역에는 '부추'형이 서남 지역에는 '소불'형이 동남 지역에는 '정구지'형이 분포되어 있다. '부추'의 방언형 분포는 동서 남부 분리형이다.

6) 좌함몰형

경기, 충남 서해안 지역과 전북 서해안 지역을 연결하는 등어선 지역은 좌함몰형의 모습을 보여준다. '두루막/후루막', '넝쿨/년출', '호미씻이/두레'의 분포형이 여기에 속한다. '두루막'계의 방언 분화형은 '두루마기, 두루매기, 두루막, 둘막, 둘매기'가 있다. '두루마기'형은 강원도 대부분의 지역과 충북 충주, 단양 지역과 충남 공주 지역, 경남 대부분의 지역에 분포되어 있으며, '두루막'형은 강원도 양양, 정선, 삼척 지역과 경북 전역과 경남 일부 지역에 분포되어 있고 '두루매기'형은 경기도 대부분 지역, 경기도와 인접한 강원도 지역, 전·남북 전역에 고루고루 분포되어 있다. '후루막' 계열의 분포 지역은 다음과 같다. '후루막'형은 경기도 연천 지역에, '후루매'형은 경기도 양주 지역에 분포되어 있다. '후루매기'형은 경기도 연천, 부천, 이천, 강원도 원주, 충북 진천, 청원, 괴산, 충남 서산, 당진, 아산, 천안, 예산, 청양, 부여, 서천, 논산, 전북 정읍, 고창, 전남 영광 지역에 분포되어 있다..

7) 우함몰형

우함몰형은 가운데 부분이 터진 듯한 모습을 하고 있는 형으로 서부 해안 지역과 동부 해안 지역이 등어선으로 구분되는 모습을 보여준다. '상추/부루', '반디/개똥벌레', '가볍다/해깝다', '수캐/숙개', '질경이/뺍짱구', '솜/소캐', '간장/지렁', '구석/구억', '여우/여깽이'와 같은 낱말 분화의 등어선이 여기에 속한다. '가볍다'에 대응되는 '해깝따'형은 경북 경주를 중심으로 한 의성, 영양, 영일(포항), 경산, 성주, 영천 지역에서만 분포되어 있어 고대 국어의 흔적임을 확인할 수 있으며 이들의 분포는 전형적인 우함몰형이다.

8) 동남 분리형

경남·북 지역을 경계로 하는 방언 분포 유형을 동남 분리형이라 한다. '입술/입수구리', '글피/저모레/모레고페', '회오리바람/호:더락바람', '사나운/사나분', '홀아비/호부래비', '굴리고/구불리고', '콩나물/콩지름'의 분포 유형이 이에 속한다. '글피'의 방언 분화에 대해 살펴보자. '글피' 방언 분화형은 경북, 경남 지역을 제외한 대부분의 지역에서 '글피, 글페, 그페, 고페' 등으로 실현되며, 특히 '모레'형에 접두사 '저-'가 결합한 파생어 지역과 접두사 '그-' 또는 '내來-'가 결합한 파생어 지역이 대립을 보여 주고 있다. 특히 '글피'형과 '모레'형이 복합되어 '모레고페'라는 어형이 실현되는 지역이 있다. 경남 진양, 거창, 통영, 거제, 고성, 사천 지역은 매우 특이하게도 전남 방언형인 '고페'형과 경남 방언형인 '모레'가 융합 방언mixed dialect의 양상을 보여 주고 있다.

경북 지역에서는 '모레'가 '그-'와 '저-' 또는 '내來-'와 복합하는 매우 다양한 양상을 띠고 있다. 그리고 경남 지역에서는 대응형이 없거나 또는 방언형이 훨씬 복잡한 양상을 띠고 있다. 다시 말하자면 경상도 방언을 다른 지역 방언과 비교해 보면 일칭日稱에 대한 분화가 덜 정교하다는 사실을 확인할 수 있다. 경남 서남 해안 지역에서는 전남 방언과 융합된 방언형인 '모레고페'형이 실현되는 점은 매우 특이한 점인 동시에 '모레'와 '글피'가 분화되지 않았다는 사실을 반영하고 있다. '글피'형은 경기, 강원, 충남, 전북 지역을 잇는 남북 사선형의 분포를 보여 주고 있다. '글페'형은 '글피'형의 분포와 비슷하지만 경기 지역이 제외되는 대신에 충남 지역이 포함된 분포를 보여 주고 있다. '고페'형은 전남을 중심으로 하여 전북 장수, 고창, 순창, 남원 지역 및 경남 인접 지역인 함양, 하동, 남해 지역에 분포하고 있어 동남 분리형의 분포를 보여 주고 있다. '모레'형과 '저모레'형은 경북 지역에서만 실현되며 '내모레'형은 경북 및 경남 일부 지역에서 실현되고 있다. 그리고 경남 밀양, 함안 지역에서는 '거모레', '개모레'라는 특이한 어형이 실현되기도 한다.

9) 서남 분리형

전남·북 지역에서 서부 경남 지역에 이르는 방언 분포 유형을 서남 분리형이라 한다. '짧다/짤룹다', '넓다/널룹다, 널부다', '뜸부기/뜸북새', '회오리바람/소시랑바람'의 방언 분포형이 이 유형에 속한다. '질경이'형에 대응되는 '배뿌쟁이'형은 전북, 전남, 경남을 잇는 서남 분리형으로 분포되어 있어 '질경이'형과 더불어 2대 중심적인 낱말 분포를 보여 주고 있다. '넓다(널따)'형의 방언 분화형은 '넙따', '너르다', '너룹다', '널부다'형이 있다. '너르다'형은 모음이나 자음 교체에 의해 '너러다'형과 '너리다'형이 방언 분화를 보이고 있다. 그리고 파생형인 '널-+-웁-' 형은 설측음화에 의한 방언 분화를 보인다. '널부다'형은 '넓-+-으->널브->널부-'로 변화한 것이다. '넓다(널따)'형에 대응되는 '너룹따'형은 전남 지역을 중심으로 전북 완주,

정읍, 남원 지역에 분포되어 있으며, 설측음화에 의한 분화형 '널룹다'형은 전북 지역을 중심으로 충북 보은, 옥천 지역과 충남 논산, 대덕, 금산 지역과 전남 장성, 곡성, 해남 지역에 분포되어 있다. '널부다'형은 전남 고흥 지역에서 고립형으로 실현된다.

10) 동해안 분리형

강원, 경북, 경남의 해안 지역을 연결하는 동해안 방언권이다. '입술/입수부리', '뜸부기/무닭', '글피/고패', '회오리바람/돌개바람'과 같은 방언 분화형이 여기에 속한다.

11) 팔랑개비형

팔랑개비형은 '소꿉질', '소금쟁이', '구더기', '노래기/고등각시', '딸꾹질/깔딱질/퍼꺽질/피기'의 방언 분포가 보여 주듯 여러 개의 방언형이 각 지역에 할거割據하고 있어 마치 팔랑개비 모습으로 등어선이 분포된 예이다.

12) 고립형

고립형은 등어선이 일종의 언어섬language island을 형성하는 형태로 '지도리(진달래)', '진지리', '부루/골(상추)'과 같은 낱말의 등어선이 여기에 속한다. '진달래'형에 대응되는 '진지리'형은 전남 장성, 신안 지역에 언어섬을 형성하고 있다. 제주방언이 이 유형에 속하는 예들이 매우 많다.

13) 남북 수평분리형: '볍씨'의 경우

못자리에 뿌리는 벼의 씨인 '볍씨'의 방언형은 '벼', '나락'과 '종자', '씨'가 어기가 되어 매우 다양한 조어형식으로 분화되었다. '볍씨'의 방언형은 크게 '벱씨'계와 '씬나락'계로 나뉜다. '벱씨'계는 다시 '벱씨/볍씨'와 '베씨/

벼씨' 등의 음성적 분화형이 있는데, 전자가 <경기> 중심부에 분포하고 'ㅂ' 받침이 없는 후자의 형태가 그 주변에 분포한다. 그리고 <경기> 일원에는 '벼종자'라는 어형도 '볍씨'와 공존 방식으로 꽤 널리 나타난다. '씬나락' 계는 거의 '씬나락' 하나로 통일되다시피 되어 있고, '나락씨', '나락종자' 등 몇몇 변종이 있으나 전혀 이렇다 할 세력을 형성하지 못하고 있다.

 이 방언형의 분포는 '벼'를 '나락'이라고 하던 지역에다가 낟알의 벼를 '나락'이라 하여 구별하여 부르던 지역을 합친 지역과 대체로 일치한다. 볍씨란 곧 낟알의 형태이므로 당연한 결과일 것이다. 다만, <충남>에서는 단일어 '벼'의 경우, '베'형이 주로 보이던 것이 합성어 '볍씨'의 경우에는, '씬나락'형이 대부분 지역에 분포되어 있다. 이는 합성어 환경이 단일어 환경에서보다 고어형의 잔존율이 높아서, 중앙어의 영향을 덜 받은 것으로 해석해 볼 수 있다. 더욱이 단일어 '벼'의 경우는 '나락'형이 주로 나타나는 <전북>, <전남>, <경북>, <경남> 지역[7] 깊숙이까지 '베'형이 나타나면서, '나락'형과 공존하는 모습을 보이고 있다.

---

[7] '벼'의 경우, '베'형이 <충남>은 금산을 제외한 전역에서 나타나고 있다. 그 밖의 지역에서는 <전북>의 익산, 진안, 무주, 순창, <전남>의 구례, 광산, 완도, <경북>의 영풍, 봉화, 예천, 영양, 상주, 의성, 청송, 칠곡, 경산, 달성, <경남>의 함안, 사천 등지에서는 '베'형이 '나락'형과 공존하는 모습을 보이고 있다. 이는 단일어 '벼'의 경우가 합성어 '볍씨'의 경우보다 중앙어인 '벼'형의 영향을 많이 받았다는 증거로 볼 수 있다.

03
방언, 표준어와 문화어의 소통[1]

1. 겨레말 공통어로서 내면의 소통

남과 북의 어문 정책은 서로 존중하는 방향으로 꾸준히 발전해 왔다. 6·15 민족 공동 선언의 정신을 바탕으로 하여 2004년부터 진행되어 온『겨레말큰사전』편찬 사업의 성과는 우리 민족 공동체의 기반을 더욱 공고히 하는 밑바탕이 될 것으로 기대한다.

지난 20세기, 제국주의 국가들이 식민 정책의 일환으로 펼쳐온 언어 식민화 정책과 자본 대국의 언어 약탈 정책으로 인해 동아시아의 많은 민족의 언어가 절멸의 길을 걷지 않을 수 없었다. 지난 세기 영어나 일어 또는 스페인어와 포르투갈어 등은 소위 식민 자본주의적 약탈 언어[2]라고 정의할 수 있다. 전 세계에서 특히 아시아 지역에서는 근대 서구의 폭력과 자본 억압의 고통스러운 기억을 아주 진하게 간직한 나라들이 많다. 그뿐만 아니라

---

[1] 본고는 2004년 11월 베이징에서 개최된 민족 언어, 방언 보전을 위한 남북학술회의에서 발표한 내용을 정리한 것이다.
[2] 하시모토 만타로 저, 하영삼 역(1990),『언어지리유형론』에서는 소위 '유목민형' 언어로 분류하고 있다.

실제로 그들의 민족어가 절멸의 위기에 처한 나라가 다수이다.

평양에서 2008년 8월 20~23일 개최된 제7차 겨레말큰사전 공동편찬위원회.

지난 세기 그렇게 어려운 상황 아래에서도 우리 겨레의 글과 말은 결코 소멸되지 않고 지속적인 발전을 거듭하여 오늘에 이르고 있다. 이제 남과 북의 경계를 훨씬 뛰어넘어 아시아의 새로운 내면적 소통을 위해서는 다양한 민족과 국가 상호간의 언어와 문화를 이해하는 일이 필요하다. 그러한 노력은 국가나 민족의 경계를 넘어 새로운 연대와 공존으로 나가기 위한 전제 조건인 동시에 디지털 언어 노마디즘의 비판을 극복하기 위해서도 필요 불가결한 전제가 된다(Gilles Deleuze 저, 김재인 역, 2001), 『천개의 고원/자본주의의 분열증』). 지금은 우리가 추구하고자 하는 겨레말이라는 큰 디딤돌 위에서 한걸음 더 나아가 서로 다른 아시아 지역 언어들 간에 수수 전달하려는 노력을 기울여야 할 때이다. 앞으로 아시아 지역 국가 간의 문화 공동체를 결성하는 일은 21세기 아시아의 평화와 질서를 이끌어가기 위한 매우 절실한 과제가 아닐 수 없다.

필리핀 국민들 가운데 영어 소통이 원활한 상위 5%의 인사들만이 국가 경영과 미국을 위시한 서방과의 접촉이 가능하다. 그들의 모국어만 소통할 수 있는 많은 사람들은 그들의 권한을 포기하고 살지 않을 수 없다. 소멸의 위기에 직면해 있는 민족과 부족의 잠자는 언어를 흔들어 일깨워야 하는 이유를 설명해야 한다. 아시아의 민족과 역사와 문화의 다양성을 동등하게 공유할 수 있는 '소통의 중심'으로서 우리 겨레의 말과 글이 튼튼하게 자리를 잡도록 우리는 함께 노력해야 한다. 그러기 위해서 남과 북의 말과 글을 민족의 문화유산으로 수집하여 사전의 큰 틀 속에 묶어내는 일은 너무나도 중요한 일이 아닐 수 없다. 남기심(2003)은 "국어는 우리 민족 공동의 오랜 역사적 문화유산이요, 무형 문화재라는 인식의 전환이 절실하게 요구된다. 옛 우리말, 오늘의 지역 방언을 잃는다는 것은 옛 사람들의 생활의 지혜를 잃는 것이요, 문화적 다양성을 외면하는 것이다. 풍요로운 언어가 삶의 내용을 풍성하게 해준다고 믿는 것은 잘못이 아닐 것이다."[3]라고 하며 방언을 비롯한 다양한 언어 자료를 민족 문화유산으로 인식해야 한다는 관점을 분명히 하고 있다. 사회과학원 언어학연구소장인 문영호(2003)도 "북과 남이 고유어를 적극 살려 북남언어의 통일적 발전을 이룩하는 데 기여하려면 광복직후부터 계속 진행하여 오고 있는 어휘 정리 사업을 끈기 있게 밀고나가는 한편 사전편찬과 출판보도, 교육 사업에서 고유어를 살려 쓰는 데 특별한 주목을 돌려야 합니다. 이와 함께 방언에 묻혀있는 좋은 고유어를 적극 찾아 문화어로 널리 써야 합니다. 우리는 우리 민족끼리의 이념을 안고 민족의 단합과 통일을 이룩하기 위한 온 겨레의 념원에 맞게 지금 손쉽게 할 수 있는 문제부터 하나하나 찾아 언어의 통일을 이룩하기 위한 사업에 한사람같이 떨쳐나 국어학자로서의 민족적 본분을 다해나가야 할 것입니다."[4]

---

[3] 남기심(2003), '문화유산으로서의 국어', 2003년 "한민족어의 통일적 발전과 방언 조사 연구에 관한 학술 모임" 발표문 참조.

라고 하여 『겨레말큰사전』 편찬 기반의 당위성을 밝힌 바가 있다. 남의 국립국어원과 북의 사회과학원 언어학연구소가 그동안 국제학술회의를 통해 성숙시켜 온 학술적 논의의 큰 틀 위에서 본 사업이 시작되었기 때문에 서로의 믿음과 신뢰는 더없이 튼튼할 수밖에 없었다.

『겨레말큰사전』 간행 사업은 단순하게 남과 북의 언어문화 유산을 수집하여 정리하는 차원의 일이 아니라 민족정신을 통합하고 통일 대업의 초석을 까는 일인 동시에 21세기 아시아 국가 간의 자유와 평화를 위한 내면적 소통을 이끌어가는 주체로서의 역할을 다한다는 야심찬 목표가 전제되어 있다. 홍윤표(2005)는 "통일로 가는 길은 여러 갈래다. 민족의 문화를 잇는 가장 중요한 요소는 그 민족의 언어. 민족을 하나 되게 하는 가장 중요한 요소는 곧 언어다. 남과 북의 사람들이 동일한 민족이라는 인식을 갖는 것은 우리가 한 언어를 사용하고 있기 때문이다. 그래서 우리가 비록 정치적으로 남과 북으로 분단되어 있어도 문화적으로는 민족문화의 생명을 이어가기 위해 끊임없이 노력하지 않으면 안 된다. 그것이 곧 통일의 지름길이기 때문이다."라고 『겨레말큰사전』 사업의 목표와 그 이유를 이미 분명하게 밝히고 있다.

『겨레말큰사전』의 사업 추진은 민족 공존을 위해 효자 노릇을 할 것이라 굳게 믿는다. 그러나 우리는 좀 더 생각하고 고뇌해야 할 과제들이 아직 산적해 있다는 점도 되짚어 보아야 할 것이다. 일본의 메이지明治 유신 이후에 식민지 정책을 강화하기 위한 정책의 일환으로 만들어진 '표준어'(우에다 가즈토시, 1985) 정책이 어떤 과정을 거쳐 조선어 정책에 아무 비판도 없이 정착되었는지 비판적 관점에서 돌이켜 보아야 한다. "일본 대제국의 수부首府인 '동경'의 언어를 그 중에서도 '교양 있는 동경 사람이 쓰는 말'을

---

[4] 문영호(2003), '북남언어의 통일적 발전과 민족고유어', 2003년 "한민족어의 통일적 발전과 방언 조사 연구에 관한 학술 모임"에서 발표문 참조.

기초로 한다는 일제의 표준어 정책이 곧바로 '동경' 대신에 '서울'을 '교양 있는 동경 사람이 쓰는 말' 대신에 '중류 사회'의 사람들이 사용하는 말로 바꾸어 1933년에 정해진 한글맞춤법에 그대로 반영되었다.

이러한 사상思想은 '표준어를 정착시키고 방언을 박멸'한다는 관점으로 이어지면서 변두리 언어인 방언은 소멸의 위기로 내몰릴 수밖에 없었던 것이다. 그 이후 우리들의 현실인 남과 북의 분단 언어 정책이 지속됨으로써 우리 겨레말은 '분열'이라는 큰 위기에 처해질 수도 있게 되었다. 지난 일제의 식민지 약탈언어 정책은 중심 언어가 변방 언어를 파괴하는 결과를 가져왔다. 이러한 논의를 기조로 하여 본다면 『겨레말큰사전』은 바로 일제 식민 시대의 약탈 언어 정책인 분열적 언어 정책을 개선하는 새로운 대안으로 높게 평가하지 않을 수 없다. 곧 민족 언어의 대동적 통합을 의미하는 겨레말 공통어Common Language라는 언어 정책의 기반을 마련하는 매우 뜻 깊은 작업이 된다.

다양한 지역의 현장 생활 언어를 조사하여 그것들을 서울과 평양으로 대표되는 언어와 동등하게 민족의 언어 유산으로서 『겨레말큰사전』에 싣는 일은 향후 우리 겨레의 문화 창달의 새로운 전환점을 이루게 될 것이다. 수도首都를 중심으로 하는 언어가 가지는 감화력의 힘에 의해서 방언을 소멸시키는 일이나, 식민 지배자가 언어 강제의 방식으로 피지배자의 언어를 소멸시킨 방식은 동일한 원리에서 출발된 언어 정책이다. 남과 북의 '언어적 횡단translingual practice'(리디아 리우, 2005)을 이끌어 갈 대안으로써, 그리고 언어 매개의 형식에 대한 새로운 사유의 가능성으로써 앞으로 발간될 『겨레말큰사전』의 가치는 더욱 높게 평가될 것이다.

위와 같이 『겨레말큰사전』 편찬의 기본적인 의의를 전제하고 보다 구체적인 편찬 의의를 몇 가지로 요약해 볼 수 있다.

『겨레말큰사전』 편찬의 첫 번째 의의는 소멸위기에 처해 있는 생활 현장과 각종 직장별 어휘와 방언을 면밀하게 수집하고, 또한 민족문화의 유산인 각종 문학 작품에 나타난 어휘들을 함께 수집하여 사전에 싣게 됨으로써 겨레말의 폭과 지평을 한층 넓혀주게 된다. 사전이 그 민족의 문화와 정신 유산의 성과를 통합적으로 드러내 보이는 결정체라고 한다면 우리는 그동안 다소 소홀히 다루어 왔던 삶의 현장의 어휘나 문학 작품에 실린 어휘를 새롭게 발굴하여 그 의미를 부여하는 참으로 뜻있는 작업을 하고 있는 것이다. 그러니까『겨레말큰사전』사업은 우리 민족의 문화 역량을 더욱 확대하고 고양하는 작업이라 할 수 있다.

『겨레말큰사전』편찬의 두 번째 의의는 그동안 서로 달랐던 남북 언어 규범을 재조정하기 위해 노력하는 데 있다. 특히 두음법칙, 사잇소리, 띄어쓰기, 외래어 표기 문제를 비롯한 자모음의 어순 차이 등의 문제 해결을 위해 현재 매우 진지하게 논의를 진행하고 있다.『겨레말큰사전』사업을 시작하기 이전에 이 문제야말로 참으로 합의하기 힘든 일이 아닐까 했던 우려와 걱정들을 훌쩍 뛰어넘어 그동안 상당한 진척을 이루어 냈다는 점은 매우 큰 성과라고 아니할 수 없다. 앞으로 그동안의 힘들었던 일보다 더욱 험난한 일이 앞을 가로막을지 모르지만 기어코 큰 성과를 이루어낼 것으로 기대한다. 향후 남북의 합의로 만들어질 '남북『겨레말큰사전』통일 규범안'을 남의 국립국어원에서도 진지하게 검토하여 언어 정책에 적용할 수 있는 여건과 기반을 마련하도록 노력할 것이다. 또한 북에서도 그러한 노력을 함께해 줄 것을 진지하게 요청하는 바이다.

마지막으로 언어 외적인 의의로 꼽을 수 있는 것은 남북 언어학 전공자들의 신뢰와 믿음을 쌓아온 일이다. 오늘에 이르기까지 남과 북으로 오르내리며 행했던 여러 차례의 학술회의를 통해 서로를 깊이 이해하고 민족어 통일의 큰 기초를 다졌다는 점 또한 빼놓을 수 없는『겨레말큰사전』편찬 사업의 의의의 하나가 아닌가 생각한다. 이상에서 지적한 바와 같이 어렵게 이루어낸 성과들을 더욱 견고하게 성처럼 쌓아나갈 것으로 기대하며 또 그렇게 되리라 확신하다.

『겨레말큰사전』 발간의 완성도를 높이기 위해서 많은 세부적인 문제들이 제기될 것으로 전망한다. 세부적인 문제는 위원회 자체에서 충분한 논의 과정을 거치기 때문에 여기서는 논외로 하고 전체적인 틀에서 제기되는 문제를 몇 가지만 논의하기로 한다.

첫째, 최근 우리의 글과 말을 배우고자 하는 외국 거주 학습자들의 수요가 엄청나게 증가하고 있다. 얼마 전까지만 해도 외국인 유학생이나 재외동포 등의 교육 수요자뿐이었던 데 비해 최근에는 아시아 지역의 많은 학습자들의 수요가 늘어나고 있어 이 문제에 대해 남북 간에 대안 마련을 위한 진지한 논의가 필요하다. 그러한 측면에서 남북의 통일된 규범과 문법의 틀(권재일, 2006)을 새롭게 조정하여 지정해야 할 필요가 있다. 이러한 준비 단계로 국립국어원에서는 2007년도부터 내외국 학습자를 지원하기 위한 다중 언어 웹사전(중국어, 러시아, 몽골, 태국, 베트남 등 아시아권의 다국 문자·언어 사전) 구축을 본격화할 예정이다. 그러기 위해서 병렬 말뭉치 구축을 위한 남북의 공동의 노력 또한 절실하게 필요하다.

둘째, 사전 편찬의 기술적인 측면에서 종이 사전이든 전자사전이든 웹사전이든 간에 분류 어휘(하위어, 반의어, 유의어, 계열어 등)에 대한 뜻풀이의 균형과 체계에 대한 기술력을 높여야 할 것이다. '시소러스'나 '온톨로지'와 같은 웹 기반 사전 편찬 기술에 대한 논의 또한 매우 긴요한 일이다.

셋째, 문명 변화와 발전에 따라 남북의 언어 현실에서 전문 용어가 급속도로 늘어나고 있다. 규범의 차이는 쌍방의 합의를 거쳐 용이하게 통일할 수도 있으나 전문 용어의 장벽은 우리 겨레말을 급격히 변질시킬 가능성이 매우 크다. 남에서도 전문용어의 통일을 위해 노력하고 있으나 전문 분야별 주장이 다양하여 이를 통일하는 일은 결코 만만치 않은 과제라고 본다. 남북 간에 산발적으로 진행되고 있는 전문용어 통일 사업을 단일화하고 또 그 대상과 주제를 '학술 용어'로 좁혀서 남북의 책임 있는 기관을 통해 장기적으로 논의되기를 기대한다.

지난 제7차 『겨레말큰사전』 남북 회의를 통해 제기된 외래어 통일 방안에 대한 논의처럼 전문용어 가운데 특히 사용 빈도가 높으며, 또 각급 학교 교과서에 실려 있는 '학술 용어'에 한정해서 중장기적으로 이를 통일하는 방안을 남북이 함께 연구해야 할 것이다. 『겨레말큰사전』 편찬 사업이 학술 용어까지 확대할 수 있는 여건 마련을 위한 준비과정으로 생각하고 현재 진행되고 있는 『겨레말큰사전』 사업과 별도로 학술용어 통일을 위한 논의 구조를 이번 회의를 통해 결성하기를 제안한다.

이젠 남북이 함께 새로운 미래의 지평을 열어가야 한다. 역사적으로 가장 혹독하게 일제 식민 지배의 굴레를 경험했던 지역이 아시아이다. 언어가 가장 복잡하고 서로 다른 역사와 문화를 가진 지역 또한 아시아이다. 이 아시아가 새롭게 소통할 준비를 해야 한다. 아시아의 여러 나라가 이제 서로 다름을 두려워할 것이 아니라 서로 다름을 인정하고 서로 문화적으로 공통적인 점을 받아들여 21세기의 세계 평화를 이끌어가야 한다. 모두 '같음'이 서로 '다름'보다 항상 좋은 것은 아니며, 진정으로 중요한 것은 '어울림'인 것이다. 아시아의 한가운데 우리 겨레가 서 있다. 우리가 힘을 합쳐 아시아의 '어울림'의 역사를 새롭게 펼쳐가고 이끌어가야 할 것이다. 단재 신채호 선생이 말씀하신 바와 같이 우리는 『겨레말큰사전』 사업을 시작함으로써 이제 '동북아시아의 평화로운 공동의 집주인'의 역할을 하게 된 것이다. 끝으로 『겨레말큰사전』과 더불어 남북 어문학 교류 사업이 더욱 확대되기를 바라며 글을 마무리한다.

2. 겨레말큰사전에서 방언

남북 민족어를 함께 수렴하는 겨레말사전편찬 사업이 조만간 본격적인 궤도에 오를 전망이다. 민족 언어를 문화유산으로 인식하여 민족 언어 자료를 포괄하는 우리말 언어대사전을 만들기 위해 남북 언어학자들이 본격적으로 사전편찬에 관한 논의를 진전시키고 있는 상황에서 방언어휘를 어떻게 올림말로 선정할 것인지에 대한 논의가 필요한 시점이다. 겨레말대사전으로서의 면모를 갖추기 위해 우선 서로 다른 규범과 원칙 아래 진행되어 온 『표준국어대사전』과 『조선어대사전』에서의 지리적 또는 사회적 분화형인 방언형에 대한 올림말 선정 원칙과 기준에 대해 새롭게 검토할 필요가 있다. 왜냐하면 남쪽에서는 언어규범의 지역적 근거를 서울에 두고 있고 북쪽에서는 평양에 두고 있기 때문이다. 방언형을 올림말로 선정하는 데 뚜렷한 일관성을 세우지 못해 남북의 차이를 보이는 사례도 있고 또 많은 방언형들을 사전에 등제하지 않거나 뜻풀이에 있어서도 일관성을 잃는 등의 많은 문제점이 있다. 사용분포가 서울이나 평양 지역을 중심으로 분포되어 있는 올림말만 선택을 하여 그 외에 보다 분포지역이 넓은 방언형을 제외시키거나 부정적 가치로 평가함으로써 방언으로 구성되는 겨레말의 풍부한 자원을 훼손하는 결과를 낳게 되었다. 우리나라 60세 이상의 세대에서는 방언형 '정구지', '솔'형의 분포지역이 '부추'의 분포지역보다 훨씬 넓었다. 그러나 표준어 교육의 확대로 '정구지', '솔'과 같은 방언형은 절멸의 길로 들어서게 된다. '연기煙氣'라는 한자어가 일반화되기 이전에는 '내굴', '내'라는 고유어가 있었다. 그런데 『표준국어대사전』에는 '내煙氣'를 『조선어대사전』에는 '내굴'을 올림말로 올려 서로 차이를 보인다. '내'가 서울지역의 방언형이고 '내굴'이 평양지역 방언형이기 때문에 올림말이 달라진 것만은 결코 아니다. 아직 남부방언에서는 '내굴다', '내구럽다' 등의 '내굴'을 어근으로 한 파생어들이 많이 남아있다. 분명 '내굴'이 '내'보다 더 오래된 고어형임에 틀림이 없다.

  현장 조사를 해 보면 국어대사전에서조차 찾아 볼 수 없는 방언 어휘를 발굴할 수 있다. 경북 상주 지역의 방언의 예를 들어 보자. '남자리(잠자리)', '홍고래비(방아깨비 암놈)', '땅깨비(메뚜기)', '개밥띠디기(땅강아지)', '오좀찔게(사마귀)', '노네각시(노래기)', '신바리(그리마)', '곰백상이(진드기)', '말방나물(민들레)', '비실꽃(맨드라미)', '까시게사랭이(씀바귀)', '깐치나물(도깨비나물)', '사기풀(억새풀)', '질루나무(찔레)', '고자베기(뿌리 석은 것)', '삭따구리(삭정이)', '잉그러기(불 지피는 나무, 불살개)', '말밤씨(마름)', '쪼대흙(찰흙)', '터구(안개)' 등등 수없이 많은 방언이 존재한다. 이 같은 방언은 지역의 문화와 전통과 관련 있는 언어 유산으로서 무한한 가치를 지닌 것이 아닐 수 없다. 규범을 중심으로 한 사전에서는 이들 어휘는 올림말로서 전혀 고려의 대상이 되지 않았다. 그러나 전통문화의 의식을 반영하고 있는 지역 방언형의 대표적인 형태는 비록 사용자의 수가 적거나 사용지역의 범위가 좁더라도 올림말로 올려야 할 것이다.

  국어사전의 올림말을 선정하는 데 어휘 발달의 역사와 지역적 분포 문제를 도외시한다면 우선 다양한 겨레말의 유산을 잃게 되는 결과를 가져오게 된다. 표준어 또는 문화어 중심으로 하는 언어 소통의 획일성이 지나치게 강조된 언어정책의 결과 방언이 마치 언어분열의 주범인 것처럼 인식하고 이를 버려야 할 대상으로 여겨 온 것이다. 그뿐만 아니라 더욱 문제가 되는 것은 국어사전뿐만 아니라 방언사전에도 등재되지 않은 방언 어휘에 대한 의미를 확인할 수 있는 길이 없다는 것이다. 박용철의 시 「희망과 절망은」의 "희망과 절망의 두 등처기 사이를/시계추와같이 건네질하는 마음씨야"에서 전남방언에서 '언덕'의 의미를 지닌 '등처기'나 이상화의 시 「방문거절」에서 "방두께 살자는 영예여! 너거든 오지 말어라"에서 '소꿉질'의 의미를 지닌 '방두께'나 최명희의 「혼불」에 나타나는 '옴시레기'와 같은 어휘는

『표준국어대사전』과 『조선어대사전』 두 사전 어디에서도 찾아볼 길이 없다. 언어의 분열을 막는다는 명목으로 지나친 표준어 중심 언어정책이 사전 편찬에까지 영향을 미침으로써 서울을 중심으로 한 표준어가 아닌 지역 방언을 올림말 선정에 많은 제약이 가해진 결과이다. 표준어 중심의 사전편찬의 결과 다양하고 풍족한 민족 언어 유산이 위축의 길로 들어선 지 오래다. 뿐만 아니라 향토색이 짙은 방언을 많이 활용한 각종 문학 작품에 나타난 방언어휘도 우리들의 관심 밖으로 밀려나게 된 것이다.

한 민족어는 다양한 방언 곧 지리적 계층적인 분화형의 총합이라는 측면에서 남북 겨레말사전의 기본 방향이 민족 언어문화 자산인 방언을 대폭 수용하도록 한 것은 매우 바람직한 결과라고 할 수 있다. 그리고 앞으로 국어사전 편찬의 대원칙으로 변방언어인 방언을 최대한 올림말로 살려내도록 해야 할 것이다.

앞으로 이들 다양한 방언 분화형 가운데 어디까지 사전 올림말로 올려야 할 것인지 그 원칙과 기준에 대한 진지한 연구가 진행되어야 하리라 본다. 그러한 노력의 일환으로 부분적이나마 종래 사전에서 다루어 온 방언 올림말 선정에 대한 문제점을 짚어 보고 그 대안을 제시하려는 노력의 일부를 소개하고자 한다. 본고에서는 기존의 『표준국어대사전』을 중심으로 방언 올림말의 선정 원칙과 기준에 대한 재검토와 함께 최근 필자가 개발한 언어지도 제작 툴인 Map Maker(겨레말 방언지도 제작기)를 활용하여 방언 올림말의 선정 원칙과 방향을 모색해보려고 한다.

1) 방언 올림말에 대한 검토

방언형의 올림말 선정을 위해 『표준국어대사전』에서는 일반원칙과 세부 사항을 규정하여 정해 놓고 있다. 그러나 방언 올림말 선정 원칙과 규정을 미세하게 정해 놓았지만 실제로 지역별 방언 올림말의 선정 방식이나 뜻풀이 방식은 모호하거나 일관성이 없는 경우가 많다. 더 나아가서 방언이기 때문에 던져두었던 지역 방언 어휘자료를 최대한 조사 발굴하여 올림말로 선정하여 국어사전의 질과 양을 늘려야 할 것이다.

방언 올림말의 선정 원칙의 문제점에 대해 살펴보자. 『표준국어대사전』에서 올림말 선정 기준에서 1. 항의 나) "비표준어는 널리 쓰는 것을 선별하여 수록하되, 대응하는 표준어와의 관계를 파악할 수 있도록 한다." 라는 기준과 1.항 4)"방언을 지역별로 선별하여 수록한다."라는 기준은 방언형에 대한 무원칙의 결과라고 할 만하다.

예를 들어 '무말랭이'의 방언형은 매우 다양한데 그 방언 분화형은 아래와 같다.

곤지, 골굼무꾸, 골굼무수, 무:마랭이, 무:말랭이, 무:우거리, 무고시레기, 무고자리, 무꾸말랭이, 무꼬자리, 무꾸검박, 무말래, 무말랭이, 무수가시레기, 무수고시래기, 무수꼬시래기, 무수꼬재기, 무수말래이, 무수말랭이, 무수말링갱이, 무수우거리, 무수채가지, 무시건채, 무시곽떼이, 무시오구레기, 무시오그락찌, 무시왁따지, 무시우거리, 무시우구리, 무시쪼고래기, 무쏘래기, 무씨래기, 무오가리, 무우고시레기, 무우말랭이, 무우우거리, 뭇고자리, 뮈고자리, 뮈우말랭이, 속쓰랭이, 싱거리, 싱기리, 오가리, 오그락찌, 오그래기, 와가리, 왁다리, 왁따지, 왁떼기, 쪼거락찌, 쪼구래기

이들 방언 분화형 가운데 '무'의 방언형인 '무꾸', '무수'와 '무말랭이'와 '우거리'[5], '무고자리'[6]만 사전 올림말로 등제되어 있다. 그러나 방언 올림말 선정 기준인 "해당 방언권의 화자들이 널리 사용하는 어휘에 한정해서 올림말로 인정한다. 다른 방언권에는 없는, 해당 방언권의 특징을 전형적으로

---

[5] 우거리「명」「1」『방』'오가리01'의 방언(함북). 「2」『옛』'오가리01'의 옛말. ¶胡蘆條 박 우거리≪동해 하:4≫.§

[6] 무-고자리「명」『방』'무말랭이'의 방언(강원).

보여준다고 판단한 어휘나 통시적으로 중요하다고 판단한 어휘에 한해서는 널리 쓰이지 않더라도 올림말로 선정할 수 있다."라는 기준에 의한다면 '곤지', '골굼무꾸', '무고시레기', '무꾸검박', '무수고시래기', '무수꼬재기', '무수말랭이', '무수말링갱이', '무수팍떼이', '무시오구레기', '무시오그락찌', '무시왁따지', '무시쪼고래기', '무쏘래기', '무우고시레기', '뭇고자리', '속쓰랭기', '싱거리', '와가리', '왁다리', '왁따지', '왁떼기', '쪼거락찌'와 같은 방언 분화형들은 전부 폐기처분된 것이나 다름이 없다.

예를 들면 '곤지'는 '곯+디히'의 구성이며, '골굼무꾸'는 '곯+구+ㅁ+무꾸'의 복합어이다. "복합어의 경우에도, 한 요소만 방언형이고 나머지 한 요소는 표준어이면서 단어의 뜻이 두 요소의 뜻의 단순 결합인 경우-의미적 융합이 일어나지 않은 경우-에는 방언형 요소만 올림말로 등재한다."라는 규정에 따르더라도 '고시레기', '검박', '쪼거락지', '싱거리', '왁따지' 등을 올림말에서 제외한 것은 문제점으로 지적할 수 있다. 이러한 방언 분화형을 올림말에서 제외한 것은 방언 올림말을 선정하는 일반 원칙인 "타 방언권의 화자가 대응하는 표준어형을 쉽게 유추하기 힘든, 단순 음운론적 교체형이 아닌 어형들에 한정해서 올림말로 인정한다."라고 규정하고 있지만 실제 사전에서는 이러한 일반원칙이 잘 지켜지지 않았음을 보여주는 단적인 사례이다.

2) 남북 간의 방언형 올림말 차이

지역간의 음운현상의 차이 때문에 단어의 기본형이 지역에 따라 절멸한 예가 있다. 경상도 방언에서 '솖다'[7], '깗다'라는 어휘는 매우 자연스럽게 사용되고 있다. '솖다'는 '귀찮게 하다', '성가시게 하다'라는 뜻이며, '깗다'

---

[7] 페롱 신부가 편찬한 『불한사전』(1869), p. 9. '솔다'라는 어휘가 보인다.

는 '가루다'의 뜻이다. 그런데 중부방언에서는 '숣아」솔바」솔아', '갋아」갈바」갈와'의 변화를 통해 기본형이 절멸되었으나 남부방언에서는 '솔바죽겠다(=귀찮아 죽겠다.)', '갋아쓰면(竝書하면)'처럼 기본형이 유지되어 있다. 그런데 '숣다'는 북의 『조선어대사전』에서는 올림말로 다루고 있으며, 남의 『표준국어대사전』에서는 다음과 같이 북한어로 처리하고 있어 차이를 보인다.

숣다
⑲『북』「1」'솔다 [3] '의 북한어.「2」마음이나 가슴이 옹색하고 긴장하여 있다. ¶그만둬라. 집에서 사람이 쫓아가면 의원의 신세를 지는 병자가 마음이 숣아 견디겠니.≪닻은 올랐다, 선대≫§

또 하나의 예로 연기煙氣의 방언은 남북 간에 분포는 다음과 같다. 이 자료는 2003년 한민족언어정보화 사업의 결과인 「남북방언검색시스템」의 자료이다.

「남한의 '연기'의 방언형」
내煙氣 품사 명사 표준어 내
방언형
내2구2름1 「경남」[창원]
내 「경남」[통영, 거제, 하동]
냉기 「경남」[남해, 창원]
네 「제주」[전역]
앵기 「경남」[창원, 양산, 의령]
연개 「경남」[양산, 김해]
연구내이 「경남」[울산(울주)]
연기 「경남」[거창, 사천, 함양, 산청, 합천, 함안, 진주, 남해, 창녕, 김해, 고성, 의령]
영개 「경남」[하동]

「북의 '연기' 방언형」

연기煙氣
품사 명사
문화어 내굴
방언형 내「황해」[옹진, 곡산, 평산, 송화, 수안, 안악, 연백, 재령]「함남」[안변, 원산, 함흥, 홍남]「강원」[통천]「평남」[양덕]「평북」[의주, 내구리 자성, 후창]「함북」[길주, 경성, 경원, 종성, 회령, 명천, 무산, 청율, 회령]「경북」[경주]
　　　내굴「평남」[영원]「함남」[고원, 북청, 함주, 함흥]「함북」[성진, 학성, 길주, 명천, 경성, 경흥, 경원, 청진, 부령, 종성, 무산]
　　　냇내「황해」[황주]「평북」[벽동, 정주, 추산]
　　　냉과리「평북」[희천]
　　　냉굴「평북」[희천]
엔기「전북」
연개「경남」「경북」
영계「경남」「경북」
영기「경남」[경주]「전북」
옌기「전북」
옝기「강원」「경북」

　대체로 연기煙氣의 방언형은 '내', '내굴', '연기', '냉과리' 등의 분화형으로 구성되어 있다. 한자어 '연기'에 대응되는 고유어형이자 방언형인 '내'와 '내굴' 가운데 남에서는 표준어로 '내'를 북에서는 문화어로 '내굴'을 올림말로 삼고 있다. 올림말을 '내'로 삼을 경우 '내굴', '내금', '내그랍다'와 같은 합성어의 어형 구성에 대한 설명이 쉽지 않을 뿐만 아니라 '내川'와 의미 구분이 힘들 수도 있다. 남에서는 '내'를 올림말로 삼는 경우 '내굴', '내금'은 모두 방언형으로 처리하고 있지만 북에서는 일반 올림말로 다루고 있다. 이처럼 남과 북이 방언 올림말의 차이를 보여주기도 한다.

3) 표준어 올림말의 오류의 사례

『표준국어대사전』의 '더운밥', '더운물', '더운죽'에 대한 방언형은 '뜨신밥', '뜨신물', '뜨신죽'이다.『표준국어대사전』에서는 '뜨시다'를 "뜨시다「형」「방」① '따듯하다'의 방언(강원, 경산). ② '뜨습다'의 방언(강원)."으로 풀이하면서 '더운밥'을 "갓 지어 따뜻한 밥."으로 풀이하면서 반의어를 '⑪찬밥'으로 풀이하고 있다.

지역적인 어휘·의미의 체계적 차이를 보여주는 다른 예를 살펴보자. 온도 어휘는 '물리적 온도'와 '생리적 온도'에 따라 대립체계를 보여준다. 천시권(1980:9)이 제시한 온도 어휘의 상관 체계는 다음과 같다.

물리: 차갑다(찬-) > 미지근하다」 > 뜻뜻하다」 > 뜨겁다(뜨신-)
생리: 춥다(추운-)」 > 서늘하다」 > 따뜻하다」 > 덥다(더운-)

이러한 온도 어휘의 대립 체계가 지역마다 달라 다음의 예와 같은 방언차이를 보여준다.

「표준어」	「충북방언」	「경북방언」
더운밥(*추운밥)	더운밥	뜨신밥
더운물(*추운물)	더운물	뜨신물
더운죽(*추운죽)	더운죽	뜨신죽
더운방(*추운방)	더운방	뜨신방

물리적 온도는 기체이거나 고체 또는 액체에 상관없이 '찬-' 또는 '식은-'과 결합하여 합성어를 형성한다. 그러나 충북 이북지역에서는 '더운밥, 더운물, 더운죽, 더운방'과 같은 어휘들이 실현되지만 경북지역서는 '뜨신밥, 뜨신물, 뜨신죽, 뜨신방'으로 실현된다. 중부방언에서는 생리적 온도 어휘인

'더운'이 물리적 대상인 '밥, 물, 죽, 방' 따위와 합성되는 체계적 차이를 보여준다. '더운밥'과 '찬밥' 과 같은 중부지역어(표준어)의 어휘 대응은 온도 어휘의 체계적 대립을 벗어난 것이다. 다시 말하면 표준어의 대상 지역인 서울 지역의 조어 규칙이 모순된 체계를 반영하고 있다는 것이다. '더운밥', '더운물'의 합성구조가 체계적이라면 그 반의어는 '*추운밥', '*추운물'이 되어야 합리적이다. 그런데 '더운밥', '더운물'의 반의어가 '추운밥', '추운물'이 아닌 '찬밥', '찬물'의 구성을 보여주기 때문에 생리적 온도 계열어인 '덥다'의 반의어가 물리적 온도 계열어인 '차다'와 대응을 보여주고 있다. 따라서 표준어의 대상어인 서울지역어의 온도어 계열어가 비체계적임도 불구하고 이를 표준어로 인정하여 올림말로 등제한 것은 명백한 오류이다.

방언 올림말의 뜻풀이 오류의 사례를 보자. '떨어뜨리다'에 대한 방언형으로 '널쭈다' 계통의 방언형이 있다. 2003년도 한민족언어정보화 「남북한 방언검색시스템」에 등재된 '떨어뜨리다' 계열의 방언 분화형은 다음과 같다.

방언검색시스템   표준국어대사전
나르치다 (전남)
널짜다 (경남)(경북) 동『방』'떨어뜨리다'의 방언(경남).
널쭈다 (경남) 동『방』'떨어뜨리다'의 방언(경남).
네레쭈다 (강원)
네레추다 (강원)
네부치다 (전남) 동『방』'떨어뜨리다'의 방언(전남).
네불치다 (전남)
네비치다 (전남)
넬치다 (전남) 동『방』'떨어뜨리다'의 방언(전남).
떨구다(강원) 동'떨어뜨리다'의 잘못.
떨어떠리다 (전국)
떨어띠리다(전국)
떨어터리다 (전국)

떨우다 (경남) 동『방』'떨어뜨리다'의 방언(경남).
떨추다(전남)
떨치다(전남)[8]
떨쿠다(전남) 동『북』(강조하여) 무엇을 떨어뜨리다. ¶락반이 일어날 수 있는 위험 개소의 돌을 미리 떨쿠는 사람은 우리 중대의 로동안전원 병철이다.≪선대≫ §

방언검색시스템에 등재된 방언형 "나르치다, 널짜다, 널쭈다, 네레쭈다, 네레추다, 네부치다, 네불치다, 네비치다, 넬치다, 떨구다, 떨어뜨리다, 떨어띠리다, 떨어터리다, 떨우다, 떨추다, 떨치다, 떨쿠다" 가운데에서 「표준국어대사전」에 "널짜다, 널쭈다, 네부치다, 넬치다, 떨구다, 떨우다, 떨치다, 떨쿠다"는 올림말로 등재되어 있다. 특히 '널짜다'와 '널쭈다'는 단순한 모음 교체형이고 '떨구다'와 '떨우다' 역시 접사의 차이일 뿐이다. 다시 말하면 '떨어뜨리다'형의 다양한 방언형 가운데 어떤 기준으로 올림말을 선정했는지 뚜렷한 기준을 찾아내기 어렵다. '떨어뜨리다' 계열의 방언형은 크게 '떨어-', '떨구다'와 '널쭈다', '네불치다' 계열로 구분된다.

---

[8] 떨-치다01 [-치어[-어/-여](-쳐[처]), -치니] 동 【(…을) …에】 위세나 명성 따위가 널리 알려지다. 또는 널리 드날리다. ¶그 영화로운 이름이 사해四海에 떨쳤다고 전해지는 고려의 서울다운 위엄은 찾아볼 길 없었으나….≪박완서, 미망≫//그는 임진왜란이 일어나자 분연히 궐기해 그 이름을 전국에 널리 떨쳤다./무슨 고지에서 용맹을 떨쳤던 그 장군 각하도 우리 김 박사를 못 당할걸요.≪장용학, 위사가 보이는 풍경≫§
떨-치다02 [-치어[-어/-여](-쳐[처]), -치니] 동 【…을】 「1」세게 흔들어서 떨어지게 하다. ¶소매를 떨치고 일어서다/그는 붙잡는 손을 떨치고 집을 나갔다. §「2」불길한 생각이나 명예, 욕심 따위를 완강하게 버리다. ¶걱정을 떨쳐 버리다/만사가 다 귀찮아진 그는 권세도 명예도 다 떨쳐 버리고 고향으로 향했다./그럴 리가 없다고 완강하게 부정을 하는 것이었지만 그 불길한 생각은 떨칠 수가 없었다.≪조정래, 태백산맥≫§[<쩔티다<뻘티다<두시-초>←뻘-+티-]
떨-치다03 동『방』'놓치다'의 방언(전남).

떨+어 - 떨어떠리다, 떨어띠리다
떨구다 - 덜구다, 떨우다, 떨추다, 떨치다, 떨쿠다
널쭈다 - 널짜다, 나르치다, 네레쭈다, 나레추다, 넬치다

'떨구다(강원)'의 뜻풀이 "「동」'떨어뜨리다'의 잘못."으로 뜻풀이를 하고 '떨우다'는 "「동」『방』'떨어뜨리다'의 방언(경남)."으로 뜻풀이를 한 기준과 이유가 무엇인가. '떨우다'는 '떨구다'의 'ㄱ'탈락 현상에 지나지 않음에도 불구하고 '떨구다'는 "'떨어뜨리다'의 잘못."으로 처리하고 '떨우다'는 방언형으로 처리한 이유가 분명하지 않다.[9]

다음에 '자르다'의 방언형인 '동갈이다', '동갈내다' 끊는 대상의 줄이 평면적인 것이냐 입체적인 것이냐에 따라 의미 차이를 보인다. 그런데 '동갈이다', '동갈내다'와 같은 방언형은 사전올림말에서 제외되어 있다. 앞에서 살펴본 '널쭈다'와 함께 매우 중요한 방언형이 누락되어 있다는 것이다. '썰다03'을 "「동」『방』'켜다02'의 방언(경상)"으로 풀이하고 있는데 경상방언에서는 썰다와 켜다는 의미차이가 있다. 곧 '켜다'는 켜를 지워서 썰다는 의미가 있어서 좀더 미세한 뜻풀이를 해주어야 한다.

방언형 '농구다'는 '가르다, 노누다, 가르다, 가리다, 논구다, 농구다'와 같은 분화형이 있다. 그런데 이 '농구다'의 뜻풀이를 "농구다「동」『방』'나누다'의 방언(강원, 함경).''으로 함으로써 '가르다'의 의미가 배제되었다. 다시 말하자면 방언에서는 '농구다'가 "편을 갈라 지우다."는 의미로 곧 '가르다'의 "「3」승부나 등수 따위를 정하다."의 의의소도 있음에도 불구하고 이를 배제한 뜻풀이가 되고 말았다.[10]

---

[9] 1) 기존 사전의 방언 올림말은 특별한 기준 없이 어휘적으로 동일한 계열의 여러 음운론적 교체형들을 모두 등재하고 있으나 『표준국어대사전』에서는 한 계열에서는 하나의 대표형만을 올림말로 등재하고 나머지 교체형들은 올림말로 인정하지 않는다.

[10] 가르다 [갈라, 가르니] 동 &「1」【...을 ...으로】 쪼개거나 나누어 따로따로 구별

4) 지역 문화 차이에 의한 방언 올림말

우리말의 품격을 유지하는 데 방언이 무슨 방해를 하는가? 방언이 있어 어쩌면 더 풍족한 언어생활을 할 수 있음에도 불구하고 임의적인 언어인 표준어 중심 사유에 빠져 그동안 방언을 너무 소홀하게 다루어 온 것을 반성할 때이다. 방언 가운데 그 지방의 문화적 전통과 밀접한 관계가 있는 어휘들은 비록 사용자의 수가 적다고 할지라도 사라지면 영원히 다시 찾을 수 없다는 점에서 매우 소중한 문화유산이라고 할 수 있다. 따라서 당연히 사전의 올림말로 해야 할 것이다.

잘 익은 호박에 콩이나 팥을 넣어 삶은 '호박범벅', 밥에 호박을 썰어 넣은 '호박밥', 쌀가루와 호박 채를 시루에 찐 '호박떡' 등 농가의 일상 음식들 모두 우리에게 추억의 입맛을 돋게 한다. 산나물로는 '취나물', '개나물', '개앙추', '참추', 들나물로는 '나새이(냉이)', '고들빼기', '가시게사레이', '달래이', '비름', '질겅이', '말방나물(민들레)', '참뚜깔' 등이 있는데, 이들 나물에다 '담북장'과 '딩기장'을 곁들이면 봄철 잃어버린 입맛을 살려주는 다시 없이 좋은 음식이 아닐 수 없다. '돔배기', '피움', '콩지름기피', '가시게사레이', '말방나물', '참두갈' 등의 어휘는 국어사전에서 전혀 찾아 볼 수 없는 실정이다.

이와 유사한 사례로 세시풍속이 지역마다 조금씩 차이를 보인다. 따라서

하다.「2」【...을】「1」물체가 공기나 물을 양옆으로 열며 움직이다.「2」옳고 그름을 따져서 구분하다.「3」승부나 등수 따위를 정하다.「4」양쪽으로 열어젖히다.「표준국어대사전」

나누다 [동]&「1」【...을 ...으로】「1」하나를 둘 이상으로 가르다.「2」여러 가지가 섞인 것을 구분하여 분류하다.「3」『수1』나눗셈을 하다.「2」【...을 ...에/에게】 몫을 분배하다.「3」【(...과)...을】 ('...과'가 나타나지 않을 때는 여럿임을 뜻하는 말이 주어로 온다)「1」음식 따위를 함께 먹거나 갈라 먹다.「2」말이나 이야기, 인사 따위를 주고받다.「3」즐거움이나 고통, 고생 따위를 함께하다.「4」같은 핏줄을 타고나다.「표준국어대사전」

세시풍속과 관련된 민속어휘는 민속어 사전은 물론이고 국어사전에서 조차도 찾아보기 힘든 경우가 많이 있다.

　민족시인 이상화의「방문거절」이라는 시에서 "방두깨 살자는 영예여! 너거든 오지 말아라."에서 '방두깨'가 표준국어대사전에도 실려 있지 않은 경상도 방언이기 때문에 다른 지방 사람들은 물론이고 시 평론가들도 이 낱말의 뜻이 무엇인지 모르는 사람이 많다.

　지난 시절 아이들의 놀이는 자연과 더불어 자연을 대상으로 자연과 함께한 놀이였다. 특히 납작한 돌로 하는 돌던지기(비석치기) 놀이는 놀이 종류와 방법이 매우 다양하였다. '임술놀이(돌 던져 맞추기)', '똥치기(뒷걸음질로 돌 맞추기)', '발등치기(발등으로 던져 돌 맞추기)', '애기놓기(다리 사이에 돌을 끼워 맞추기)', '애기업기(등 위에 돌을 얹어 맞추기)', 애기젖믹이기(가슴 위에 돌을 얹어 맞추기), '물이기(머리 위에 돌을 얹어 맞추기)', '빈자놀이(손 위에 돌을 얹어 맞추기)', '물지기(어깨 위에 돌을 얹어 맞추기)'와 같이 매우 다양한 놀이와 그 방언형이 아직 고스란히 남아있다. '마부리치기(구슬치기)', "당따먹기', '말타기', '장기치기(짚을 둥글게 말아 막대로 치면서 노는 놀이)', '고무줄놀이', '수건돌리기', '낫꼽기', '때기치기(딱지치기)', '그림자놀이', '꼰디기놀이' 등 이루 헤아릴 수 없을 만큼 다양한 아이들의 공동체 놀이와 관련된 어휘들을 최대한 발굴하여 국어사전 올림말을 늘려나가야 할 것이다.

8. 언어 횡단으로서의 겨레말큰사전

　지난 20세기는 제국주의 국가들이 식민지 정책의 일환으로 추진해 온 언어식민화 정책과 자본대국의 언어 약탈 정책으로 동아시아 상당수의 국가와 민족, 부족들의 언어는 절멸의 길을 걷지 않을 수 없었다. 지난 세기에 언어 유형상 소위 유목민형이었던 영어나 일어 또는 스페인어와 포르투갈어 등은 대체로 식민자본주의적 관점에서 보면 약탈 언어라고 정의할 수 있다. 전 세계에서 특히 아시아 지역은 서구적 근대의 폭력과 자본 억압의 고통스러운 기억을 가장 진하게 간직한 나라들이 많을 뿐더러 실제로 그들의 국어나 민족어가 절멸의 위기에 처한 나라가 다수이다.

지난 세기 그렇게 어려운 상황 아래에서도 우리 겨레의 글과 말은 결코 절멸되지 않고 지속적인 발전을 거듭하여 오늘에 이르고 있다. 이제 남과 북의 경계를 훨씬 뛰어넘어 아시아의 새로운 내면적 소통을 위해서는 다양한 민족과 국가 간의 언어와 문화를 이해하는 일이 필요하다. 그러한 노력은 국가나 민족의 경계를 넘어 새로운 연대와 공존으로 나아가기 위한 전제조건인 동시에 디지털 언어 노마디즘의 비판을 극복하기 위해서도 필수 불가결한 전제가 된다. 겨레말의 큰 디딤돌 위에서 한걸음 더 나아가서 서로 다른 아시아 지역 언어들의 수수 전달을 통해 새로운 아시아 지역 국가 간의 문화 공동체를 결성하는 일은 아시아의 평화와 질서를 이끌어가기 위해서도 매우 절실한 과제가 아닐 수 없다.

아시아의 다양성이 동등하게 교류될 수 있는 '소통의 중심'으로서 우리 겨레의 말과 글이 튼튼하게 자리를 잡기 위해서 남과 북의 말과 글을 민족의 문화유산으로 수집하여 사전의 큰 틀 속에 묶어내는 일은 너무나도 중요한 일이 아닐 수 없다. 남기심(2003)은 "국어는 우리 민족 공동의 오랜 역사적 문화유산이요, 무형문화재라는 인식의 전환이 절실하게 요구된다. 옛 우리말, 오늘의 지역 방언을 잃는다는 것은 옛사람들의 생활의 지혜를 잃는 것이요, 문화적 다양성을 외면하는 것이다. 풍요로운 언어가 삶의 내용을 풍성하게 해 준다고 믿는 것은 잘못이 아닐 것이다."라고 하며 국어를 민족 문화유산으로 인식해야 한다는 관점을 분명히 하고 있다. 북한의 사회과학원 언어학연구소장인 문영호(2003)도 "북과 남이 고유어를 적극 살려 북남 언어의 통일적 발전을 이룩하는 데 기여하려면 광복 직후부터 계속 진행하여 오고 있는 어휘 정리 사업을 끈기 있게 밀고 나가는 한편 사전 편찬과 출판 보도, 교육 사업에서 고유어를 살려 쓰는 데 특별한 주목을 돌려야 합니다. 이와 함께 방언에 묻혀 있는 좋은 고유어를 적극 찾아 문화어로 널리 써야 합니다. 우리는 우리 민족끼리의 이념을 안고 민족의 단합과 통일을 이룩하기 위한 온 겨레의 염원에 맞게 지금 손쉽게 할 수 있는 문제부터 하나하나 찾아 언어의 통일을 이룩하기 위한 사업에 한사람같이 떨쳐나 국어학자로서의 민족적 본분을 다해 나가야 할 것입니다."라고 하여『겨레말큰사전』편찬 기반의 당위성을 밝힌 바 있다. 남의 국립국어원과 북의 사회과학원 언어학연구소가 오랫동안 국제학술회의를 통해 성숙시켜 온 학술적 논의의 큰 틀 위에서 이 사업이 시작되었기 때문에 서로의 믿음과 신뢰는 더없이 견고할 수밖에 없다.

남과 북(북과 남)의 어문 정책은 서로의 처지를 인정하면서 존중하는 방향으로 꾸준히 발전해 왔다. 2004년부터 6·15 민족 공동 선언의 구현을 토대로 진행되어 온『겨레말큰사전』편찬 사업의 성과는 앞으로 우리 민족 통일을 위한 기반이 될 것으로 기대된다. 단순히 남과 북의 언어문화 유산을 수집하여 정리하는 차원이 아니라 민족정신을 통합하고 통일 대업의 초석을 까는 동시에 21세기 아시아 국가 간의 자유와 평화를 위한 내면적 소통을 이끌어 가는 주체로서의 역할을 다한다는 야심찬 목표가 전제되어 있다. 이 시점에서『겨레말큰사전』사업은 그만큼 중요한 일이 아닐 수 없다.

『겨레말큰사전』편찬 사업 추진이 민족 공존을 위한 효자 노릇을 할 것이라 굳게 믿는다. 그러나 우리에게는 좀 더 생각하고 고뇌해야 할 과제들이 아직 산적해 있다는 점도 짚고 가야 할 것이다. 일본의 메이지明治유신 이후에 식민지 정책을 강화하기 위해 '국어' 정책의 기반 위에 만들어진 '표준어'(우에다 가쓰토시, 1895) 정책이 어떻게, 어떤 과정을 거쳐 조선어 정책에 아무 비판도 없이 정착되었는지 돌이켜 보아야 한다. "일본 수부首府

의 언어인 '동경말', 그 중에 '교육 받은 동경 사람이 쓰는 말'을 기초로 한다는 일본의 표준어 정책이, 곧바로 1933년 '동경' 대신에 '서울'로 '교육 받은' 대신에 '중류 계층'으로 조선어 정책에 그대로 반영되었다.

이러한 사상思想이 '표준어를 정착시키고 방언을 박멸'한다는 관점으로 이어지면서 변두리 언어는 절멸의 위기로 내몰릴 수밖에 없었던 것이다. 수도首都를 중심으로 하는 언어가 가지는 감화력의 힘으로 방언을 절멸시키는 일이나, 식민 지배자의 강제적인 민족어 약탈로 인해 겨레말을 절멸시키는 일은 동일한 원리이다. 그리고 우리 현실인 남과 북의 분단 언어 정책이 연속됨으로써 우리 겨레말은 '분열'이라는 큰 위기에 처해지게 된 것이다. 실로 개별 언어는 여러 방언들이 모여 구성되므로 민족어가 방언들로 구성되어 있다고 전제하면, 지난 일제의 식민지 약탈 언어 정책에 대한 깊은 성찰과 반성이 필요하다는 점을 강조하지 않을 수 없다.

이러한 논의를 기조로 하여 본다면 『겨레말큰사전』은 바로 일제 강점기의 언어 정책을 개선하고 분열 언어 정책을 개선하는 새로운 대안으로 높게 평가하지 않을 수 없다. 다양한 민족 언어의 현장을 조사하여 그것을 서울과 평양으로 대표되는 언어와 동등하게 민족의 언어 유산으로 『겨레말큰사전』에 싣는 일은 향후 우리 겨레의 문화 창달에 새로운 선구자의 역할을 하는 셈이다. 『겨레말큰사전』은 남과 북의 '언어적 횡단translingual practice'을 이끌어 갈 대안으로써, 그리고 언어 매개의 형식에 대한 새로운 사유의 가능성을 열어 줌으로써 앞으로 발간되면 우리 문화사에서 매우 중요한 위치를 점하게 될 것이다.

『겨레말큰사전』의 완성도를 높이기 위한 과정에서 세부적인 문제들이 많이 발생할 것으로 예상된다. 세세한 문제는 여기서 논의하지 않더라도 위원회 자체에서 충분한 논의 과정을 거칠 것이기 때문에 논외로 하고 전체적인 틀에서 몇 가지 제언을 하고자 한다.

첫째, 최근 우리글과 우리말을 배우고자 하는 외국 거주 학습자들의 수효가 엄청나게 증가하고 있다. 얼마 전까지만 해도 외국인 유학생이나 재외 동포들에 대한 교육의 수요뿐이었는 데 비해, 최근 아시아 지역의 많은 학습자들의 수요가 늘어나고 있어 이 문제의 해법에 대한 진지한 논의가 필요하다. 그러한 측면에서 남북의 통일된 규범과 문법의 틀(권재일, 2006)을 새롭게 조정하여 지정할 필요가 있다. 그 준비 단계로 국립국어원에서는 2007년도부터 내외국 학습자를 지원하기 위한 다중 언어 웹사전(중국어, 러시아, 몽골, 태국, 베트남 등 아시아권의 다국 문자·언어 사전) 구축을 본격화할 예정이다. 그러기 위해서 병렬 말뭉치 구축을 위한 남북 공동의 노력 또한 절실하게 필요하다.

둘째, 사전 편찬의 기술적인 측면에서 종이 사전이든 전자 사전이든 웹사전이든 간에 관련 어휘(하위어, 반의어, 유의어, 계열어 등)의 체계나 뜻풀이의 균형에 대한 기술력을 높여야 할 것으로 판단된다. '시소러스'나 '온톨로지'와 같은 웹기반 사전 편찬 기술에 대한 연구와 적용 또한 매우 긴요한 일이다.

셋째, 문명 변화와 발전에 따라 남북의 언어 현실에서 전문 용어가 급속도로 늘어나고 있다. 규범의 차이는 쌍방의 합의를 거쳐 용이하게 통일할 수 있으나 전문 용어의 장벽은 우리 겨레말을 급격히 이질화할 가능성이 매우 크다. 그동안 전문 용어의 통일을 위한 기반 구축을 위해 노력해 왔으나 전문 분야별 주장이 있어 이를 통일하는 일은 결코 만만치 않은 과제이다. 그러므로 남북에서 산발적으로 진행되고 있는 전문 용어 통일 사업을 단일화하고 또 그 주제를 좁혀서 남북의 책임 있는 기관을 통해 장기적으로 논의하기를 기대한다. 지난 제7차 『겨레말큰사전』 남북 회의를 통해 제기된 외래어 통일 방안 논의를 근거로 하여 전문 용어 가운데 특히 사용 빈도가 높고 각급 학교 교과서에 실리는 학술 용어에 한정해서 남북이 장기적으로 이를 통일시켜 나가는 방안을 생각해야 할 것이다.

『겨레말큰사전』의 1차 완성을 향후 지속적으로 학술 용어까지 확대하기 위한 준비 과정으로 생각하고 『겨레말큰사전』 사업과 별도로 학술 용어 통일을 위한 논의 구조를 이번 회의를 통해 결성하기를 제안한다.

이제는 남북이 함께 새로운 미래로 새로운 문화적 지평을 향해 달려가야 한다. 역사적으로 가장 혹독하게 피지배의 굴레를 경험한 지역이 아시아이며, 언어가 가장 복잡하고 다른 지역 또한 아시아이다. 이 아시아가 새롭게 소통할 준비를 해야 한다. 아시아 여러 나라가 이제 서로 다름을 두려워할 것이 아니라 서로 다름을 인정하고 받아들여 새로운 내면적 소통이 이루어지는 21세기의 평화를 이끌어가야 한다. 그 한가운데 우리 겨레가 서 있다. 우리가 힘을 합쳐 아시아의 역사를 새롭게 펼쳐 가야 할 것이다.

『겨레말큰사전』과 더불어 남북 어문학 교류 사업이 더욱 확대되기를 바랐으나 남북한의 협력이 중단된 지 10여 년이 지났다. 아무 성과도 없이 중단되었다. 남북의 협력과 공존이 이처럼 어렵고 풀어내기 난해한 것임을 상징적으로 보여준 것이 아닐까?

04
: 문학 작품에 비친 언어의 주술 :

1. 언어의 위반, 시적 창조

　시나 소설에 방언을 활용하는 것은 모국어 규칙 위반인가? 서울말은 표준어여서 좋고 그 밖의 말은 방언이라 나쁘다고 한다면 무슨 근거에서 이러한 생각이 굳어지게 되었을까? 방언은 민중들의 살아 있는 언어living language이다. 방언은 민중들의 삶 속에 살아 움직이는 일상 언어라는 점에서 민중성과 변두리(지역)성, 토착성(현장성)과 계층성을 지니고 있어 사람들이 살아가는 다양한 삶의 방식이 말 속에 도드라져 있다. 문학 작품에서 방언을 활용함으로써 심미적 충격이나 운율적 효과를 부여하거나 등장인물의 향토적 개성을 효과적으로 부각시키는 데 이용하기도 한다. 예를 들어, 몰리에르의 『평민귀족Le Bourgeois gentilhomme』에서는 인물의 희극성과 열등성을 나타내기 위해 특정 인물에게 터키 방언을 사용하도록 배치하고 있다. 시인들은 향토적 특성, 심미성, 민족(부락) 의식 등 정서적 층위를 드러내는 효과와 함께 형식적 측면에서 시어, 율격, 음운 등과 '낯설게 하기'와 같은 표현 형식적 효과를 드러내기 위해서도 방언을 이용한다. 문학 작품 가운데 특히 시, 소설, 희곡, 시나리오 등에서 향토색이 짙은 분위기를 연출하거나 변두리 인물의 개성적 성격을 묘사하기 위해서나 문학 작품에 심미적 충격을 주기 위해서 지역 방언regional dialect 또는 지역 일상어를 이용한다. 일찍이 롱사르Ronsard는 『시학제요Abrégé de l'art poéique』에서 시인들에게 다음과 같이 충고하고 있다.

"그대는 특히 그대의 나라에 딱 들어맞는 그토록 적절한 단어를 찾지 못할 때, 우리 프랑스 방언 중에서 가장 의미 깊은 단어들을 능란하게 선택하여 작품에 알맞게 사용할 수 있어야 할 것이다."

방언은 한 언어의 역사뿐만 아니라 사람들이 살아온 잔해, 자취, 세월의 위엄이 아로새겨져 있는 오랜 삶의 주름이라고 할 수 있다. 어쩌면 방언에 배어 있는 토속적인 가락, 장단, 말투, 억양이나 눈에 보이지 않는 질펀한 심상이나 맛깔이 작품의 행간에 생동감 있게 가로 세로로 얽혀지게 된다. 안도현 시인이 엮은 『안도현의 노트에 베끼고 싶은 시』에서 소개한 서정춘 시인이 쓴 「백석 시집에 관한 추억」에 대한 시인의 서평을 여기에서 다시 소개하겠다.

아버지는 새 봄맞이 남새밭에 똥 찌끌고 있고
어머니는 어덕배기 구덩이에 호박씨를 놓고 있고
땋머리 정순이는 뗵끼칼로 나물 캐고 있고
할머니는 복구를 불러서 손자 놈 똥이나 핥아 먹이고
나는 나는 나는
몽당이손이 몽당이손이 아재비를 따라
백석 시집 얻어보러 고개를 넘고
　　　　　　　　　　　　　　　ㅡ 서정춘, 「백석 시집에 관한 추억」

"단순하고 유사한 통사 구조가 반복되고 있지만 참 맛깔스러운 시다. 그

것은 시인이 곳곳에 의도적으로 전라도 방언을 배치해 놓았기 때문이다. 방언의 친근성으로 말미암아 이 시는 한국인 전체의 추억을 길어 올리는 한 폭의 따뜻한 그림이 된다."

전라도 방언을 잘 모르는 사람이 읽더라도 전라도의 냄새를 느낄 수 있을 것이며, 또 전라도 어느 시골마을의 풍경을 쉬 떠올릴 수 있을 것이다. '찌끄리다(흩어 뿌리다)'나 '떽끼칼(제크나이프의 '제크+칼')', '땋머리(땋은 머리)' 같은 전라도 느낌이 듬뿍 묻어나는 방언의 사용은 표준어라는 규범에서 벗어남으로써 오히려 더욱 풍성해지고 또 한껏 무게를 느낄 수 있도록 해 준다. 안일한 감상주의나 자아분열적인 글쓰기 방식이 아니라 당당하게 전라도적 풍경의 윤기를 발하게 해 주는 언어의 주술이요, 언어의 위반이다.

특히 시에서는 낱말 하나에 상처를 입히면 시 전체가 파괴된다. 쉼표 하나를 고치면 문장 전체가 위태로워지는 것처럼, 시는 교체 불가능한 요소들로 이루어진 살아 있는 유기체이다. 따라서 방언으로 쓴 시의 원전을 표준어로 옮기는 일을 쉽게 여겨서는 안 된다.

표준어가 제정된 이후 일상어로 창작된 작품들을 표준어로 전환하는 과정에 본래의 방언 기의와 기표를 잘못 이해하는 오류를 종종 찾아볼 수 있다. 특히 1920년대 초중반에 『개벽』을 중심으로 작품 활동을 한 이상화 시인의 경우 생전에 시집을 한 권도 출판하지 않았다. 작품이 정리되지 못한 채 있다가 1950년대에 들어 그의 작품을 모아 표준 정서법으로 교열하는 과정에서 많은 오류를 범하게 된다. 특히 그의 시에 사용된 방언 낱말을 정확한 표준어로 바꾸지 못함으로써 오류를 남기게 되는데, 그 사례를 살펴보자.

반갑지도 않은 바람만 냅다 불어
가엾게도 우리 보리가 황달증이 든 듯이 노랗다
풀을 뽑느니 이장에 손을 대 보느니 하는 것도

이제는 헛일을 하는가 싶어 맥이 풀려만 진다!

— 이상화, 「비를 다고」

'황달증'은 얼굴이 노랗게 변하는 간질병의 하나이다. 그런데도 불구하고 대부분의 시집에서 모두 '달증'으로 교열하고 있는데 이는 모두 대구 방언에 대한 이해부족으로 인한 오류이다. '이장'은 농기구農器具를 뜻하는 대구 방언이다. 남북한방언검색프로그램(2003)에서 '농기구' 항목의 방언형에 대해 찾아보자.

농구 ' <경남>(울산(울주), 함양, 산청), 농구 ' 기<경남>(창녕), 농구 ' 여장<경남>(창원), 농구 ' 연장 ' <경남>(하동, 김해), 농구 ' 이장 ' <경남>(함안), 농구 <경기><경남><경북><전남><전북>, 농기 <경기><경남>, 농구엔장 <경기>, 농구여장 <경남>, 농구연장 <경기><경남><경북><충북>, 농구연쟁 <경기>, 농구이장 <경남>, 농구인장 <충북>, 농기 ' 구 <경남>(거창, 합천, 사천, 남해, 거제), 농기 ' 연장 ' <경남>(양산), 농기구 <강원><경기><경남><경북><전남><전북><제주><충남><충북>, 농기에 <전북>, 농기연장 <경남><경북><전남><충북>(단양), 농기이장 <경북>, 농사연장 <경기>, 농쟁기 <강원><경기>, 엔장 <경기>, 여장 <경남>, 여장 ' <경남>(창원), 연모 <경기>, 연장 <경기><경남><경북><전남><전북><제주><충남><충북>, 연장 ' <경남>(밀양, 울산(울주), 창원, 거제), 연쟁 <충북>, 옌장 <강원><경기>, 이장 ' <경남>(창녕, 의령, 진주, 고성, 통영), 이장 <경남><경북>, 이쟁 <경남>, 이젱 ' <경남>(창녕), 인장 <충북>, 잠대 <제주>, 장기 <제주>, 쟁기 <강원><경기><제주>, 쨍이 <경남>
(' '는 상성을 나타냄)

이처럼 '이장'이 '농기구'의 방언형이라는 사실이 입증되었음에도 불구하고 2004년 '미래사'에서 간행한 이상화 시집에는 그대로 '이랑'으로 표기하여 이미 학계에서 지적한 오류도 수정하지 않고 있다. 베껴쓰기 방법으로 간행된 대부분의 시집에서 모두 '이랑'으로 교열하는 오류를 범하고 있다.

이와 같이 지역 방언을 올바로 이해하지 못한 결과 원전 작품을 전혀 다른 의미로 왜곡시킨 잘못을 범하고 있는 예는 숱하게 발견된다.

> 아, 가도다 가도다 쫓아 가도다.
> 잊음 속에 있는 간도間島와 요동遼東벌로
> 주린 목숨 움켜쥐고 쫓아 가도다.
> 자갈을 밥으로 햇채물을 마셔도
> 마구나 가졌더라면 단잠은 얽맬 것을—
> 　　　　　　　　　　　 — 이상화, 「가장 비통한 기욕」

이상화의 「가장 비통한 기욕」이라는 시이다. '자갈'은 여러 이본異本 시집에서 '진흙'으로 변개變改되어 있는데, 아마도 '햇채'를 해독하는 과정에서 '자갈'로 밥으로 해먹을 수 없다는 판단에서 교열하는 사람이 자의적으로 '진흙'으로 바꾸었으리라 추정된다. 이상화의 「가장 비통한 기욕」과 박경리의 『토지』에도 나타나는 '햇채'(주린 목숨움켜쥐고, 써처가도다/ 진흙을밥으로, 햇채를마셔도/마구나, 가젓드면, 단잠은얽맬 것을- -「가장 비통한 기욕」), ("머시 우짜고 우째요? 그년 말을 와 내가 못할 기요? 옥황상제 딸이라서 말 못하것소? 임금님 딸이라서 말 못하것소! 헤치구덕에 꾸중물 겉은 더러운 년!" - 『토지』)라는 방언은 '빗물이나 집안에서 버린 물이 흘러가도록 만든 시설'로 '수채'의 경상도 방언이다. 『표준』에서는 '해채'를 올림말로 설정하고 있는데 "'수채'의 방언(경남)"이라고 설명하고 있다. '수채'의 고어는 '쉬궁'인데 '시궁창'이라는 낱말과 유사하다. 대구 방언에서 '햇추', '힛추'와 같은 분화형이 있는데 '더러운 물'이라는 의미이며, 따라서 '햇채구덩이'는 '더러운 물구덩이' 또는 '시궁창'이라는 뜻이다. 이 밖에도 경상도 지역에서는 '수채구데이, 수채구디, 수체구디, 수채구멍, 수채꾸데이, 수채꾸디, 수체, 수체구데이, 수체구명, 수체꾸데이, 수최구무, 수치구영, 수통,

숫채, 수치, 햇추, 해짓또랑' 등이 함께 사용되고 있다.

아까 구경한/피에로의 슲업은 신세를 생각하며
— 이장희, 「가을밤」

대구 출신 이장희 시인의 「가을밤」이라는 시에서 '슲업은'은 '서러운'의 의미로 쓰인 낱말로 추정되는데 이를 '실없는'으로 교열한 실없는 예도 있다.
　평북 정주 곽산 출신인 김소월의 시에는 섬세한 향토 방언이 800여 곳에서 결이 고운 무늬를 이루고 있어 향토적인 전통 가락과 장단까지 느낄 수 있다. 소월은 20년대의 문학 일상어와 평북 방언을 구분하지 않고 자연스러운 일상어로서 그리고 모어로서 수용하고 있다. 소월은 시 작품마다 평균 2개 이상의 방언 내지 방언 변이형을 사용하고 있을 만큼 방언을 풍부하게 시에 활용하고 있다. 소월은 방언을 표준어와 대립되는 관점에서 인식한 것이 아니라 자연스러운 자신의 일상어로 사용하고 있다.

산새도 오리나무
우헤서 운다.
산새는 왜우노, 시메산골
영넘어 갈나고 그래서 울지
눈은 나리네 와서 덥피네
오늘도 하룻길
칠팔십리
도라섯서 육십리는 가기도 햇소
— 김소월, 「산」

「산」에서 '시메산골'은 '두메산골'과 함께 '인적이 드문 산골 마을'이라는 의미로 오늘날까지 정주 지방에서 사용되고 있다. '하룻길'이라는 방언형도 이 작품에서 외롭고 쓸쓸한 전경을 드러내는 데 매우 적절하게 배치되어 있다.

또한 20년대 백석은 자신의 모어인 평북 방언을 일상어로 하여 주옥같은 시 작품을 썼다. 「여우난골족」에 나오는 '엄매, 아배, 진할머니, 진할아버지'와 같은 낱말은 평북 정주 지방에서 널리 쓰는 방언이다. 백석은 시 작품에 '하로, 토방돌, 아릇간, 쌈방이, 고무, 매감탕, 오리치, 반디젓, 삼춘, 사춘'과 같이 방언을 가장 효율적으로 그리고 가장 다채롭게 활용한 시인 가운데 한 사람이다.

토끼도 살이 오른다는 때 아르대즘퍼리에서 제비꼬리 마타리 쇠조지 가지취 고비 고사리 두릅순 회순 산나물을 하는 가즈랑집 할머니를 따르며
― 백석, 「가즈랑집」

백석은 「가즈랑집」에 '아르대즘퍼리(아래쪽에 있는 진창으로 된 펄)', '제비꼬리(산나물 이름)', '마타리(마타리과의 다년초)', '쇠조지(산나물 이름)', '가지취(산나물 이름)'와 같은 일상적인 방언을 효과적으로 활용함으로써 모어의 폭을 확장시킨 뛰어난 시인이었다. 백석에게 방언이란 표준어에 대립되는 개념이 아니라 기층민의 혼과 얼이 담긴 민족어의 그릇이자 자신의 일상 언어였다. 방언을 활용하여 농촌 정서를 현장감이 느껴지도록 치밀하게 묘사한 「박각시 오는 저녁」은 관서 지방 시골의 여름 저녁 풍경을 방언과 함께 실감나게 그려내고 있다.

함경북도 방언이 물씬 섞여 있는 이용악 시의 현장은 변두리 지역이며 그는 그 속을 늘 외롭게 서성거리고 있다. 변두리란 중심에서 벗어나 있는 외곽 지역이며 문명과 정보가 차단되어 있거나 외부와 단절된 외로운 장소이다. 그는 변두리 삶의 외로움을 달래듯 시를 썼으며, 그 시 속에 함경도 방언을 빗발 고운 무늬처럼 곳곳에 새겨 넣고 있다. 그는 어떤 시인보다

더 철저하게 방언의 다양성을 인식("말 다른 우리 고향")하고 있으며, 그 다양성을 통해 민족적 정체성을 확보("방언의 鄕閭를 아는가", "너의 방언으로 때 아닌 봄을 불러 줄게")하려는 의지를 분명하게 했던 것이다. 이용악의 시에 나타나는 방언은 자신의 시와 사회적 현실을 화해시키려 했지만 그 출구를 결코 찾을 수 없었던 노스텔지어와 같은 표지였다. 분명 그에게 있어 방언은 구어적 일상성의 표현이며 살아 있음을 확인하는 외로운 외침이었다. 결국 그의 시에 나타나는 방언은 다른 시인들의 시에서 문학적, 수단적 의도로 사용된 방언보다 더 높은 차원의 치밀한 의도로 사용되었던 것이다.

> 울듯울듯 울지 않는 전라도 가시내야
> 두어 마디 너의 방언으로 때아닌 봄을 불러줄게
> 　　　　　　　　　　　　　　　－이용악,「전라도 가시내」

> 색다른 국경을 넘고자 숨어 다니는 무리
> 맥풀린 백성의 방언의 鄕閭를 아는가
> 더욱 돌아 오는 실망을
> 　　　　　　　　　　　　　　　－이용악,「天痴의 강아」

> 멀구광주구리의 풍속을 사랑하는 북쪽나라
> 말 다른 우리 고향
> 달맞이노래를 들려주마
> 　　　　　　　　　　　　　－이용악,「아이야 돌다리 위로 가자」

이용악은 자신의 시 속에서 아예 '방언'이라는 어휘를 직접 사용하거나 '말 다른 우리 고향'과 같은 표현을 자주 활용하고 있을 뿐만 아니라 그의 작품 곳곳에서 실제 변방 언어인 '방언'을 직접 구사하고 있다. 물론 자신의 함경도 방언뿐만 아니라 전라도, 경상도(앞이건 뒤건 내 가차이 모올래 오시이소 -「집」) 방언도 그의 작품에 의도적으로 활용하고 있다. 이처럼 그가 자신의 시에 방언을 다양하게 구사하고 있는 이유에 대해 곽충구는 "시 속에 등장하는 객체가 고향을 등지고 떠도는 유민임을 시사하거나 고향을 등진 시인 자신이 고향을 동경하는 모습"을 그려내기 위한 일종의 효과적인 장치로 파악하고 있다. 그렇다. 언어는 그 언어를 사용하는 민족의 정신적 징표이듯이 방언은 그 지역, 곧 고향과 동일체로 인식된다. 거기에 더 보태어 이용악에게 방언은 단순한 지역적 범위의 일체감의 징표일 뿐 아니라 변두리, 곧 변두리로 내몰린 민족적인 정서와 한恨까지 함의하는 상징적인 표지였다. 이용악의 '방언'은 일제의 휘둘림으로 고향에서 쫓겨나서 표류하는 동족들의 슬픔과 외로움의 상징 표지인 것이다.

아낙도 우두머리도 돌볼 새 없이 갔단다
도리샘도 띳집도 버리고 강건너로 쫓겨갔단다
- 이용악, 「오랑캐꽃」

스스로 고향을 떠나거나 버린 것이 아니라 고향으로부터 쫓겨난 이들에게 방언은 바로 '쫓겨난 고향'이자 '잃어버린 고향'의 징표다. 동시에 '방언'은 고향을 잃어버린 이들에게는 고향으로 다가갈 수 있는 유일한 수단이자 통로일 수 있다.「전라도 가시내」에서 고향을 잃고 유랑하는 사내는 자기 신세와 비슷한 떠돌이 전라도 가시내와 타향에서 만나 하룻밤의 추억을 나눈다. 고향으로부터 쫓겨나와 힘없이 유랑하는 철새와도 같은 신세, 당시 나라를 잃은 우리 민족의 떠돌이 삶의 한과 가족들과의 이산으로 본의 아니게 생겨난 이별에 대한 그리움을 묘사하는 주요한 장치로 '방언'이 활용되고 있다.

알룩조개에 입맞추며 자랐나

눈이 바다처럼 푸를뿐더러 까무스레한 네 얼골
가시내야
나는 발을 얼구며
무쇠다리를 건너온 함경도 사내

바람소리도 호개도 인전 무섭지 않다만
어드운 등불 밑 안개처럼 자욱한 시름을 달게 마시련다만
어디서 흉참한 기별이 뛰어들 것만 같애
두터운 벽도 이웃도 못미더운 북간도 술막

온갖 방자의 말을 품고 왔다
눈포래를 뚫고 왔다
가시내야
너의 가슴 그늘진 숲속을 기어간 오솔길을 나는 헤매이자
술을 부어 남실남실 술을 따르어
가난한 이야기에 고히 잠거다오

네 두만강을 건너왔다는 석 달 전이면
단풍이 물드러 천리 천리 또 천리 산마다 불탔을 겐데
그래두 외로워서 슬퍼서 초마폭으로 얼굴을 가렸더냐
두 낮 두 밤을 두루미처럼 울어 울어
불술기 구름 속을 달리는 양 유리창이 흐리더냐

차알삭 부서지는 파도소리에 취한 듯
때로 싸늘한 웃음이 소리없이 새기는 보조개
가시내야
울듯 울듯 울지 않는 전라도 가시내야
두어 마디 너의 방언으로 때아닌 봄을 불러줄게
손때 수집은 분홍 댕기 휘 휘 날리며
잠깐 너의 나라로 돌아가거라

이윽고 얼음길이 밝으면
나는 눈포래 휘감아치는 벌판에 우줄우줄 나설 게다
노래도 없이 사라질 게다
자욱도 없이 사라질 게다

― 이용악, 「전라도 가시내」

고향에서 쫓겨나는 식민지 시대가 아니었더라면 타관살이를 하는 이방인들이 먼 변경에서 쉬 만날 일도 없었을 것이다. 방언들이 고향을 떠나 변방에서 부유하며 유랑하고 있을 뿐만 아니라 이질적인 방언과도 만나야 했던 시절이다. 이러한 상황에서는 이질적인 방언과 방언이 만나면 소통이 쉽지 않았을 것이다. 그러나 조국을 잃어버린 입장에서 또는 고향에서 내쫓긴 신세라는 동병상련을 앓고 있는 경우라면 이질적인 방언끼리라도 서로 강하게 연결될 수 있는 끈을 갖게 된다. 함경도 사내가 아는 전라도 방언은 겨우 두어 마디뿐, 그래도 그것으로 "잠깐 너의 나라", 곧 전라도 고향으로의 꿈같은 귀향을 느끼게 해 주고 싶은 애틋함과 절박함이 「전라도 가시내」에 응축되어 있다.

이 시에 등장하는 두 주인공은 일제 순사로부터 쫓기어 두만강을 건너 숨어든 함경도 출신의 한 사내와 가난 때문에 석 달 전 두만강을 건너 북간도까지 정처없이 밀려온 전라도 가시내이다. 유랑자가 된 개별적인 사정이야 차이가 있겠지만 이들은 일제 식민지라는 현실이 이들을 유랑자로 내몲으로써 타의에 의해 고향을 잃게 되었다는 공통점을 가진 사람들이다. 조국과 고향을 잃어버린 서글픈 이들은 의미 있는 사소한 몸짓이나 언어로도 쉽사리 상호 교신이 가능하다. 특히 변방으로 외롭게 떠밀려 온 이들이 상호 소통할 수 있는 신호 전달 체계는 바로 그들의 고향 말씨인 방언인 것이다. 누가 누구에게 위로할 처지가 아니다. 그러나 "두어 마디 너의 방언으로 때 아닌 봄을 불러줄게"라는 사내의 애틋한 마음을 서로에게 알맞은 방언이라는 수단으로 일치시킴으로써 더욱 쉽게 긴밀한 교신을 할 수 있었을 것이다.

시적 화자는 자신도 비록 일본 순사에게 쫓겨 다니는 처지임에도 불구하고 두만강을 건너 북간도의 어느 술막酒幕까지 밀려온 자신의 처지보다 더욱 애처롭게 느껴지는 전라도 가시내를 만나 하룻밤을 지새운다. 서로 낯선 그들이 쉽게 서로 만나 소통될 수 있는 장치는 바로 그들의 고향 방언이었다. 비록 짧은 하룻밤 사이, 서로 이질적인 고향 말씨를 통해 이 두 사람은 서로를 껴안아 하나 된 민족임을 확인한다. 그러나 그들의 이별은 이미 예정되어 있었다. 이미 운명으로 결정지어져 있던 민족적 이별처럼 그들도 헤어져야 했다. 얼음길이 밝는 새벽이면 우줄우줄 떠나야 하는 슬픈 이별을 눈앞에 두고, 소리도 없이 절멸하는 하룻밤이라는 짧은 그 시간이 얼마나 안타까웠을까? 그러한 이별을 너무도 당연하게 받아들일 수밖에 없는 식민지 시대의 슬픈 기층민들의 서러움이 눈보라가 되어 날리듯 이 시의 내면에 조용히 내려앉아 있다.

이 시에 나타난 방언 중 해독이 어려웠던 몇 가지 방언 낱말에 대해 살펴보자. "바람소리도 호개도 인전 무섭지 않다만"에서 '호개'는 '늑대'의 방언형으로 알려져 있다. 남북한방언검색시스템에 '늑대'에 대한 북한 지역의 분포형은 다음과 같은데, 여기서 '호개'가 <황해>(곡산, 신계)에서 나타난다.

개승냉이 <평남>(영원)<평북>(자성, 후창), 말승량이 <황해>(재령), 성양이 <함남>(북청), 승내 <함남>(북청), 승내이 <평남>(개천, 덕천, 순천, 영원, 용강) <평북>(박천, 벽동, 영변, 용천, 운산, 철산) <함북>(경원, 길주, 학성, 온성, 종성, 회령, 경원), 승냥 <함남>(정평), 승냥이 <함남>(북청), 승내이 <함남>(정평), 승앵 <함북>(무산), 승양이 <함북>(길주, 명천, 경성, 경원, 무산), 승앵 <함북>(학성), 승앵이 <함북>(학성, 명천, 청진, 경흥, 무산), 호개 <황해>(곡산, 신계)
- 세종계획(2003), 남북한방언검색시스템

그런데 우리나라 북부 지역에는 늑대가 출몰했다는 증거가 없다고 한다.

따라서 '호개'는 늑대가 아니라 '나이 먹은 늙은 호랑이'의 방언형인 '호까지'형과 같은 것이 아닌가 추정하기도 한다. '인전'은 '이제'라는 뜻의 함경도 방언이며, '술막'은 '주막酒幕'이다. 아마 이 시에 등장하는 인물인 사내는 일본 순사들에게 쫓겨 다니는 독립운동 전사일 것이고 또 다른 인물인 전라도 가시내는 전라도에서 유랑하며 밀려온, 이 주막집 작부酌婦로 일하는 여자일 것이다.

너를 만나기 위해 내 가슴에는 '온갖 방자의 말을 품고' 달려왔다는 말에서 '방자'란 '방자放恣스러운'으로 해석될 만하다. '눈포래'는 '삽살개 짖는 소리/눈포래에 얼어붙는 섣달 그믐'(「우라지오 가까운 항구에서」)에서도 나온다. '눈포래'는 '눈보라'의 함경도 방언으로 '눈포래', '눈보래' 등 아래와 같은 다양한 방언형이 있다.

> 눈포래 <평북>(태천) <평남>(중화, 평원), 눈보라 <평남> <평북>(진남포, 강서) <함북>(부령), 눈보래 <평남> <평북>(중화, 평양, 대동, 용강, 강동, 성천, 양덕, 맹산, 영원, 덕천, 개천, 순천, 안주) <함남> <함북> <황해>(송화, 신천), 눈보래비 <함북>(경흥), 눈포래 <평남>(순천, 대동) <평북>(태천) <함남>(고원)
> － 세종계획(2003), 남북한방언검색시스템

제4연은 서정성이 매우 돋보이는 부분이다. 지금은 눈보라가 휘몰아치지만 전라도 가시내가 북간도로 밀려온 석 달 전만 해도 가을 단풍으로 물든 산천을 보면서 이곳으로 밀려든 슬픔에 '치마폭(초마폭)'으로 얼굴을 가리던 순박한 처녀의 모습이 눈 앞에 훤히 펼쳐지는 듯하다. '두루미처럼 울어 울어'에 대해 그 주체가 '전라도 가시내'인지 '기차'인지 구분되지 않는다. 다만 울음 우는 주체를 가시내로 보는 것이 더욱 애절할 것으로 보인다. 따라서 고향을 등진 한 여인의 슬픔의 눈물은 두 날 두 낮 동안 울고 울어 '불술기 구름 속을 달리는 양 유리창이 흐리더냐'로 이해된다. '불술기'는 함경북도 지역에서 일반적으로 널리 쓰이는 방언으로 '기차'를 뜻한다. 석탄을 때어서 달리는 화차火車인데 '술기'가 함경도 방언에서는 '수레'이니 '불(火)+수레(車)'로 분석되는 기차를 뜻한다. 소나 말이 끄는 '우마차'를 '쉐술기'(쉐(牛)+술기)라 하는데 '쉐'가 '불'로 대체되어 만들어진 방언이다. 개화기에 일본과 중국에서 각각 차용된 '기차'와 '화륜차'가 널리 쓰인 점을 고려하면 '불술기'는 순수 고유 방언형으로 만들어진 문명어일 것이다.

제5연은 떠돌이들의 우연한 만남이 이루어지는 로맨틱한 장면이지만 제6연의 이별을 전제로 한, 헤어지지 않을 수 없는 이별의 비애를 깔고 있어 더욱 애절하다. 울듯 울듯 하지만 울지 못하는, 세파에 이미 시달릴 대로 시달린 가시내에게 해 줄 수 있는 것이라곤 '두어 마디 너의 방언으로 때 아닌 봄을 불러주는' 일이다. 그 따뜻한 봄날 뛰놀던 너의 나라, 너의 고향으로 잠깐만이라도 돌아가란다. 고향을 쫓겨나듯이 뒤로 버린 그들의 외로움을 치유해 줄 수 있는 유일의 수단인 방언으로 서로의 존재를 확인하고 교신하는 일이다.

이 시에서 전라도 가시내의 방언과 함경도 사내의 함경도 방언은 두 개의 적대적의 힘인 동시에 두 개가 한 곳으로 쏠리는 중력의 힘으로 작용한다. 시인 이용악이 이 시에서 의지하고 있는 방언은 출구도 없고 미래도 없는, 눈포래가 대지를 뒤덮고 있는 들판을 쓸쓸히 걸어가는 사내와 같은 민중들의 언어다.

2. 고전 속의 방언 차이

어문 생활의 연구 자료를 굳이 국어학 영역의 자료로만 고집할 이유는 없다. 조동일(2003)은 어문 생활사의 영역을 "어문 생활사는 국어사와 국문학사를 포함한 더 넓은 영역이라고 해도 좋다. 어문 생활사는 언어·문학·역사를 함께 다룬다고 적극적으로 규정하는 것도 가능하다."라고 제안하면서 보다 폭넓은 사료들을 활용할 필요가 있음을 역설하고 있다.

　어문 불일치의 상황에서 외교적인 소통을 위해 통문通文과 통어通語 두 가지 방식으로 의사소통을 했다. 특히 동아시아에서는 통문은 한문으로 쓴 글을 주고받는 방식이다. 공식문서인 국서를 써 가지고 가고, 사사로이 만나 필담을 하거나 한시를 주고받는 방식이다. 통어를 하는 행위를 통변通辯이라고 했다. 통문 담당자가 말을 하고자 하면 역관의 통변 신세를 겨야 했다.

　명나라 기행 자료인 『조천록』이 140여 종, 청나라 기행자료인 『연행록』이 290여 종이 전하는 것으로 확인되며, 일본 기행문 『해사록』 등을 통문 자료로 활용할 수 있다. 『조천록』을 국문으로 옮긴 『조천록』 또는 『수로조천록』, 『갑자수로조천록』, 김창업의 『연행일기』, 박지원의 국역본 『열하일기』, 홍대용의 『담헌연기』, 국문 『을병연행록』, 서유문의 『무오연행록』 등의 자료를 통해 어문 생활의 모습을 살펴볼 수 있다. 유의양은 1771년(영조 47년)에는 경상도 남해도로, 1773년(영조 49년)에는 함경도 종성으로 두 차례 귀양을 갔던 일을 국문으로 기록해 『남해문견록』과 『북관노정록』을 남겼다. 경남 남해의 방언과 함경도의 방언이 서울말과 어떻게 다른지를 『북관노정록』에 "여기에 사투리를 후에 보도록 약간 기록한다."라고 하고서 30여 개 어휘를 소개했다.

어미를 워미라 하고, 형을 형애라 하고, 오라비의 처를 올집어미라 하고, 아우는 더런이라 하고, 도토리를 밤이라 하고, 밤은 참밤이라 하고, 호박은 동화라 하고, 동화는 참동화라 하고, 수수는 숙기라 하고, 옥수수는 옥숙기라 하고, 천둥소리는 쇠나기 운다 하고, 장마 지면 마쳤다 하고, 강가를 개역이라 하고, 병아리는 뱡우리라 하고, 꿩의 새끼를 질우개라 하고, 솔개를 술개라 하고, 닭 부르기는 죠죠하고, 돼지 부르기는 오루러 하고, 돼지새끼는 꼴꼴 하고, 고양이를 곤냥이라 하고, 망아지 부르기는 허허 하고, 황소는 둥구레라 하고, 벙거지는 털갓이라 하고, 그저갓은 빗갓이라 하고, 홍두깨는 다드밋대라 하고, 괭이는 곽지라 하고,

> 머리댕기는 당긔라 하고, 체는 채라 하고, 바삐 걸으라는 말은 재오 걸으라 하고 또 죵죵 걸으라고도 하고, 오색빛을 일컫기는 홍색은 발가라 하고, 청색은 퍼러러라 하고, 황·백·흑색들은 누러러·허여여·검어어라 하여 말을 거듭 이르고, 다섯을 닷패라 하고, 여섯은 엿과라 하고, 일곱은 일괘라 하고, 가져오라는 말은 개야오라고 하더라.
>
> — 유의양, 『북관노정록』

18세기 경남 남해에서부터 북의 함경도에 이르기까지 방언의 차이가 그렇게 격심하지는 않았음을 알 수 있다. 조동일(2003)은 "전국에서 같은 말을 사용하게 된 언어 통일 과정은 특히 중요한 연구 과제이다. 1930년대에 맞춤법을 통일하고, 표준어를 사정하자 비로소 그렇게 된 것은 아니다. 그 전에도 지역에 따른 언어 차이는 그리 크지 않았다."라는 주장의 근거로 "시조는 물론이고, 가사의 경우에도 전라도 사람 송순, 경상도 사람 박인로의 작품에서 사용된 말이 서로 크게 다르지 않다. 국문소설은 전주에서 간행된 완판본까지도 언어가 거의 통일되어 있다. 1900년대의 신문이나 잡지에 충청도 사람 신채호, 전라도 사람 이기, 경상도 사람 장지연, 황해도 사람 박은식이 쓴 글에서도 방언 차이를 찾아내기 어렵다."를 제시하고 있다.

조동일(2003)은 언문과 진서와 관련 있는 다양한 문헌자료를 소개하고 있다. 1708년경에 이루어졌다고 추정되는『요로원야화기』에 '진서'는 못하더라도 '언문'을 잘 해서 시골 마을에서 '결복結卜'을 마련한다고 하는 김호수라는 인물이 소개되어 있다. 사설시조에 "낮이면 농사를 짓고 정방중이면 언문자나 뜯어보고" 하느라고 시간이 없다고 하는 머슴의 말을 전하는 내용과 김려(1766~1822)는「고시위장원경처심씨작」이라는 시의 한 대목을 조동일 교수의 원문 그대로 예를 들었다.

여섯 살에 실 자을 줄 알고, 일곱 살에 언문을 깨쳤네. 여덟 살에 윤기 흐르는 까만 머리, 언니 본떠서 혼자 빗질을 하네. 밝은 호롱불 아래 앉아, 사씨전을 낭랑하게 읽으면, 선들바람이 귀여운 목소리 실어 쨍그렁 구슬 깨지는 소리로다. 아홉 살에 천자문 알고, 열 살이 되어서는 가사를 깨쳐 산유화 짧은 가락을 목을 뽑아 애처롭게 부르네.
(六歲識粗絲 七歲通諺書 八歲髦點漆 學姉能自梳 時向華燈下 朗吟謝氏傳 微風送逸響 琼琤破玉片 九歲辨晉字 十歲曉歌詞 短歌山有花 延歌盆凄其)

비록 여성이더라도 한글을 깨쳐서 소설을 읽으면 천자문도 깨쳐서 알 수 있다고 말하고 있다.

3. 지역방언과 문학

시인이나 작가를 언어의 연금술사 또는 언어의 창조자라고 부른다. 문학 작품에 나타나는 언어는 기존의 언어 질서를 깨뜨리는 동시에 새롭게 구축하는 참으로 모순된 모습을 보여준다. 문학 언어는 작가가 새롭게 만들어 낸 개인어이거나 토속적인 지역 일상어일 때가 많이 있다. 다시 말하자면 문학 언어는 그 자체가 하나의 창조적 결과물이요 주술적인 언어라 할 수 있다. 이제 개별 지역에 따라 사용된 다양한 방언이 어떤 무늬로 작품 속에 직조되어 있는지 살펴보도록 하자.

1) 강원도 방언

김유정의 작품에 나타나는 '매댁질'과 '살매들다'라는 방언은 정감 어린 강원도 말씨이다. '매댁질'(방금 아내가 잔뜩 끌어안고 매댁질을 치고 있을 게니 이건 오매 부득이다. -「솥」)은 '매대기', 즉 '정신없이 아무렇게나 하는 행동'을 말한다. 이는 '매닥질'이라도 한다. '매대기'는 '반죽이나 진흙, 똥 같은 것을 함부로 아무 데나 바르는 짓'을 이르기도 하는데 이 경우 '매댁질치다', 또는 '매닥질치다'라고 한다. 또 '살매들다'(이따금 생각나는 듯 살매들린 바람은 논밭간의 나무들을 뒤흔들며 미쳐 날뛰었다. -「소낙비」)는 보통 '미치다'라는 뜻으로 많이 쓰인다. 이는 표준어 '살마煞魔'에 '끼이다', '씌이다'와 같은 형태가 결합된 것으로 '정신이 나가서 미치다', 또는 하는 짓이 '몹시 바보스럽다'는 뜻으로 주로 쓴다. 강원도 강릉에서는 현재에도 이 말을 주변에서 쉽게 들을 수 있다. 김유정의 소설에 나타난 '골피'(골피를 찌푸리어 데퉁스레, "빌어먹을 거? 왜 이리 무거!" -「땡볕」) 라는 낱말은 이마에 나타나는 주름살을 말한다. 때론 '이마'를 '골피'라 하기도 한다. 강원도 방언에서 '이마' 또는 '이맛살'을 이르는 말로 '골피' 외에 '마빡'이나 '이마쭈름쌀'이 있다. 주름살을 뜻하는 '골피'는 동사 '찌푸리다'와 통합하는 경우가 많으나 (골피를 찌푸리며 두 어깨가 으쓱하고 우그러들만치, 그렇게 그 시간의 위협이 두려워진다. -「밤이 조금만 짧았더라면」) 때로는 '접다'와 통합하여 사용되기도 한다.

김찬윤의 작품에 나타나는 '그닫하우야아'(대감님요 우째 그닫하우야아/ 한양으로 가시더니/ 매연과 소음에 변질되셨는감. -「오염되셨군요」)라는 방언은 '어찌 그럴 수 있습니까'라는 의미로, 강원 지역에서 일상적으로 빈번하게 사용되는 낱말이다. 특히 '야'나 '야아'와 같은 경우는 특별한 의미를 가지지 않으면서도 '어서오우야아', '반갑소야'와 같이 말끝에 붙여 쓰는 경우가 많다. 이 '야'는 어떤 말에 대한 응답으로 '예' 대신 쓰기도 한다.

강원도 가운데 영동 지역, 특히 삼척 지역에서 많이 사용하는 방언인 '나물과주다'(이놈을 고만에 나물과준다. -『한국구비문학대계, 2-3』)는 '나무라다'의 뜻이다. 이는 어떤 잘못에 대하여 가볍게 꾸짖어 알아듣도록 하거나, 흠이나 부족한 점을 지적하여 주는 정도의 의미를 가진다. 또 '자박세이'(또 이놈이 지 어미의 자박세이 끄들어 엎었다 놨다 막 이래. -『한국구비문학대계, 2-8』)는 표준어 '머리채'를 말한다. 이는 '길게 늘어뜨린 머리털'을 이르는데 '호박세이'라 하기도 한다. '자박세이'는 '자박셍이'로 발음하기도 하고, '자박세~이~'와 같이 발음하기도 한다. '~'는 콧소리를 표시하는데 노년층의 경우는 이 소리를 자연스럽게 내고 있으나 장년층 이하 청소년층에서는 잘 사용하지 않는다.

2) 경상도 방언

경상도 방언이 반영된 김동리의 「바위」에서 "고맙습니더. 천지신명 우리 신주님, 인저 이 불쌍한 년의 소원을 드러 주실라캄니꺼, 고맙습니더. 고맙습니더."에서 어미 '-니더', '-니꺼'와 같은 경북 방언의 종결어미 형태를 확인할 수 있다. 김원일의 『불의 제전』에서 "오히려 큰짐 덜었다고 생각해라."에서 '큰짐'은 '책임'의 의미로 사용되고 있다. 이문열의 『변경』 중에 "그건 글코- 야야. 차라리 내일 아침 첫차로 나가제. 이십리 길도 마딘데. 걸어보지도 않은 니가 어예 걷는다꼬……"에서 '마디다(절약이 되어 잘 소모되지 않다)'와 같은 낱말의 의미를 다른 지역 화자라면 방언 사전 없이는 해석해 낼 수가 없다.

박경리의 작품에는 경남 통영 방언이 많이 남아있다. '배슬다'(열 달 배슬려 낳은 제 자식이라고 다 그럴까. 우리 홍이 장개갈 때까지, 늘 그래 썼더마는 며느리 손에 밥 한 끼 못 얻어묵고, 공 안 든 임네는 며느리 시중받아감서 죽었는데. -『토지』)라는 낱말은 '아이를 배다'를 나타내는 방언인데 '배(다)+슬다' 혹은 '배(에)+슬다'라는 구성으로 이해할 수 있다. '슬다'는 '벌레나 물고기 따위가 알을 깔기어 놓다'라는 의미의 말이다.

국어 정서법이 정착되지 않았던 1920년대에 주로 작품을 발표했던 민족 저항시인 이상화의 시에는 '짬'(미친개 꼬리도 밟는 어린애의 짬 없는 그 마음이 되어/ 밤이라도 낮이라도 -「시인에게」)과 같은 대구 방언이 고스란히 남아있다. 「비를 다고」, 「시인에게」, 「빼앗긴 들에도 봄은 오는가」, 「병적 계절」 등에 나타난 '짬'이란 방언은 "어떠한 일이 일어난 영문이나 사건의 앞과 뒤"(이상규, 1999)라는 의미로 해석된다. 그런데 정한모·김용직

(1975)의 『한국현대시요람韓國現代詩要覽』에서는 '짬'에 대한 대구 방언의 의미를 '셈'으로 교열하기도 하였다. 대구·경북 방언에서 '짬'은 '영문', '사리분별', '철', '겨를' 등의 여러 의미로 사용될 수 있는 만큼 의미영역이 넓다. 이 '짬 없는'이라는 시어는 '아무 영문도 모르는' 또는 '사리분별을 하지 못하거나 철이 없는'이라는 의미로 사용되었다. 그 외에도 문맥에 따라서 '시도 때도 없는'이라는 의미로 사용될 수도 있다.

현진건은 대구 방언 화자이면서 경성에서 신문 기자 생활을 했기 때문에 그의 작품에는 '국해(시궁창의 흙), 데불다, 뒤통시, 몰, 불버하다, 삽작, 엉설궂다, 찰지다, 거진'과 같은 대구 지역 방언형이 매우 자연스럽게 사용되고 있을 뿐만 아니라 '별판'(글세 그게 별판이야. 그래도 그 잔손질 만흔 다보탑을 시작한 것만 별판이지. -『무영탑』), '찐답잔은'(한 남자와 두 여자! 찐답잔은 일인걸. -『무영탑』), '노박이'(거기 무슨 일깐이 있어요. 노박이로 비를 맞으실걸 뭐. -『무영탑』), '진둥한둥'(대감께서 사랑에서 진둥한둥 들어오시더니 마님께 무슨 분부를 내리신 모양이든뎁시요." -『무영탑』), '감때사나운'(더구나 만일 그이가 아니었든들 그 감때사나운 제자들을 누가 제어를 할 것인가? -『무영탑』)과 같은 방언들이 나타난다. 표준어 제정 이전에는 지역 방언을 초월하여, 더욱 폭넓은 공통어를 사용했던 단면을 엿볼 수 있다.

청마 유치환의 시에도 경남 방언들이 보석처럼 제 자리를 차지하여 찬연한 빛을 발하고 있다. 「보리누름」이라는 작품에 나타나는 '보리누름'이라는 방언은 '보리가 누렇게 익는 철'을 뜻한다. "보리누름에 선늙은이 얼어 죽는다."는 '보리가 누렇게 익을 무렵에는 따뜻해야 할 것이나 바람이 불고 춥기까지 하므로 더워야 할 계절에 도리어 춥게 느껴지는 때가 있음'을 비유적으로 이르는 말이다. 또한 이른 봄 춘궁기에 덜 익은 보리를 찧어 죽이나 보리밥을 지어먹었는데 이 기간에 '풋보리쌀을 눌러 찧은 것'을 '보리누름'

이라고도 하고 이것으로 쑨 죽을 의미하기도 한다. 청마의 시 「입추」의 '쨍이'(쨍이 한 마리 바람에 흘러흘러 지붕 너머로 가고/ 땅에 그림자 모두 다 소곤히 근심에 어리이다 -「입추」)라는 시어에 대해 김재홍(1997)은 '잠자리'의 방언형으로 설명하고 있다. 노천명의 '창변'이라는 시에서도 "쨍이를 잡는 아이들의 모습이"처럼 이 낱말이 나타나고 있다. 그런데 남북한방언검색시스템(2003)에는 '잠자리'의 방언형 '쨍이'가 한 번도 나타나지 않는다. 청마의 시집인 『청마시집』(문성당)에 실린 '씨앗이'라는 작품에 '쨍이'가 또 나타나는데 여기서는 '쨍이=잠자리'라는 주석을 달아놓고 있으니 '쨍이'가 '잠자리'를 뜻하는 경남 통영 방언임을 분명하게 확인할 수 있다. 청마의 「항가새꽃」에서 '항가새꽃'(어느 그린 이 있어 이같이 호젓이 살 수 있느니 항가새꽃/ 여기도 조으이 항가새꽃 되어 항가새꽃/ 생각으로 살기엔 여기도 좋으이/ 하세월 가도 하늘 건너는 먼 솔바람 소리도 내려오지 않는 빈/ 골짜기 -「항가새꽃」)이라는 방언은 '엉겅퀴'를 의미하는데 이 꽃은 우리나라 전역에 분포하고 있다. '항가새'를 뜻하는 고어형을 '항것괴'(『사성통해』)와 '항것귀'(『훈몽자회』)에서 찾아볼 수 있다. '대계'라 부르며 '양홍화' 혹은 '항가새', '엉겅퀴'라고 부르고 있다. 중세 국어형인 '항가새'가 '항가쿠', '항가꾸' 등으로 방언 분화를 일으키다가 다시 '엉겅퀴'라는 이름으로 변모되는 과정을 확인할 수 있다. 추억 속에 묻혀 버릴 고어형이 지역 방언 속에 이처럼 살포시 감추어져 있지 않는가? 그런데 어찌 표준어가 아니니까 버려도 좋은 방언으로만 치부할 수 있을까?

1930~1940년대 이후 방언을 시 작품에 의도적으로 활용한 대표적인 작가로는 서정주나 박목월을 꼽을 수 있다. 남도의 두 민족적 서정의 계보를 이어 온 시인인 미당과 목월은 각각 호남 방언과 영남 방언을 적절하게 시 작품에 활용함으로써 남도 가락의 흥을 살려내고 있다. 미당과 목월은 전라도와 경상도라는 두 공간과 그 공간을 매개하는 방언을 단순한 소재 차원으

로만 활용한 것이 아니다. 이 두 사람이 갖는 공통성은 고향에서 벗어난 생활에서 고향의 토속성으로 회귀하고자 하는 시 정신을 가지고 있었다는 점이다. 이들이 방언을 시적 매개로 삼은 것은 고향에 대한 향수를 표현하기 위함이었다. 이러한 경향은 멀리 떨어진 공간인 고향에 언어라는 매체를 통해 다가서려는 심리적 보상이 가능하기 때문일 수도 있다.

특히 박목월의 『청록집』에 실린 「산도화」, 「란 기타」, 「경상도의 가랑잎」에서는 비교적 많은 방언 낱말이나 방언 문법적 표현을 사용하고 있다. 경주를 중심으로 향토색을 주조로 애틋한 그리움이나 한가함의 정취를 효과적으로 나타내기 위해서 경상도 방언을 그대로 사용하는 것은 매우 적절한 방법이었다. 박목월이 방언을 선택한 의도성이 잘 드러나는 「사투리」라는 작품을 보자.

우리 고장에서는
오빠를
오라베라고 했다.
그 무뚝뚝하고 왈살스러운 악센트로
오오라베 부르면
나는
앞이 칵 막히도록 좋았다.

나는 머루처럼 透明한
밤하늘을 사랑했다.
그리고 오디가 샛까만
뽕나무를 사랑했다.
혹은 울타리 섶에 피는
이슬마꽃 같은 것을……
그런 것은
나무나 하늘이나 꽃이라기보다

내 고장의 그 방언이라 싶었다.

참말로
경상도 방언에는
약간 풀냄새가 난다.
약간 이슬냄새가 난다.
그리고 입안에 마르는
黃土흙 타는 냄새가 난다.

- 박목월, 「사투리」

　서술어가 과거 시제로 되어 있는 것으로 보아 박목월이 서울 생활 속에서 고향에 대한 그리움의 정서를 나타내기 위해 '사투리'라는 고향 말씨를 소재로 쓴 시임을 알 수 있다. 바로 방언을 향토적 시적 정서, 곧 그리움의 상징으로 '오라베', '칵' 등을 대표적 방언으로 표현하고 있다. 여기서 만일 "앞이 칵 막히도록 좋았다."라는 표현에서 이중모음이 자음 아래에서 단모음화한 경상도 방언형인 '칵'이 아니라 '콱'으로 표현했다면 약간은 우직한 것처럼 느껴질 수도 있는 절묘한 경상도 방언의 맛깔을 느끼지 못하리라. 3연의 '방언=풀냄새(취각)=이슬냄새(취각)=황토흙 타는 냄새(시각, 취각)' 등식은 방언을 시어에 활용한 의도성을 적절하게 드러낸 것이다. 목월은 시에 방언을 사용함으로써 경상도 사람들의 정감과 심성 그리고 자신의 고향에 대한 그리움과 고향의 색채와 냄새까지도 하나의 풍경으로 형상화하는 데 성공하고 있다. 고향에 대한 그리움은 바로 청각과 시각 그리고 미각과 취각까지 일치하는 방언으로 나타낼 수밖에 없을 정도로 절박한 것일 수 있다. 만일 이러한 시적 표현을 표준어로 바꾸어 놓는다면 목월이 시도하고자 했던 의도와는 전혀 다른 것이 될 수밖에 없을 것이다.
　목월의 시에서는 기층민들의 삶의 애절함을 향토적인 언어로 표현함으로써 훨씬 큰 반향을 일으킬 수 있었다. 가난한 무지랭이 기민층의 삶을 가장 인간적인 모습으로 표현한 절창의 시가 있다. 아버지 제사상 앞에 엎드려 있는 우리의 이웃, 만술아비의 삶의 애환을 노래한 「만술 아비의 축문」이 바로 그것이다. 이 작품은 단순히 고향의 방언만을 사용한 것이 아닌 고향의 인물, 그리고 기층민의 삶의 모습까지도 방언을 통해 형상화함으로써 '고향의 공간에서 방언의 정신을 체화한 인간형과 그들이 사는 공간의 구체적이고 전체적인 성격을 극적인 양식으로 구축'(손진은, 2003)하고 있다. 이처럼 목월은 변방 언어인 방언을 과감하게 시의 중심부로 끌어올림으로써 방언의 일상 사용자인 민중들의 삶을 시의 전면에 부각시키는 동시에 고향의 향토적 삶의 내부에서 자신의 실존적 위상을 확인하고 있다.

    아베요 아베요
    내 눈이 티눈인걸
    아베도 알지러요.
    등잔불도 없는 제상에
    축문이 당한기요.
    눌러 눌러
    소금에 밥이나 많이 묵고 가이소.
    윤사월 보릿고개
    아베도 알지러요.
    간고등어 한손이믄
    아베 소원 풀어드리련만
    저승길 배고플라요
    소금에 밥이나마 많이 묵고 가이소.
    니 정성이 엄첩다.
    이승 저승 다 다녀도
    인정보다 귀한 것 있을락꼬,
    망령도 감응하여, 되돌아가는 저승길에
    니 정성 느껴느껴 세상에는 굵은 밤이슬이 온다.
                                                 - 박목월, 「만술 아비의 축문」

"아베요 아베요/ 내 눈이 티눈인걸/ 아베도 알지러요."에서 경상도 속담인 '내 눈이 티눈이다(까막눈, 곧 글자를 읽지 못하는 무식함)'를 활용하는 것이며 서술어 '알지러요, 배고플라요, 가이소, 엄첩다, 있을락꼬' 등 풍부하게 방언을 구사하는 방식으로 머슴살이하는 만술 아비의 가난과 무식함, 그리고 기층민의 한과 서러움을 고스란히 표현해 내고 있다. 특히 '엄첩다'라는 시어는 '제법이다, 기대 이상이다'로 풀이할 수 있는 방언인데 이 시어를 표준어 '제법이다'로 바꾸면 전혀 다른 분위기가 될 것이다. 또한 '아베요 아베요'라는 반복을 통해 애절한 호소력을 음악적 운율 효과에 올려 훌륭하게 살려내고 있다. 특히 '내 눈이 티눈이다'가 곧 '글자를 읽지 못한다'는 뜻이라는 것을 모른다면 "등잔불도 없는 제상에/ 축문이 당한기요"라는 대목과의 의미의 호응 관계를 파악하기 힘들다. 곧 내가 무식할 뿐만 아니라 등잔불도 없으니 축문도 가당하지 않다는 의미이다.

목월의 시에는 다른 방언권 화자들이 이해하기 힘든 경상도 방언의 독특한 시어가 작품 곳곳에서 많이 보인다. 그리고 새로운 시어를 만들어서 사용하기도 한다. 「박꽃」이라는 시에는 '아슴아슴, 저녁답, 자근자근'과 같은 낱말이 있다. "흰 옷자락 아슴아슴/ 사라지는 저녁답"에서 '아슴아슴'은 '아슴푸레하다(기억에 희미하거나 또는 잘 보이지 않는 상태를 말함)'라는 방언 형용사의 어간 일부를 떼어 만든 것이다. 「귀밑 사마귀」라는 작품의 '길슴한'(길쭉한)이라는 방언형도 마찬가지로 조어 방식이 다른 예이다. 「아가」라는 작품의 "꽃송이가 이울고…… 또한 꿈은 이울고 비맞이 바람에"에서 '비맞이'라는 조어형은 '비 오기 전에 불어오는 바람'이라는 뜻의 앙증맞고 아름다운 조어이다. '울밖에는 옹당 벌샘'(「부룩쇠」)에서 '벌샘'은 '자연적으로 생긴 샘'을 뜻한다. '벌-'은 '제멋대로, 자연 그대로'라는 의미를 지닌 접두사이다.

목월의 시 작품에는 경상도 토박이 화자가 아닌 경우는 물론이고 토박이

화자인 경우에도 젊은 세대에서는 이해하기 어려운 방언 낱말들이 있다. '미우는'(「눌담」)은 '자루를 박는'이라는 뜻이고 '상기'(「산그늘」)는 '늘'이라는 뜻이며 '쪄서'(「밭을 갈아」)는 '잘라', '베어'라는 뜻의 방언형이다. '해으름'(「목단여정」)은 '해질 무렵의 해거름'의 뜻이며 '고누는'(「한정」)은 '겨누는'의 뜻이며 '보얀'(「낙랑공주」)은 '하얀'의 뜻이며 '이내'(「갈밭 마을로 이사를 했다」)는 '곧 바로'라는 뜻의 부사어이다. '드는데'(「진주 행」)는 주어가 '날씨'일 때 '점점 맑아지는데'라는 뜻이다. '우둘두툴한 경상도 방언'(「눌담」)이나 '설핏한 반달이/ 기운 사창'(「낙랑공주」)에서 특히 경상도의 토속적 냄새가 물씬 풍기는 '우둘두툴한'이나 '설핏한'이라는 표현은 표준어의 의미로는 도저히 이 경상도의 토속적인 분위기와 맛깔을 표현해 내기 힘들다. '우둘두툴한'은 성조가 있어 오르락내리락하는 경상도 말씨를 상징하며, '설핏한'이란 구름에 가리어 뚜렷하게 보이지 않는 모습을 나타내는 방언이다. '난길로'(「아가」)는 '어려운 길' 또는 '길이 나 있는'의 뜻으로 해석하기가 쉬운데 실은 그렇지 않다. 경상도 방언에서 '처녀가 바람이 나서 집 밖으로 나가다'라는 뜻으로 '난질가다' 또는 '화냥질가다'라는 방언이 있는데, 이 '난질가다'에서 '난-'과 '-질'이 결합된 '난질'이 역구개음화된 형태가 바로 '난길'이라고 파악해야 한다. 그러니까 「아가」라는 시에서는 '어린 사슴이 제멋대로 집을 벗어나다'라는 의미로 해석되어야 한다. 그뿐만 아니라 '하롯한'(「나그네」), '무질레밭 약초길'(「산그늘」)과 같이 그 의미가 분명하지 않은 예들도 있다.

고어형이 그대로 잔존해 있는 시어형이 나타나기도 한다. '가람'(「임에게」, 「아가」)은 고대 국어의 'ᄀᆞ롬(江)'이 사용된 예이고, '이울고'(「구황룡」), '이운다'(「폐원」) 역시 고대 국어 '이울다(이블다)'가 '시들다, 이지러지다'라는 뜻의 경주 방언에 고어형이 그대로 남아있음을 보여 주는 예이다. '끄실리고'(「당인리 근처」)는 '그을리다(그슬리다)'라는 뜻인데 이는 경북 방언의 음운사와 깊은 관계를 맺고 있는 낱말이다.

경주 방언은 고대 국어의 중심 지역이었다. '끄실리다'는 '그슬리다>그실리다'와 같이 고대 국어의 흔적이 고스란히 남아있는 예이기도 하다. 또한 "소내기가 비롯하는 야반의/ 깊은 침묵을"(「야반음」)의 예에서 '소내기/소나기'에는 움라우트 현상이 적용되었다. 「나그네」에서 '상반밥'(죽기 전에 고향산나물을 참기름에 덤북히 무쳐/ 햇보리 상반밥에 팥을 두어 실컷 먹고 싶은게 원이라고 간혹 인편에 전해 오기도 했다. -「나그네」)이라는 시어는 쌀이 부족하던 시절에 집안 어른 분에게만 드리려고 쌀과 보리쌀을 반반씩 섞어 지은 밥을 뜻한다. 「사향가」에 나타나는 '안존하다'(밤차를 타면/ 아침에 내린다./ 아아 경주역// 이처럼/ 막막한 지역에서/ 하룻밤을 가면/ 그 안존하고 잔잔한/ 영혼의 나라에 이르는 것을 -「사향가」)는 사람의 키가 그리 크지 않으며 성품이 조용하고 행동거지도 크지 않고 조용조용한 모습을 뜻한다. 주로 사람의 모습을 표현하는 데 사용되지만 이 시에서는 조용한 상황의 분위기를 묘사하는 데 사용되고 있다.

경상도 방언적 특징을 잘 나타내 주는 종결형도 "보이소 아는 양반 아인기요/ 보이소 웃마을 이생원 아인기요/ 서로 불러 길을 가며 쉬며 그 마지막 주막에서/ 걸걸한 막걸리 잔을 나눌 때"(「적막한 식욕」), "또 왜 왔노 일 안하고 이놈/ 할아버지가 호통을 치면/ -아재요/ 놀아가믄 일도 해야 안는 기요"(「치모」)에서처럼 잘 반영되어 있다. 이처럼 서술어의 활용형에서도 방언적 특징을 드러내 줌으로써 매우 적절한 향토적 분위기를 연출해 내기도 한다.

3) 전라도 방언

전라도를 흔히 예향藝鄕이라고 한다. 전라도 시내 어떤 음식점에 들러도 품격 있는 그림 몇 점은 걸려 있을 뿐더러 전라도 사람과 만나 한잔 술을 나누다 보면 절로 흥겨운 가락이 쏟아져 나오고 그 중 누구라도 판소리 한 자락 정도는 풀어 낸다. 어쩌면 판소리 가락에 담겨 있는 애절한 가락은 전라도 방언이어서 제 맛깔을 가지고 있는 것이 아닐까?

판소리가 전라도에서 발달하게 된 이유 중의 하나는 전라도 방언의 특징 때문이다. 무엇보다도 전라도 방언은 말씨가 부드럽고 입을 적게 벌리고 발음하는 특징이 있다고 한다. 이태영(2006)은 이러한 특징을 "전라도 방언이 10개(또는 9개)의 모음을 가지고 있고, 또 특이한 발음이 없어서 대중에게 무리가 없이 받아들여지는 특징이 있다. 이러한 특징은 부드러움으로 연결되는데 이 부드러움은 해학과도 관련되고 여유로움과도 관련되어서 판소리에서 그러한 느낌이 조화롭게 발현된다."라고 설명하고 있다.

춘향이 깜짝 놀래, "향단아, 저 건너 누각 위에 선 것이 누구냐?"
"통인 서고 방자 선 것 봉게, 이 고을 사또 자제 도련님인개비요."
춘향이 놀래어, "벌써 나왔겄구나."
"버얼써부터 나왔어라우."
"그러면 떡 보아쌓것다. 부끄러워 어쩔거나. 그만 들어가자."

"아 옛날으 우리 선조들 말씸 안 들어 봤능가? 뻬 빠지게 일히야 먹고사는 벱이라고 힜어. 하루 점드락 일히야 밥 세 끼를 먹었다고. 논일이고 밭일이고 닥치는 대로 일히야 포도~시 먹고 살았당게. 시방 사람들 놀고먹을라고 생각힜다면 그건 컬(큰일) 나는 생각잉게, 당최 그런 맴을 먹덜 말고 밤새~드락 노력히야여."

속격 '-의'가 '-으'로 '겁~나게, 점~드락, 포도~시, 콩~장히, 워~너니' 등과 같은 부사와 '머덜라고리여~, 이거시 머~시다요?' 등의 문장이 보여 주는 장단과 리듬은 판소리의 가락을 형성하는 데 깊이 관련되어 있다.

1930년대 채만식의 소설에는 전라도 방언이 상당히 묻어 있다. 요즘 표준어가 된 말 가운데 '거시기'("아니야 저 거시키 서울아씨 시집 안보내우?" -『천하태평춘』, "저 거시키 조사나 잘 좀 해보았수?" -『탁류』)라는 전라도 방언이 있다. 국어사전을 찾아보면 '거시기'는 두 가지 기능을 가지고 있다. 하나는 대명사로서 '사람이나 사물의 이름이 얼른 떠오르지 않을 때, 그 이름 대신으로 쓰는 말'이다. 다른 하나는 감탄사로서 '하려는 말이 얼른 생각나지 않거나 얼른 말하기 거북할 때, 그 말 대신으로 쓰는 군말'의 뜻을 가지고 있다. 사전에서 정의된 것 이외에도 전북 방언에서는 '거시기허다'가 쓰인다. 이 '거시기허다'는 동사를 대신하는 용법으로 쓰인다. 이처럼 전북 방언의 '거시기'는 대명사, 감탄사로 쓰이고, '거시기허다'는 동사를 대신하는 대동사로 쓰이고 있다. 이 '거시기'는 명확하지 않은 사물이나 사실을 말할 때 쓰이고, 명확하지 않은 상태나 동작을 이를 때 쓰는 말이다. 즉 어떤 명칭이나 사실이 떠오르지 않을 때, 어떤 상태나 동작을 이르는 말이 떠오르지 않을 때 쓰는 말이다.

채만식의 『천하태평춘』에 나타나는 전라도 방언 '돌라먹다'(궈년시리 돈이나 협잡질 헐라닝개루 시방 쫓아 올라와서넌 씩뚝꺽둑 날 돌라먹을라구 그러지야? -『천하태평춘』)는 '속이다'라는 뜻이다. '내가 그 사람한테 돌려서 돈을 잃었다.'와 같은 문장에서는 '돌리다'가 '돌다'라는 뜻으로 쓰인다. '돌라먹다'는 '돌리다'와 '먹다'가 복합되어 복합어로 쓰이면서 사동사 '속이다'의 뜻을 갖게 된 것이다. '속여먹다'로도 사용된다. '돌라먹다'는 전북 방언에서, '돌라묵다'는 전남 방언에서 아주 많이 쓰이는 낱말이다. 또한 '갱기찮다'(맘대루 말이네 허라구 허길래 안주어두 갱기찬헌 종(괜찮은 줄) 알구서 그냥 가라구 히였지! -『천하태평춘』)는 표준어 '괜찮다'에 대응되는 방언형으로 주로 채만식의 작품에 나타나는데 이 낱말은 전북 군산 방언이거나 채만식이 주로 쓰는 개인 방언idolect일 가능성이 크다.

조정래의 『태백산맥』과 『아리랑』에 나타나는 '느자구'(저년이 저거 돈

푼이나 쪼깐 있는 부잣집 딸년이라고 느자구 읎이 돈심이먼 멋이든지 다 되는 줄 아는갑네! -『태백산맥』, 저런 싹수 머리 없고 느자구 없는 년얼 나가 어찌서 뼛골 빠지게 일혀서 믹에 살리냔 말이요. -『아리랑』)는 전남 방언에서만 사용되는 방언으로 그 어원이 확인되지 않는다. 전후 문맥으로 고려해 보면 '느자구 없이'는 '느닷없이', '싹수없이'라는 뜻으로 사용된 것 같다. 이기갑의『전남방언사전』에서는 '느자구'가 '니자구'로도 쓰인다고 밝히고 있다. '느자구'는 주로 '느자구 없다'의 구문으로 사용되고 있다. 전북 방언에서는 '느자구'를 거의 사용하지 않고 '싸가지'를 사용하고 있다.

이병천의『모래내모래톱』과 최명희의『혼불』에 나타나는 '달챙이'(허기는 달챙이 숟가락 하나라도 빼놓고 가면 거그서 아쉬울팅게. -『모래내모래톱』, 놋숟가락 닳아진 달챙이가 거꾸로 꽂혀 있어 이상해 보인다. -『혼불』)는 '놋쇠나 무쇠로 만든, 끝이 상당히 많이 닳은 숟가락'을 의미한다. 이 숟가락은 누룽지를 긁을 때 주로 사용하였고, 닳아서 쓸모가 없게 되면 문고리에 거꾸로 꽂아서 열쇠처럼 사용하던 것이었다.

전라 방언 '매급시'(농사철 당해서 매급시 맘 들뜨지 말고 두렛일 소홀허게 말그라. 잉? -『혼불』), '맥엄씨'(나넌 고런 짓거리 헌 일 읎소. 맥엄씨나 화나게 맹글지 말고 다시는 고런 넋빠진 소리 씨불대지 마씨요. 전화 끊소. -『태백산맥』)는 표준어 '맥없이'에 대응되는 방언형이다. 최명희의 소설에서는 '매급시'만 쓰이고 있고, 조정래의 소설에서는 '맥엄씨'가 주로 쓰이고 있다. 전북과 전남의 방언 차이를 보여주는데 '매급시'는 '없다'가 '읎다'로 발음되어 나오는 현상으로 보인다. 실제 대화에서는 '매럽시'도 많이 쓰이고 있다.

조정래 소설에 나오는 '매시랍다'(보름이 저사람 손끝도 매시랍고, 이문도 톡톡허다고 허든디. -『아리랑』, 이 문딩아, 금메 니넌 몸뗑이 크게 타고 나고 손끝 매시라운께 그눔에 성질만 죽임사 일등가는 질쌈 선수가 된다니께. -『태백산맥』)는 전남에서 주로 쓰이는 방언형으로 '맵시가 있다, 솜씨가 좋다'라는 뜻을 가지고 있다. '매시랍다'라는 낱말이 '솜씨가 매시랍다, 손끝이 매시랍다'라는 표현으로 많이 쓰이고 있는 걸로 보아 '솜씨가 좋다'는 뜻으로 해석된다.

전라 방언에는 '꽤 많다'의 의미로 형용사 '솔찬하다'(오늘도 솔찬히 찔랑갑는디, 싸게 모판부텀 뜨드라고 한 여자가 말하며 머릿수건을 고쳐맸다. - 조정래『태백산맥』, 근디 듣기가 솔찮이 좋은디 그러내요잉! - 이병천『모래내모래톱』)가 쓰인다. 전라 방언의 대표적인 낱말인 '솔찬히'는 '솔찬하다'의 부사형이다. '많다'의 의미와 '대단하다'의 의미를 가지고 있기 때문에 아주 다양하게 쓰이고 있다. 표준어로는 '상당하다'에 해당하는 것으로 보인다.

전라 방언 '옴시레기'(근디 누구는 남원산성 그 거창헌 거이 입 안으로 옴시레기 들왔다고 허고이. -『혼불』, 이렇게 옴시레기 비어 버린, 제 숨소리가 메아리로 울릴 지경인, 괴괴한 마을은 상상도 해 본 일이 없었던 것이다. -『혼불』, 묏동 속으가 옴시레기 도레도레 찌고 앉었는 꼴이 될랑가 어쩔랑가. -『혼불』)는 부사로 최명희의 소설에서만 나타난다. 대체로 전라도에서는 '옴싹'이라는 말을 많이 쓴다. '모두, 전부'와 유사한 낱말이다. 최명희는 이 낱말을 대화체에서뿐만 아니라 지문에서도 많이 사용하고 있다. 전북 방언의 '우세두세'(사랑마당에서 우세두세 웅성거리는 소리가 들리더니 상머슴이 고한다. -『혼불』, 바깥은 조금 아까까지도 우세두세 소란하던 것이 어느 사이 그치고 고요하다. -채만식,『아름다운 새벽』)는 부사로 쓰이는데 '두런두런'과 같은 의미를 갖는다. 여러 사람이 모여 내는 작은 소리나 그 모습을 나타내는 부사로, 전북 방언을 보여 주는 작품에서만 발견된다. 동사로 '우세두세하다'가 쓰이고 있다. 이는 표준어의 '두런두런하다'와 의미가 유사하다.

김서령(2006:27)의 『김서령의 家』라는 수필집에 나오는 전남 나주 죽설헌에 살고 있는 화가 박태후 씨와의 대화 장면을 보자. "봄에 서령 씨가 만지던 배꽃이 자라서 된 열매요. 쌍다구는 시퍼래도 맛은 괜찮을 거요, 먹고 더 달라고는 마쇼, 잉."이라는 대목은 일상의 생생한 구어체 모습을 그대로 보여준다. '쌍다구'라는 낱말은 '생김새' 또는 '생긴 모양을 낮추어 이르는 말'인데 전라 방언의 생생한 모습을 보여 준 예이다. 또한 문말 어미의 '마쇼, 잉'에서 전남 방언 특유의 맛깔을 느낄 수 있다.

4) 충청도 방언

충청도 방언은 말끝을 길게 빼는 바람에 말이 느리듯이 사람들도 느리다고 생각한다. 정지용의 시에 이런 자지러질 듯한 향토색이 깃든 충청도 방언들이 발견된다. 정지용의 「발열」이라는 작품에 나타는 '애자지게'(아아, 이 애가 애자지게 보채노나!/ 불도 약도 달도 없는 밤, -「발열」)는 '가엾고 불쌍하여 마음이 아프다'라는 뜻을 가진 '애처롭다'와 '자지러지게', '자지러지도록'의 뜻을 지닌 '자지게'가 합쳐진 꼴로 쓰여 어떠한 정도가 아주 심한 상태에 있음을 나타낸다.

정지용의 시 「향수」는 이동원과 박인수가 노래를 불러 우리에게 널리 알려진 작품이다. 이 작품 속에 나타난 '얼룩빼기'(얼룩배기 황소가/ 해설피 금빛 게으른 울음을 우는 곳 -「향수」)에 대한 해석에 논란이 많았다. 『표준국어대사전』에는 '얼룩빼기'를 '겉이 얼룩얼룩한 동물이나 물건'으로 풀이하여 물건이나 동물에 다 쓰이는 것으로 설명하고 있다. 그래서 마치 우유를 제공하는 외국에서 유입된 홀시타인과 같은 얼룩소로 해석하여 우리 정서와 맞지 않다는 논의도 있었다. 그러나 향가 「헌화가獻花歌」에 등장하는 이 소는 제사祭祀의 제물로 사용되던 전통적인 점박이 얼룩소이다. 1960년대 이전에는 우리나라의 토종 황소나 강아지 등에 하얀색 점이 박혀 있거나 하얀 얼룩무늬가 있으면 '얼룩배기'라고 하였다. 우리나라에서 얼룩빼기라고 하면 머리 앞부분이나 배 부분, 발목, 어깨, 꼬리 부분 등의 털빛이 희어서 누런 바탕에 하얀 얼룩이 있는 소를 뜻했다. 얼룩무늬가 있는 우리나라의 토종소를 '얼룩소, 얼럭소, 얼럭배기, 칡소'(온몸에 칡덩굴 같은 어룽어룽한 무늬가 있는 소) 등으로 불렀으나 요즈음에는 거의 찾아보기 어렵고 중국 등지에서나 볼 수 있다. 충청도에서는 소의 머리 한 가운데 흰 점이 하나 박혀 있는 소를 특별히 '쇠골배기'라고도 한다.

홍명희의 『임거정』에 나타나는 '질삐'(함진 아비의 질삐와 갓고 내행보교의 얼기와 가튼 무명끄트로 아래 우를 동여 매는데 잡아 매엇다. -『임거정』)는 '지다'의 관형사형 '질'과 끈을 나타내는 '삐'가 합성된 낱말이다. 지게에 매여 있는, 지게를 지는 끈을 '밀삐'라고 하는 것과 마찬가지로 짐을 지기 위하여 짐에 매어 놓은 끈을 '질삐'라고 한다. 이와 비슷한 말로 '고삐'가 있다. 이 때의 '-삐'는 '끈'을 뜻하는 접미사로 파악된다.

이기영의 『고향』에 나타나는 '강심사리'(그들은 인제 강심사리에 늙어서 내외 싸움도 지치고 말었다. 싸움도 어지간해야 하지 않는가. -『고향』)라는 방언은 강한 마음을 뜻하는 '강심強心'과 '살다'의 어간 '살-'에 명사 파생 접미사 '-이'가 결합된 '살+-이'로 분석된다. 따라서 '강심사리'는 강한 마음으로 고되게 꾸려가는 살림살이를 뜻한다. '고생살이'라는 낱말과 비슷한 말이다. '꾑마리'라는 방언은 바지의 허리를 접어서 여민 사이를 뜻하는 표준어 '고의춤'을 의미하는 충청도 방언이다. 예전에는 바지를 입고 헝겊 허리띠를 매었다. 바지가 내려가지 않도록 바지의 허리 부분을 접어서 여미는데 허리띠를 매기 위해 그 여민 사이를 '꾑마리'라고 한다. '꾑마리'와 '허리띠'의 혼태형인 '괴리띠'라는 방언이 충청도와 경상도 접경 지역에서 나타난다.

이문구의 『으악새 우는 사연』과 『장한몽』에 나타난 '뎁세'("다 나두 생각이 있어 내논 겐디 뎁세 나를 트집힐류?" -『으악새 우는 사연』)는 '도리어'에 대응되는 말이다. '뎁세'는 예상이나 기대 또는 일반적인 생각과는 반대되거나 다르게 행동하는 경우에 주로 쓰인다. 요즈음 신세대들이 쓰는 말 가운데 '뎁다 큰소리 친다'와 같은 표현이 있는데 여기에 쓰인 '뎁다'도 '뎁세'와 마찬가지로 '도리어, 오히려'의 의미로 쓰인다.

다음은 이문구의 『관촌수필』의 일부이다. 그가 충청 방언을 가장 많이 활용한 작가로 알려져 있듯이 이 소설을 분석하면 충청 방언의 특징을 파악할 수 있을 만큼 다양하고 생생한 방언을 구사하고 있다.

"이애야, 이 왕솔은 토정 할아버지께 짚고 가시던 지팽이를 꽂아놓셨는디 이냥 자란 계란다. 그쩍에 그 할아버지 말씸은, 요 지팽이 앞으루 철마가 지나가거들랑 우리 한산 이씨 자손들은 이 고을에서 뜨야 허리라구 허셨다는 게여⋯⋯그 말씸을 새겨드러 진작 타관살이를 했더라면 요로큼 모진 시상은 안 만났을지두 모르는 것을⋯⋯." (p.13)

"그래 너는 몇살이나 되었다더냐?" (p.19)

"지 에미가 그러는디 제년이 작년까장은 제우(겨우) 여섯 살이었대유. 그런디 시방은 잘 몰르겠슈." (p.19)

"늬가 늬 나이를 모른다 허느냐?" (p.19)

"예, 위편 이는 하나 늘어서 일곱 살이라구 허던디 또 누구는 하나 먹었응께 다섯 살이라구 허거던유." (p.20)

"그렇다구 밭이다 모이(묘)를 써유? 할아버지는 돌아가는 게 좋신모냥이네유." (p.22)

5) 제주도 방언

현길언의 소설 『용마의 꿈』에 나오는 '안가름'(강남江南 천자국天子國 안가름 김정승 댁에서 솟아나신 총맹스런 세 부인입니다. -『용마의 꿈』)은 마을 이름이다. '-가름' 또는 '-카름'은 '가르다(分)'의 의미를 가지고 마을 이름의 접미사로 사용된다. 곧 동쪽에 위치하면 '동카름', 서쪽이면 '서카름', 중앙이면 '안가름' 또는 '안카름'이라 하고, 방위와 관계없이 바다 쪽이면 '알카름', 한라산 쪽이면 '웃카름'이라 부른다. 또 '그신새'(나는 어머니 등 뒤에 달라붙어 누운 채 그 도깨비를 생각한다. 저건 틀림없이 그신새 귀신일 거야. -『지상에 숟가락 하나』)라는 낱말의 뜻이 무엇일까? '그신+새'로 분석되며, '새'는 한자어 '邪'에 해당한다. 사악함을 쫓는 것을 '새퀄리다'라고 하는데, '새퀄리다'의 '새'가 바로 이것이다. 허약한 사람에게 잘 나타난다고 생각하고 있다. 현기영의 소설에 '곤밥'(어린 시절에도 파제 후 '곤밥'을 몇 숟갈 얻어먹어 보려고 길수형과 나는 어른들 등뒤에서 이렇게 모로 누워 새우잠을 자곤 했다. -『순이 삼촌』, 곤밥(흰쌀밥)으로 손님 대접 해여마씸. -『변방에 우짖는 새』)이 자주 등장한다. 이 '곤밥'은 '고운밥'에서 왔을 것이고 쌀밥은 잡곡밥보다 빛깔이 곱다고 생각한 언중들의 사고가 만들어낸 어휘다. '곤(麗)+밥(飯)'으로 구성된 낱말로 잡곡을 섞지 않고 흰쌀로만 지은 밥을 말한다. 평소에는 잡곡밥을 먹다가 제사밥으로만 이 '곤밥'을 지어 올렸던 것이다.

제주도는 삼다의 섬이라고 한다. '돌'과 '바람'과 '여자'가 많은 외로운 섬, 끊임없이 불어오는 대양의 바람을 문충성은 이렇게 표현하고 있다. "샛바람/ 갈바람/ 마파람/ 하늬바람/ 동마바람/ 서마바람/ 갈하늬/ 높새/ 높바람/ 높하늬/ 건들마/ 도껭이/ 도지/ 강쳉이/ 양도새/ 바람주제/ 놀/ 모든 제주 바람들 한데 모여 사는 곳"(「허공」). 여러 종류의 바람 이름이다. 이 가운데 특히 '도껭이'라는 바람의 이름은 무엇일까? 이 '도껭이'는 '도(回)+ㅅ+挤이'로 분석되어 '회오리바람'임을 짐작할 수 있다. 동풍을 '샛퀏름', 서풍을 '놋퀏름', 남풍을 '마퀏름', 북풍을 '하늬퀏름'이라 하고, '하늬퀏름'도 다시 세분하여 '서하늬 · 높하늬'로 나누기도 한다.

제주의 명물 음식에 몸국이라는 게 있다. 물질을 하다가 뭍으로 올라와 한기를 가시며 몸국 한 사발을 먹으면 저절로 온몸에는 화사한 봄이 깃든다. 몸국은 '몸'이라고 하는 '모자반'의 방언형인데 이것으로 돼지뼈를 고아 끓

인 제주 음식이다. 제주도 허영선 시인은 「몸국 한 사발」이라는 시에

> 창밖에 폴폴 눈 내리는 날
> 그리운 바다가 화악 달려들었다
> 단 한 숟갈에도 몸을 살려주던 그것
> 돼지뼈 접쩍뼈
> 한번 질펀하게 우려내 국물을 내고
> 그 말갛게 싱싱한 바다의 몸
> 살짝 밀어 넣어주면
> 순식간에 덮쳐오던 미친 허기
> 그 위로 접착제처럼 끌어당기던
> 배설까지 베지근 보오얀 홀림
> 아무것도 걸칠 것 없는 바다의 식탁
> 몸이 몸을 먹다보면
> 저절로 몸꽃 피어나던.
> 성스러운
> 그 한 사발
> 몸국
>
> — 허영선의 『해녀들』(문학동네, 2018)

'접쩍뼈', '배설', '벳;근', '몸'과 같은 제주방언으로 감싸안은 「몸국 한 사발」을 바다의 식탁에 올려놓고 허기진 배를 단 한 숟갈을 떠먹어도 확 바다가 달려든다. 온 몸에 퍼지는 '몸국(몸국)'은 제주인들의 성서러운 몸이다. 바닷바람에 지친 마음을 달래는 혼이다. 방언의 힘, 몇몇 제주방언 단어가 살아 퍼덕이는 제주 사람들의 역동적인 힘을 느끼게 해 준다.

6) 함경도 방언

이용악의 시에는 함경도 방언이 가로 세로로 직조되어 추억 어린 전경이

펼쳐진다. 이용악의 「낡은집」과 「동면하는 곤충의 노래」에서의 '둥굴소' (항구로 가는 콩실이에 늙은 둥글소/ 모두 없어진 지 오랜 -「낡은집」)는 '황소'를 의미한다. 함경도에서는 암퇘지는 '피게' 또는 '구래미', '구람때지'라 하고 수퇘지는 '수리', '수렁때지'라 하며 '황소'는 '둥구리, 둥굴소'라 한다.

이용악의 '마우재'(울어머닌/ 서투른 마우재 말도 들려주셨지 -「우라지오 가까운 항구에서」)는 러시아 사람을 뜻하는 중국어 '모재毛材[mauzai]'로서 함경도 지역에서 널리 사용된다. 오장환의 시 「고향이 있어서」에도 "나타샤는 마우자 쫓긴 이의 딸/ 나 혼자만 살았느냐"와 같이 '마우자'가 등장한다.

「고독」의 '모초리'(모초리 수염을 꺼리는 허수애비여/ 주띄은 너의 귀에/ 풀피리소리마저/ 멀어졌나봐 -「고독」)는 남북한방언검색프로그램(2003)에 의하면 '메추라기'의 방언형으로 함경북도나 훈춘 지역에서 '모초리', '뫼추리'와 같이 사용된다고 보고하고 있다. 그러나 이 시에서 '모초리'를 메추라기로 본다면 의미 해석이 완전 불가능하다. 메추라기라는 새는 닭목 꿩과의 새로서 몸길이 약 18cm 정도가 되는 겨울새이다. 그러나 이 새는 수염이 없기 때문에 '모초리'를 '메추라기'로 해석할 수 없다. 그렇다면 '모초리'란 무엇일까? '모초리'란 털의 한자어인 '모毛'와 '꼬리' 또는 '닳아서 짧아진 털꼬리'의 의미를 가진 '초리'가 결합된 '털꼬랑지'라는 의미의 함경도 방언이다. 허수아비에게 모지라진 털수염을 다는 것이 어울리지 않듯 '짧은 수염'을 다는 것을 싫어하는 허수아비라는 해석이 적절하다.

「두메산골」의 '물구지떡'(들창을 열면 물구지떡 내음새 내달았다./ 쌍바라지 열어 제치면/ 썩달나무 썩는 냄새 유달리 향그러웠다./ 뒷산에두 봊나무/ 앞산두 군데군데 봊나무 -「두메산골」)의 물구지는 파나 마늘과 비슷하게 생긴 야생초 '무릇'의 함경도 방언이다. '물구지떡'은 물구지(무릇)와 둥굴레의 뿌리를 삶은 다음 여기에 다른 곡물과 섞어 범벅처럼 만든 떡인데 가랑잎에 싸서 먹는다. '당콩'(당콩 너울은 하늘로 하늘로 기어 올라도// (중략) // 도망하고 싶던 너의 아들/ 가슴 한구석이 늘 차가웠길래/ 고향아/ 돼지굴같은 방 등잔불은/ 밤마다 밤새도록 꺼지고 싶지 않았지 -「고향아 꽃은 피지못했다」)은 '강낭콩'의 함경도와 평안도 방언이며, '너울'은 '너출', '넌출'과 함께 함남북에 분포하는 '덩굴'의 방언형이다. 그러므로 '당콩 너울'은 '강낭콩의 덩굴'이라는 의미로, 궁핍하고 열악한 환경에 처해진 고향을 비유적으로 표현하는 것이다.

이용악의 「금붕어」에서 '반츨하다'(반츨한 돌기둥이 안개에 감기듯/ 아물아물 사라질 때면/ 요사스런 웃음이 배암처럼 기어들것만 같애/ 싸늘한 마음에 너는 오시러운 피를 흘린다. -「금붕어」)는 '손때가 묻어 반질반질하다'라는 의미이다. '걱정스럽고 불안하다'라는 의미로 함경도 방언에서는 '오시랍다'가 사용된다. '오시랍다'는 김태균의 『함북방언사전』과 곽충구(1999)에서도 "어떤 일이 걱정이 되어 근심스럽고 불안하다"라는 뜻으로 해석하고 있다. '설룽한'(아무을만의 파선도/ 설룽한 니코리스크의 밤도 완전히 잊으셨다 -「풀벌레 소리 가득 차 있었다」)이라는 시어를 이용악은 자주 사용하고 있다. '썰렁하다'는 뜻의 함경도 방언으로 '(서늘한 기운이 있어) 좀 추운 듯하다', '갑자기 놀라 가슴속에 찬바람이 도는 것 같다', '텅 빈 듯이 휑뎅그렁하다'라는 의미로 사용된다. 「해가 솟으면」(욕괸 나날이 정영 숨가뿐/ 곱새는 등곱새는)에서 '곱새'와 '등곱새'는 모두 곱사등이를 지칭하는 함북 경성 방언이며, '정영'은 부사 '정녕'의 함경도 방언이다. 「밤」에서 '오솝소리'(오솝소리 맥을 버리고/ 가벼이 볼을 만지는 야윈손// 손도 얼굴도 끔찍히 축했으리라만/ 놀라지 말자 -「밤」)라는 말은 참 재미있고 정감 있는 방언이다. 이 '오솝소리'를 윤영천(1988)은 '다소곳'이라고 주석을 달아 두고 있다. 그러나 그보다는 '조용하게(소리없이), 부산을 떨거나 수선을 피지 않고 남모르게 조용조용히'라는 뜻이다. '축하다'는 얼굴이 나 몸이 여윈 모습을 뜻하는 방언이다. 경상 방언에서도 '얼굴이 축나다(얼굴이 여위다)'라는 말을 사용한다.

'부부리'(밤중에 부불을 치어든 새의 무리와 -「벨로우니카에게」)는 '부리'의 함경 방언형이다. '장알'(손바닥을 거울인 양 듸려다보고/ 버릇처럼 장알을 헨다 -「오늘도 이 길을」)은 손바닥에 생긴 '굳은살'을 뜻하는 함경도 방언이다. 노동에 시달린 자의 손바닥에 새겨진 굳은살이 마치 동그스름한 바둑알 모양과 같다하여 생긴 말이다. 무료하게 손바닥을 들여다보며 '장알'을 세는 노동자의 권태와 무료를 잘 드러내 주고 있다. '짜작돌'(짜작돌을 쓸어넣은 듯 흐리터분한 머리에/ 새벽은 한없이 스산하고 -「오늘도 이 길을」)은 '조약돌'의 방언형이다. 함북에서는 '짜갯돌'(온성, 종성, 회령), '짜작돌'(길주)과 같은 방언이 있다. '건치'(피투성이 된 두개골을 건치에 싸서/ 눈물없이 묻어야 한다 -「오늘도 이 길을」)는 표준어로는 말 잔등에 올리는 도구를 가리키는 낱말이지만 함경도 방언에서는 '짚자리'의 의미이다. 그러므로 방언을 표준어로 해석하면 전혀 다른 의미가 될 수밖에 없다. 남북한방언검색시스템(2003)에는 '짚자리'의 함경도 방언 분화형을 다음과 같이 소개하고 있다.

표준어 / 짚자리
건치 <함북>(학성, 학성, 길주, 명천, 무산), 딮까래 <함북>(회령), 딮자리 <함북>(종성), 멍디 <함북>(경성), 멍석 <함북>(명천, 경성, 경흥, 온성, 경원, 무산), 짚까래 <함북>(회령, 무산), 짚깔개 <함북>(학성)
－세종계획(2003), 남북한방언검색시스템

'쫑쿠레'(비 새는 토막에 누더기를 쓰고 앉았나/ 쭝쿠레 앉았나// (중략) // 깊어가는 대륙의 밤-/ 미구에 먼동은 트려니 햇살이 피려니 -「제비 같은 소녀야」)는 '웅크려'의 방언이다. '웅크려' 앉은 모양보다 어감이 더 강하여 더욱 궁색스러워 보이는 효과를 보인다. '백탕'(뜨거운 백탕을 훌훌 마이며 차마 어질게 살아보리 -「길」)은 배추 따위를 넣지 않고 된장만을 넣어 멀겋게 끓인 국을 뜻하는 함북 방언이다. '마이며'는 '마시며'의 전형적인 함북 방언으로 음운 변화가 특이한 예이다. 마음과 몸을 녹이는 음식으로 술과 차 대신에 마시는 '백탕'은 가난한 삶을 형상화하는 데 더없이 큰 기여를 하고 있다. 「하늘만 곱구나」에서 '띠팡'(띠팡을 떠날 때 강을 건늘 때 조선으로 돌아가면 빼앗겼던 땅에서 농사지으며 가 갸 거 겨 배운다더니 조선으로 돌아 와도 집도 고향도 없고 -「하늘만 곱구나」)을 윤영천(1988)은 '움막'이라 하였으나 곽충구(2001)는 '한 지주가 소유한 토지 지역'을 일컫는다고 보고 있다. '띠팡을 떠날 때'라는 시 구절은 '소작살이를 하던 지주의 관할 지역을 떠날 때'라는 뜻으로 풀이된다. 여기서는 북간도의 중국인 지주의 땅에 살다가 그곳을 떠난다는 의미로 해석되어야 한다.

　백석의 시에서는 순박한 향토적인 방언을 최대한 활용하고 있다. 백석이 보여 주는 옛것에 대한 애착을 당시 유행하던 모더니즘에 대한 반발로써 단순한 상고취향上古趣向이라고 폄하해서는 안 된다. 백석 시의 상고적 취향은 고향으로 회귀하려는 구심력의 힘을 발휘하는 도구이며, 백석의 내면세계에 고향을 그리워하는 증후군을 형성했다는 증거이기도 하다. 그의 시를 살펴보면 고향의 촌락 생활의 세목들인 동식물, 민속, 음식 등 전반에 걸쳐 방언 시어들이 군락群落을 형성하고 있다.

　한 편의 시 속에서 고향 촌락의 다양한 세목들과 전설적인 설화가 어울려 빚어내는 「가즈랑집」이라는 작품을 중심으로 방언이 어떤 역할을 하고 있는지 살펴보자.

　　승냥이가 새끼를 치는 전에는 쇠메 든 도적이 났다는 가즈랑고개

가즈랑집은 고개 밑의
산 너머 마을서 도야지를 잃은 밤 짐승을 쫓는 깽제미 소리가 무서웁게 들려오는 집
닭 개 짐승을 못 놓는
멧도야지와 이웃사춘을 지나는 집

예순이 넘은 아들 없는 가즈랑집 할머니는 중같이 정해서 할머니가 마을을 가면
긴 담뱃대에 독하다는 막써레기를 몇 대라도 붙이라고 하면

간밤엔 섬돌 아래 승냥이가 왔었다는 이야기
어느메 산골에선간 곰이 아이를 본다는 이야기

나는 돌나물김치에 백설기를 먹으며
옛말의 구신집에 있는 듯이
가즈랑집 할머니
내가 날 때 죽은 누이도 날 때
무명필에 이름을 써서 백지 달어서 구신간시렁의 당즈깨에 넣어 대감님께 수영을 들였다는 가즈랑집 할머니
언제나 병을 앓을 때면
신장님 단련이라고 하는 가즈랑집 할머니
구신의 딸이라고 생각하면 슬퍼졌다

토끼도 살이 오른다는 때 아르대즘퍼리에서 제비꼬리 마타리 쇠조지 가지취 고비 고사리 두릅순 회순 산나물을 하는 가즈랑집 할머니를 따르며
나는 벌써 달디단 물구지우림 둥굴레우림을 생각하고
아직 멀은 도토리묵 도토리범벅까지도 그리워한다

뒤울안 살구마무 아래서 광살구를 찾다가
살구벼락을 맞고 울다가 웃는 나를 보고
밑구멍에 털이 몇 자나 났나 보자고 한 것은 가즈랑집 할머니다
찰복숭아를 먹다가 씨를 삼키고는 죽는 것만 같아 하루종일 놀지도 못하고 밥도 안 먹은 것도

> 가즈랑집에 마을을 가서
> 당세 먹은 강아지같이 좋아라고 집오래를 설레다가였다
>
> — 백석, 「가즈랑집」

「가즈랑집」은 시인의 유년 시절의 추억인 가즈랑 고개의 무당 할머니와 얽힌 몇 가지 에피소드로 엮어진 서사적 구성을 하고 있다. 첫째, 산짐승인 승냥이가 있던 그 옛날에는 산적인 도둑이 출몰했던 가즈랑 고개에 얽힌 전설같은 추억, 둘째, 산짐승이 가축을 물어간 이야기를 들려주던 신당집 가즈랑 할머니에게 태어나자말자 시렁에 올려 수양아들로 팔렸던 태생의 이야기, 셋째, 시골 토속음식을 얻어먹으며 따라다녔던 가즈랑집 할머니에 대한 추억, 넷째, 울다가 웃으면 밑구멍에 털난다는 개구쟁이 어린 시절의 추억이 이 시에 가로세로로 교직을 이루고 있다. 이러한 사건의 그물망 사이에는 토속적인 방언들로 꼭꼭 메워져 있다. 이 시에서는 동물이나 식물 이름, 음식 이름, 가옥 이름, 민속과 관련된 이름 하나하나에서부터, 질병 이름, 놀이 이름에 이르기까지 매우 다양한 평안도 방언들이 나타난다. 마치 평안도 민속어 사전이라고 할 정도의 다양한 토속어가 오롯이 모여서 한 편의 작품을 구성하고 있다.

'가즈랑집'은 쇠메를 든 도둑과 '승냥이'가 출몰할 만큼 외딴 집이다. 승냥이는 몸길이 120~130cm 정도의 개과의 동물로, 큰 개와 비슷하나 개보다 이마가 더 넓고 주둥이가 더 뾰족하며, 꼬리털이 길어 발뒤축까지 내려온다. 마을로 내려와 집짐승을 잡아먹는 무서운 산짐승이다. '개니빠니(개의 이빨), 닭이짖 올코(닭의 깃털을 붙여서 만든 올가미), 덜거기(장기), 도적괭이(도둑고양이), 마톤(말과 돼지), 매지(망아지), 멧돝(멧돼지), 물닭(뜸북새), 복장노루(고라니. 사슴과에 딸린 짐승), 상사말(야생마), 센개(털빛이 흰 개), 소리개(솔개), 엄지(짐승의 어미), 자즌닭(자주 우는 새벽닭), 짝새(뱁새), 튀튀새(개똥지빠귀), 홍계닭(새벽닭), 홰냥닭(홰에 올라앉은 닭), 또요

(도요새)'와 같이 동물이나 새의 이름 외에도 '섶벌(울타리 옆에 놓아 치는 벌통에서 꿀을 따 모으려고 분주히 드나드는 재래종 꿀벌), 버러지(벌레), 구덕살이(구더기), 돌우래(말똥구리나 땅강아지와 비슷하나 크기는 좀 더 크다. 땅을 파고 다니며 '오르오르' 소리를 낸다. 특히 콩밭에 들어가서 땅을 판다), 돝벌기(돼지벌레), 박각시(박각시나방), 번디(번데기), 자벌기(자벌레), 주락시(주락시 나방), 팟중이(메뚜기과에 속하는 곤충)'와 같은 곤충 이름이 나타난다. 백석의 다른 작품에서도 수십 가지의 짐승과 동물 그리고 날것, 물것 등의 이름이 방언으로 구사된다. 백석의 시에 등장하는 야생 동물, 가축, 물고기, 곤충 따위의 이름은 무려 72종이나 된다.

'가즈랑집'을 비롯하여 가즈랑 고개 마을의 '섬돌', '구신집(귀신집), 시렁, 당즈깨(당세기), 뒤울안(뒤안), 오래(골목)'과 같이 집을 구성하는 다양한 이름과 마을 골목골목의 민속적인 전경도 평안도 방언으로 펼쳐내고 있다. '곱새녕(초가의 용마루나 토담 위를 덮는 짚으로 엮은 이엉), 곱새담(풀, 짚으로 엮어서 만든 담), 구신간시렁(걸립乞粒: 귀신을 모셔 놓은 시렁), 굴통(굴뚝), 나무말쿠지(나무로 만든 옷걸이), 넘언집(산너머, 고개 너머의 집), 녕(이엉), 모도리(모서리), 돌능와집(얇은 돌조각으로 지붕을 인 집), 뒤우란(뒷마당), 들지고방(들문만 나 있는 고방), 딜옹배기(아주 작은 자배기), 말쿠지(벽에 옷 같은 것을 걸기 위해 박아놓은 큰 나무못), 바람벽(집안의 안벽), 박우물(바가지로 물을 뜨는 얕은 우물), 북덕불(짚북더기를 태운 불), 사기방등(흙으로 빚어서 구운, 방에서 켜는 등), 삿(갈대를 엮어서 만든 자리), 섬돌(토방돌), 신뚝(방이나 마루 앞에 신발을 올리도록 놓아둔 돌), 아르굴(아랫목), 아릇간(아랫방), 안간(안방), 앙궁(아궁이), 영동楹棟(기둥과 서까래), 울장(울타리), 울파주(대, 수수깡, 갈대, 사리 등을 엮어 놓은 울타리), 재통(변소), 잿다리(재래식 변소에 걸쳐 놓은 두 개의 나무), 조앙님(조왕신竈王神), 집오래(집의 울 안팎), 청눙(마을 입구의 그늘진 곳 도는 야산

끄트머리 그늘진 곳), 토방(마루를 놓을 수 있는 처마 밑의 땅), 토방돌(섬돌), 햇檎방석(햇칡방석), 화라지송침(소나무 옆가지를 쳐서 칡덩굴이나 새끼줄로 묶어 땔감으로 장만한 다발), 마가리(오막살이), 국수당(서낭당)'과 같이 일상생활과 관련된 매우 다양한 토박이말들이 등장한다.

백석의 시에는 풀, 나물, 나무나 열매 등 다양한 식물 이름의 방언이 나타난다. 다음 식물과 관련된 시어에 대해 살펴보자. "토끼도 살이 오른다는 때 아르대즘퍼리에서 제비꼬리 마타리 쇠조지 가지취 고비 고사리 두릅순 회순 산나물을 하는 가즈랑집 할머니를 따르며/ 나는 벌써 달디단 물구지우림 둥굴레우림을 생각하고/ 아직 멀은 도토리묵 도토리범벅까지도 그리워한다"에서처럼 '아르대즘퍼리, 제비꼬리, 마타리, 쇠조지, 가지취, 고비, 고사리, 두릅순, 회순'과 같은 산나물이며 '물구지, 둥굴레' 등 온갖 나무 이름과 풀이름이 나타난다. '게루기(게로기), 무이밭(무밭), 물외(오이), 벌배채(들의 배추), 아주까리(피마자麻子), 뻐국채(국화과의 여러해살이 풀), 수리취(국화과에 속하는 다년초로 야산에 자생하며 어린 잎은 식용함), 장풍(창포)'과 같은 채소나 풀이름뿐만 아니라 '개지꽃(나팔꽃), 쉬영꽃(수영꽃), 광살구(너무 익어 저절로 떨어지게 된 살구), 들쭉(들쭉. 들쭉나무의 열매), 벌배(산과 들에 저절로 나는 야생 배), 귀이리(귀리), 당콩(강낭콩), 당콩순(강낭콩순), 나이금(나이테), 민나무뒝치(나무의 속을 파서 만든 조그마한 뒤웅박), 돌배(야생 배나무에서 나는 열매), 들매나무(산딸나무), 복숭남ㄱ(복숭아 나무), 수무나무(느릅나무과에 속하는 낙엽 활엽 교목), 열배(아직 채 익지 않은 풋배), 이스라치전(앵두가 지천에 깔려 펼쳐져 모여 있는 곳), 임금林檎나무(능금(사과)나무), 자류柘榴(오디), 천두(천도 복숭아), 청배(청배나무의 열매), 취향리梨(중국의 배)'와 같은 식물의 이름이 나타난다. 식물적 소재들은 도합 79종이나 되는데 거의 모두가 시골 생활에서 흔히 볼 수 있는 것들이다. 이 식물들은 동물들의 이미지와 어울려 조용하고 평화스러운 민중적인 삶의 분위기를 한층 자아내는 데 이바지하고 있다. 그런 점에서 백석의 시는 동물성과 식물성의 구별이 느껴지지 않는 합일 공간을 형성하고 있다.

백석의 시에는 또한 매우 다양한 전통 향촌 음식이 등장한다. 「가즈랑집」에서도 "나는 돌나물김치에 백설기를 먹으며"라든가 "가즈랑집 할머니를 따르며/ 나는 벌써 달디단 물구지우림 둥굴레우림을 생각하고/ 아직 멀은 도토리묵 도토리범벅까지도 그리워한다"와 같이 '돌나물김치, 백설기, 물구지우림, 둥굴레우림, 도토리묵, 도토리범벅' 등 다양한 토속 음식이 등장한다. 백석 시에 나타나는 먹거리의 종류가 150종에 이르며 그의 시 95편 중 67편에 등장할 정도라고 한다.(고형진, 2004) 그 이름을 살펴보면 모두 우리 추억 속의 먹거리들이다.

'막써레기, 가지취, 고비, 고사리, 곰국, 광살구, 날버들치, 호박잎에 싸오는 내빌물, 무감자, 니차떡, 도야지 비게, 도토리묵, 도토리범벅, 돌나물김치, 두릅순, 두부, 두부산적, 둥굴레우림, 마타리, 무이징게국, 물구지우림, 반디젓, 인절미, 밤소, 백설기, 붕어곰, 미역국, 술국, 추탕, 뺏운 잔디, 소, 송구떡, 쇠든 밤, 쇠조지, 시라리타래, 개구리의 뒷다리, 엿, 송이버섯, 옥수수, 왕밤, 은행여름, 제비꼬리, 조개송편, 죈두기 송편, 찰복숭아, 찹쌀탁주, 콩가루차떡, 콩나물, 팥소, 설탕든 콩가루소, 회순, 노루고기, 산나물, 조개, 김, 소라, 굴, 미역, 참치회, 청배, 임금알, 벌배, 돌배, 떨배, 오리, 육미탕, 금귤, 전복회, 해삼, 도미, 가재미, 파래, 아개미젓, 호루기젓, 대구, 건반밥, 명태창란젓에 고추무거리에 막칼질한 무이를 비벼 익힌 것, 흰밥, 튀각, 자반, 머루, 꿀, 오가리, 석박디, 생강, 파, 청각, 마늘, 국수, 모밀가루, 떡, 모밀국수, 달재생선, 진장, 명태, 꽃조개, 물외, 꼴두기, 당콩밥, 가지냉국, 싱싱한 산꿩의 고기, 김치가재미, 동티미국, 밤참국수, 게산이알, 취향이돌배, 만두, 섭누에 번디, 콩기름, 귀이리차, 칠성고기, 쏘가리, 35도 소주, 시래기국에 소피를 넣고 끓인 술국, 도야지 고기, 기장차떡, 기장쌀, 기장차랍, 기장감주, 기장쌀로 쑨 호박죽, 보탕, 식혜, 산적, 나물지짐, 반봉과일, 오두미, 수박씨, 호박씨, 멧돌, 겨울밤, 쩡하니 닉은 동티미국, 얼얼한 댕추가루, 수육을 삶는 육수국 내음새, 감주, 대구국, 닭의 똥, 연소탕, 원소라는 중국떡, 뻑꾹채, 게루기, 약물, 깨죽, 문주, 백중물' 등 148종이 넘는다.

또한 백석의 시에 나타난 음식들은 모두 일반 서민들이 먹는 일상적인 것들이다. 이 가운데는 시골 아이들이 어릴 적에 주워 먹던 길바닥의 닭똥도 있고, 젓갈에 가자미식혜 등의 바닷가 지역 음식도 보인다. 백석 시에는 구중궁궐 임금님의 수라상에나 오르는 맛깔스러운 고급 전통음식이 아니라 향촌 서민들이 즐겨 먹던 음식들이 등장하며, 또한 모두 늦은 밤을 배경으로 하고 있다. 할머니나 어머니로부터 도란도란 옛이야기를 들으면서 또는 또래들과 어울려 밤늦도록 놀이를 하면서 놀다가 허기를 메우기 위한 상황에서 등장하는 음식들이다. 명절과 관련된 전통 음식 이야기들이 회상의 방식으로 등장하기도 한다. 그래서 소박한 향토 음식의 이름들이 자연스럽게 방언으로 기억되는 것이다.

「국수」,「선우사」 등은 아예 음식을 소재로 한 작품들이다. 백석의 시에 나타나는 먹거리는 크게 3가지 유형으로 구분할 수 있다.

첫째, 유아기의 놀이와 연관하여 먹거리를 정겹게 나누어 먹는 유형이 있다. 어린 시절의 추억으로 제일 먼저 떠올릴 수 있는 것이 아이들과 더불어 놀고 함께 먹거리를 나누어 먹던 모습이다.

> 짝새가 발뿌리에서 날은 논드렁에서 아이들은 개구리 뒷다리를 구어먹었다// 게구멍을 쑤시다 물쿤하고 배암을 잡은 늪의 피 같은 물이끼에 햇볕이 따그웠다// 돌다리에 앉어 날버들치를 먹고 몸을 말리는 아이들은 물총새가 되었다
> — 백석,「하답夏踏」

시골 향촌 사회의 실상을 그대로 드러내 보여 주는 「하답夏踏」에서 등장하는 먹거리라곤 보잘것없는 개구리 뒷다리 구이나 '게', '배암', '날버들치'와 같은 민물고기류들이다. 이와 함께 백석의 시에 등장하는 어패류들은 아래와 같다. '달재(달강어達江魚), 버들치(버들개), 붕어, 새끼달은치(새끼다랑치), 아개미(아가미), 장고기(농다리와 비슷한 잔고기), 칠성고기(망둥이와 비슷한 고기), 호루기(주꾸미와 비슷하게 생긴 해산물), 고동(가무락조개), 갈거이(옆으로 가는 게), 게사니(거위), 농다리(늪에 사는 제일 작은 물고기), 지렝이(지렁이), 콩조개(아주 작은 조개)' 등이다.

둘째는 깊은 밤에 할머니나 어머니로부터 이야기를 들으며, 또는 또래들과 어울려 장난을 치거나 놀이를 하다가 허기짐을 메우기 위해 밤참을 먹는 유형이다.

> 토끼도 살이 오른다는 때 아르대즘퍼리에서 제비꼬리 마타리 쇠조지 가지취 고비 고사리 두릅순 회순 산나물을 하는 가즈랑집 할머니를 따르며
> 나는 벌써 달디단 물구지우림 둥굴레우림을 생각하고
> 아직 멀은 도토리묵 도토리범벅까지도 그리워한다
> — 백석, 「가즈랑집」

> 당콩밥에 가지 냉국의 저녁을 먹고 나서
> 바가지꽃 하이얀 지붕에 박각시 주락시 붕붕 날아오면
> 집은 안팎 문을 횅하니 열젖기고
> 인간들은 모두 뒷등성으로 올라 멍석자리를 하고 바람을 쐬이는데
> 풀밭에는 어느새 하이얀 대림질감들이 한불 널리고
> 돌우래며 팟중이 산 옆이 들썩하니 울어댄다
> 이리하여 하늘에 별이 잔콩 마당 같고
> 강낭밭에 이슬이 비 오듯 하는 밤이 된다
> — 백석, 「박각시 오는 저녁」

「가즈랑집」은 신이 내린 당집 할머니를 따라 나물을 캐다가 느닷없이 '물구지우림'이나 '둥굴레범벅'과 '도토리묵', '도토리범벅'을 먹고 싶다는 일상의 욕망을 그대로 나타내고 있다. 백석 시에서는 다양한 음식의 재료나 음식 또는 반찬이나 군것질거리까지 매우 섬세하게 표현되어 있다. 예를 들면 '가재미선(가자미식혜), 개장취념(각자가 돈을 내어 개장국을 끓여 먹는 것), 건반밥(잔치 때 쓰는 약밥), 나물매(나물과 밥), 떡당이(떡덩이), 니차떡(이차떡), 송구떡(송기松肌떡), 좀두기송편(드기 모양처럼 작고 동그랗게 빚은 송편), 원소(원소절에 먹는 떡), 당세(당수, 곡식 가루에 술을 쳐서 미음처럼 쑨 음식), 댕추가루(당초가루), 뚜물(쌀을 일고 난 뿌연 물), 모밀내(메밀 냄새), 구지우림(무릇의 알뿌리를 물에 담가 쓴맛을 우려낸 것), 무이징게국(민물새우에 무를 숭덩숭덩 썰어 넣고 끓인 국), 문주(빈대떡 또는 부침개), 미역오리(미역줄기), 산국(산모가 먹는 미역국), 석박디(섞박지), 성궁미(부처에게 바치는 쌀), 시라리타래(시래기를 길게 엮은 타래), 오가리(박, 무, 호박 따위의 살을 오리거나 썰어서 말린 것), 저녁술(저녁밥 또는 저녁숟갈), 제주병(제사에 쓰이는 술병), 진장陳醬(진간장), 질게(반찬), 청밀(꿀), 탄수(식초)'와 같은 매우 다양한 먹거리를 작품 속에 나열한 것은 기층민들의 정신을 강조하는, 그리고 그들의 일체감을 강화해 주는 장치이다. 백석은 이러한 장치를 동화적 상상력에 기초하여 그 소재들을 처리하고 있다.

셋째 유형의 먹거리들은 세시 풍속과 연관되거나 친족이나 가족 집단과 연결 짓는 일종의 제의적 음식으로도 나타나고 있다. 이 점에 대해서 유종호(2002)는 '일상의 제식화 성향'이라고 보고 있다.

명절날 나는 엄매와 아배따라 우리집 개는 나를 따라 진할머니 진할아버지가 있는 큰집으로 가면 (중략) 이 그득히들 할머니 할아버지가 있는 안간들에들 모여서 방안에서는 새옷의 내음새가 나고 또 인절미 송구떡 콩가루차떡 내음새도 나고 끼때의 두부와 콩나물과 뽂은 잔디와 고사리와 도야지 비계는 모두 선득선득하니 찬 것들이다.

— 백석, 「여우난골족」

내일같이 명절날인 밤은 부엌에서 째듯하니 불이 밝고 솥뚜껑이 놀으면 구수한 내음새 곰국이 무르끓고 방안에는 일가집 할머니가 와서 마을의 소문을 펴며 조개송편에 달송편에 죈두기송편에 떡을 빚는 곁에서 나는 밤소 팥소 설탕 든 콩가루소를 먹으며 설탕 든 콩가루소가 가장 맛있다고 생각한다.

— 백석, 「고야」

「여우난골족」은 설날을 배경으로 하고 있다. 일가친척과 사람들이 모이고 여기에 '인절미', '송구떡(송기떡)', '콩가루차떡'과 '두부', '콩나물', '뽂운 잔디', '고사리', '도야지 비계(돼지비계)'와 같은 제사 음식들이 소개된다. 「고야」에서는 추석 전날인 듯, '조개송편', '달송편', '죈두기송편', '콩가루소' 등 매우 다양한 떡의 종류와 또 떡 안에 넣는 '소'와 구수한 '곰국'이 등장한다.

백석의 시에 나타나는 음식 먹는 모습은 혼자가 아니라 늘 또래 친구, 친척이나 혹은 이웃 사람들과 함께 먹는 모습으로 등장한다. 여럿이 더불어 나누어 먹으면서 도란도란 모여 이야기하는 모습들이다. 등장하는 또래 친구나 이웃 친척들은 한결같이 잘난 사람이 아니라 늘 가까이에서 함께 사는 소박한 변두리 사람들이다. 그리고 그들이 정을 나누고 살아가는 이야기를 공유할 수 있는 열려 있는 공간에서 연계성을 강화시켜 주는 장치로 음식이 등장한다. 그 먹거리는 변두리 사람들을 일체화해 주는 도구이자 수단이다. 때로는 이러한 자동기술적 나열의 상투적 수법 때문에 시의 긴장을 깨뜨리는 위험을 내포하고 있지만 그 자체가 바로 민중적 담화 방식이다. 백석의 시에서 먹거리를 더불어 나누어 먹는 곳은 늘 '엄매(엄마), 큰마니(할머니), 친 갓사둔(새사돈), 고무(고모), 기수네(가시내), 당조카(장조카), 동세(동서

同壻), 집난이(출가한 딸을 친정에서 부르는 말)'들이 함께 하는 가족 공동체 또는 이웃 공동체라는 공간이라는 점이다.

> 저녁술을 놓은 아이들은 외양간섶 밭마당에 달린 배나무동산에서 쥐잡이를 하고 숨굴막질을 하고 꼬리잡기를하고 가마 타고 시집가는 놀음 말 타고 장가가는 놀음을 하고 이렇게 밤이 어둡도록 북적하니 논다/ 밤이 깊어가는 집안엔 엄매는 엄매들끼리 아룻간에서들 웃고 이야기하고 아이들은 아이들끼리 웃간 한 방을 잡고 조아질하고 쌈방이 굴리고 바람깨비돌림하고 호박떼기하고 제비손이 구손이하고 이렇게 하디의 사기방등에 심지를 몇 번이나 돋구고
>
> — 백석, 「여우난골족」

백석의 시에서는 아이들의 놀이가 먹거리와 함께 매우 중요한 소재를 이루고 있다. 「여우난골족」에서 '쥐잡이', '숨굴막질(숨박꼭질)', '꼬리잡기', '시집 장가가기 놀음', '조아질', '쌈방이굴리기(주사위굴리기)', '바람깨비돌림', '호박떼기', '제비손이구손이(다리를 마주끼고 손으로 다리를 차례로 세며 노는 놀이)' 등의 유아놀이가 등장한다. 그 외에도 '바리깨돌림(주발 뚜껑을 돌리며 노는 아동들의 유희)', '광대넘이(앞으로 온몸을 굴리며 노는 유희)', '조마구(옛 설화 속에 나오는 키가 매우 작다는 난쟁이)' 등의 놀이는 어둡고 어려웠던 시절에 민족적 동질성을 확인시켜 주는 통로였던 것이다. 백석은 이러한 통로를 지켜 서서 일상적 삶의 사소한 편린 하나도 버리지 않고 시적 소재로 활용하고 있다.

7) 평안도 방언

김소월의 『진달래꽃』(매문사, 1925)에 실렸던 「기억」이라는 시의 1연에서는 무려 5군데나 의미 해석이 불가능한 단어가 나온다. 이를 표준어로 옮기는 과정에서 『진달래꽃』(미래사, 1991)에서는 여러 군데 오류를 범하

였다. '싁밋업시'(달 아래 싁밋업시 섯든 그 女子), '적이'(햇슥한 그얼골 적이 파릇함.), '실벗듯한'(다시금 실벗듯한 가지아래서/ 식컴은 머리씰은 번쩍어리며), '머리씰'(다시금 실벗듯한 가지아래서/ 식컴은 머리씰은 번쩍어리며), '숫고'(平壤의 긴단쟝은 숫고가든ㅅ대)와 같은 낱말은 『표준국어대사전』에도 실려 있지 않은 낱말이다.

소월의 시를 읽다가 이러한 난해한 낱말을 이해하려면 어떻게 해야 할까? 국립국어원에서 만든 『표준』에서는 규범성만을 강조한 나머지 표준어가 아닌 방언은 버려야 할 대상으로 취급하여 사전에 싣지도 않았다. 사전에 없으니 몇몇 이해되지 않는 향토색 짙은 시어는 해석할 길이 없게 되었다.

소월은 '싁멋업시'란 낱말을 「팔베개 노래조」의 서사에서와 「시초」에서도 "다만 때때로 시멋없이 그늘진 뜰까를 혼자 두루 거닐고는 할 뿐이었노라."처럼 사용하였다. '싁밋없이'라는 낱말은 '멋쩍게'라는 의미의 평안 방언이지만 『평북방언사전』에도 보이지 않아 그 의미를 정확하게 확인하기는 쉽지 않다. 이기문(1983)은 '무슨 생각이라고 할 만한 것도 없이 망연히 있음'을 뜻한다고 설명하고 있으며, 이남호(1985)도 이 설명을 그대로 수용하고 있다. 이 낱말은 어원적으로 중세어의 '스뭇ᄒ다(依然)', '스므시'와 관련이 있는 것으로 생각된다. '실벗듯한'은 '실'이 '뻗듯한'과 같은 의미로 해석되어야 함에도 불구하고 '실벗듯한'으로 교열함으로써 무슨 의미인지 알 수 없다. '머리씰'은 '머리카락'의 방언형이다. 남북한방언검색시스템(2003)에서 '머리카락'의 평안도 방언형 중 유사한 낱말들이 발견된다.

끄대기 <평남>(개천, 영원), 끄대지 <평북>(벽동), 끄댕기 <평남>(영원), 끄댕이 <평남>(평원), 머리까락 <경남>(진주) <함북>(학성, 길주, 명천, 경성, 청진, 부령, 경원, 무산), 머리깔 <강원>(김화) <평남> <평북>(구성, 박천, 벽동, 삭주, 선천, 영변, 용천, 운산, 위원, 의주, 자성, 정주, 철산, 태천, 희천, 후창) <황해>,

머리깔 <평남>(성천, 순천), 머리끌 <평북>(구성), 머리끼 <함남> <함북>, 머리낄 <평북>(신의주, 의주, 성천, 용천, 태천, 구성, 창성, 벽동, 위원, 강계, 자성), 머리오리 <함남> <함북>, 머리카락 <평북>(창성, 초산) <함북>(명천, 경원), 머리칼 <함북>(경성, 무산) <황해>(옹진, 장연, 해주)

- 세종계획(2003), 남북한방언검색시스템

「오는 봄」에서도 "수풀밋테 서리운 머리낄들은/ 거름거름 괴로히 발에 감겨라."에서도 나타난다. '머리낄'이 '머리카락'의 방언형임은 분명하다. 그러나 『진달래꽃』(미래사, 1991)에서는 『표준국어대사전』에도 올라와 있지 않은 '머리길'이라는 낱말로 교열함으로써 엄청난 오류를 범하고 있다. '슷고'도 '톕고'로 교열하였으나 뚜렷한 근거를 찾기 힘이 든다. '슷고'는 '담벼락을 손가락으로 살짝 대어 스치고 지나가는 모습'을 의미한다. 그러니까 '스치고'로 교열하는 것이 타당할 것이다. 부사 '적이'는 '약간, 다소, 얼마간, 조금'의 의미를 지니고 있다.(世尊하 願 져기 사겨 니르쇼셔 -『月釋 18:23』)

대중가수 정미조가 가요로 불러서 80년대에 인기를 끈 노랫말이었던 「개여울」이라는 시에서 '잔물'(당신은 무슨 일로/ 그리합니까?/ 홀로이 개여울에 주저 앉아서// 파릇한 풀포기가/ 돋아나오고/ 잔물은 봄바람에 해적일 때에 -「개여울」)은 '작은 못'의 의미를 지닌 방언이다. 「개여울」의 '해적이다'와 「풀따기」의 '해적해적'(흘러가는 시내의 물에 흘러서/ 내어던진 풀잎은 옅게 떠갈 제/ 물살이 해적해적 품을 헤쳐요 -「풀따기」)이라는 낱말은 모두 『표준대국어사전』에서는 찾아볼 수 없다. '해적이다'는 '무엇을 헤쳐서 들추어내다'라는 의미를 가진 방언이다. 남부 방언에서도 '희적거리다, 해적거리다'라는 말이 있는 점을 고려해 본다면 '잔물은 봄바람에 해적일 때에'라는 시구절은 '봄바람이 작은 연못 물결을 헤쳐낼 때에', 또는 '작은 연못 물결이 봄바람 때문에 일 때에'라는 의미로 이해된다. '해적해적'은

'해적'이 반복 사용된 것으로 연속된 동작성을 나타내는 말이다. '해적이다'는 '해우적거리다 또는 남실거리다'라는 의미를 지니고 있다.

김억(1939)편 『소월시초』에 '축업은'(한때는 많은 날을 당신 생각에/ 밤까지 새운 일도 없지 않지만/ 아직도 때마다는 당신 생각에/ 축업은 베갯가의 꿈은 있지만 -「님에게」)으로 동일하게 표기된 것이 미래사에서 출판한 『진달래꽃』에서는 '축업은'(「님에게」), '추거운'(「여자의 냄새」)으로 달리 표기가 되어 있다. '추접다'라는 방언을 잘못 이해한 결과로 동일한 시어를 이처럼 서로 다르게 교열해 버린 것이다. 이 '축업은(추접은)'은 평북 방언으로 '추접다, 추거워'로 변칙 활용을 하며 '축축하다'의 뜻을 가지고 있다. 아마 '축축하다'의 '축-'에 파생 접미사 '-업-'이 결합하여 파생된 낱말일 것이다. '축축하다'보다 물기가 빠진 상태를 '눅눅하다'라고 하는데 이 '눅눅하다'의 방언형인 '누겁다' 역시 소월의 「오과의 읍」에 나타난다. 아마 '누겁다'(누운 곳이 차차로/ 누거워 오니 -「오과의 읍」)는 '추접다'에서 운율을 고려하여 만든 말일 가능성이 높다.

"눈들은 비단 안개에 둘리울 때/ 그때는 홀목숨은 못살 때러라/ 눈 풀리는 가지에 당치마 귀로/ 젊은 계집 목매고 달릴 때러라"(「비단 안개」)에서 보이는 '둘리울', '홀목숨', '당치마'와 같은 낱말 역시 『표준국어대사전』에도 실리지 않은 말이다. '둘리울'은 '두르-'에 '-이-'와 '-우-' 이중의 사동 접사가 결합된 방언형으로 보인다. '홀목숨'은 '홀-'이라는 접두사와 '목숨'이 결합한 파생어이다. 「가을 아침에」라는 시에서 '가주난'(눈물에 싸여 오는 모든 기억은 피 흘린 상처조차 아직 새로운/ 가주난 아기같이 울며 서두는/ 내 영을 에워싸고 속살거려라 -「가을 아침에」)은 '갓난'의 방언형이다. '갓난아기'를 '가즈난아'(함북), '가즈난어르나'(함북)라고 하는 방언형들이 있다. 그 외에 '퍼스레한'은 '푸르스럼한'의 의미로 '어스러히'는 '짙지 않게'라는 의미로 사용된다.

그는 야젓이 나의 팔 위에 누워라/ 그러나, 그래도 그러나!// (중략) //깨어서도 늘, 길거리의 사람을/ 밝은 대낮에 빗보고는 하노라
- 김소월, 「꿈으로 오는 한 사람」

붉은 전등./ 푸른 전등./ 널따란 거리면 푸른 전등./ 막다른 골목이면 붉은 전등./ 전등은 반짝입니다./ 전등은 그물입니다./ 전등은 또다시 어스렷합니다.
- 김소월, 「서울밤」

함께 하려노라, 비난수하는 나의 맘,
- 김소월, 「비난수하는 맘」

내몸은 생각에잠잠할ㅅ대, 희미한수풀로서 村家의厄맥이祭지나는 불빗츤 새여오며, 이윽고, 비난수도머구리소리와함ㅅ게 자자저라.
- 김소월, 「묵념默念」

「꿈으로 오는 한 사람」에서 '야젓이'는 '살며시'라는 의미의 방언이며, '빗보고는'은 '낮추어보고는'이라는 의미를 지닌 방언이다. 또한 「서울밤」에서 '어스렷합니다'는 '또렷하지 않고 어슴푸레하다'라는 의미의 방언이다. 「비난수하는 맘」이나 「묵념」의 '비난수'라는 낱말의 의미는 확실하지 않다. 정주 방언에서 무당이나 소경이 귀신에게 비는 말을 '비난수'라 한다. 일반인도 '국수당' 서낭당에서 '비난수'를 한다고 한다. 같은 정주 출신인 백석의 시 「오금덩이라는곧」의 "어스럼저녁 국수당돌각담의 수무나무가지에 녀귀의 탱을 걸고 나물매 갖후어놓고 비난수하는 젊은새악시들"에도 그 예가 보인다.

"밤마다 닭 소리라 날이 첫 시면/ 당신의 넋맞이러 나가 볼 때요/ 그믐에 지는 달이 산에 걸리면/ 당신의 길신가리 차릴 때외다."(「님의 말씀」)에서 '넋맞이러'는 원본에서는 '넉마지로'인데 이남호(1985)의 경우 '넋 맞으러'

로 교열하였다. 그 의미 파악에 큰 무리는 없으나 정확한 의미를 파악해 보자면, 원전에서 '넋마지'는 '넋-'과 '맞-'의 복합어에 다시 파생접사 '-이'가 결합하여 '넋맞이'가 형성되었다. 그런데 '-로'가 '방향', '방법', '수단'의 의미 기능뿐만 아니라 '의도'의 의미 기능을 함으로써 '넋마지로'는 '넋을 맞이하러'라는 의미로 사용되었다. '길신가리'는 사람이 죽은 뒤에 갈 길을 인도하기 위하여 소경을 데려다가 상여가 지나갈 길을 밝게 하는 '길신 가린다'라고 하는 풍습이 있다고 한다. '넋맞이'와 '길신가리'는 민속 신앙과 관련이 있는 말들이다.

> 그러나 집 잃은 내 몸이여,/ 바라건대는 우리에게 우리의 보습 대일 땅이 있었더면!/ 이처럼 떠돌으랴, 아침에 저물손에/ 새라 새로운 탄식을 얻으면서
> — 김소월, 「바라건대는 우리에게 우리의 보습 대일 땅이 있었더면」

> 마소의 무리와 사람들은 돌아들고, 적적히 빈 들에,/ 엉머구리 소리 우거져라./ 푸른 하늘은 더욱 낮추면, 먼 산 비탈길 어둔데/ 우뚝우뚝한 드높은 나무, 잘 새도 깃들여라.// 볼수록 넓은 벌의/ 물빛을 물끄러미 들여다보며/ 고개 수그리고 박은 듯이 홀로 서서/ 긴 한숨을 짓느냐, 왜 이다지!!/ 온 것을 아주 잊었어라, 깊은 밤 예서 함께/ 몸이 생각에 가비엽고, 맘이 더 높이 떠 오를 때,/ 문득, 멀지 않은 갈숲 새로/ 별빛이 솟구어라.
> — 김소월, 「저녁때」

「바라건대는 우리에게 우리의 보습 대일 땅이 있었더면」에서 '저물손(졈을손)'은 날이 저무는 저녁때를 뜻하는 방언이다. '새라'는 '새로'의 의미인 듯하다. 그래서 '새라 새로운'은 '새롭고도 새로운'이라는 의미로 파악된다. 「저녁때」에 나타나는 '엉머구리'는 옛 문헌에서는 '억머구리'로 표기되기도 했는데 표준말로는 '악머구리'라고 한다. 「바리운 몸」에서는 "들에는 소슬비/ 머구리는 울어라/ 풀그늘 어두운데"에서처럼 '머구리'라는 어형이 나

타난다. '머구리'는 『평북방언사전』을 보면 개구리 또는 올챙이의 의미를 갖는다. 그러나 '악머구리'는 보통 개구리보다 몸집이 더 큰 '참개구리'를 뜻한다. '수구리고'는 '수그리고, 숙이고'의 방언형인데 남부 방언 특히 영남 지역 방언에도 남아있어 그 분포 지역이 상당히 넓은 것 같다. '가비엽고'는 '가볍고'의 방언형인데,「눈」과「가을 아침에」에서는 '가비얍다'형도 나타난다. '가부엽다'형의 방언은 <평북>(태천) 지역에서 확인된다.「추회追悔」와「귀쭈라미」에서 '순막집' (슷슷내 고개를 넘고넘어/ 짐싯고 닷든말고 순막집의/ 虛廳ㅅ가, 夕陽손에/ 고요히 조으는ㅅ대는 다 잇나니. -「추회追悔」)은 길손이 쉬어 가는 주막酒幕이다. 이것은 본래는 '참사站숨' 즉 역참에 있던 객사였음을 알 수 있다. 이용악의 시「전라도 가시내」에서도 '술막'이 나오는데 이 '술막'도 '숫막(숲막)'에서 유래한 것으로 '술을 파는 주막집'의 의미이다.

> 퍼르스럿한 달은, 성황당의/ 군데군데 헐어진 담 모도리에/ 우뚝히 걸리었고, 바위 위의/ 까마귀 한 쌍, 바람에 나래를 펴라.// 엉기한 무덤들은 들먹거리며,/ 눈 녹아 황토 드러난 멧기슭의.// (중략) // 그러나 나는, 오히려 나는/ 소리를 드러라 눈석이물이 씨거리는(썩어리는)/ 땅 위에 누워서, 밤마다 누어,/ 담 모도리에 걸린 달을 내가 또 봄으로
>
> — 김소월,「찬 저녁」

「찬 저녁」에서 '데군데군'(퍼르스럿한 달은, 성황당의/ 군데군데 헐어진 담 모도리에 -「찬 저녁」)은 미래사 시집에서 '군데군데'로 고쳐 놓았다. 구멍이 군데군데 뚫어졌을 때, 정주 방언으로는 '구멍이 데군데군 뚫어뎃다'라고 한다. '엉기한'(엉기한 무덤들은 들먹거리며,/ 눈 녹아 황토 드러난 멧기슭의 -「찬 저녁」)은 '엉키다'라는 의미를 지닌 방언형으로 '엉기다'의 어간이 '하다' 동사와 결합한 사투리형이다. '엉기한'은 '엉켜 있는'으로 해

석이 가능하다. 또 '눈석이물'(그러나 나는, 오히려 나는/ 소리를 드르라 눈석이물이 씨거리는 -「찬 저녁」)은 표준어로 '눈석임물'이며 '눈이 속으로 녹아내린 물'의 의미를 가진 방언형이다. 『평북방언사전』에 '눈세깃물'로 나타난다.

「여름의 달밤」에서 '우긋한'(우긋한 풀대들은 춤을 추면서/ 갈잎들은 그 윽한 노래를 부를 때,/ 오오 내려 흐드는 달빛 가운데 -「여름의 달밤」)은 풀이나 키가 작은 나무들이 빽빽하게 자라서 울을 이룬 듯한 모습을 의미하는 것으로 추정되지만 정확한 의미를 파악하기는 힘들다. '풀대'도 대궁이가 제법 긴 풀을 뜻하는 것 같으나 이 역시 정확한 의미를 확정하기 힘들다. '물벼이삭'(자라는 물벼이삭 벌에서 불고/ 마을로 은 슷듯이 오는 바람은/ 눅자추는 향기를 두고 가는데/ 인가들은 잠드러 교요하여라 -「여름의 달밤」)은 벼 이삭 또는 벼 이삭이 맺어 채 여물기 이전 상태를 뜻하는 방언이다. '슷듯이'는 '닦듯이'라는 의미를 가지고 있다. '슷다'는 '닦다, 치다'의 의미를 가진 고어이다. '눅자추는'의 기본형 '눅자추다'는 '늦추어 주다'라는 의미와 '은은하다'라는 의미를 가지고 있는데, 여기서는 두 번째의 의미로 해석할 수 있다. '식새리'(달빛은 그무리며 넓은 우주에/ 잃어졌다 나오는 푸른 별이요/ 식새리의 울음의 넘는 曲調요/ 아아 기쁨 가득한 여름밤이여 -「여름의 달밤」)는 『평북방언사전』에 '씩쌔리'로 나와 있으며 표준어로는 매미의 일종인 '쓰르라미'를 가리킨다. 이남호(1985)는 '씩쌔리'를 '귀뚜라미'나 혹은 '쓰르라미'라고 해석하고 있으나 평안도 전역이 그러하리라고 짐작되지만, 정주 지방에서는 '씩쌔리'는 '쓰르라미'이며 그 소리는 '선기'(선선한 가을 기운)와 밀접한 관련이 있다. 즉 '씩쌔리' 소리를 듣고 '선기'가 난 것을 안다는 것이다.

한때 문인들의 글 속에 둥지를 틀었던 방언들이 이제 절멸 직전 언어 nearly exlinct language가 되었다. 이들 지역 방언이 사라지는 것은 그 어느 것으로도 대체할 수 없는 인간의 사고와 세계관에 관한 지식과 이해의 단위를 영원히 상실하는 것이다.

4. 상희구 시인의 경상도 방언으로 쓴 시평

1) 정원에 한 가지 꽃만 피어 있다면

  사람은 언어로 소통이 가능하기 때문에 사람들이 창조한 지식과 정보를 시공간을 뛰어넘어 끊임없이 축적할 수 있으며, 이를 통해 인류는 창조적으로 지속적인 삶의 진보가 가능한 것이다. Hofstede(1980)은 언어적 소통은 집단 구성원과 또 다른 인간 집단 구성을 구별하는 정신의 총체적 프로그램이라고 한다. 시인에게 언어 창조의 무한한 자유를 부여한 대신에 가난이라는 것을 주었을까? 언어의 문법의 경계와 단어가 가진 의미를 비유적으로 확장시키는 언어의 연금술사가 시인이다.

  생물학적으로 생태의 다양성이 종 보존의 안정성을 가져다주듯이 언어의 다양성도 인간 지식과 정보의 지속적인 상속을 보장해 주는 요소이다. 물론 언어의 다양성으로 인한 소통의 불편함뿐만 아니라 다양한 언어를 습득하기 위해 교육을 받아야 하는 것만은 틀림이 없는 사실이지만 효율성과 경제성만으로 이 문제의 해결의 실마리를 찾기는 매우 힘이 들 것이다.

  20세기 이후 급격하게 전 인류의 언어와 방언이 소멸하는 다양한 이유가 있다. 그 가운데 15세기 이후 진행되어 온 식민지 정책이야말로 가장 언어와 방언 절멸의 가장 큰 요인인 것이다. 우리나라에서도 일제 강점기 시대에 조선어 말살 정책으로 우리말과 글이 절멸의 위기 앞에 봉착된 경험을 가지고 있다. 언어의 절멸은 자연환경의 몰락과도 밀접한 관련성이 있다. 세계적으로도 언어는 영어화라는 통합화의 길을 가는 것 같지만 자세히 들여다보면 또 다른 분화가 함께 이루어지고 있다.

　나라 안으로는 서울과 지방(변두리)이라는 정치적 문화적 이중성의 잣대가 만든 표준어는 존대되어야 할 대상으로 그리고 변두리의 방언은 내다버려야 할 대상으로 전락하게 된 것이다. 특히 토속적인 변두리의 언어가 소멸의 길로 걷고 있는 자본 중심의 지배 문화의 압력은 제거해야 한다. 소멸 위기에 처한 언어 사용자의 지위 향상이 이루어지지 않는 다면 지배 문화의 압력을 제거하기란 거의 불가능해 보인다. 1933년 이후 서울과 지방(변두리)이라는 이분법적 구도가 굳혀져 서울의 바깥을 단순한 변두리로 타자화함으로써 서울 중심의 표준화 정책으로 일관해 왔다. 그리고 일제 강점기 동안인 1933년 <조선어학회>(한글학회 전신)라는 민간 학술 단체가 제정한 '한글 맞춤법 통일안'은 국어사전 편찬을 위한 기획이었음에도 불구하고 국어의 지배적 규칙 혹은 틀로 고착됨으로써 국어 규범이 오히려 소통에 불편한 존재가 되었다. 또한 표준어와 방언의 관계가 좋고 나쁨의 잘못된 고정 관념으로 굳어지게 되었다. '한글 맞춤법 통일안'과 우리말 '큰사전'의 기초를 닦은 당시 환산 이윤재 선생이나 외솔 최현배 선생은 가능한 지역 방언을 최대한 조사하여 살려내려고 노력하였다. 환산 이윤재 선생은 지역 방언을 '전등어'(어원적 분화형)와 '각립어'(음운 분화형)로 구분하여 어원이 다른 전등어는 비록 서울의 말이 아니더라도 표준어로 살려 쓰기 위해 노력하였다. 곧 '부추'라는 표준어 외에 전라도 지방의 '솔', '졸'이라는 방언과 경상도 지방의 '정구지'와 같은 말을 전등어라고 규정하고, 서울·경기 지역의 '부추'가 '분초', '분추'로 분화되거나 전라도나 서부 경남 일부 지역에서 사용하는 '졸'과 '솔'이 '소풀' 등으로 음운 분화를 한 방언형을 각립어라고 규정하였는데, 이윤재 선생은 여기에서 각립어를 제외한 전등어 중 대표성을 띄는 방언형을 골라 표준어로 올리려는 노력을 하였다. 즉 이윤재 선생은 방언형은 비록 지방의 말이라고 할지라도 민족 언어의 일부이며 당연히 지켜야 할 언어 유산으로 인식하고 있었던 것이다.

언어와 방언은 우열이 존재하는 것이 아니지만 소통의 편의성 때문에 특정의 언어나 방언이 세력권을 갖는 기이한 상황에 도달하였다. 그러나 다양한 꽃으로 조화를 이루는 숲이나 정원이 아닌 지배 단일종으로 통일된 숲이나 정원이 과연 아름다울 것인가? 이러한 문명질서의 변화를 예고하는 시점에서 상희구 시인이 『대구』를 소재로 한 시집 제5권의 연작을 발표하였다. 그동안의 시작의 성과 가운데 문학적인 평가 이전에 엄청난 경상도 (대구) 방언을 발굴하여 작품으로 형상화한 공은 높이 평가되어야 할 것이다. 기존의 방언사전에 실리지 않은 올림말이 수천을 헤아릴 수 있으니 그의 시집은 경상도 방언의 풍요로운 잔칫상이라고 하지 않을 수 없다. 문화와 지식 정보의 다양성을 유지해주는 정보전달의 기능 외에도 낯설게 하기라는 문학의 수사적 장치로서도 돋보인다.

특히 방언을 통해 과거를 회상하고 잃어버린 과거의 소재를 재현하여 호명의 기능을 부여해 주는 탁월한 문학적 성취를 이루어낸 것이다. 이쯤하면 방언만으로 충분한 지역문학의 작품을 쓸 수 있음을 보여준 것이다. 마치 아일랜드어로 문학작품을 창작하듯이.

2) 과거를 호명하는 언어 수사

표준어 중심의 소통이 아닌 방언으로만 표현해 낼 수 있는 문학적 수사의 장점을 시종일관 유지하면서 다양한 소재로 장편의 시작을 이끌어낸 상희구 시인의 시적 성과는 앞으로 다양한 평가를 받아낼 것임은 분명하다.

이번 제5시집 『개살이 똑똑 듣는다』는 전체 4부작으로 총 100편의 작품을 싣고 있다. 전편을 꿰고 있는 호흡의 흐름은 마치 콸콸 흘러가는 빗물과 같다. 경상도의 성조와 호흡과 맥박이 그대로 살아 있다. 따라서 경상도의 정서적 수위는 성조의 높낮이처럼 상상의 깊이는 음절의 길이처럼 길게 짧게 약동하고 있다.

잔잔한 정수淨水가 아닌 낯설고 약간은 생뚱한 대구경북 사투리 시어들이 몸을 부대끼면서 지난날 돌아가신 어머니의 목소리를 환기시켜 불러내고 있다. 이젠 대구 방언화자들에게 조차 생소해진 방언의 연어나 관용구를 대폭 활용하고 있어 독자들을 더욱 놀랍게 만들고 있다. 방언 시어에 낯설어진 독자라도 이 시를 읽으면 읽을수록 점점 투박한 사투리로 이루어진 시 작품의 내면으로 끌려 들어가게 하는 마력의 힘을 가지고 있다.

첫째, 상희구 시인의 시어는 "매화낭기", "보이끼네", "뽈떼기", "뽈또고리해지민서", <개살이 똑똑 듣는다>에서처럼 자유자재로 사투리 시어를 구사하고 있다. 이 사투리 시어는 표준어와 음운 차이만 보이는 경우도 있지만 어원 차이가 있다. 대구방언 화자가 아니면 낯선 어휘들이 매우 많이 나타난다. 바로 이러한 언어 수사는 독자를 낯설고 혼란스럽게 만들어 줌으로써 더 미궁 속으로 끌어안게 한다. 상희구 시인의 의도성이 개재되었든 안 되었든 간에 시 작품에 사투리를 적재적소에 구사한 효과의 한 가닥이라고 할 수 있다.

둘째, 상희구 시인의 시어는 기존의 방언사전에서 찾아볼 수 없는 어휘들이 매우 많이 있다. 음운론적 변이형태인 각립어各立語는 예측이 가능하지만 형태론적인 방언형인 전등어全等語는 예측이 불가능하다. 곧 '빰'의 각립어인 방언형인 '뽈'은 그 의미가 예측 가능하지만 '뽈때기'와 같은 전등어 곧 조어형태가 낯선 것은 그 의미가 예측이 가능하지 않다. 따라서 방언 전등어는 수집하여 별도의 방언사전으로 만들어도 좋을 것이다. 이들 자료는 방언사전의 올림말로 시언 연구뿐만 아니라 방언 연구에도 도움이 될 것이다. 이미 사라진 사물을 새롭게 호명하고 기억하게 해준다.

셋째, 시어에 나타나는 방언의 토착지역의 향토색을 드러내는 효과를 지닌다. "앞집 딧집이/서로 어불러서/짐장짐치 당구고 있다//끝매짐쭈움 가서

//-아이고 우얐고/미리치젓은 쪼매 남고/새우젓은 쪼매/모지래는 겉네/카이 //포항댁이//-희안쿠마는, 여개는 미리치젓은 쪼매 모지래는/겉고/새우젓은 쪼매 남으잉께네/새우젓캉 미리치젓캉//"<희안녹쩐디기다>에서의 예처럼 안동 댁과 포항 댁의 토착 향토색을 사투리를 통해 재현시켜 주고 있다. "희안쿠마는"이라는 방언형은 "1) 이상하다. 비정상적이다.", "2) 꼭 맞아 떨어지다."와 같은 의미를 가진다. 여기서는 두 번째의 뜻으로 사용됨으로써 독특한 방언의 분위기, 곧 향토적 분위기를 마치 곁에서 바라보는 듯한 관경을 만들어주고 있다.

넷째, 방언 시를 통해서 표준어로 대치될 수 없는 토착적 정서를 잘 반영해 주고 있다.

 정월 초사흘
 초승달이 새초무리한데
 생긴 꼬라지가

 꼭 비웃장 상한 시에미
 눈꼬랑데기맹쿠로
 까꼴랑해졌다
            <초승달>

"새초무리한데(반갑지 않은 쌀쌀맞은 모양)", "꼬라지가(꼴이)", "비웃장(비위)", "시에미(시어머니)", "눈꼬랑데기(눈꼬리)", "까꼴랑해졌다(굽어졌다)"와 같이 방언 시어를 표준어로 바꾸어 놓는다면 시적 정서는 사뭇 달라질 수밖에 없을 뿐만 아니라 시적 정서는 생소하게 되어 버릴 것이다.

다섯째, 방언은 토착 지식의 원천이자 보고이다. "쪽또리(채송화)", "마아당지신(어떤 것을 마구 흩트려 놓았을 때 쓰는 말이다. 어원은 분명하지 않지만 무녀들이 마당에 울긋불긋 치장 같은 것을 해놓은 것이 아닐까 하고 상상해 본다.", "뻘럭꾸이(반락군, 놈팽이)", "저녁 이아 묵다(저녁밥을 호박이나 산나물 같은 것으로 대신해서 먹는 것)", "시럭거무(거미)", "검처리(거머리)", "터분하기(매우 풍족하게)", "갈아주이소(팔아주이소)", "뻐적잖다(어색하다)", "빼엔하다(용모가 반반하다, 병세가 회복 기미가 있다, 하늘이 오랜만에 개다)", "산다구(여자의 얼굴)", "때지다(도량이 아주 좁고 옹색하며 대개 작은 돈을 쓰는 데 좁쌀 행세를 하는 경우)", "숙지다(다소 부족하다, 줄어들다, 가라앉다)"와 같은 방언 시어는 토착 지역의 오랜 지식 정보를 반영해 주는 어휘이기 때문에 내버리기 아까운 것이다. 표준어와 방언의 차이가 너무나 고착되어 있다. 표준어가 아닌 변두리 방언이 급속도로 죽어가고 있다. 성호 이익(1681~1763) 선생이 쓴 『성호사설』 자서에서 "아무리 천한 분양초개糞壤草芥라도 '똥(糞)'은 밭에 거름하면 풍요로운 곡식을 거둘 수 있고, 겨자풀은 아궁이에 불로 때면 맛있는 반찬을 만들 수 있다"고 하였다. 바닷가에서 소금을 굽고 배를 타고 바다에 나가 고기를 잡고 사는 이들이나 지게를 짊어지고 땔감을 구하고 절기에 맞추어 씨를 뿌려 농사를 짓는 이들이라도 그들의 언어에 담겨 있는 누적되어온 체험적 언어 지식·정보가 얼마나 소중한지를 깨달아야 한다.

여섯째, 방언의 역사적 발전 과정을 설명하는데 유효한 시어들도 매우 많이 나타나고 있다. 특히 대구경북 방언은 고도 경주지역 곧 신라지역의 말의 흔적이라고 할 수 있다. "누부야(누나)", "삼이부제(삼이웃에)", "가구로(가게)", "가새(가에)", "쌔그랍아서(씨어서)", "구실푼(구슬픈)", "새(혀)", "질기(길게)", "야시(여우)", "달갠다(달랜다)", "찌불시지다(기울어지다)", "시뿌다"는 어떤(선물이나 예물 같은 것) 것을 받았을 때 마음에 흡족하지 않을 경우 빈정대듯 하는 말이다. 아기들과의 상대에서 이 말을 쓸 때는 넘치듯 극진한 사랑의 표현이기도 하다. 시절이 바뀌니 정서도 따라 변하여 지금은 거의 사라진 말로써 가끔 별로 사이가 좋지 않은 사돈지

간에 예물이 오갔을 때 마음에 흡족하지 않으면 빈정대듯 '시뿌다'란 말을 쓰기도 했다.

일곱째, 대구경북 방언에서만 맛볼 수 있는 연어連語들을 대량으로 찾아 볼 수 있다. "희안녹전띠기구마는(마춤맞다)", "전치바꿈(돌아가면서 차례로)", "시지마꿈(각자각자가 따로)", "눈이 쌔그랍아서(보기가 좋지 않아서)", "똥집이 비틀어졌다(비위가 뒤틀어졌다)", "지민떡장사(거의 강매하다 싶이 떡을 파는 장사꾼)" 등 관용어구나 연어를 대량으로 활용하고 있다. 의미 파악을 사전만으로 해결될 수 없는 방언의 연어를 대량으로 시에 활용하고 있다.

여덟째, 특히 상희구 시인의 시에서 운율의 문제는 별도로 깊이 있는 연구가 필요하다. 소리의 높낮이가 살아 있으며, 음보가 유장하게 늘어났다가 줄어들었다가 자유자재로 전개되고 있다. 시의 율격은 대구경북의 지방문학의 전통적 율격에 맥을 잇고 있다. 부녀자들이 부르는 내방가사의 전통적 율격과 노랫가락의 유장하고 구성진 리듬에 이어져 있다. 시의 중요성이 시적 언어를 통한 메시지 전달에만 있는 것이 아니라 시의 율격문제를 소홀하게 다룰 수 없는 문제이다.

국가의 공적 언어 정책의 우월성이 지나치게 오랫동안 지배해 옴으로써 비공식 언어 소통의 영역에 이르기까지 상당한 제약을 주고 있다. 그리고 변두리의 언어에 대한 공식적인 기록화가 이루어지지 않아 제주도를 비롯한 지역의 방언이 급격하게 소멸함으로써 나라 안의 언어 다양성이 급격하게 줄어들었다. 그뿐만 아니라 외래어 유입에 대한 조절 기능이 느슨한 틈을 타서 외국어 한글 표기가 급격하게 늘어난 결과, 국어 사용자의 지식수준에 따른 사회적 양극화가 급속히 진행되고 있다. 그 결과 국어 사용자들 스스로 새로운 대상물을 고유어로 이름 붙이는 능력을 잃어버렸다.

이것이 얼마나 큰 문제인지를 제대로 인식하고 있는 국어학자나 국어정책을 담당하고 있는 관료들이 거의 없다. 이처럼 국어의 생존 기력 자체가 심각한 위기에 처해 있기 때문에 국어 정책의 기조를 과연 현재 상태 그대로 유지해야 할 것인지 아니면 좀 더 국어의 생존 기반을 강화하기 위해 국어의 다양성을 보장하는 쪽으로 변화를 물색해야 할지 본격적으로 논의해야 할 단계에 이르렀다. 곧 민족의 언어와 문화를 통합하는 고집스러운 방식이 아니라 언어 화자들이 무엇에 가치를 두고 있는지, 그들이 선호하고 있는 것이 무엇인지에 대해 주목하여 국어 정책의 방향성을 좀 더 다양한 방식으로 발전시키려고 노력하는 일은 너무나 정당하다. 물론 국가 언어 정책이 반드시 합리적 방식으로 현실 상황에 대처하기란 실로 쉬운 일이 아니다. 그러나 몇몇 언어를 제외하고는 전 세계의 언어가 매우 열악한 환경에 처해 있다는 사실은 매우 심각한 문제가 아닐 수 없다. 변두리 언어가 급격하게 소멸되는 징후가 뚜렷하고, 언어 사용 인구의 감소와 함께 그 언어를 사용하고 있는 사람들의 문화층이 사라지고 있다. 이것은 인류가 생산해 온 지식·정보의 일부가 소멸하고 있다는 것을 의미한다.

이처럼 방언으로 시어를 장식한 경우 여러 가지 유용한 점이 많이 있다. 그 가운데 문학적 수사로서의 효용성은 낯설게 하는 장치로서 토착 정서와 감정을 효과적으로 전달하는 수단으로서, 그리고 지난 과거를 잣아 올리는 추억의 호명의 기능을 하고 있다는 점이다. 가시방언Eye Dialect's으로서의 방언 시어의 수사적 가치와 효율성을 어떻게 가볍게 생각할 수 있겠는가? 앞에서도 언급한 바와 같이 몰락하여 사멸해 가는 토착 방언의 수호를 통한 지역 토착지식 정보를 보전한다는 비문학적 효용성과 더불어 그 가치를 재론해야 할 단계에 와 있다.

3) 현재를 통한 과거와의 주술적 만남

상희구 시인에게서 사투리는 곧 주술과 같다. 현재와 과거가 접신하는 주술적 언사이다. <빼엔하다 1~3>에서 현재를 통한 과거와 접속된다. 화자는 할머니이다. 과거회상이 아닌 과거를 현재적 호명 방식으로 불러들이고 있다. 기억에 대한 추억이 동시에 그리움이며 정서의 만남이 이루어진다.

    오늘, 지 각씨 될 사람
    선보로 가는 손주녀석을
    쥐영히 앉차아 놓고는
    이집 할매가 초를 친다

    - 니이, 색씨깜,
    산다구 째매 빼엔하다꼬
    엎어지고 하지 마래이
    여자는 그저
    수더분항 기이
    지일이니라
                              「빼엔하다 1」

마치 곁에서 할머니가 말하듯이 느껴진다. "빼엔하다"(용모가 반반하다), "지 각씨"(손주녀석의 각씨), "초를 친다"(음식에다 초를 치면 맛이 시진다. 여기서 '초를 친다'는 '쓴(신)소리를 한다'는 의미.), "째매"(조금, 쪼매라고도 한다.), "산다구"((대개 여자의) 얼굴을 비하해서 하는 말.), "엎어지다"(어떤 일에 몰두하거나 빠져듦.), "수더분하다"(튀지 않고 소탈함. 와 같은 방언은 주술적 기능을 하고 있다.) 낮이 설고 생소하지만 왠지 친근하게 느껴진다. 시인이 이처럼 의도적이고 계획적으로 방언을 구사하고 있지만 전혀 그러한 낌새를 느낄 수가 없다. 왜냐하면 과거라는 시간적 공간 속에 소통되었던 살아 있었던 언어이기 때문에 이를 다시 호명하여 불러온 주술적인 언사이기 때문이다.

따라서 상희구 시인의 시는 현재적 공간과 시간 속에서 과거의 시간과 공간이 접속할 수 있는 마당을 마련해 주고 있다. 그뿐 아니라 그곳에서는 궁색스럽지만 은근한 추억어린 신바람이 있다.

    동네 뒷산 진달래 능선에
    올라갔다마는
    올개는 가리늦게 늦추위가
    와서 그런지
    삼월이 다 지내가는데도
    진달래란 늠들은
    당최 진달래 한 송이 피울 요량을
    않 하민서 서로가
    니가 먼저 꽃을 피우라고
    내가 먼저 꽃을 피우라고
    니미락 내미락 해쌓는다

                                        「니미락 내미락」

상희구 시인의 시에는 해학이 녹아나 있다. 지난 시대, 이리숙했던 사람들이 그립다. 그런 어리숙한 사람을 불러오는 마력을 지니고 있다. <삥사우가 났다>라는 시를 보자.

    방앗간집 딸캉
    다리꺼레 재수란 총각캉
    혼담이 오가는 것띠이
    우째 됐능공?

    고만에 삥사우가
    나뿟다 카데요

와 그랬는데?

그 기이 암만 캐도
재수란 총각네 힝피이
색씨 쪽보다는
너무 찌불시지잉끼네

아 글캐, 재수란 가는
머리 하나 좋다는 거
뿌인데 집구서어는
숟까락 몽데이 하나
징긴 것도 없이
달랑 부랄 두 짝만 차고

올라 카이 그래,
아, 서로 양방 간에 한쪽이
너무 숙겨도 안 되는 기이
혼사 아잉강

「삥사우가 났다」

 옛날 혼담이 오가곤 하던 우리네의 이웃에서 많이 보아온 한 폭의 그림 같은 정경이다. "삥사우가 나다"는 쌍방 간에 서로 일이 어그러지는 것을 말한다. 혼담에는 중매장이의 허풍과 약간의 과장이 개입되기 마련인데 그 시절의 삶의 해학적 모습을 일어낼 수도 있다.
 상희구 시인의 방언 시에서는 추억의 회상을 통한 설화를 직조해 내는 힘이 있다. 엄청난 복원력을 지니고 있다. <구무구무>라는 시를 보자.

홍철이란 늠은
야싯골 양조장 못 가

도랑 건너 초가집에
막딸네란 과수댁의
딱 하나 있는
피붙이인데
자석이 못나도
너무 못났다

이미가 떡장사를 해서
재와재와 묵고 사는데

나중에 하나 자석
장개라도 딜이마
어데다가 접방이라도
하나 얻어줄라고
악착겉치 돈을 모우고
있는 거이다

요놈이 고 긴피를
알고실랑

이미가 집구서어
한쪽에다
구무구무 찡가아 놓온
돈을 웃째웃째
알고서는

있이마 있는 대로
말캉 다 훌치 가서는
이래저래
탕진하는 거였다

「구무구무」

애달프고 안타까운 추억이 불러내어 이제 설화가 된 마을에 떠도는 이야기다. 이젠 어딜 가도 말딸네나 홍철이는 찾아볼 길이 없다. 기억 속에 추억으로 그 이름만 남아있을 뿐이다. 그래서 고향은 늘 그립고 시간은 안타까우면서 멀리 있지 않는 것이다.

70이 다 된 노 시인의 회상 속에서 유년기의 순수한 모습을 건질 수도 있다. <쪼랑비>라는 시에서 "야시비", "깨굼발비", "쏘내기", "딸꾸비", "쪼랑비" 어느 하나도 소홀하게 버릴 수 없는 토속의 정보와 체험이 아로새겨져 있는 어휘들이다. 나라에서 만든 『표준국어대사전』에는 이러한 어휘들을 찾아볼 길이 없다. 변두리 사투리이기 때문이라는 이유로 버려진 것이다.

무지개 떴다
야시비

번개 쳤다
깨굼발비

저어쪽 뒷산에는
쏘내기

밤 새두룩
딸꾸비

학교오 늦겠다
쪼랑비

「쪼랑비」

"쪼랑비"(딸꾸비와 비슷하나 빗줄기가 딸꾸비보다는 가늘며 쉽게 그치지 않을 비라는 뉘앙스가 있다.), "깨굼발비"(깨굼발은 오래 서 있질 못하니 순간적으로 반짝 내리는 비를 말한다.), "야시비"(여우비. 깨굼발비와 비슷한 말. 이편에는 비가 오는데 저편에는 햇볕이 내려쬐이는 상황의 비), "딸꾸비"(멎지 않고 계속 줄기차게 내리는 비.)라는 의미이다. 이 얼마나 아름답고 황홀한 어휘인가. "매몰차고 쌀쌀맞다"라는 표준어에 대응될 수 있는 <팰물시럽다>라는 시에서는 시어머니와 두 며느리가 등장하여 대화체로 이루어진 작품이다.

　　지역 무운 시오마씨가
　　머어가 못마땅언지
　　구시렁거리쌓는다

　　- 미느리 두 년이
　　우짜마 속아지가
　　저래 다릴꼬?

　　큰년은 미렁티이 곰 겉고
　　작은 년은 오동지 섣달
　　샛바람겉치 팰물시럽고

　　　　　　　　　　　　　　「팰물시럽다」

시어머니가 두 며느리에 대한 리얼한 평가이다. 이를 표준어로 바꾸어 놓는다면 경상도 무식한 시어머니의 감정이 좀처럼 묻어나지 않는다. 사투리 방언의 마력이다. 시어머니가 마치 생생하게 곁에서 구시렁거리는 모습이다. 다음의 <디비시씬다>라는 작품 역시 마찬가지이다.

　　짐장 당구니라꼬
　　온 마다아 뱁추랑 무시랑
　　갖가치 양념이 퍼널렀다

미느리가

- 어무이예, 암만 캐도
양념이 쪼매
모지랠 꺼 겉에예
카이

- 아이고 앙이다
그만하마 디비시씬다
칸다

「디비시씬다」

 이 시에서 "뒤집어쏜다"라는 방언 어휘의 의미를 모르면 이 시의 해독은 불가능하다. 대구지방에서는 "디비시씬다"라고 하는데 이는 너무 양이 풍족하여 "머리에 뒤집어쓸" 정도라는 의미가 있는 것이다. 따라서 이러한 시어 하나하나 모아서 갈무리해야 할 것이다. 그러한 면에서 상희구 시인의 시는 시로서의 수품뿐만 아니라 방언 시어 사전으로써도 가치는 지닌 것이다. 앞으로 상희구 시인의 대구시 연작이 끝나면 별도로 상희구 시인의 방언 시어사전을 만들어야 할 것이다.

 상희구 시인의 '연작장시 대구' 제5집 『개살이 똑똑 든는다』에서 시인 스스로가 "선한 것을 권하고 악을 징계하는 일, 노인 공경과 부모에 대한 효행 외에 온갖 해학과 익살, 능청스러움, 간사함, 헛된 욕심에 대한 경고, 벼슬에 대한 탐욕과 자기 분수를 지켜야 할 것과 자기 절제에 대한 충고, 집안 안팎의 기본 질서와 규칙, 친구 간의 우애, 남녀간의 애정, 이웃과의 선린, 피붙이들간의 짙은 사랑 등을 시에 담아보았다."라고 설명하고 있듯이 단순한 시공간의 회상이 아닌 지난 시대와 공간이 담고 있던 인간적 가치를 강조하고 있다.

그 뿐만 아니라 인간의 심성을 마치 음식의 맛이 가지는 다섯 가지의 맛인 오미五味, 즉 쓴맛苦 단맛甘 신맛酸 짠맛鹹 매운맛辛 등의 신묘한 맛에 비유하여도 좋을 만큼 다양한 경험을 통한 과거의 현재로의 호명을 성공적으로 보여주고 있다.

성서에 나오는 바벨탑의 이야기가 우화이든 아니면 조금이라도 사실에 바탕을 둔 전설이든 그리스인들의 hubris라고 한 '오만'에 대한 경고의 메시지를 담고 있다. 표준어라는 한 가지의 언어로의 통일이 가당치 않다는 의미만을 강조하려는 것이 아니라 상희구의 시처럼 방언으로 이루진 시가 존재할 수 있는 타당성과 당위성을 거듭 한 번 더 강조해 두지 않을 수 없다. 이러한 문명관이 곧 다양성의 공존을 보장하는 한 시대의 몸짓임을 우리는 알아야 한다. 그러나 상희구 시인의 시가 시로서의 더 완전한 성공을 거두기 위해서는 곁가지들을 잘라내어 더 깊이 있는 완결성을 이루는 일은 남아 있는 과제라고 할 수 있다.

다시 한 번 노익장으로서 시를 그려내는 힘찬 노력이 멈추지 않기를 기리며 이 글을 놓아둔다. '대구'를 소재로 한 방언 시 10권 완결판이 완성될 날을 기대해 본다.

05
: 지식 정보의 둥지 :

1. 국어사전의 위치와 역할

『어문 규범 영향 평가 결과 보고서』(국립국어원·현대리서치연구소, 2005:28)16)에 따르면, "표준국어대사전(국립국어연구원 편찬 전3권 또는 시디롬)을 사용해 보신 경험이 있습니까?"라는 질문에 문인(교정자 포함)의 39.2%가 사용한 경험이 있는 것으로 나타났으며, 출판사 교정자 군(41.5%)이 문인 군(28.9%)에 비해 높게 나타났다.

『표준국어대사전』 사용 경험이 있다는 응답을 한 문인을 유형별로 살펴보면, 평론가 군(46.2%)에서 응답이 가장 높게 나타났으며, 소설가/희곡작가 군(33.3%)에서 가장 낮게 나타났다. 성별로는 여성(42.3%)이 남성(36.9%)보다, 연령별로는 60대 이상(41.7%)에서 『표준국어대사전』 사용 경험이 높게 나타났으며, 학력별로는 고졸 이하(45.3%)와 대학원졸(45.3%)이 대졸(33.9%)보다 『표준국어대사전』 사용 경험이 높게 나타났다.

『표준국어대사전』을 사용할 때 불편한 점이 있었는지를 묻는 질문에 대해서는 문인(교정자 포함)의 59.1%가 불편함이 있다고 응답했다. 『표준국어대사전』 사용 시 불편했다는 응답은 출판사 교정자 군(63.6%)에서 문인 군(58.5%)에 비해 약간 높게 나타났다. 문인 군 중에서는 소설가/희곡작가 군(65.6%)에서 불편했다는 비율이 가장 높게 나타났으며, 평론가 군(33.3%)에서 그 비율이 가장 낮게 나타났다.『표준국어대사전』사용 시 불편한 점에 대해서는 남성(59.4%)과 여성(58.8%)이 큰 차이를 보이지 않았으며, 연령별로는 40대는 51.3%, 타 연령대는 약 60%가 사용 시 불편한 점이 있었다고 응답하였다.

『표준국어대사전』사용 시 불편한 점으로는 '없는 단어가 많다'(19.8%)라는 응답이 가장 많았으며, '맞춤법, 띄어쓰기 관련 정보 부족'(18.1%), '뜻풀이 미흡'(12.7%), '용례 부적절'(11.4%) 등의 순으로 응답하였다.

『표준국어대사전』사용 시 불편한 점으로 문인 군에서는 '찾아도 없는 단어가 많다'(20.7%)라는 응답이 가장 높게 나타났고, 출판사 교정자 군에서는 '맞춤법, 띄어쓰기 관련 정보가 부족하다'(24.1%)라는 응답이 가장 높게 나타났다. '찾아도 없는 단어가 많다'라는 응답이 대부분의 문인들에게서 공통적으로 높게 나타났으나, 평론가 군에서는 '용례 부적절'과 '내용/표기 오류 등 부정확한 정보가 많다'라는 응답이 높게 나타났다. 남성들에게서는 '찾아도 없는 단어가 많다'라는 응답이 19.2%로 가장 높게 나타났으며, 여성들에게서는 '맞춤법, 띄어쓰기 등과 관련된 정보를 제대로 얻을 수 없다'(21.4%)라는 응답이 가장 높게 나타났다. 연령별 응답에서 30대 이하와 50대는 '맞춤법, 띄어쓰기 등과 관련된 정보를 제대로 얻을 수 없다'라는 응답이 각각 26.1%, 20.0%로 가장 높게 나타났고, 40대와 60대 이상에서는 '찾아도 없는 단어가 많다'라는 응답이 각각 17.8%, 28.3%로 가장 높게 나타났다. 학력별로는 고졸 이하와 대학원졸에서 '찾아도 없는 단어가 많다'라는 응답이 각각 32.3%, 21.8%로 가장 높게 나타났고, 대졸에서는 '맞춤법, 띄어쓰기 등과 관련된 정보를 제대로 얻을 수 없다'라는 응답이 19.8%로 가장 높게 나타났다.

국립국어원 누리집과 포털사이트에서도 검색할 수 있는 표준국어대사전을 지속적으로 보완하여 옥스퍼드 사전을 능가하는 전 국민적 신뢰를 받는 사전으로 발전시켜야 한다. 그러기 위해서는 사전 편찬 기술력을 보강하여 한국어 국제화에 적응할 수 있는 웹전자사전으로 키워나가야 할 것이다.

1) 표준어 규정에 대한 국민의 인식

표준어 사정 원칙 제1장 총칙에서 규정하고 있는 "'표준어는 교양 있는 사람들이 두루 쓰는 현대 서울말로 정함을 원칙으로 한다.'라는 표준어 사정査定 원칙에서 재고하여야 할 부분은 무엇이라고 생각합니까?"라는 질문에 답한 사람들의 인식이 어떤지 살펴보자.

표준어 사정 원칙 제1장 총칙 제1항에 대한 국민의 인식 태도 조사 결과에 따라 표준어 사정 원칙에서 가장 재고해야 할 부분으로는 '교양 있는 사람'이라는 규정이 30.5%로 가장 많았으며, '서울'(26.1%), '두루 쓴다'(11.6%), '현대'(8.6%) 등의 순이었다. '위의 모든 기준을 재고해야 한다'라는 의견도 13.3%로 비교적 높게 응답이 나왔다.

이 분석 결과, 가장 큰 문제점으로 제시된 것은 표준어 사용자의 계층에 대한 문제이다. 곧 표준어 사정 원칙 중 재고해야 할 부분은 '교양 있는 사람'이라는 기준이라고 응답한 비율이 30.5%로 가장 높게 나타났는데, 출판사 교정자 군은 문인 군에 비해 이런 응답자의 비율이 약 2배로 높게 나타났다.

문인 유형별로는 시인/시조시인(29.2%), 수필가(32.7%), 평론가(38.5%)는 '교양 있는 사람'이라는 기준을, 소설가/희곡작가(28.1%), 아동문학가(32.3%)는 '서울'이라는 기준을 표준어 사정 기준에서 재고해야 할 부분이라고 응답하였다.

남성(30.7%)은 '서울'이라는 기준을, 여성(39.8%)은 '교양 있는 사람'이라는 기준을 표준어 사정 원칙에서 재고하여야 할 부분이라고 가장 높게 응답하였다. 연령별로는 50대 이하에서 '교양 있는 사람'이라는 기준을 표준어 사정 원칙에서 재고하여야 할 부분이라고 높게 응답한 반면, 60대 이상에서는 28.0%가 '서울'이라는 기준을 표준어 사정 원칙에서 재고하여야 할 부분이라고 가장 높게 응답하였다. 학력별로는 고졸 이하(37.7%)와 대졸(30.7%)에서 '교양 있는 사람'이라는 기준을, 대학원졸(29.6%)에서는 '서울'이라는 기준을 표준어 사정 원칙에서 재고하여야 할 부분이라고 가장 높게 응답하였다.

주 성장지별 응답에서는 서울(37.3%), 인천/경기(31.0%), 대전/충청(30.8%) 지역에서 성장한 사람들은 '교양 있는 사람'이라는 기준을, 대구/경북(42.9%), 부산/울산/경남(32.0%) 지역에서 성장한 사람들은 '서울'이라는 기준을 표준어 사정 원칙에서 재고하여야 할 부분이라고 가장 높게 응답하였다.

현 거주지별 응답에서는 서울(31.5%), 인천/경기(35.7%), 대전/충청(41.4%), 부산/울산/경남(36.7%) 지역 거주자는 '교양 있는 사람'이라는 기준을, 광주/전라(41.8%), 대구/경북(53.1%) 지역 거주자는 '서울'이라는 기준을 표준어 사정 원칙에서 재고하여야 할 부분이라고 가장 높게 응답하였다.

지금까지의 표준어 정책이 우리 생활에 어떤 영향을 미쳤는가에 대한 설문 조사 결과에 대해 살펴보자. 표준어 정책이 '협동, 단결, 교육·문화 발전에 기여하였다'라는 의견에 대해 82.1%가 동의하였으며, '서울말은 고급스런 말, 사투리는 저급한 말이라는 인식을 공고히 하였다'라는 의견을 부정하는 응답이 59.6%로, 표준어 정책에 대해 긍정적으로 인식하고 있음을 알 수 있다.

표준어 보급 정책이 다양한 어휘의 발전을 가로막는다는 주장에 대해

'반대'하는 의견이 47.2%로 '찬성'하는 의견 26.9%보다 많았으며, '어느 쪽도 아니다'라는 중립적인 의견은 23.6%이었다. 표준어 보급 정책이 다양한 어휘의 발전을 가로막는다는 주장에 대해 문인 군에서는 '반대'하는 응답(49.8%)이 많았으나, 출판사 교정자 군에서는 '어느 쪽도 아니다'라는 응답(45.3%)이 가장 많이 나타났다. 표준어 보급 정책이 다양한 어휘의 발전을 가로막는다는 주장에 찬성하는 사람들의 경우에, 그 찬성 이유로는 '교육이나 언론의 영향으로 방언을 사용하거나 이해하는 사람들이 줄어들기 때문'이라는 응답이 48.4%로 가장 많았다. 다음으로 '방언, 신조어, 유행어, 인터넷 언어 등을 언어 자산으로 보지 않고 표준에서 벗어난 말로 여기는 경향이 있기 때문에'(18.8%), '교양 있는 사람의 대열에 끼려면 표준어를 써야 한다는 사회 분위기 때문에'(8.6%), '표준어를 구사하지 않으면 취업이나 사회 활동에서 불이익을 받기 때문에'(7.8%) 등의 순으로 응답하였다.

문인들이 평가하는 주위 사람들의 어문 규범 준수 실태는 '공식 석상에서의 표준어 사용'에 대한 긍정 응답률이 68.6%로 가장 많았으며, '맞춤법 준수'(46.1%), '외래어 표기법 준수'(43.6%) 등의 순으로 긍정 응답률을 나타냈다. 이로 볼 때 문인들은 한글 맞춤법이나 외래어 표기법보다는 표준어 사용에 더 유의한다는 것으로 판단할 수 있다.

근대화 시기, 일본은 유럽 문화를 서둘러 받아들였고 우리 역시 일본의 근대화 과정을 아무 비판없이 받아들일 수밖에 없는 형편이었다. 그 이후에도 학교 교육에서뿐만 아니라 직장이나 개인적인 국어 생활에서조차 규범적인 사전의 효용성에 대한 인식이 매우 낮았다. 일상생활에서도 사전 사용을 일상화하기 위한 노력이 필요하다. 그리고 근대화의 잔영으로 지정된 규범의 지역적 대상인 서울 표준어에 대한 새로운 가치 평가를 서둘러야 할 시기가 도래하였다고 본다. 2007년 5월 "제주 민속의 해"를 기념하는 '언어 자원의 다원화를 위한 학술회의'에서 표준어 중심의 언어 정책에서 지역 방언을 폭넓게 활용할 수 있는 쪽으로 전환하여야 한다는 의견이 쏟아져 나왔다.

2. 우리나라 어문 정책의 현 주소

우리나라 국어 규범은 한글 맞춤법, 표준어 규정, 외래어 표기법, 로마자 표기법으로 구성되어 있다. 이들 개별 규범은 만들어진 시기가 각기 다르고, 개정 과정도 달라서 명칭부터 무척 혼란스럽다. 예를 들어 '맞춤법'은 『표준국어대사전』에서 "어떤 문자로써 한 언어를 표기하는 규칙"이라고 정의하고 있으며, '표기법'은 "부호나 문자로써 한 언어를 표기하는 규칙"으로 정의하고 있는데 실제로 '맞춤법'에 문장부호에 관한 내용이 있어 차라리 '맞춤법'보다 '표기법'이라는 용어가 더 적절할 것 같다. 그리고 '표준어 규정'은 무엇인가? 구체적 내용을 찬찬히 살펴보면 '맞춤법'이나 '표기법'이 내용상 무엇이 다른 것인지 분명하지 않다. 앞에서 말한 바와 같이 각종 어문 규범을 제정한 시기가 다르다 보니 전체적인 통일을 시도하지 않은 결과다.

『표준국어대사전』이 규범 사전으로서 만들어졌다면 '한글 맞춤법'이 충실하게 반영되어야 하는 것은 너무나 당연한 일이다. 특히 규범적 성격을 분명하게 반영하지 않는다면 '종합국어대사전'이라고 해야 할지 모르지만 현재의 상황으로는 규범 사전의 표준형이라고 보기 어렵다.

이러한 관점에서 '한글 맞춤법' 제1장 총칙을 중심으로 관계 규정과 『표준국어대사전』의 올림말 및 뜻풀이와의 관련성을 전제로 하여 어떤 문제점이 있는지 살펴보자.

제1장 총칙
제1항 한글 맞춤법은 표준어를 소리대로 적되, 어법에 맞도록 함을 원칙으로 한다.

제2항 문장의 각 단어는 띄어 쏨을 원칙으로 한다.
제3항 외래어는 '외래어 표기법'에 따라 적는다.

제1장 총칙의 세부 내용은 3항으로 구성되어 있는데 제3항을 제외하고는 모두 "-원칙으로 한다."라고 기술하여 마치 꼭 따르지 않아도 되는 듯한 여운을 남기고 있다.

'한글 맞춤법'의 제1항은 한글 맞춤법의 대상을 규정하고 있다. 곧 한글 맞춤법은 '표준어'만 대상이 된다. 물론 외래어도 한글로 적는다는 점에서는 한글 맞춤법과 관련되지만 외래어를 표기하기 위한 별도의 규정인 '외래어 표기법'이 있기 때문에 한글 맞춤법의 적용 대상은 결국 '표준어'로 한정된다. 곧 한글 맞춤법의 대상을 규정하고 있는 제1장 총칙이 매우 제한적인 규정임을 알 수 있다. 그러나 한글 맞춤법의 대상에 '전문 용어', '다듬은말(순화어)', '신조어', '방언', 문학 작품에 나타나는 '개인어' 등은 제외되어 있음에도 불구하고 『표준국어대사전』에서는 이들을 국어심의회의 심의 과정도 거치지 않고 사전 편찬자가 임의로 대량으로 등재하고 있어 상호 모순적이다.

제1항은 한글 맞춤법의 대상 범주와 표기 방식의 기본을 밝히고 있다. 한글 맞춤법의 적용 대상은 표준어라고 정의되어 있다. 그러면 표준어는 어떻게 정의되는지 '표준어 규정'을 살펴보자. 표준어 규정 제1장 총칙은 2개의 항으로 되어 있는데 제1항은 "표준어는 교양 있는 사람들이 두루 쓰는 현대 서울말로 정함을 원칙으로 한다."라고 규정하고 있으며, 제2항은 "외래어는 따로 사정한다."라고 규정하고 있다. '표준어'의 범주는 제1항의 기준을 비롯해서 사정한 외래어로 구성된다. 여기에서 문제가 되는 것은 우선 '전문 용어', '다듬은말(순화어)', '신조어', '방언', 문학 작품에 나타나는 '개인어' 등은 한글 맞춤법의 대상에서 벗어난다는 말이다. 이 규정대로 한다면 한국어의 폭을 너무 축소하여 인식하고 있다. 언어문화란 다양한

민족어의 자산을 포괄하여야 함에도 불구하고 매우 제한된 '표준어'와 사정된 '외래어'로만 한정함으로써 민족 전통의 언어유산을 내다버려야 할 것 내지는 관심 밖의 것으로 규정하고 있다는 사실은 매우 위험한 발상이 아닐 수 없다.

또 다른 문제점은 '한글 맞춤법' 제3항의 외래어 규정과 '표준어 규정'의 제1장 총칙 제2항의 규정이 서로 상충되고 있다는 점이다. 곧 '한글 맞춤법' 제3항의 외래어에 대한 규정은 '표준어'와 같은 범주를 정하는 것이 아니고 별도의 표기법을 마련하는 근거만을 제시하고 있다. 그러나 '표준어 규정'의 제1장 총칙 제2항에서 '외래어'의 범주는 "외래어는 따로 사정한다."라고 규정하였으나 어디에서도 사정 원칙과 범주를 표시한 내용이 없다. 따라서 '표준어 규정의' 제1장 총칙 제2항은 허구적인 조항이라고 할 수 있다. 또한 '표준어 규정' 제1장 총칙 제2항에서도 '외래어'만 따로 사정할 것이 아니라 '다듬은말(순화어)', '신조어', '방언', 문학 작품에 나타나는 '개인어' 등에 대한 사정 원칙과 범위를 명시해야 함에도 불구하고 이들 분류에 대한 사정 원칙이 없는 허구적인 조항으로 되어 있다. 『표준국어대사전』에서는 이러한 규범을 토대로 한다면 '전문 용어', '다듬은말(순화어)', '신조어', '방언', 문학 작품에 나타나는 '개인어' 등을 올림말로 실어서는 안 될 것이다. 지금까지 '전문 용어'를 비롯한 '다듬은말(순화어)', '신조어', '방언', 문학 작품에 나타나는 '개인어' 등을 『표준국어대사전』의 올림말로 선정하기 위해 어떤 사정 원칙 아래에서 어떠한 절차를 거쳤는지 알려진 바가 전혀 없다. 그러니까 사전 편찬자가 임의로 올림말을 퍼 올렸다고 볼 수밖에 없다.

예를 들어 '멱둥구미'를 『표준국어대사전』에서는 "뗑짚으로 둥글고 울이 깊게 결어 만든 그릇. 주로 곡식이나 채소 따위를 담는 데에 쓴다."라고 뜻풀이를 하고 있는데 이 어형의 방언형 가운데 『표준국어대사전』에 실린 어휘는 다음과 같다.

두루광이 명[방] '멱둥구미'의 방언(강원).
둥구미 명=멱둥구미.
메꼬리 명[방] '멱둥구미'의 방언(전남).
봉새기 명[방] 「1」'멱둥구미'의 방언(경북). 「2」'쟁반'의 방언(경북).

'두루광이', '메꼬리', '봉새기'와 같은 방언형은 '멱둥구미'와 어원이 전혀 다른 방언 분화형이어서 당연하게 『표준국어대사전』의 올림말로 등재되어야 하지만 어떤 사정 원칙에 의해서 이들이 '멱둥구미'의 방언형으로 등재되었는지 우리말 규범에서 그 근거를 찾아 볼 수 없다는 점은 문제라 생각한다. 물론 사전 편찬 지침이나 교열 지침에 따른 결과이더라도 그런 지침이 규범보다 상위의 판단 근거가 될 수는 없다.

'한글 맞춤법'의 총칙 제3항을 '표준어 규정'의 제1장 총칙 제2항의 규정으로 옮기고 여기에 '외래어'뿐만 아니라 '다듬은말(순화어)', '신조어', '방언', 문학 작품에 나타나는 '개인어' 등의 사정 규정으로 확대해야 하며, 표준어 규정 제1장 총칙의 제2항은 '한글 맞춤법'의 총칙 제3항으로 옮기고 "외래어와 '다듬은말(순화어)', '신조어', '방언', 문학 작품에 나타나는 '개인어' 등의 표기법은 따로 정한다."라고 하여 표준어 이외의 언어 자산들의 표기 방식을 결정해야 한다. 그리고 구체적인 표기 방식이나 사전 등재 원칙을 밝히기 어렵다면 세부 지침은 『표준국어대사전』 편찬 지침에 의거한다고 명시할 필요가 있다.

한국 어문 규범은 한 치의 오차나 오류를 허용해서는 안 될 뿐만 아니라 규범을 바탕으로 한 『표준국어대사전』은 규범이 정한 범주를 철저하게 지켜야 할 것이다. 그러나 지금까지 규범의 대상 범주가 명확하지 않았던 결과로 '다듬은말(순화어)', '신조어', '방언', 문학 작품에 나타나는 '개인어'

등의 올림말이 무질서하게 실리게 되었다.

(1)
낭설(浪說) 명터무니없는 헛소문. ≒표설(漂說). 쫲비 뜬소문. 쫲비 유언비어. '뜬소문, 헛소문'으로 순화.
카운트다운(countdown) 명「1」로켓이나 유도탄 따위를 발사할 때에, 시작이나 발사 순간을 0으로 하고 계획 개시의 순간부터 시·분·초를 거꾸로 세어 가는 일. 「2」마지막 점검. '초 읽기'로 순화.
플랜(plan) 명'계획01(計劃)'으로 순화.
핸디캡(handicap) 명「1」자신에게 특별히 불리하게 작용하는 여건. '결점', '단점', '불리한 조건', '약점', '홈'으로 순화. 「2」[운]운동 경기 따위에서, 기량의 차이가 나는 경기자에게 이길 기회를 공평하게 주기 위하여 우월한 경기자에게 지우는 불리한 조건. 경기 승패에 영향을 줄 수 있는 점수·횟수·거리·중량 따위를 조절하여 대등한 경기를 할 수 있도록 한다. ≒핸디.
(2)
가베(壁) [건][미] 벽(붙이기)
가라스(네, glass) [미] 유리

위의 (1)의 예처럼 한자나 일본어 또는 영어식 외래어를 올림말로 올리고 설명한 것도 있지만 (2)의 예와 같이 순화 대상어만 올림말로 올리고 순화어만 대응시킨 경우도 있다. '카운트다운'이나 '핸디캡'과 같이 외래어라고 보기 어려운 외국어를 그대로 올림말로 올린 기준은 무엇인지 규범에서 그 근거를 확인할 길이 없다. 규범 따로 사전 따로로 진행되어 온 전후 사정이야 이해되지만 적어도 국민에게 국가가 제시한 규범이라면 이처럼 모순성을 가지고 있어서는 안 될 일이다.

콩-지름 명[방] '콩나물'의 방언(경상, 제주).
콩-질금 명[방] '콩나물'의 방언(전라, 충청, 함경).
두루매기 명[방] '두루마기'의 잘못.

둘매기 명[방] '두루마기'의 방언(전남, 평북).

'콩나물'의 방언형인 '콩지름', '콩질금'은 『표준국어대사전』의 올림말에 올라와 있다. '두루매기'와 '둘매기'는 '두루마기'의 방언형이다. 그런데 '콩지름'과 '콩질금'은 모두 방언형으로 기술한 것에 비하여 '두루매기'는 '두루마기'의 잘못으로 '둘매기'는 방언형으로 처리하고 있다. 뜻풀이도 체계적인 균형을 이루지 못할 뿐만 아니라 『표준국어대사전』이라는 규범 사전에서 아무런 근거도 없이 한글 맞춤법 제1장 총칙 제1항의 근거에서 벗어나는 방언형을 올림말로 삼고 있다.

우리나라의 어문 정책의 현주소가 바로 이러한 모습이다. 모순투성이를 고쳐 나가려는 의지도 없다. 지난 수십 년간 우리나라의 어문규범 정책은 일방적이고 또 폐쇄적이며 소극적인 수준에 머물러 있다. 일제 식민지의 굴레를 벗어나 한글이 통일된 모습으로 사용되기 위해서는 우선적으로 표기 기준 마련이 절실했을 것이고 또 사회의 다원화에 따라 외래어나 외국어 문제와 신조어 등의 문제가 발생하자 규범 언어를 서울말로 정하고 방언은 없애버려야 할 대상으로 몰고 갈 수밖에 없었을 것이다. 더욱이 국어대사전 편찬 사업은 주로 한글학회와 민간 출판사에서 주도해 왔는데 문민정부에 들어와서 갑자기 그리고 졸속적으로 국가 주도의 규범 사전인 『표준국어대사전』을 만드는 과정에 여러 가지 오류를 낳을 수밖에 없었던 것이다.

문제는 지금부터 규범 사전을 그야말로 전 국민이 신뢰를 갖도록 보완해 나가야 하고 또 사전 보완을 위해서도 규범을 개정하지 않을 수 없다고 판단된다.

1) 표준어와 표준국어대사전

한 나라의 규범어를 규정하여 불편 없이 사용하게 하려면 사전에 그 내용을 실어 활용할 수 있도록 해야 한다. 그런 의미에서 『표준국어대사전』을 국립기관에서 국가 사업으로 추진했던 정신을 고려한다면 "표준어는 교양 있는 사람들이 두루 쓰는 현대 서울말로 정함을 원칙으로 한다."라는 '표준어 규정'을 철저하게 지켰어야 할 것이다. 그러나 이 사전에는 표준어 규정에 어긋난 사례들이 매우 많이 있다.

이 사전에는 표준어사정위원회의 검토를 제대로 거치지 않은 외래어, 신조어, 유령어, 방언, 북한어가 대거 실려 있다. 그러나 사실상 그동안 표준어 사정위원회에서 논의되어온 각종 회의 기록이나, 새로 등재한 표준 어휘와 채택되지 못한 어휘 등의 구분 기준에 관한 공식 기록 자료들이 거의 남아 있지 않다고 하니 놀라운 일이 아닐 수 없다.

특히 북한 낱말이 대량으로 실려 있는데 이는 '표준어 규정'에 정면으로 위배되는 예이다. 가령, 북쪽의 『조선어대사전』에 올림말로 실린 개화기 경성 방언이, 북한어로 둔갑해 실린 예들이 있다. 표준어를 사정할 때 개화기에 사용되던 많은 어휘가 남쪽 사전에는 실리지 않고 북쪽 사전에만 실린 것을, 다시 『표준국어대사전』에 퍼 오면서 북한어로 취급하는 웃지 못할 일이 생겨나게 된 것이다.

1933년 조선어학회의 '한글맞춤법통일안'이 최종으로 확정되었는데, 이 안을 근거로 하여 "표준말은 대체로 현재 중류 사회에서 쓰는 서울말로 한다."라고 규정함으로써 표준어의 기반이 확정되었다. 이를 토대로 서울의 중류층이 사용하는 표준 낱말을 선정하기 위해 1935년 1월 '조선어표준어사정위원회'를 구성하였다. 73명(서울 26명, 경기 11명, 각도 대표 36명)의 위원을 위촉하여 표준 낱말을 사정하여 김윤경, 방종현, 이극로, 문세영, 이희승, 이윤재, 정인승 등이 모여 세 차례 윤독회를 거쳐 1936년 10월 28일에 9,547개의 낱말(표준어 6,231개, 비표준어 3,082개, 약어 134개, 한자어 100개)을 사정하여 발표하였다. 조선어학회에서는 이를 『사정한 조선어 표준말 모음』(1936)으로 출간하였다. 표준어를 사정하기 전에 활동한 현진건의 소설에는 "방언뿐만 아니라 일본어, 궁중어, 북한의 문화어가 상당수 포함되어"17) 있는데, 특히 1936년 이후 개화기의 경성의 말씨임에도 불구하고 남쪽에서는 '표준말' 모음에서 제외되었거나 표준말사정위원회에서 채택하지 않은 '뛰염질, 목고개, 물얼굴, 잔등, 조방군, 탈아매다'와 같은 북쪽 지역의 방언(현재 북한의 문화어)이 북쪽의 『조선말사전』에는 올림말로 채택된 예가 매우 많다. 그러니까 현진건 소설에 나타난 북한어는 북한어가 아니라 남쪽사전에 미처 등재하지 못한 개화기의 경성말인 셈이다.

이처럼 각종 국어사전이 올림말을 선정하는 과정에서부터 '표준어 규정'과 상충되거나 '표준어 규정'을 위배하는 경우가 있다. 그뿐만 아니라 올림말 발굴을 위한 지속적인 조사 계획이 없었으며 비록 새롭게 발굴된 올림말도 체계적인 정리가 미흡했다. 그리고 '서울말=표준어'라는 등가 원칙을 고수함으로써 많은 방언들이 절멸될 수밖에 없었다. 그리고 서울 방언에서 널리 쓰이고 있음에도 비표준어로 처리된 경우도 많다. 올림말의 뜻풀이에도 문제가 많다. 방언형 올림말에 대해 '~의 잘못'으로 처리한 예들이 많은데 잘못으로 규정할 근거가 없는 예가 다수 있다. 또한 비현실적인 순화어를 올림말로 올린 사례들도 많이 있다. 뜻이나 어감이 현저히 달라 사용하기 어려운 순화어도 많이 있다. 표준어 사정 대상이 조사나 어미 같은 문법 형태는 제외하고 낱말에 국한된 점도 문제이다. 그리고 사정위원들이 거수로 표준어를 결정하는 방식은 결코 과학적인 방법이라고 할 수 없지만 실제 그러한 거수 절차도 제대로 거친 적이 거의 없다.

표준어 개념에 대해 재검토를 하기 위해 몇 가지 전제되어야 할 사항이 있다. 표준어와 비표준어로 양분하는 방식을 점진적으로 폐지해야 한다. 표준어는 임의적인 성격이 많기 때문에 포괄적 개념만을 규정하도록 하고 개별 낱말에 대한 규정은 지양해야 할 것이다. 그리고 국어 규범을 강요하기

보다는 언어 기술 위주로 전환하거나 국어사전을 활용하는 방식을 취해야 한다.

표준어와 비표준어로 양분하는 방식을 지양하기 위해서는, 표준어/비표준어를 대립되는 개념으로 이해할 것이 아니라 낱말 사용 실태 조사에 주력하여 방언이라도 필요한 경우에는 규범적인 공통어로 채택할 필요가 있다. 국어사전에 등재되어 있지 않은 낱말의 발굴에 노력해야 한다. 말뭉치 활용(세종계획 말뭉치, 국립국어원 자체 말뭉치 등)과 생활 현장 용어의 조사를 통해 낱말 수를 더욱 늘리기 위한 노력과 더불어 의사소통에 장애를 받지 않도록 말하는 방식을 적극 교육해 가야 한다. 예를 들면 단모음 '에/애', '으/어'와 '외/우'의 발음법은 착실히 교육할 필요가 있다.

70년대 이후 산업화와 도시화의 과정에서 급팽창한 '서울' 지역의 외연外延과 그 속에 유동하며 살아가고 있는 '교양인'이라는 정체를 규정하기가 어렵게 되었다는 점도 문제이다. 따라서 '표준어 사정 원칙'의 총칙 제1항의 규정은 사문화된 규정이나 다름이 없다. 우리 어문정책의 틀은 결국 우리 민족의 언어 자산을 한정된 '서울' 지역과 '교양인'으로 묶어 버림으로써, 상대적으로 풍부하고 다양한 방언은 표준어에 비해 열등한 것으로 비하되었고 또 공익성이 없는 것으로 여겨져 결국 절멸의 길로 들어서게 되었다. 표준어를 쓰는 서울 사람들에 의해 형성된 서울 중심 문화의 대중화는 지방 사람들로 하여금 자신들이 태어나고 성장한 고장의 언어인 방언을 부정하거나 지역 문화의 우수성까지도 무시하도록 강요한다는 점에서 신중히 재고되어야 한다. 언어에 대한 왜곡 현상은 학습자 개인의 언어 습관의 문제에 국한되지 않고, 그들이 살아온 지역 문화에 대한 정체성 내지 자긍심 형성에도 영향을 미친다. 이것이야말로 문명적 폭력이라고 하지 않을 수 없다.

2) 표준국어대사전 이름 문제

1999년 국립국어원에서 간행한 『표준국어대사전』의 이름을 곰곰이 되새겨 볼 필요가 있다. 말 그대로 '표준국어+대사전'인가? 아니면 '표준+국어대사전'인가? 전자라면 '표준국어'를 다 모은 대사전이라는 뜻이 될 것인데 어찌 표준국어의 대사전이 필요한 것인지 이해할 수 없다. 후자라면 아직 우리나라에서는 명실상부한 '국어대사전'을 만들지 못했을 뿐만 아니라 있다손 치더라도 그것을 표준화한다는 말은 이치에 맞지 않는다. 옥철영 교수(2007)는 '표준'에 대해 콘텐츠의 표준인가? 사전 기술의 표준인가? 사전 활용의 표준인가? 어떤 개념의 표준인지 명확하지 않다는 지적을 한 바 있다. 이 사전은 아마 우리 규범에 맞는 말을 올림말로 올려 그것을 뜻풀이한 '표준국어사전'이라는 의미로 해석하는 것이 국립국어연구원에서 사전을 기획하고 편찬한 의도와 일치하리라 본다.

사전편찬학 측면에서 제기할 수 있는 문제점이나 부분적인 오류의 문제는 논외로 하더라도 『표준국어대사전』은 근본적으로 여러 가지 문제를 안고 있다. 앞에서 말한 바와 같이 표준국어사전이라면 규범이 정하는 표준국어의 범주와 일치해야 할 필요가 있다.

한국 어문 규정은 '한글 맞춤법', '표준어 규정', '외래어 표기법', '국어의 로마자 표기법'으로 구성되어 있다. 이 네 가지 규정에 담긴 내용을 토대로 하여 '표준어'의 범주와 이 사전에서 담고 있는 '표준어'의 범주가 일치하지 않는다는 점을 강조하지 않을 수 없다.

'한글 맞춤법'에서 규정하는 한국어의 대상은 '표준어'에 한한다.

표준어의 사정 원칙을 규정한 '표준어 규정'의 제1장 총칙의 의하면 '신어, 다듬은 말(순화어), 전문어, 표준어로 규정되지 않은 방언, 개인어' 등은 비표준어로 처리될 수밖에 없다.

그뿐만 아니라 '한글 맞춤법' 제1장 총칙 제3항에 규정하고 있는 외래어 또한 '표준어 규정' 제2항에 따라 외래어는 따로 사정한다고 명시되어 있지만 어디에서도 외래어와 외국어를 구분할 '외래어 사정' 원칙을 찾아볼 수 없다.

결론적으로 말하자면 이 사전에서는 어문규범을 지키지 못하는 뒤죽박죽 올림말을 올려놓은 꼴이다. 신어, 다듬은 말(순화어), 전문어, 표준어로 규정되지 않은 방언, 개인어' 등은 표준어가 아님에도 사전 편찬자의 임의적인 판단으로 올림말을 선정하였으며, 외래어 또한 마찬가지의 방식으로 사전 편찬자 임의로 국어심의회에 상정하여 거수의 방식으로 통과시킨 꼴이다. 역으로 어문 규범을 담아낸 이 사전이 정당하다면 '한국 어문 규범'을 전면 수정해야 한다는 논리에 이르게 된다.

이쯤 해서 조동일 박사(2006)의 조언을 들어보자.

"잘못을 합리화하려고 하지 말고, 명실상부한 '국어대사전'을 만들어야 한다. 표준어 사전을 만들면서 다른 것들을 일부 곁들이지 말고, 표준어인지 아닌지 구별하지 않고 모든 국어 어휘를 수록하고 풀이하는 큰 사전을 만드는 것이 국어원의 존재 이유이다. 시대와 지역에 따라 달라진 언어가 어떤 관련을 가지는지 설명해야 한다. (중략) 서사어와 구두어에서 새로 찾아낸 많은 어휘가 표준어인가를 가리는 것은 무의미한 일이다. 표준어 사정을 할 때 그런 말이 있는지 몰라 대상으로 삼지 않았다. 표준어 사정에 들어가지 않은 말은 방언이니까 홀대해도 그만이라는 옹졸한 생각을 가지고 국어대사전을 만들 수는 없다. 국어대사전은 표준어 사전일 수 없다. 표준어인지 옛말인지 방언인지 가리지 말고, 고유어와 한자어를 차별하지 말고, 모든 국어를 포괄하는 사전이 국어대사전이다. 국어원은 국어학 내부의 영역에 머물러 있지 말고, 어문생활사의 여러 문제를 다루어야 한다. 사전 편찬에서 언어문화의 유산을 폭넓게 계승하는 데 그치지 않고, 작문법, 언어 사용의 실상, 국어와 영어, 세계의 한국어 등에 관해서도 조사하고 연구해야 한다. 현재의 제도와 규정으로는 개선이 가능하지 않다면, 국립국어문화원으로 이름을 고치고 성격을 바꾸어야 한다."

국어대사전에 관한 논의를 하기 전에 『표준국어대사전』이라는 이름이 안고 있는 문제점을 개괄적으로 살펴보았다. 좀 더 구체적으로 『표준국어대사전』이 그 이름과 관련하여 어떤 문제점을 안고 있는지 살펴보자.

먼저 규범상의 '표준어'라는 범위와 『표준국어대사전』이 규정하고 있는 대상의 범위가 다르다. 한국 어문 규정대로라면 '신어, 다듬은 말(순화어), 전문어, 표준어로 규정되지 않은 방언, 개인어'는 이 사전에서 다루어서는 안 될 것이다. 그뿐만 아니라 외래어 또한 사정 원칙이 뚜렷하지 않은데도 불구하고 대량으로 유입되어 있다.

2006년 8월 22일, 국립국어원의 2006년도 제7회 언어 정책 토론회에 참석한 조동일 박사는 『표준국어대사전』이 규범 사전을 지향하면서 역사적·지역적 문화유산을 담고 있는 옛말과 방언을 싣지 않았다고 비판하였다. 그에 따르면, 사전은 언어를 규범화하는 것이라는 입장은 부당하며 사전의 일차적 기능은 독해를 위한 길잡이 노릇이라고 한다. 그는 또한 사전이 뜻풀이만 해서는 안 되며, 뜻이 생기고 변천해 온 내력을 밝혀야 한다고 말하고, 국어대사전은 표준어, 옛말, 방언, 고유어, 한자어를 차별하지 말고, 모든 국어를 포괄하는 사전이어야 한다고 주장하였다.

그러나 사전이 어떤 종류인가에 따라 그 사전이 담아내는 내용은 차이가 있을 수 있다. 우리나라의 경우 종합 국어사전이 단 한 번도 편찬된 적이 없기 때문에 조동일 박사와 같은 주장도 가능하지만 교육용으로서 규범 사전은 필요하다고 판단된다. 문제는 규범 사전을 지향하면서도 규범을 제대로 담아내지 못한 점이다. 다시 말하자면 규범 사전으로서 시작된 『표준국어대사전』이 규범 사전의 격식도 갖추지 못했으면서 종합 국어사전의 방식으로 만들어짐으로써 그 정체성을 잃어버린 것이다.

가까운 일본의 경우 우리나라의 『표준국어대사전』의 전 3권 중 1권의 규모로 30여 권으로 된 국어사전을 편찬하여 이를 토대로 그들의 국어자산을 관리하고 있다. 언어란 그 민족문화의 정수라고 할 수 있듯이 그들 문화의 표상인 언어문화를 표준어이니까 보존하고 그렇지 않으면 내다 버리는 정책이어서는 안 된다.

3) 방언형의 올림말 선정

방언형의 올림말 선정을 위해『표준국어대사전』에서는 일반 원칙과 세부 사항을 규정해 놓고 있다. 그러나 방언 올림말 선정 원칙과 규정을 미세하게 정해 놓았지만, 실제 각 지역별 방언 올림말의 뜻풀이나 선정 방식은 모호하거나 일관성을 잃어버린 경우가 많다.

『표준국어대사전』의 올림말 선정 기준에서 1항의 나)"비표준어는 널리 쓰는 것을 선별하여 수록하되, 대응하는 표준어와의 관계를 파악할 수 있도록 한다."라는 기준과 1항 4)"방언을 지역별로 선별하여 수록한다."라는 기준은 방언형 올림말 선정 기준의 무원칙의 결과라고 할 만하다. 예를 들어 '무말랭이'의 방언형은 매우 다양하여 그 방언 분화형은 아래와 같은데 과연 위와 같은 방언형의 올림말 선정 기준이 잘 지켜졌는지 살펴보자.

곤지, 골굼무꾸, 골굼무수, 무ː마랭이, 무ː말랭이, 무ː우거리, 무고시레기, 무고자리, 무꾸말랭이, 무꼬자리, 무꾸검박, 무말래, 무말랭이, 무수가시레기, 무수고시래기, 무수꼬시래기, 무수꼬재기, 무수말래이, 무수말랭이, 무수말링갱이, 무수우거리, 무수채가지, 무시건채, 무시곽떼이, 무시오구레기, 무시오그락찌, 무시왁따지, 무시우거리, 무시우구리, 무시쪼고래기, 무쏘래기, 무씨래기, 무오가리, 무우고시레기, 무우말랭이, 무우우거리, 뭇고자리, 뮈고자리, 뮈우말랭이, 속쓰랭기, 싱거리, 싱기리, 오가리, 오그락찌, 오그래기, 와가리, 왁다리, 왁따지, 왁떼기, 쪼거락찌, 쪼구래기

이들 방언 분화형을 모두 올림말로 싣는 방언사전의 경우와는 달리 다양한 방언 분화형 가운데 가치 있는 방언 대표형을 어디까지 올림말로 실을

수 있는가? 『표준국어대사전』에서는 '무말랭이' 방언형 가운데 '무꾸', '무수', '무말랭이', '우거리', '무고자리'만이 올림말로 등재되어 있다. 그러나 방언 올림말 선정 기준인 "해당 방언권의 화자들이 널리 사용하는 어휘에 한정해서 올림말로 인정한다. 다른 방언권에는 없는, 해당 방언권의 특징을 전형적으로 보여준다고 판단한 어휘나 통시적으로 중요하다고 판단한 어휘에 한해서는 널리 쓰이지 않더라도 올림말로 선정할 수 있다."라는 기준에 의한다면 '곤지', '골굼무꾸', '무고시레기', '무꾸검박', '무수고시래기', '무수꼬재기', '무수말랭이', '무수말링갱이', '무수곽떼이', '무시오구레기', '무시오그락찌', '무시왁따지', '무시쪼고래기', '무쏘래기', '무우고시레기', '뭇고자리', '속쓰랭기', '싱거리', '와가리', '왁다리', '왁따지', '왁떼기', '쪼거락찌'와 같은 방언 분화형 가운데 올림말로 실려야 할 예들이 있지만 실제로는 그렇지 않다.

"복합어의 경우에도, 한 요소만 방언형이고 나머지 한 요소는 표준어이면서 단어의 뜻이 두 요소의 뜻의 단순 결합인 경우-의미적 융합이 일어나지 않은 경우-에는 방언형 요소만 올림말로 등재한다."라는 규정에 따르더라도 '고시레기', '검박', '쪼거락지', '싱거리', '왁따지'나 '곤지'와 '골굼무꾸' 등이 올림말에서 제외되어 있어 규정과 실제는 서로 다른 모습을 보여준다.

방언 올림말을 선정하는 일반 원칙인 "타 방언권의 화자가 대응하는 표준어형을 쉽게 유추하기 힘든, 단순 음운론적 교체형이 아닌 어형들에 한정해서 올림말로 인정한다."라고 규정하고 있지만 실제 사전에서는 이러한 일반원칙조차도 잘 지켜지지 않았음을 알 수 있다.

이 사전이 규범 사전이라고 할 때, 한글 맞춤법과 표준어 규정, 외래어 표기법, 국어의 로마자 표기법을 충실하게 반영할 의무가 있는데, 특히 올림말의 선정 원칙과 관련하여 표준어 규정에서 명시한 제1부 표준어 사정 원칙 중 제3장 어휘 선택의 변화에 따른 표준어 규정에서 '제3절 방언'의 규정에 의하면 제23항과 제24항에서 규정한 범위에서 벗어나는 방언형을 올림말로 취할 수 있도록 명시한 규정은 어디에서도 찾아볼 수 없다.

제23항에서는 "방언이던 단어가 표준어보다 더 널리 쓰이게 된 것은, 그것을 표준어로 삼는다. 이 경우, 원래의 표준어는 그대로 표준어로 남겨 두는 것을 원칙으로 한다."와 제24항에서는 "방언이던 단어가 널리 쓰이게 됨에 따라 표준어이던 단어가 안 쓰이게 된 것은, 방언이던 단어를 표준어로 삼는다."라는 두 규정을 검토해 볼 필요가 있다. 방언인 단어와 표준어의 사용 빈도의 우열에 따라 방언이 표준어보다 더 많이 사용될 경우 방언형을 표준어형과 함께 복수 표준어로 인정하며 방언형이 표준어형을 밀어낸 경우 방언형을 표준어로 인정한다는 말이다. 다시 말하자면 표준어와 대응되지 않는 방언형에 대한 규정은 없음에도 불구하고 이 사전에서는 방언형을 대폭 수용하고 있어 규범 사전으로서의 본질을 이탈하고 있다.

표준어 규정 제4절과 제5절 단수 표준어와 복수 표준어의 규정 또한 많은 문제를 안고 있다. 제25항에서 "의미가 똑같은 형태가 몇 가지 있을 경우, 그 중 어느 하나가 압도적으로 널리 쓰이면, 그 단어만을 표준어로 삼는다."라는 규정에서 "의미가 똑같은 형태"의 대상이 표준어만을 뜻하는지 방언도 포함하는지 불분명하다. 제25항에서 예시한 '-게끔', '고치다, 낫우다', '국물, 멀국/말국', '쌍동밤, 쪽밤', '아주, 영판', '언제나, 노다지', '-에는, -일랑' 등에서는 의미가 똑같은 형태의 대상에 방언도 포함하고 있는 것으로 판단된다.

여기서 "압도적으로 널리 쓰인다."라는 규정도 매우 불분명한 개념이다. 이상규(2006)의 방언 지도 제작기 Map Maker를 활용한 '부추'의 방언 분화형의 사용 빈도수를 보면 제25항의 규정과 차이를 보인다는 사실을 알 수 있다. 곧 '부추' 계열의 어휘는 35이고 '솔/소풀/졸' 계열은 59이며, '정구지'

계열은 44이다.

복수 표준어를 규정한 제26항 "한 가지 의미를 나타내는 형태 몇 가지가 널리 쓰이며 표준어 규정에 맞으면, 그 모두를 표준어로 삼는다." 역시 '한 가지 의미를 나타내는 형태'의 대상이 표준어만을 뜻하는지 방언도 포함하는지 불분명하다. 예컨대 '것/해(내~, 네~, 뉘~)', '되우/된통/되게', '멀찌감치/멀찌가니/멀찍이', '벌레/버러지', 엿기름/엿질금', '옥수수/강냉이', '일찌감치/일찌거니', '제가끔/제각기' 등의 예에서는 '한 가지 의미를 나타내는 형태'의 대상에 방언도 포함하고 있는 것으로 판단된다. 또한 '널리 쓰이며'의 한계도 불분명하다. 앞에서 든 '부추'의 경우 복수 표준어를 규정하는 제26항에 따른다면 적어도 '부추', '정구지', '졸/솔' 형은 복수 표준어로 인정될 만하다.

'부추'의 방언 분화형 가운데 『표준국어대사전』 올림말로 등재된 낱말은 7개인데, '부추'를 제외한 6개의 낱말은 모두 방언형으로 처리하여 복수표준어로 인정하지 않았다.

부추 명[식] 백합과의 여러해살이풀. 봄에 땅속의 작은 비늘줄기로부터 길이 30cm 정도 되는 선 모양의 두툼한 잎이 무더기로 모여난다. 8~9월에 긴 꽃줄기가 나와 산형(繖形) 꽃차례로 흰색의 작은 꽃이 핀다. 열매는 삭과蒴果를 맺으며 익으면 저절로 터져서 까만 씨가 나온다. 비늘줄기는 건위·화상 따위에 쓰고, 잎은 식용한다. 중국과 인도가 원산지로 한국, 일본 등지에 분포한다. ≒구채01((f)菜)·난총01(蘭葱). (Allium tuberosum) [<부초<부취ㅣ<구방>]
분추01 명[방] '부추'의 방언(강원, 경북, 충북).
정구지 명[방] '부추'의 방언(경상, 전북, 충청).
졸02 명「1」[방] '부추'의 방언(충청). 「2」[옛] '부추'의 옛말. ¶韭 졸 『물보 상:3』 / 山韭 與家韭相類 但根白葉如燈心苗 山韭生深山中 驗其葉 一如家 韭 不似燈心也 說者多以 졸 當韭 今驗 졸之結子 無仁不堪入藥 始知韭之決 是 부추ㅣ 而 졸 則恐是山韭也 孝文韭 諸葛韭 함 소『물명 3:6』.§
솔06 명[방] '부추'의 방언(경상, 전남).

소풀 📧[방] [식] '부추'의 방언(경상).
세우리 📧[방] '부추'의 방언(제주).

앞에서도 논의한 바와 같이 『표준국어대사전』에서 표준어 이외의 방언형의 올림말을 싣는 기준의 일관성을 찾아보기 힘들다. 또한 뜻풀이 정보 처리 방식에서도 '부추' 항에 [식]이라는 사전용 약호가 '소풀' 항에 다시 표시된 이유가 분명하지 않다.

표준어가 아닌 방언도 언어 발달 과정을 설명하는 데 도움이 되는 예들이 많이 있다. 예컨대 '(연기가 나서 눈이) 내그랍다'라는 어휘는 '내굴煙氣'이라는 어근에 접사가 결합한 파생어인데 '내굴'을 올림말로 인정하지 않기 때문에 '내그랍다'라는 어휘의 생성과정을 설명하기 힘들다. '내煙氣'만 올림말로 처리하기 때문에 '내'의 고어형이며 지역 방언형인 '내굴'을 올림말로 올리지 않음으로 인해서 생겨나는 문제이다. 이처럼 지역적 제약성 때문에 상당수의 방언이 표준어에서 제외되어야 했다. 문화적 다원성 확보라는 측면에서 다양한 방언 가운데 사용자가 다수인 방언을 표준어에서 배제해야 하는 어떤 당위성도 찾을 길이 없다. 방언 어휘를 언어 자원으로 활용할 수 있도록 언어 정책 방향을 전환할 필요가 있다. 그렇지 않으면 까마득하게 내버려 둔 북쪽 우리말과 글을 어떻게 한 겨레말로 끌어안을 수 있다는 말인가.

3. 남북 언어 이질화 무엇이 문제인가?

남북 간의 언어 이질화는 남북통일을 전망하는 데 있어서 가장 큰 걸림돌이 될 것이다. 남북 언어의 이질화를 유발하는 몇 가지 요인을 중심으로 살펴보자.

첫째, 표준어와 문화어의 언어 기반의 차이가 가장 큰 문제이다. 예를 들면 '소금꽃'이라는 어휘가 『표준국어대사전』에서는 북한어로 등재되어 있다.[11] '소금꽃'이라는 어휘가 서울 지역의 교양인이 사용하지 않는 염전鹽田의 염부鹽夫가 사용하는 것이기 때문이다. 그러나 북의 문화어에서는 당연히 생활 현장어이기 때문에 『조선어대사전』에는 올림말로 실려있다. 서울 중심으로 한 교양층의 언어인 표준어와 북의 평양 중심의 대중말인 문화어의 언어적 기반의 차이가 언어 차이를 유발하는 가장 큰 요인이다.

둘째, 고유어와 외래어에 대한 남북 간의 인식 차이 때문에 조어 형식(페달/디디개)에서 엄청난 차이가 발견된다. 이러한 측면을 극복하기 위해 한때 남측에서도 '코너킥'을 '모서리차기', '포볼'을 '볼넷'으로 순화를 한 적도 있었다.

셋째, 어휘 기본형에 대한 인식 차이를 들 수 있다. '연기煙氣'의 고유어형의 기본형을 남에서는 '내'로 북에서는 '내굴'로 잡고 있어 차이를 보여준다. '내그랑내, 내금'과 같은 방언형의 기원형을 밝히기 위해서는 '내굴'을 올림말의 기본형으로 잡을 수도 있다.

넷째, 국어 규범의 차이를 들 수 있다. '띄어쓰기', '두음법칙', '사잇소리' 등 남북 간의 규범차이에 의한 남북 이질화가 가속되고 있으나 이 문제는 기술적으로 통일 문제는 기계적으로 처리될 수 있을 뿐만 아니라 최근 『겨레말큰사전』 사업을 추진하는 과정에서 남북 간의 통일 방안에 대한 협의가 상당한 진척을 보이고 있다.

다섯째, 남북 이념의 차이로 기인하는 어휘의 차이나 뜻풀이의 차이는 남북언어 통일을 추진하기 위해서는 가장 큰 걸림돌 가운데 하나이다. 『겨레말큰사전』 사업도 이 문제를 어떻게 극복하는가가 겨레말의 통합을 위한 관건이 될 것이다.

---

[11] "소금꽃명『북』땀을 많이 흘렸을 때에, 옷이 젖은 다음 말라서 하얗게 생기는 얼룩을 비유적으로 이르는 말."

여섯째, 최근 산업발전에 따른 학술·전문용어가 급격하게 늘어나는데 특히 이들 학술·전문용어는 남북 언어 이질화에 가장 큰 요인이 되고 있다. 특히 초중고등학교의 교과서에 실린 학술용어의 이질화는 아주 심각한 문제이다.

이외에도 남북 언어 이질화의 요인은 여러 가지가 있을 수 있지만 학술·전문용어의 통일을 위한 노력을 늦추면 늦출수록 남북통일 언어 추진이나 남북 산업 표준화 등을 위한 비용이 증가할 것으로 보인다. 이러한 상황을 예견한 통일문제연구협의회에서는 발 빠르게 남북 학술·전문 용어의 통일을 위한 예비 사업으로『남북 학술·전문 용어 비교 사전』을 간행한 데 대해 축하를 드리는 바이다. 특히 2006년 북의 <고려전자출판사>와의 협의 체결, 2007년 북의 사회과학원과의 접촉 등을 통해 2008년부터 다년 사업으로 추진하기 위한 예비 연구 성과를 이번에 발표한 것이다.

4. 남북 학술·전문 용어 통일을 위한 법률적 검토

남북 교류가 점차 늘어나는 이 시점에서 남북 언어의 이질화를 막고 언어 통일을 대비한 노력은 많으면 많을수록 좋은 것이라고 말할 수 있다. 그러나 남북 언어 통일을 추진하는 주체들이 중구난방이 되어서는 오히려 우리가 바라는 순수성을 훼손할 가능성 또한 피할 길이 없다.

현재까지 노정된 남북 학술·전문 용어 사업과 관련한 문제를 들어 보면 다음과 같다.

첫째, 남북 학술·전문 용어 통일을 준비하는 주체가 난립되어 있다. 먼저『겨레말큰사전편찬위원회』에서는 2005년 1월 ≪겨레말큰사전≫ 공동 편찬요강 합의서에 의하면 사전올림말에 "좁은 범위에서만 쓰이는 전문용어는 올리지 않는다.", "현대 과학기술발전의 요구에 따라 쓰이는 학술용어와 국제 공통적으로 쓰이는 외래어들은 선별하여 올린다."라고 합의함으로써 전면적으로 남북 학술·전문 용어 통일 사업은 유보된 상황이다.

둘째, 한국과학기술단체총연합회에서는 『남북과학기술용어집』을 간행하고 북의 국가과학원 또는 조선과학자총연맹과의 협력 사업으로 추진하고 있으며, 정보통신기술협회TTA에서는 남북 정보산업 국가규격 표준화를 목적으로 남북 용어 비교를 시도하여 그 일부를 홈페이지에서 제공하고 있다. 그러나 남북 학술·전문 용어의 올림말 통일 방안과 뜻풀이 통일 방안 및 표기법 통일 방안에 대한 진전은 없었다.

셋째, 국립국어원과 국어단체연합에서 2007년 중국의 최윤갑 교수, 북의 심병호(국어사정위원회) 등 7명과 남쪽의 최기호 등 7명 공동으로 '남북 체육용어 통일을 위한 국제학술회의'를 개최하여 그 성과를 보고한 바가 있으며[12] 국립국어원과 중국 연변대학교 한국학학원 공동 주체로 국제학술회의(『민족어 발전의 현실 태와 전망』)에서 남북 학술·전문 용어 통일을 전망하는 학술회의가 개최되었으나 그 성과가 구체화된 단계가 아니라는 점이다.

그뿐만 아니라 최근 한국학술진흥재단을 통해 남북 역사관련 전문 용어 통일을 위한 학술연구가 북의 민화협을 통해 추진되고 있으나 이 역시 연구를 위한 연구에 멈출 가능성이 매우 높다.

그 외에 한국 표준협회의 ISO 기술용어 비교나 남북 규격(KS/KPS)상의 용어 비교 작업이라든지 2002년 한국통신문화재단의 『ISO2382 기준 한·영-조·중·일 정보기술 표준용어 사전』성과와 오늘 발표된 통일문제협의회의 성과들이 있다.

이렇게 남북 학술·전문 용어의 통일 사업이 뚜렷한 방향을 갖지 못하고 추진되는 이유가 있다.

---

[12] 국립국어원·국어단체연합, 「남북체육 용어 통일을 위한 국제학술회의 결과보고서」, 2007.

첫째, 남과 북의 현실적 여건을 전혀 고려하고 있지 않다는 점이다. 먼저 남의 사정을 돌아보자. 전문용어를 관리하는 주체가 정부 각 부처와 학술단체총연합회를 비롯하여 국어공학센터, 기술표준원, 한국과학기술원의 전문용어언어공학연구센터KORTERM[13], 겨레말큰사전 남북공동편찬위원회, 국립국어원(국어심의위원회) 등이 있다. 북에서도 국어사정위원회, 사회과학원 언어학연구소, 조선과학기술총연맹 등이 있다.

둘째, 남북 학술·전문 용어의 통일 사업이 산발적으로 진행될 뿐만 아니라[14] 그 내용에 있어서도 올림말과 뜻풀이를 단순 대응시키는 정도이며 양적인 면에서도 전면적인 접근이 아닌 부분적 접근을 하고 있어 오히려 혼란만 가중시키는 느낌이다.

셋째, 법률적 근거를 바탕으로 하지 않을 경우 그 사업성과의 시행이 어려울 뿐만 아니라 남북통일이라는 명목만 활용하여 국비 남용의 결과를 초래한다.

이러한 상황을 고려하여 남에서는 2005년 <국어기본법>을 발표하였다. 제17조에 "국가는 국민이 각 분야에 전문 용어를 쉽고 편리하게 사용할 수 있도록 표준화하고 체계화하여 보급하여야 한다."라고 명시하고 있으며 이를 시행하기 위해 <국어기본법 시행령> 제12조에는 국립국어원에서는 5-20인의 정부부처 및 학단 관계자로 구성되는 '전문용어표준화협의회'를 두고 전문용어를 심의하도록 규정하고 있다. 문화관광부는 심의 요청된 전문 용어 표준안을 국어심의회에 상정하여 그 결과를 정부 각 부처에 회신하고 정부 각 부처는 확정안을 고시한 후 사용토록 하고 고시된 전문 용어를 소관 법령에 따라 재정과 개정 및 교과서용 도서 제작, 공무서 작성 및 국가

---

[13] 21세기 세종계획의 일환으로 국립국어원과 공동으로 전문용어 관리 체계 구축과 분야별 전문용어 구축 사업을 10년간 추진해 왔다.
[14] 손기웅, 「남북학술·전문 용어비교사전 예비사업의 의의」, 『남북학술·전문 용어 비교사전』, 통일문제협의회, 2007.

주관 시험 문제에 출제하여 적극 활용토록하고 있다. 또한 민간 부문에서도 국립국어원 '전문용어표준화협의회'에 심의 요청한 관련 부문 전문 용어 표준안은 다시 국어심의회를 거쳐 확정 고시하도록 입법화되었다.

북의 상황도 남의 상황과 큰 차이가 없다. 전문 용어를 비롯한 규범 관리의 주체는 북의 국어사정위원회의 소관 업무이며 사전에 실린 학술·전문 용어 관리는 사회과학원 언어연구소 소관 업무이다.

이와 같이 남과 북의 내부 사정이 이토록 복잡한 관계로 남북 간의 학술·전문 용어의 통일 사업은 결코 용이한 일이 아니며 협의를 하더라도 그 실효성이 매우 희박하다는 점을 명백히 해두어야 한다.

남북 언어 통일을 효율적으로 추진하기 위해서는 추진 주체가 책임있는 기관이어야 한다. 다시 말하자면 법률적 기관이 주도하고 정부부처나 학술단체협의회 등이 공조하는 방식이 아니면 그 실효성이 떨어질 수밖에 없다. 단순히 남북 학술친선이나 먼 미래를 내다보는 형식일 경우 그 비용 부담이 너무나 클 수밖에 없는 것이다. 사업의 경쟁이나 남북 교류의 생색내기 식으로 접근해야 될 문제가 아니다. 그리고 상대인 북의 사업 주체도 매우 신중하게 접근해야 한다.

『남북 학술·전문 용어의 비교사전』은 어문규범과 관련된 일부 오류(띄어쓰기, 두음 법칙)이나 형태론적 조어형의 동의어 판단에 대한 문제점 등이 발견된다. 따라서 남북 학술·전문 용어의 관리에 대한 문제는 법령적 문제뿐만 아니라 학계의 현실적 문제의 통합을 어떻게 하느냐가 매우 주요한 선결과제이다.

1) 국어의 곳간 채우기 I: 각종 자료

우리 민족은 사계절의 기후 변화가 뚜렷한 환경에 적응해오면서 일상생활을 위해서도 매우 치밀한 준비를 해 온 전통이 있다. 이른 봄이면 1년 동안 먹을 장을 담그고 또 가을이 오면 삼동 동안 먹을 김장을 담그는 일이 가정 일상사에서 매우 큰 비중을 차지하였다. 이러한 전통은 우리 민족의 식생활 문화가 다른 민족에 비해 매우 독특한 방식으로 발전되도록 해 주었다. 냉장고가 없던 시대에도 음식물을 오래 갈무리하는 비법을 터득해 온 것이 그 일례이다. 특히 김치와 같이 삭혀서 먹는 음식을 만드는 기술은 세계에서 가장 앞선 것으로 선조들의 뛰어난 삶의 지혜가 배어 있는 것이다.

1년 동안 내내 장맛이 변하지 않도록 볕이 나면 장독을 열어 두고 또 이슬비라도 내리면 얼른 장독을 닫으며 관리해 온 이러한 문화적 전통은 은근하게 1년을 기다리는 끈기와 저력을 길러준 것이리라. 그런데 최근에 이러한 준비성 있었던 지난 삶의 방식이 급격하게 사라져 가고 있다. 내일이 없는 도시 생활로 내몰려 사는 산업 자본주의적 삶의 환경 탓인지는 모르지만 내일 어떻게 되든 나 몰라라 하는 삶의 방식에 언제부터인가 익숙해져 가는 듯하다.

그 하나의 예로 우리 일상 언어의 곳간이 텅 비어 있다는 것이다. 어느 날부턴가 기초가 부실한 조급하고 성급한 개발 독재의 성과에 길들여진 나머지 우리 고유 문화와 전통이 허물어져 가고 있다. 불과 7년 만에 급조하여 만든 『표준국어대사전』에는 실리지 않은 우리말이 매우 많다. 소설을 읽다가 또는 시를 읽다가 모르는 어휘가 있으면 으레 국어사전을 펼쳐들지만 사전에 실리지 않은 말이 많아 실망했던 경험이 적지 않다.

일본은 메이지明治 시대부터 방언을 수집하고 언론에 보도되는 신조어(새로운 어휘)를 매년 수집해서 30권짜리 '국어대사전'을 만들어 언어의 곳간에 가득 담아 두고 있다. 어렵사리 만든 우리나라의 『표준국어대사전』의 잘못을 답습할 것이 아니라 이제부터라도 국민이 알고자 하는 모든 언어 자료를 차근차근 수집 정리하여 일상 언어의 곳간을 채워야 한다. 지금이라도 더 늦기 전에 남북한의 지역 방언(재외 동포의 방언)을 수집하고 또 전문

용어, 분야별 용어, 계층어, 문학어 등 광범한 언어를 수집 정리하여 텅 빈 언어의 곳간을 채워 넣는 일에 골몰해야 한다. 이 일은 바로 오늘을 살아가는 우리가 해야 한다.

우리 말과 글의 범위와 유산을 폭넓게 파악해서 새로운 올림말을 많이 발굴하고 그 뜻을 밝혀서 우리 말글의 유산을 더욱 풍부하게 꾸려 나가도록 해야 할 것이다. 기존의 여러 종류의 사전을 베껴 국어사전의 어휘 수만 늘리는 방식이 아니라 많은 문헌 자료 조사와 현장 조사를 통해 새로운 어휘를 발굴해서 사전에 실어야 할 것이다. 우리나라가 현재 전 세계 경제 11위 국가라고 하지만 영국의 옥스퍼드 대사전에 한국문화와 관련된 어휘가 '김치', '온돌', '불고기', '막걸리', '시조', '양반', '한글', '태권도'와 같은 소수 어휘밖에 없다는 사실은 무척 부끄러운 일이 아닐 수 없다.

'한류' 열풍이 불고 있다고 호들갑을 떨지만 진정으로 우리 문화의 속살을 남들이 이해할 수 있는 환경과는 거리가 멀다. 국어대사전을 만들기 전에 각종 다양한 사전이 미리 만들어져야 한다. 문학 사전, 옛말 사전, 한국학 사전, 방언사전, 외래어 사전, 동의어 사전, 동음어 사전, 반의어 사전, 계열어 사전, 하위어 사전 등의 사전이 충실하게 간행되어야 한다. 프랑스 국립국어연구원Institut National de la Langue Française에서 최근 『프랑스어 지역특유 어법 사전』을 간행했듯이 구두어 사전의 간행도 필요하다.

특히 새로운 어휘를 찾아내기 위해서 문헌 자료와 구술 자료를 충실하게 상고할 필요가 있다.

2) 국어의 곳간 채우기 II: 한자어

『표준국어대사전』의 올림말 가운데 약 70%가 한자어이다. 종래 간행된 여러 사전에서 올림말을 모아본 결과, 없어야 할 한자어는 그대로 두고 있어야 할 한자어는 없다는 사실이 발견된다. 『표준국어대사전』에 이르기까지 모든 국어사전이 어느 하나 예외 없이 이런 잘못을 청산하지 못하고 있다.

아래와 같이 『표준국어대사전』에 단순한 한자의 오류도 여기저기에서 발견되며, 한자음의 오류 또한 적잖게 발견된다. 물론 이러한 예들은 수정 보완한다면 큰 문제가 되지 않는다.

한자의 어원에 대한 무지함 때문에 올림말의 뜻풀이가 잘못된 곳도 많다. 오랜 유래를 갖춘 전통적 의미가 있어도 말하지 않고, 근대 이후 일본에서 다시 규정한 뜻만 적거나 서양말의 번역어로 여긴 것도 흔히 볼 수 있다.

사전이 오늘날 사용하는 말의 혼란상을 그대로 보여 주거나 할 뿐, 민족 문화의 유산을 계승하는 임무를 망각하고 있는 것이다. 오랜 기간 많은 노력으로 이룩한 것들을 무위無爲로 돌리는 횡포를 자행하는 것이다. 한 나라의 문화 역량은 어휘 총수로 측정된다. 소중한 우리 민족의 언어 유산을 포기하거나 없애 가난을 자초하는 것은 잘못이다. 자국의 언어를 모두 수록한 방대한 사전을 나라마다 다투어 출간하고 있다. 영어 사전에서 라틴어의 유산을, 터키어 사전에서 아랍어의 유산을 돌보는 것과 같은 이유로 우리가 만들어야 하는 국어대사전은 한자어를 찾아 수록하는 작업 역시 충실하게 해야 한다. 이것은 한글 전용 여부와 무관한 일이다.

3) 국어의 곳간 채우기 III: 방언

한 개별 국가에서 언어의 분열을 막기 위해 권위 있는 언어 규범으로서 표준어를 규정하는 일은 언어 사용 효율성을 높이기 위한 적절한 수단이다. 우리나라 '표준어 사정 원칙' 제1장 총칙에서는 "표준어는 교양 있는 사람들이 두루 쓰는 현대 서울말로 정함을 원칙으로 한다."라고 규정하고 있으며, 북쪽의 문화어는 평양 지역말을 규범으로 삼고 있다. 같은 민족끼리 이처럼 서로 다른 규범의 틀을 갖는 것은 통일을 맞이하는 데에 여러 가지 문제점을 안고 있다. 특히 남북 모두 특정 지역 언어를 규범의 기준으로 삼고 있다는 사실은 지역적 대치가 정치적 혹은 권위적 갈등과 대치로 영속화될 잠재성을 지니고 있음을 의미한다. 한 민족의 단일 언어가 두 가지 어문 규범을 토대로 존재할 수는 없다. 향후 행정 수도가 이전되었을 경우나 통일이 되었을 경우에는, 이와 같이 지역 언어를 규범어로 정하는 현행 표준어 규정은 상당한 저항을 받게 될 것이 틀림없다.

과거 표준어 정책의 가장 큰 오류는 지역 방언을 내친 점이다. 서울말이 아니라는 이유로 지역 방언은 변방으로 내몰려 절멸의 길을 걷게 되었다. 반면에 물밀듯이 밀려오는 외국어와 외래어, 전문 용어들이 모국어의 낱말을 거의 몰아내는 상황에서, 지역 방언을 외국어를 순화한 낱말보다 더 홀대한 일은 문화 민족의 자존심을 크게 상하게 하는 일이라 아니할 수 없다. 그런데 문제는 이러한 상황조차도 제대로 인식하지 못하고 서울말이 제일이라는 우월 의식을 가진 이들이 많이 있다는 사실이다. 권위적 사회의 유산인 '서울중심주의'를 표방하는 가장 큰 문화적 동력은 '서울 지역 중심'의 표준어 정책이라고 할 수 있다. 서울말이 아닌 지역 방언은 버려야 할 대상으로 혹은 잘못된 말로 치부해 왔다.

그 예로 『표준국어대사전』에서의 '두루마기'의 방언형의 분포와 방언형에 대한 뜻풀이의 내용에 대해 살펴보자.

한국정신문화원에서 조사한 『한국방언자료집』의 '두루마기' 방언형 자료를 필자가 개발한 방언 지도 제작기 Map Maker를 활용하여 방언 분화형의 사용 빈도를 조사한 것이며, 그 방언 분화형 가운데 『표준국어대사전』에서 올림말로 삼아 뜻풀이를 한 내용을 정리한 것이다. 『표준국어대사전』에서는 '두루마기'를 표준어 올림말로 삼고 '두루막'과 '두루매기'는 '두루마기'의 잘못으로 처리하면서 '두리매기', '둘매기'와 '후루막', '후루매', '후루매기'를 방언 올림말로 등재하고 있다. 그러나 이와 같이 임의로 방언형으로 취급하거나 혹은 잘못된 올림말로 처리하는 일은 『표준국어대사전』의 올림말 선정 규정과는 다르다. 따라서 방언형의 올림말 선정을 위해서는 현실적인 방언 분포와 낱말들의 역사적 형성 과정을 고려하지 않을 수 없다. 곧 다양한 방언형—어원적 분화형과 형태론적 분화형, 음운론적 분화형—가운데 그 대표형을 선정하기 위해서는 방언 지도의 분포와 사용 빈도를 고려해야 한다.

어원적 분화형의 대표형을 선정하는 예로 다시 '두루마기' 방언형을 살펴보자. '두루마기'의 방언 분화형은 어원적으로 크게 '두루막', '두루마기', '후루막' 계열로 구분된다. '두루막' 계열에서는 음절 축약형인 '둘막'과 '두루막+이(접사)' 결합형 가운데 접사 결합형이 가장 많이 분포되어 있다. 따라서 '두루마기'를 올림말로 삼더라도 '두루막', '두르막', '둘막'형에 대한 방언 분화형에 대한 예상이 가능하다. 다음으로는 '두루마기'형에서 움라우트가 적용된 '두루매기'형을 올림말로 삼더라도 모음 교체형 '두르매기', '두리매기'형과 축약형 '둘매기', '둘뫼기', '둘미기'형을 충분히 예측할 수 있다. 사실 '두루매기'는 분포가 매우 광범하다. '두루마기'의 사용 빈도는 27회이고 '두루매기'는 75회이다. 따라서 움라우트('i'모음 역행 동화)가 적용된 '두루매기'를 '두루+마기'의 방언 분화형의 올림말로 선정해야 할 것이다. 그런데도 불구하고 '두루매기'를 방언형으로 인정하지 않고 '두루마기'의 잘못'으로 처리하면서 '후루매기'는 방언형으로 처리하고 있는데 이는 계열적인 균형을 이루지 못한 결과이다. 따라서 '두루막'이나 '두루마기'를 표준어의 대표형으로 삼고 '두루매기', '후루매기'를 방언형의 올림말로 선정해야 한다.

형태론적 분화형의 대표형을 선정하는 예에 대해 살펴보자. '키'의 방언 분화형이 '치', '칭이', '챙이', '칭이', '치띰' 등이 있을 수 있는데 이들 가운데 '치'는 '키'의 구개음화형임을 예측할 수 있다. 그런데 '칭이' 형은 방언 분포 지역이 광범할 뿐만 아니라 '-엥이'라는 접사가 결합한 파생어이다.

물론 '챙이', '칭이', '치퇴'과 같은 형태는 단순한 음성 교체형이기 때문에 방언 올림말에서 제외할 수 있으나 '챙이'를 방언형의 올림말로 올리기 위해서는, '키'에 구개음화가 적용된 '치'는 예측이 가능한 형태이지만 '치'도 '챙이'와 함께 방언 올림말로 삼는 것이 좋다.

　음운론적 분화형의 대표형을 선정하는 예에 대해 살펴보자. '밀기울'은 '밀+기울'의 복합어이다. '밀기울'에 대해서『표준국어대사전』은 '기울'과 '밀기울'만 올림말로 등재하고 있다. 특히 '기울'은 '밀기울'과 동의어이지만 표준어 올림말인 "기울01 圀밀이나 귀리 따위의 가루를 쳐내고 남은 속껍질."로만 실려 있다. 그러나 '기울'에 대해서는 '기울'이 구개음화한 '지울', '기울'의 고어형 '지블(<지를)', '지블+-이(접사)', '지블+-아기(접사)' 등 복잡한 방언 분화를 보여 주고 있다. 그런데 방언 분화형 가운데 구개음화나 고어형 등 음운론적 요인에 의한 것은 예측이 충분히 가능하다. 따라서 단순 교체형이나 예측 가능한 음운론적 분화 형태는 대표형에서 제외될 수 있다. 그러나 '기울'의 방언형 중 '허께미', '협데'와 같이 어원이 다른 방언형은 올림말에서 제외되어야 할 이유를 찾기 힘들다.

　표준어가 아니라는 이유로『표준국어대사전』에 실리지 못했지만 지역 문화와 밀접한 관련이 있는 다수의 방언 낱말들이 있다. 예를 들면 호남 방언에는 '점드락(하루 종일)', '짬맨다, 쨈맨다(매다, 묶다)', '찝어깐다(꼬집다)', '자빠지다(넘어지다)', '둔너다(눕다)', '인나다(일어나다)', '포도시(겨우)', '팜나(항상, 밤낮)', '탁앴다(닮았다, 탁했다〔친탁했다, 외탁했다〕)', '쌨다, 겁나다(많다)', '뜬금없이(갑자기)', '솔찬히(상당히)', '죄다(모두)', '맥없이/매럽시(그냥)', '육장(계속)', '대번에(바로)', '내동(내내)', '겁나게(아주, 매우)', '엘라(오히려)', '머냐(먼저)' 등이 있다. 영남 방언에는 '개밥띠디기(땅강아지)', '고자베기(뿌리 썩은 것)', '곰백상이(진드기)', '까시게사랭이(씀바귀)', '깐치나물(도깨비나물)', '남자리(잠자리)', '내비(관계치

말고, 관심 없이)', '녁삼(부추겨 주니까 필요 이상으로 하는 과잉 행동)', '노네각시(노래기)', '디리끼(전에)', '땅깨비(방아깨비)', '만년에(때문에)', '말밤씨(마름)', '말방나물(민들레)', '매착없다(쓸데없는 소리를 함부로 하는 경향이 있다)', '벌로(건성으로, 속내를 모른 채)', '붕금(은근히 부추기거나 쓸데없이 남의 일에 끼어듦)', '비실꽃(맨드라미)', '사기풀(억새풀)', '삭따구리(삭정이)', '상그랍다(칼이나 낫 따위의 날이 날카롭다, 길이 좁고 가팔라서 위태위태하다)', '새똑(양미간을 찌푸릴 때 생기는 세로 주름)', '수시껀(한동안, 한참)', '신바리(그리마)', '慎다(싫다)', '어간(기)', '언가이(어지간하게)', '에나가(진짜냐)', '오좀찔게(사마귀)', '잉그러기(불 지피는 나무, 불살개)', '존주라다/잔주리다(몸조리하다, 절약하다)', '질루나무(찔레)', '짜드러(많이)', '쪼대흙(찰흙)', '언치:다(체하다)', '터구(안개)', '홍고래비(방아깨비 암놈)', '내:나(이미 알고 있는 바와 같이)' 등 지난 시절에 어머니가 들려 주시던 추억어린 말씨들이 무척이나 많다. 자라나는 아이들이 이런 낱말들의 말뜻이 무엇이냐고 묻는다면 어떻게 해야 할까? 방언이니까 그런 말을 사용하지 말라고 대답해야 할 것인가?

　방언은 지역의 문화와 전통과 관련 있는 언어 유산으로서 무한한 가치를 지닌 것이 아닐 수 없다. 어문 규범을 중심으로 한 대부분의 사전에서 이들 낱말은 방언이기 때문에 대체로 올림말로서 고려되지 않았다. 지역 사람들의 일상의 모습과 의식이 반영되어 있는 지역 방언형을 대표하는 형태는 비록 사용자의 수가 적거나 시용 지역의 범위가 제한되어 있더라도 국어사전에 등재해서 많은 사람들이 이해하고 사용할 수 있도록 배려해야 할 것이다.

　더군다나 국어사전뿐만 아니라 방언사전에도 등재되지 않은 방언 낱말에 대한 의미를 확인할 수 없는 현실은 더욱 심각한 문제이다. 박용철의 시 「희망과 절망은」의 "희망과 절망의 두 등처기 사이를／ 시게추와 같이 건네질하는 마음씨야"에서 전남방언에서 '언덕'의 의미를 지닌 '등처기', 이상화의 시 「방문거절」에서 "방두께 살자는 영예여! 너거든 오지 말어라"에서 '소꿉질'의 의미를 지닌 '방두께', 최명희의 『혼불』에 나타나는 '옴시레기'와 같은 낱말은 남한의 『표준국어대사전』에서도 북한의 『조선어대사전』에서도 찾아볼 길이 없다.

언어의 분열을 막는다는 명목으로 시행되어 온 표준어 중심의 언어 정책이 사전 편찬에까지 영향을 미쳤다. 표준어가 아닌 지역 방언을 올림말로 선정하는 데 많은 제약이 있었고, 따라서 표준어를 중심으로 한 사전 편찬의 결과 다양하고 풍족한 우리 민족의 언어 유산을 하나하나 잃어왔다. 민족어는 다양한 방언, 곧 지리적 계층적인 분화형의 총합이다. 그런 측면에서 우리 민족의 언어문화 자산인 방언과 일상 용어를 대폭 수용하도록 하는 언어 정책이 절실하다.

5. 사전은 현재와 과거를 잇는 징검다리

『표준국어대사전』을 들여다 보면 일러두기(1)에서 "일반어뿐만 아니라 전문어, 고유 명사도 수록한다"라는 매우 무책임한 단서를 달아두고는 아무 짝에도 쓸모없는 외국어나 전문어 또는 고유 명사는 너무나 많이 싣고 있다. 사용 빈도가 아주 적은 이런 올림말은 별도의 사전으로 처리해야 함에도 불구하고 '일반어'와 함께 마구 섞어 놓았다.

사전은 '일반어'를 효율적으로 찾아볼 수 있도록 배려하는 것이 우선 과제이다. 그러나 일반어를 찾아 수록하는 데 힘쓰지 않고 '-의 잘못'이라는 식의 뜻풀이를 단 방언 올림말이나 전문어 또는 고유 명사로 항목을 늘이고 분량만을 키웠다. 일반어를 어떻게 많이 싣는가라는 본질적인 문제는 뒤로 밀어두고 국어사전을 백과사전처럼 만드는 잘못을 답습하여 겉치레만 요란하게 했다.

또한 사전은 어떻게 하든 말뜻만 풀이하면 되는 것은 아니다. 뜻이 생기고 변천해 온 내력을 밝혀야 한다. 어느 어휘가 언제 처음 쓰이고, 다음 어느 문헌에서 뜻이 달라졌는지 설명해야 한다. 항목 하나하나가 어휘사여야 한다. 옥스퍼드 사전이 세계적인 권위를 갖는 이유는 철저하게 개별 어휘의 변천사를 반영하고 있기 때문이다.

표준어 범주에 들어가지 않은 말은 방언이니까 홀대해도 그만이라는 옹졸한 생각을 가지고는 국어대사전을 만들 수 없다. 국어대사전은 표준어 사전일 수 없다. 표준어인지 옛말인지 방언인지 가리지 않고, 고유어와 한자어를 차별하지 않고, 모든 국어를 포괄하는 사전이 국어대사전이다.

국어사전은 낱말의 뜻과 쓰임새 외에도 규범에 따른 표기나 발음을 정확하게 제공해야 한다. 뿐만 아니라 여러 가지 문법적인 정보나 문장 호응 관계의 제약과 같은 고급 정보와 어원 풀이 등의 정보도 제공해야 한다.

규범 사전에서 올림말은 규범에 맞는 말이 그 대상이 되어야 할 뿐만 아니라 규범에 맞지 않더라도 언중들이 사용하면서 자주 틀리는 낱말도 등재하여 규범에 맞는 말을 찾아보게 해야 한다. 그리고 규범이 정해 놓은 다양한 낱말이 사전에 등재되어 있어야 한다. 곧 사전은 그 나라의 언어 규범과 뗄 수 없는 긴밀한 관계를 맺고 있다. 일제 치하에서 벗어나기 위한 민족 운동으로서 국어 운동을 펼치던 선각자들이 한편으로는 '큰사전' 편찬 사업을 추진하면서 다른 한편으로는 국어연구의 터전을 마련해 주었다. 그러나 우리말 규범과 우리말 사전은 처음부터 별개로 추진되어 왔기 때문에 지금도 규범과 사전은 상당한 거리가 있다고 할 수 있다. 국가 기관인 국립국어원에서 1999년에 『표준국어대사전』을 간행함으로써 국어 민간단체나 전문 사전 출판사가 이끌어 오던 대사전 사업은 경쟁력을 잃고 중도에 도산하지 않을 수 없는 상황이 되었다.

2003년 국정 감사에서 신기남 의원이 『표준국어대사전』의 1,200여 곳에 오류가 있다는 사실을 지적한 후에 국립국어원에서는 지적된 문제점에 대해 몇 차례 정정하여 정오표에 반영하였지만 여전히 사전 체계의 균형이라는 측면에서 많은 오류를 안고 있다. 그러나 최근 2008년까지 『표준국어대사전』에 나타나는 전반적인 문제점을 종합적으로 수정하는 작업을 진행하고 있어 그나마 다행스럽다. 앞으로 이 사전이 보완되어 국가적인 규범 사전으로 신뢰받는 날이 올 것으로 기대한다.

사전은 마치 물을 정화하듯이 새로 사용하는 말을 모아서 신어新語사전으로 만들고 이를 규정에 맞도록 다듬어 사전에 실어 담아 사용하다가 시간이 지나 사용하지 않는 말은 배출하여 고어古語사전으로 넘겨주어야 한다. 이것이 사전 관리의 기본 원리이다. 그러나 신어新語를 빠짐없이 수집하고 이를 규정에 맞도록 잘 다듬어 사전에 올리는 작업은 결코 간단하지 않다. 무엇보다 사전은 지금까지 나온 책을 읽거나 대화를 나누다가 모르는 말을 제대로 찾아볼 수 있도록 만들어야 한다. 국내외의 독자가 여러 사전을 이것저것 뒤지다가 찾으려던 정보를 찾지 못하고 지치도록 해서는 안 된다. 사전이 미비한 탓에 과거와 현재가 단절되고, 문화의 전승과 발전이 중단되어서는 안 된다.

6. 문화콘텐츠로서의 기호

쏟아져 나오는 각종 지식 정보를 담아내는 지식 정보의 집합 장소는 논문이나 책 또는 웹에서 구동되는 포털사이트나 블로그 등이다. 그런데 미시적이고 세분화된 학문 영역 간의 정보 소통은 그리 원활하지 않기 때문에 통합적 지식 기반이 매우 취약할 뿐만 아니라, 지식이 매우 산만하게 분산되어 있다. 따라서 지식 생산은 매우 활발하지만 이를 실제로 활용하기에는 도리어 불편하다. 이제 지식 정보를 이용하기 편하게 가공하기 위해서는 지식 정보를 관리하는 방식을 국가적 차원에서 구상해야 할 시점이다.

쏟아져 나오는 도서들, 박제화한 도서들을 서가에 가지런히 꽂아놓는 도서관을 경쟁적으로 짓고 심지어 작은 도서관을 전국 방방곡곡 만들어 장식물처럼 도서를 관리한다고 무슨 소용이 있을까? 각종 자료를 디지털화한다고 숱한 예산을 투입하지만 디지털 자료를 가공하여 책갈피 속에 들어 있는 고급 정보를 활용할 수 있도록 하지 않는다면 아무 소용이 없다. 책 속에 들어 있는 순도 높은 지식 정보들의 내용을 검색하고 활용할 수 있는 제대로 된 사전(웹기반 사전 포함) 한 권 없는 현실이다. 활발하게 생산되는 각종 책 속에 들어 있는 사전 지식 정보를 마냥 내버려 둘 일인가? 새로운 지식으로 오를 수 있는 튼튼한 사다리를 만들어야 한다.

지식과 정보의 터미널인 출판사와의 협업을 통해 콘텐츠를 공유하면서, 출판사에서 생산되는 출판물을 웹기반에서 구현 가능한 전자책e-books으로 구축하고 이들 데이터를 대량 말뭉치로 만들어 책 속에 있는 온갖 새로운 정보를 추출하여 국가 지식 체계로 구축해 나가야 한다. 네티즌과의 협업이 아니라 지식 생산의 중간 거점인 출판사와 지식 정보를 공유하면서 국가 지식 기반으로 활용할 수 있는 방안이 마련되어야 한다. 물론 지적 저작권 문제와 관련되어 여러 가지 풀어내어야 할 과제는 많지만 이러한 협업 구조가 마련되고, 국어 정보를 통합하는 융합형 정보기기를 생산하여 일반사전, 전문사전, 각종 e-books, 웹기반 학습 정보 및 학습 도구 등을 지원하는 시스템 개발을 진행한다면 일반 국민의 어문 생활은 훨씬 윤택해 질 수 있으며, 다국 언어 학습이 긴요한 시대에 모국어의 기반은 흩어지지 않게 될 것이다. 그뿐만 아니라 국가 지식 경쟁력을 강화하는 전략이 될 수 있다. 국어 정보 처리 기술력이 고도화 되면서 전자책 뷰어나 관리 시스템의 개발과 음성 언어 정보 처리 기술력의 고도화와 함께 기계 번역, 동시통역 등의 국어 정보 기계화의 기술력의 발전은 이른바 글로벌 시대에 적응력을 키우며 문화 5대 강국으로 진입할 수 있는 기반이 될 수 있다.

넘쳐나는 지식을 구조화하여 대중들에게 어떻게 공급할 것인가라는 문제는 국가 경쟁력을 강화하는 결정적 단초 역할을 해 줄 것이다. 최근 일본에서 노벨상 수상자가 여럿 나올 수 있는 이유는 가장 기초적인 국가 지식 체계가 견고하게 구축되어 있었기 때문이다. 우리『표준대사전』은 고작 3권이지만 일본의 국어사전은 30여권에 이른다. 나라의 장기인 발전을 위해 여기 저기 흩어져 있는 지식을 융합하고 통합하는 일과 여러 분야의 사람들이 협업하여 새로운 국가 지식 체계를 설계하고 그 지식 기반을 국민의 것으로 공유하는 일이 무엇보다도 중요한 국가 과제라고 판단한다.

우리나라가 향후 세계 5대 문화 강국으로 진입하기 위해 2008년 10월에 문화체육관광부에서는 "차세대 융합형 콘텐츠 육성전략"을 수립하였다. 2012년까지 총 6,500억 원을 투입하여 컴퓨터그래픽 산업, 디지털 가상세계, 방통융합 콘텐츠, U-러닝콘텐츠, 가상현실 콘텐츠 등 5대 융합형 콘텐츠를 집중 육성하여, 2012년까지 7조원 규모의 신규시장을 개척하고 또 13만 명의 신규 고용 창출을 목표로 하고 있다.

이러한 과제를 효율적으로 추진하기 위해서는 먼저 각종 콘텐츠를 컴퓨터 그래픽으로 연출할 수 있는 기술력이 축적되어야 한다. 각종 콘텐츠를 컴퓨터 그래픽 산업과 디지털 가상 세계로 연출하기 위해서는 전통적인 예술 세계를 접목시킴으로써 차별화된 문화 상품을 개발할 수 있을 것이다. 특히 콘텐츠를 입체적인 디지털 영상으로 연출하기 위해서는 컴퓨터그래픽 기술을 활용하여 실제 화가가 그림을 그리듯이 유화, 카툰, 수채화, 일러스트, 모자이크화 등 다양한 예술적 표현 기법으로 발전시키는 동시에 홀로그램 기법이나 3D 입체 영상물 제작을 위한 기술력이 증진되어야 한다. 문제는 새로운 문화콘텐츠 제작 기술을 확보하는 일도 중요하지만 어떤 콘텐츠를 담아낼 것인지, 그리고 콘텐츠를 어떤 이야기로 구성하고 꾸며낼 것인지, 그리고 그런 일들을 수행할 고급 인력을 어떻게 배출할 것인지에 대한 과제가 해결되어야 한다.

영상 콘텐츠는 정보 전달에 초점이 맞추어져 있다. 이야기를 재미있게 구성하고 또 이야기의 주제를 부각시키기 위해 과장, 생략의 기법을 사용함으로써 필요한 정보를 더 효과적으로 전달할 수 있다. 앞으로 디지털 영상 제작 기술력의 세계적인 거점을 구축하는데 기술의 융합과 다양한 전문 인력들이 협업할 수 있는 통로가 마련되어야 할 것이다.

디지털 영상 기술력을 발전시킴으로써 CG산업의 경쟁력을 재고할 수 있다. 디지털 배우·크리쳐 개발과 유체 시뮬레이션 기술을 활용하여 진짜 배우와 같은 가상의 디지털 배우를 만들 수 있으며, 절멸된 고래나 나비 그리고 풀과 나무를 영상 속에 되살려 낼 수 있는 것이다. 그뿐만 아니라 폭풍, 홍수 등 실제 제작하기 힘든 자연 현상을 재현하는 유체 시뮬레이션 기술이 발전됨으로써 영상 기술을 고도화할 수 있다. CG로 만들어진 장면을 사실적으로 표현해 주는 고품질 컴퓨터 SW로 초고속으로 영상을 생성하는 기술렌더링이 더욱 발전되어야 한다. 디지털 화상 속에서 활성화된 동작 기술은 이미 영화의 특수 효과 기법으로 활용되고 있다. 이것은 영화에서 폭발 장면이나, 전투 장면 등 위험한 상황에서 연기할 때 진짜 배우를 대체할 수 있는 디지털 배우 기술을 적용한 영상이다.

최근 문화콘텐츠의 보급뿐만 아니라 온라인을 통한 각종 교육 시스템이 활발하게 구축되고 있다. 온라인 세계에서의 화상이 현실 세계를 방불케 하기 위해서는 가상현실 공간이 구축되어야 한다. 한편 최근 각종 직무 교육이나 한국어를 배우고자하는 국제결혼이주여성이나 노동자 또는 외국인들에게 제공되는 각종 교육 프로그램을 CG 등 콘텐츠 기술을 도입한 U-학습체계를 구축함으로써 교육비의 절감 효과나 동시 현장교육 효과를 높일 수 있다. 그러기 위해서는 가상현실이 마치 실제 속의 세계 이상으로 느낌을 줄 수 있는 각종 학습 콘텐츠 제작에 박차를 가해야 한다.

U-러닝 학습 체계는 미래형 가상 교육의 기반이다. 화상을 통해 상호 인터페이스의 통로를 확보하고 학습 평가와 과제 평가뿐만 아니라 개별 상담까지 수행할 수 있도록 상호소통 방식의 시나리오 진행을 지원하는 3D기반 콘텐츠 제작 도구를 개발하는 기술력을 증대시켜야 한다. 공교육 및 사교육 환경에서 학습 수요자들의 학습이 가능한 새로운 형태의 실감형 학습 시스템 개발을 한다면 여러 가지 부가 효과를 창출할 수 있다.

컴퓨터 그래픽 산업의 발전이나 디지털 가상세계를 보다 현실감 있게 연출할 수 있는 기술력을 증대시키려는 노력은 마치 고속도로를 닦는 일과 같다. 그러나 잘 닦인 고속도로에 어떤 차가 달릴 것인가의 문제는 바로 양질의 콘텐츠 내용물을 개발하는 일이다. 콘텐츠 구축 기술이 IT 전문 인력이 담당해야 할 몫이라면 방통 융합 콘텐츠, U-학습 콘텐츠, 가상현실 콘텐츠와 같은 각종 콘텐츠 내용물에 대한 개발은 다양한 인문사회 분야의 전문가들이 담당해야 할 몫이다. 어떤 이야기를 어떻게 꾸며서 콘텐츠화 할 것인가의 문제. 콘텐츠 기반 구축을 위해서는 무엇보다도 고급의 지식 기반이 튼튼하게 구축되어야 한다. 분산되어 있는 정보와 지식 체계를 구조화하여 재정비하는 일이야말로 콘텐츠 기술력을 발전시키는 이상으로 우선해야 할 과제이다.

7. 방언, 문화원형

세상은 인터넷을 통해 무척 가까워졌다. 그리고 정보와 지식의 생산 방식도 대중 간의 협업과 지식 정보의 공유를 통해 지식의 축적 속도가 더욱 빨라지고 있다. 정보와 지식의 총량이 급격하게 늘어나자 이를 요령 있게 검색하고 활용하는 방식에 익숙하지 않으면 정보와 지식이 도리어 혼란스럽게 느껴져 없는 것보다 못할지도 모른다.

이러한 지식 정보를 생산하고 관리하는 방식의 변화가 눈에 띈다. 지식 생산이 소수 전문가 중심으로 이루어지던 것이 차츰 대중이 관여하는 방식으로 변화를 보이는 동시에 학문 지식도 통합과 융합의 방식으로 지식 기반의 통합화가 이루어져 경쟁력을 갖는 시대로 진입하고 있다.

앞으로 생산된 지식을 체계화하고 융합하는 일은 국가 경쟁력을 강화하는 지름길이라고 할 수 있다. 그리고 엘리트층에서 생산한 고급 지식을 대중에게 실용화할 수 있도록 재구성하는 노력이 절실하게 필요하다. 엘리트층과 대중 간에 순환적 지식 환경을 만들어 대중들로 하여금 지식 능력을 고도화하고 이들이 다시 협업의 방식으로 지식 생산에 참여하도록 함으로써 대중 지식의 평준화는 물론 국가 지식 경쟁력을 높일 수 있다. 웹을 기반으로 할 경우 다량의 지식 정보를 관리하고 이를 효율적으로 검색·활용하는 일은 매우 용이하다. 지식 정보는 기호와 아이콘으로 구성되어 있다. 세상 문화의 기표는 문자와 아이콘, 영상, 음악 등의 방식으로 운영되고 있다. 우리는 지금 기호와 아이콘으로 이루어진 세상에서 살아가고 있다. 이 기호와 아이콘은 상상력으로 가득 찬 기표와 기의로 포장되어 있으니, 그 속에는 문화 원형의 비밀이 숨겨져 있고 멋진 이야기가 잠들어 있다. 이처럼 기호를 재해석할 수 있는 상상력을 키우지 않고는 언어나 문화와의 연계성을 밝혀낼 길이 없다. 시인 에머슨이 "언어는 역사 보관소"라고 했듯이 언어는 일단 기록되거나 표현되면 언어학에 관련된 정보 그 이상의 것을 우리에게 전해 준다.

콘텐츠 구축과 이야기 구성을 위해 여기 방언이라는 기호에 숨어 있는 두 가지 사례를 소개하고자 한다. 인류의 지적 유산은 모두 기호로 형상화하여 남는다. 그림, 부호, 문자, 음악, 영상 등을 통해 인간이 생산한 지식과 온갖 정보가 하드디스크에 기록된 흔적처럼 남게 된다. 어쩌면 기호는 문화 원형의 비밀을 간직하고 있음에도 우리는 그 사실을 잊고 살 뿐이다. 새롭고 창의적인 콘텐츠를 구축하기 위해서는 기호의 비밀 속에 숨겨져 있는 우리 문화 원형의 비밀을 끄집어내어 이야기로 만들어야 한다.

여기에서 기호 속에 숨어 있는 두 가지 사례가 있다. 두레놀이를 진두지휘하는 오물패의 선잡이 역할을 하는 악기 '딩각'과 원시 공동체의 어로 방식인 '개매기'를 소재로 하여 문화콘텐츠로 진화시킬 수 있는 방안을 논의하고자 한다. 세계에서 문화 5대 강국으로 진입하기 위해서는 컴퓨터그래픽 산업의 발전이나 디지털 가상세계를 보다 리얼하게 연출할 수 있는 기술력을 발전시키는 일도 중요하지만 그 안에 담아낼 스토리텔링의 소재를 어떻게 발견하고 또 재해석 하느냐의 문제도 매우 중요한 과제이다. 필자는 문화콘텐츠는 기호의 상상적 해독으로부터 시작되어야 한다고 믿고 있다. 인류의 상상력과 지혜를 담아내는 기호를 그냥 고정된 것으로 내버려 둔다면 기호는 끊임없이 퇴각되어 인류 문명의 지층 속으로 가라앉아 버릴 것이다. 변두리 방언이 그러했고 변두리 국가나 부족 역시 절멸의 운명을 맞이하여 역사의 지층 속으로 내려앉게 된다. 기호를 재해석하여 상상적 기의를 온전하게 담아낸다면 기호는 새로운 지식 정보의 보고임을 알게 된다.

쨍말타기 놀이의 전통은 삼한 시대부터 내려오던 우리 고유의 풍속이다. 경상남북도 일대에서 전승되어 오다가 일제 시기에는 사람들을 불러 모아 항일 운동의 수단으로 활용될 것을 우려한 일제가 이 놀이를 금지시키면서 그 전통과 맥이 끊겨 버리게 됐다. 이 놀이는 일종의 두레놀이인데 다른 지방에서는 '징, 장구, 북, 쨍과리'로 구성되는 사물놀이를 즐겼지만 영남 일부 지방에서는 사물에서 '딩각'이라는 나팔을 추가하여 오물놀이로 즐겼다고 한다.

딩각의 연주 모습, 사진 제공 「매일신문」 2006년 3월 26일자

호미씻이 놀이였던 쾡말타기의 절멸과 함께 오물놀이의 주요 악기였던 '딩각'도 자취를 감추면서 그 이름 역시 우리 기억에서 사라지게 되었다. 『표준대사전』이나 각종 민속사전에서도 찾아볼 수 없을 뿐만 아니라 심지어 민속학자나 국악 전문가들도 딩각이라는 민속 악기를 알지 못하는 상황에 이르게 되었다. 이처럼 사회의 변화와 함께 사람들이 사용하던 각종 일상 용구나 악기의 이름이 희미하게 지워져 가고 있다. 그래서 지난 시절의 풍경이 더욱 애틋하게 그리워지는 것이다.

필자는 경상도지역 방언인 이 딩각의 정체를 알아내려고 수소문하다가 두 가지 사실을 알게 되었다. 먼저 이 딩각이 경상도 지역에 잔존해 있는 오물놀이에 사용되는 악기라는 것을 알게 된 것이다. 그리고 최근 송광매기념관을 운영하는 권병탁 이사장이 수년 전부터 각종 문헌을 뒤져 자료를 수집하고, 지역의 70세 이상 노인들을 대상으로 설문 조사 등을 통해 일종의 농무의 하나인 '쾡말타기' 놀이를 복원하였다. '쾡말타기'는 대구 달성,

경북 청도, 고령을 비롯하여 경남 합천, 산청, 창녕 등지에 퍼져 있다. 재현된 쨍말타기는 상좌농부의 딩각 신호에 맞춰 쨍과리와 징, 장구, 북의 사물이 뒤따르며 즐기는 농무農舞이다.

인간의 지식도 무의의 반전으로 절멸하면서 동시에 다시 살아나 새로운 지식을 축적하고 생성해 내는 무서운 힘이 있다. 필자가 쓴 『방언의 미학』(살림, 2007)에서 '딩각'이라는 악기가 울산 반구대 암각화에 생생하게 살아 있음을 증명하고 있다. 딩각이라는 하나의 방언이 이처럼 심연의 역사를 거슬러 철기 시대의 우리 선조들이

울산 반구대 암각화의 일부에서 따옴

살던 모습과 맞닿아 있다. 남성의 성기(농경 풍요를 상징)를 자랑스럽게 돌출시키고 그 남근보다 몇 배나 더 긴 딩각이라는 악기를 불면서 우리 선조들은 무슨 생각을 하였을까? 더불어 살아가는 인간 공동체 삶의 꿈은 예나 지금이나 결코 유효 기간이 있는 것이 아니다.

이처럼 기호 속에 숨어 있는 문화 원형의 길찾기를 통해 멋진 문화콘텐츠를 구축할 가능성의 실마리를 풀어내야 한다. 김호석이 쓴 『한국의 바위그림』(문학동네, 2008)에서 바위그림을 시대별로 구분하여 설명하고 있는데 A 도판의 1번 그림이 바로 딩각을 불고 서 있는 사람의 모습이다. 남근男根을 과장해서 그린 이 새김의 악기樂器를 바로 민속 방언 어휘에서 그 이름을 찾아낸 것이다. 이것은 철기시대로 거슬러 올라 원시 농경 시대부터 수렵이나 농경 또는 어업의 협동을 위해 두레패를 모으는 신호로 불었던 악기로 추정된다.

울산 반구대 암각화(김호석이 쓴 『한국의 바위그림』(문학동네, 2008)에서 따옴)

한국의 바위그림, 울산 대곡리 반구대 허리까지 찬 물길, 유유히 흘러가는 강물 속에 숨어 있는 기호를 읽고 그 속에 숨어 있는 무한한 상상력의 세계로 꿈의 날개를 펼치는 이야기를 만들어야 한다. 유난히 큰 남성의 성기를 자랑삼아 치켜세우고 서 있는 모습. 지금 금방이라도 '붕~'하는 딩각의 소리가 울리고 힘차게 요동치는 고래의 모습이 눈앞에 선연하게 다가선다. 이 딩각과 고래잡이의 관계를 이야기로 재구성해 보면 엄청난 문화콘텐츠로 되살릴 수 있을 것이다.

잊혀 가는 우리 앞선 이들의 전통적인 삶의 방식에는 '더불어 살아가는 공동체의 삶'의 흔적이 소중하게 남아있다. 아침 일찍 먼저 일어난 사람은 마을 공동 어로 구역이었던 '석방렴'에서 자기 가족이 먹을 만큼의 고기를 잡아 오면 그 다음 사람이 또 그 다음 사람이 욕심 없이 나누면서 함께 살았다. 울산 대곡리 반구대 암각화에 새겨진 덧칠된 그림을 시대별로 구분한 김호석의 『한국의 바위그림』(문학동네, 2008)에서는 육지 동물의 도상적 특징을 규명하는 동시에 그 속에 새겨진 동물의 이름을 하나하나 밝혀내고 있다. 특히 고래 그림의 형상을 낱낱이 구분하여 그 이름을 밝혀내고 있다. 까마득한 철기시대의 우리 선조들이 체험한 동해의 고래의 생태를 밝혀 낸 매우 흥미롭고 진지한 기술을 한 책이다. 여기서 밝혀 낸 ① 북방긴수염고래, ② 귀신고래, ③ 수염고래, ④ 혹등고래, ⑤ 향고래, ⑥ 들쇠고래, ⑦ 돌고래, ⑧ 범고래를 포함하여 8종의 고래 이름과 그 형상을 판독해내고 있다. 그런데 놀랍게도 『표준대사전』에는 '돌고래'를 제외한 다른 고래의 이름은 올림말로 다루지 않았다. 고래의 하위 종의 이름을 체계적으로 처리하지 않았기 때문에 편찬자 임의로 들쭉날쭉하게 올림말을 가려서 올렸기 때문이다. 고대 바위그림 속에서 옛날의 생태계를 파악해 낼 수 있는 수수께끼와 같은 정보가 숨어 있듯이 고대 민속 생태와 밀접한 관계가 있는 이런 중요한 어휘들을 싣지 않은 사전이 완전하다고 할 수 있겠는가? 리처드 엘리스가 쓰고 안소연이 옮긴 『멸종의 역사 no turning back』(AGORA, 2006)에 따르면 이미 1200년경에 쇠고래의 이야기가 아이슬란드 동물 우화집에 실렸으며, 소설가 멜빌이 쓴 소설 『백경』은 비스케이 참고래와 고래사냥의 역사를 소재로 하였다고 한다. 전 세계적으로 고래가 급격하게 절멸되고 있다. 전 세계적으로 이미 멸종된 다양한 고래들이 철기시대 무렵, 우리나라 동해에서 큰 어군을 이루고 있었음을 알려주고 있다. 그리고 고래잡이를 나선 공동 어로 작업에 참여한 오물놀이의 선잡이인 '딩각'을 불고 있는 사람. 절묘하게 시간을 건너서 공간을 접으며 다가서는 위대한 이야기를 재구성하여야 한다. 고래와 고래가 대화하고 고래와 사람이 이야기를 나누며 왜 고래 생태계가 멸종으로 치닫고 있는지 출렁이는 파도를 타는 고래를 3D기반 콘텐츠로 재구성하고 실감나는 화상과 넘치는 파도가 관중의 머리 위로 솟구치는 콘텐츠를 제작해 보자.

"국가 지식 경쟁력, '기호'에서 꿈을 찾자.", "문화콘텐츠는 '기호'로부터 진화한다."

필자는 이 글을 쓰면서 두 가지 구호를 만들어 보았다.

두 번째 이야기로 들어가 보자. 2008년 5월 경남 남해군에서는 전통 고기잡이 방식을 체험 행사로 만든다는 발표가 있었다. 이미 2006년 녹색 체험 마을로 선정된 남면 홍현 1리 해라우지 마을에서는 2008년 5월 4일 마을 앞바다와 해변가에서 "어어漁漁라 숭어다! 어어라 숭어판이다"라는 주제로 제2회 홍현 해라우지 마을 숭어 잔치를 한다고 한다. '석방렴'이란 바닷가에 돌로 담 모양의 울타리를 만들어 바닷물이 밀려드는 밀물에 따라온 고기들이 썰물이 들 때 미처 바닷물을 따라 빠져나가지 못하고 돌 둥우리 곧 석방렴에 갇힌 고기를 손으로 잡아 올리도록 만든 원시적 어로 시설이다. 또한 '홰바리'는 밤중 썰물이 들면 횃불을 들고 해변으로 나가 해삼이나 멍게, 소라, 낙지 등을 잡는 것을 뜻하는 남해 사투리다. '삿갓배미'는 '삿갓+배미(농지 정리를 하지 않은 논 이름에 붙는 접사)'와 같은 어휘 구성인데 삿갓모양의 작은 단위의 논을 말한다. 경남 남해에서는 이 '삿갓배미'에 실제로 써레질을 하듯이, 밀물 때 들어온 고기를, 맨손으로 직접 주물러서 잡는 것을 '개매기'라고 한다. '개매기'는 '갯+막이'가 줄어서 된 말인데 개매기보다 더 원시적인 공동어로 방식을 '돌살'이라고 한다.

바닷가에서 살던 우리 선조들로부터 물려온 공동체 삶의 원형 가운데 한 가지인 공동어로 방식으로 '돌살'과 '개매기'라는 형태가 아직까지 전해 내려 온다. 돌살과 개매기라는 어휘는 『표준대사전』에 물론 표준어가 아니라는 이유로 올림말로 실리지 못했다. 주강현이 쓴 『돌살』(들녘, 2006)에는 우리나라 바닷가에 퍼져 있는 돌살 형태와 어로 방식에 대한 이야기뿐만 아니라 외국의 사례까지 소개하고 있다.

이런 돌살이라는 어로 방식은 아마도 까마득한 옛날 원시 인류의 삶의 방식 가운데 한 가지임에 틀림이 없다. 세월이 흘러도 그 옛날 민속적 형태가 고스란히 전해 오듯, 거기에 딸린 낱말에 묻어 있는 역사성을 곰곰이 파헤치면 까마득한 우리들의 옛 선조들과 만날 수 있게 된다. 전라도 신의도 원목마을 '바람금리'라는 곳에 갯벌로 이뤄진 큰 만이 있는데 이곳에

길이 400m 정도의 개매기(개막이)가 전통적으로 내려오고 있다. 바닷물이 드나드는 물목 양쪽을 그물로 막아 고기를 잡아내는 개매기는 싱싱한 생선을 스트레스 주지 않고 자연생태로 잡아낼 수 있다는 장점이 있다. 신의도의 이 개매기는 가장 먼 바다에 있는 것이어서 연안어족인 숭어, 전어, 광어는 물론 큰 바다 생선인 조기, 도미, 대하, 중하 등도 많이 잡힌다. 신의도의 '바람금리 개매기'는 우리나라 개매기 가운데 가장 먼 바다 쪽에 있는 것이고 가장 규모가 큰 것이다. 바로 이 '개매기'는 나무를 얽어 바자로 만든 원시형 그물인데 '갯+막이'로 구성된 합성어로 앞에서 살펴본 '돌살'보다는 좀 더 발전된 형식의 공동 어로 방식이다. 이 원목 마을에서는 아침 일찍 사람들이 자유로 자기가 먹을 만큼의 고기를 잡아가는 원시 공동체 삶의 방식을 아직까지 유지하고 있다. '돌살'이나 '개매기'는 바로 까마득한 옛 선조들의 삶의 모습과 형식을 파악하는 데 얼마나 중요한 어휘인지 모른다. 그런데 서울 지역의 교양인이 사용하는 말이 아니라는 이유로『표준대사전』에 배척당한 말이라고 하니 참으로 이해할 수 없는 노릇이다. 이렇게 비표준어라는 이유로 국민의 언어 생활의 외연으로 따돌림당해 우리말은 점차 절멸되지 않을 수 없게 된다. 사람들은 '돌살'에서 바닷물이 언제 밀려왔다가 언제 밀려가는지 갯벌과 바다 생태계 체계를 본능적으로 파악하고 있어야 한다. '물때'라는 인지체계에 따라 아침저녁 하루에 두 번씩 드나드는 조류와 물때에 맞추어 고기잡이를 한다. 자연의 이법에 따라 살아가는 이들의 삶 속에서 너무나 중요한 인간 삶의 역사성의 무늬를 찾아 볼 수 있다. 신경준의『도로고道路攷』에 한 달 동안의 조석 성쇠일을 밝혀 둔 것과 거의 일치하는 '물때' 읽기의 어휘들을 살펴보자. 물때는 보름 단위로 '사리'라고 하는데 사리는 생이生伊[15]라고 한다. 또 보름의 반이 7일로 5일에서

---

[15] 신경준의『도로고道路攷』, "十五日六水埃 號生伊水極生盛也"(십오일 여섯 물(강하게 나감), 생이라 부름. 물이 극도로 성해진다. 주강현(2006:33)에서 재인용함.

7일까지를 '꺾기'라고 하는데 물살이 셌다가 물발이 줄어들어 '조금발'이 꺾어진다는 의미이다. 8일은 '조공'이라고 하는데 '조금'에서 변한 말로서 물이 공으로 오그라든다는 의미이다.

서산 지역에서 물때의 이름이 "그믐(여섯매)-초하루(일곱매)-초이틀(아홉물)-초사흘(열물)-나흘(열물)-5일(열한물)-6일(대게끼)-7일(아침조금)-8일(한조금)-9일(무시)-10일(한메)-11일(두메)-12일(서메)-13일(너메(느메))-14일(다섯메)-15일(아침 썰물)"와 같은 계열을 이루고 있다.

이 물때 계산을 하는 명칭은 '물'과 '메'의 복합어를 이루는데 '물'은 '무렵'이라는 뜻을, '메'는 '가까이'라는 의미를 가지고 있다. 6일(대게끼)에서 8일(한조금)까지 하나의 전환을 이루는데 '대게끼'는 '꺾임'으로 물살이 세다가 약간 잔잔해질 무렵을 말한다. 이와 같이 물때의 흐름을 잘 파악해야 살아갈 수 있는 것이다. 그러나 표준어가 아니라는 이유로 그들의 생태계나 생명과 직접적인 관련성이 있는 어휘들을 사전에 올리지 않음으로써 어휘 생태계가 무너져 버리게 된다. 이외에도 물이 살아난다는 뜻의 '산짐'이나 낮물보다 밤물에 고기가 많이 든다는, '낮물'과 '밤물' 같은 어휘들은 바다를 생활의 터전으로 하는 이들에게 무척 소중한 말들이 아닐 수 없다.

바로 돌살보다 진화한 개매기의 원형도 울산 반구대 암각화에서 그 흔적을 찾아 볼 수 있다니 이 얼마나 놀라운 일인가. 세상은 바뀌어도 철기시대와 현재가 공존하고 있으며, 아무리 각박한 세상이라 하지만 더불어 살아가는 넉넉한 나눔의 공동체 삶의 원형을 방언이라는 기호의 해석에서 찾아낼 수 있다.

지난 세기까지 '기호'는 제국을 건설하는 대단히 강력한 수단이었다. 기표記標가 기의記意를 다 담아내고 인류의 상상력을 담아 냈다. 기표를 고정시키고 상상적 기의를 온전하게 담아내지 못하면 결국 기호는 퇴각하고 만다. 인간 지식 또한 그런 무위의 반전으로 절멸하면서 동시에 생성되고 축적되어온 퇴적물이기도 하다. 오늘날 방대하게 늘어난 지식과 정보에 적응할 수 있도록 이를 체계적으로 관리하는 문제로 눈을 돌리지 않으면 그 많던 지식과 정보는 단지 쓸모없는 쓰레기에 불과하게 될지도 모른다. 버려 놓은 기호에서 새롭고 창의적인 생명력을 불어 넣을 수 있음을 '딩각'과 '개매기'의 사례를 통해 살펴보았다.

문화 5대 강국으로 가는 길은 결코 쉬운 일이 아니다. 지식 정보를 집대성하고 그것을 관리하는 새로운 방식이 마련되지 않으면 파편화된 콘텐츠밖에 만들 수 없게 될 것이다. 그리고 지식 생산을 담당하는 엘리트와 대중들 간의 간격은 더욱 격차를 보일 것이며, 선진 국가와 후진 국가 간에도 국가 지식 경쟁력 차이가 더욱 심화될 것이다. 이러한 지식 혁명의 시대에 국어사전은 대중에게 지식 정보를 효율적으로 전달하는 '지혜의 심장'이라고 할 수 있다. 이인식이 쓴 『지식의 대융합』(고즈윈, 2008:31)에서 "인간은 '문화 때문에' 만들어진 동물이고, '문화에 의하여' 만들어진 동물"이라고 했는데 나는 여기에다가 인간은 '문화 때문에 상상 한다'라는 말을 덧얹고 싶다.

8. 토착 지식의 활용과 과제

우리나라 국가 지식 경쟁력이 이토록 낮은 이유가 무엇일까? 다양한 고급 지식생산력은 매우 활발하지만 이들을 서로 연계하고 통합하는 기반이 매우 연약하다. 대중에게 기초적인 지식 기반이 될 수 있는 국어사전에 다양하게 생산되는 지식을 실어 담아야 하는데 그러한 기반이 매우 취약하다. 결국 국가 지식 경쟁력이 낮은 것은 연구실이나 연구소로 통해 생산되는 다양한 지식을 체계적으로 통합해 내고 또 학문 경계 간의 융합과 협업이 강조되어야 하리라 본다. 또 한 가지 이유는 우리 토속적인 지식들을 체계적으로 연구하고 이를 세계학계에 알려야 할 필요가 있다.

생물학자들은 일제 치하에서도 각종 식물이나 동물, 곤충, 어류 이름을 철저하게 우리 토속말로 만들어내고 또 이를 세계학계에 널리 알려낸 바 있다. 그러나 다른 분야에서도 쏟아져 나오는 전문용어를 토착 언어와 문화를 고려하여 우리말로 만들어야 할 것이다. 특히 우리가 개발한 인터넷 관련 제품이나 기술 개발을 전부 외국어로 해외에 소개함으로써 우리의 토착 기술력이 전혀 세계에 알려지지 않고 있다. 이러니까 세계적으로 국가 지식 경쟁력이 뒤떨어질 수밖에 없다.

이병철이 쓴 『석주명 평전』(그물코, 2001)에 "조선에 많은 까치나 맹꽁이는 미국에도 소련에도 없고, ……이처럼 자연과학에서는 생물학처럼 향토색이 농후한 것이 없으니, '조선적 생물학' 내지 '조선 생물학'이라는 학문도 성립될 수가 있다."(석주명의 「국학과 생물학」)라고 말하는 것처럼 토속 지식 체계를 견고하게 해 두면 국가적 지식 경쟁의 튼튼한 기반이 될 수 있음에도 불구하고 우리의 토착 학문의 영역마저도 도리어 서구적인 학문 체계로 급속하게 편입되고 있다.

토착 지식에 관해서는 주로 생물학적 관점에서 살펴 볼 필요가 있다. 주로 지역적 변이를 많이 보이는 토착 신종이나 신아종新亞種이 발견되면 유사 종과 대비하여 학계에 그 이름을 명명하게 되는데 속명, 종명, 아종명 및 채집자의 성을 명시해 준다. 예를 들면 '유리창나비'의 학명은 'Dilipa fenestra takacukai, SEOK'와 같다. 'Dilipa'는 속명, 'fenestra'는 종명, 'takacukai'는 아종명이고, 'SEOK'는 발견자의 성이다. 식민지 시대에 우리나라 생물학자들이 학명에 대응되는 고유어로 우리 이름을 지어 학계에 정착시킨 노력을 매우 높게 평가하지 않을 수 없다. 당시 일본학자 마쓰무라와 우치다가 붙인 동종이명 가운데 844개를 말소하고 독자적인 동종이명을 체계화하였다. 일본의 에자키 교수는 이러한 석주명의 노력과 업적을 높이 평가하기도 하였다.

석주명은 한국의 신아종 '도시처녀나비, 수노랑나비, 스키타니은점섬표범나비(성진은점선표범나비), 유리창나비, 긴지부전나비(깊은산부전나비)' 5종을 발견하여 세계 학계에 보고하였다. 학문의 경쟁력이란 다른 나라에 존재하지 않는 토속 지식을 소개함으로써 더욱 강화될 수 있다.『표준대사전』에 '수노랑나비, 성진은점선표범나비, 깊은산부전나비'는 올림말로 다루지 않고 있듯이 우리 스스로가 우리의 학문 성과를 과소평가하고, 외국의 학술 용어에만 편승하는 학계의 흐름을 되돌려야 할 필요가 있다. 쏟아져 나오는 전문용어가 전부 외국어 원음주의로 표기된다면 앞으로 우리의 모국어의 자리는 외국어 조어로 가득 찰 것이다.

가락지장사, 까마귀 부전, 각씨멧노랑나비, 갈구리나비, 개마별박이세줄나비, 개마암고운부전, 거꾸로여덟팔, 검은테떠들썩팔랑, 검은테주홍부전나비, 고운점박이푸른부전, 꼬마까마귀부전, 꼬마멧팔랑나비, 꼬마어리표범, 꼬마팔랑, 꼬마흰점팔랑나비, 구름표범나비, 귀신부전나비, 귤빛부전, 그늘나비, 극남부전나비, 글라이더-팔랑나비, 금강산귤빛부전, 금강석녹색부전, 금빛어리표범, 긴꼬리부전, 긴은점표범나비, 긴지부전나비, 남방공작나비, 남방남색꼬리부전, 남방남색부전, 남방씨-알붐, 남주홍부전나비, 네발나비, 노랑지옥나비, 녹색부전, 높은산세줄나비, 높은산표범나비, 담색긴꼬리부전, 담색어리표범, 대덕산부전나비, 대왕팔랑나비, 떠들썩팔랑, 떠블류-알붐, 돈무늬팔랑나비, 두만강꼬마팔랑, 라파엘귤빛부전, 만주산어리표범, 먹그늘나비부치, 물빛긴꼬리부전, 민남방제비나비, 민무늬귤빛부전, 밤오색나비, 백두산노랑나비, 백두산부전나비, 뱀눈그늘나비, 뱀눈없는지옥나비, 벚나무까마귀부전, 봄어리표범, 뽀죽부전나비, 부처사촌, 북방까마귀부전, 북방거꾸로여덟팔, 북방기생나비, 북방알락팔랑, 북선횐점팔랑나비, 붉은점암녹색부전, 사랑부전나비, 사파이어녹색부전, 산뱀눈나비, 산부전나비, 산어리표범, 산은줄표범나비, 수노랑이, 수풀꼬마팔랑, 수풀떠들썩팔랑, 수풀알락팔랑, 스키타니은점선표범나비, 스나이더-어리표범, 시가도귤빛부전, 시골처녀, 시베리아부전나비, 시실리그늘나비, 씨-알붐, 신부나비, 아르카스부전나비, 아이노녹색부전, 알락나비, 알락팔랑, 암고운부전, 암끝검은표범나비, 암먹주홍부전나비, 암붉은오색나비, 암암어리표범, 어리세줄나비, 어리표범, 에조녹색부전, 옛다지옥나비, 엘알붐, 여름어리표범, 왕알락그늘나비, 왕팔랑나비, 왕흰점팔랑나비, 외눈이사촌, 외눈이지옥나비, 유럽푸른부전, 우리창떠들썩팔랑, 은점박이꽃팔랑나비, 은점박이알락팔랑, 은점어리표범, 은줄팔랑나비, 은판대기, 작은녹색부전, 작은멋장이, 작은연주노랑나비, 작은은점선표범나비, 작은점박이푸른부전, 작은흥띠점박이푸른부전, 재순지옥나비, 점박이푸른부전, 제이줄나비, 제주도꼬마팔랑나비, 제주도왕자팔랑나비, 제주왕나비, 조선까마귀부전, 조선산뱀눈나비, 조선세줄나비, 조선알락팔랑, 조선줄나비, 조선줄나비사촌, 주홍부전나비, 줄꼬마팔랑, 줄그늘나비, 중국부전나비, 중점박이푸른부전, 지옥나비, 지이산팔랑나비, 직작줄점팔랑나비, 참나무부전나비, 채일봉지옥나비, 처녀나비, 측범나비, 큰녹색부전, 큰멋장이, 큰수리팔랑나비, 큰은점선표범나비, 큰점박이푸른부전, 큰주홍부전나비, 큰홍띠점박이푸른부전, 큰흰줄표범나비, 팔랑나비, 푸른큰수리팔랑나비, 함경부전나비, 함경산뱀눈나비, 함경어리표범, 함경흰점팔랑나비, 헤르츠까마귀부전, 혜산진흰점팔랑나비, 홍띠점박이푸른부전, 홍줄나비, 황모시나비, 황알락팔랑나비, 후치령푸른부전, 흑백알락나비, 흰줄표범나비

-『석주명 평전』(그물코, 2001)

『표준대사전』에 오르지 못한 『석주명 평전』(그물코, 2001)에 실린 나비의 토착 이름들이다. 이 나비 이름의 학명을 그대로 외래어 표기법으로 표기하지 않고 우리말로 바꾼 것이다. 그런데 학계에서 이런 아름다운 토착 이름은 전부 포기하고 학명 원어를 그대로 사용한다든지 외래어 표기법에 따른 원음주의로 표기한 것을 일반화한다면 우리말의 생태계는 결국 무너질 수밖에 없다.

1) 나는 중국문학 시간에 중국 근대문학사에 대한 공부를 하였다.
2) 나는 中國文學 時間에 中國 近代文學史에 對한 工夫를 하였다.
3) 나는 중궈원쉬 스'지앤에 중궈 찐다이원쉬에스'에 대한 쉬에시러를 하였다.

1)의 문장을 현실 한자음으로 표기하면 2)가 된다. 여기서 '中國文學', '時

間', '中國近代文學史', '工夫'는 중국 원음이 아니고 우리나라의 현실 한자음으로 정착된 것이다. 이것을 만일 중국 원음주의에 따라 한글로 표기한다면 3)의 문장이 된다. 3)의 문장은 우리말로 표기가 되었지만 이미 우리말이 아니라고 할 수 있다. 여러 학문 분야 가운데, 특히 자연과학자들은 전공 학술 용어를 순수 우리말로 많이 만들어 사용하고 있다. 특히 남북한의 생물학 분야에서는 학술용어뿐만 아니라 동식물 이름을 곱고 예쁜 우리말로 만들어 사용하고 있다. 나라 사랑하는 일은, 애국애족을 구호처럼 외치는 정치가나 민중 운동가의 몫만이 아니라, 이처럼 눈에 보이지 않는 나라사랑 운동을 자연과학도들이 실천하며, 선도해 왔다는 사실을 알아야 한다.

　최근에 들어온 학술 용어는 제쳐 두더라도 대부분 외래어나 또는 일본어식 한자 조어로 된 말을 그대로 사용하는 경우가 일반적이다. 이러한 사례는 인문·사회과학 분야에서는 두말할 나위도 없고, 사람의 죄를 다스리는 법학 분야에서도 마찬가지이다. 응당 사람들이 가장 쉽게 이해해야 할 민법이나 형사법 조항에서조차 법률 용어가 일본어식 한자 조어로 된 말이 많아 법관이나 이 방면에 전공한 교수들이 아니면 알아듣지 못할 말이 너무나도 많다. 그뿐만 아니라 일제 식민지 사관을 비판해야 하는 많은 역사학자들도 아직 '민무늬질그릇'이라고 부르면 더욱 좋을 터인데 '무문토기無汶土器'라고 명명하는, 일제식 학술 용어를 그대로 답습하고 있으니 답답한 노릇이다.

　이러한 추세는 일찍, 현대적인 학문이 도입되기 시작한 일제 강점 시대에 관립대학의 출발인 경성제국시대에서부터 생겨난 우리 대학의 전통유산(?)이다. 국제화 시대라고 해서, 구르는 돌이(외국어) 박힌돌(한국어)을 뽑아내어서는 되겠는가. 언제부터 우리 민족이 미국 사람으로 변했는지, 또는 일본 사람으로 되었는지, 정신 차려야 할 것이다. 어찌된 연유인지는 몰라도 남·북한의 생물학자들이 사용하고 있는 동·식물의 이름은 매우 앙증맞은 우리말로 표현되어 실제 대상과 그 명칭과의 관계가 매우 닮은 듯이 느껴진다. '은방울', '은초롱', '청미래덩굴', '자벌레밤나비'와 같은 순수한 우리말로 동식물의 이름을 지어낸 생물학자들은 어느 학문분야보다 민족을 사랑하는 마음이 큰 것일까? 다행스럽게도 최근 의학계에서도 학술 용어를 우리말로 바꾸려는 노력을 보이고 있을 뿐만 아니라, 철학, 역사학에서도 그러한 노력을 보이고 있다니 여간 다행스러운 일이 아니다.

나랏말을 사랑하는 일은 민족적 자긍심 고취와 더불어 나라 사랑하는 마음과 같은 것이다. 평온한 시기에는 나랏말의 중요성을 미처 깨닫지 못하지만 나라가 위기에 처해 있었던 일제 강점기에 민족 지도자들 모두 나랏말 지키기를 나라 사랑운동과 동일하게 실천하지 않았던가?

우리말을 사랑함에는 어떤 학문 분야에 종사하든 한 마음임에는 틀림이 없으리라. 현대적인 학문이 도입되기 시작한 일제 강점기 경성제국에서부터 일본어식 한자어나 외래어로 만들어진 학술 용어들을 관습적으로, 무비판적으로 사용해왔다. 학술 용어를 우리말로 정리한 남·북한의 생물학자들처럼 모든 분야에서 사용하는 학술 용어를 나라를 사랑하는 마음으로 새롭게 우리말로 다듬어 볼 필요가 있지 않을까?

자연적인 요인이 아닌 인위적인 요인에 의해 어휘 생태계가 몰락하는 모습을 확인할 수 있다. 언어의 절멸 징후는 생태의 위기에서 그 이유를 찾아 볼 수 있다. 급격한 환경 변화의 다양한 요인들에 의해 다양한 생태의 종들이 없어짐으로써 그와 함께 언어도 절멸되는 추세를 보인다. 그런데 이런 자연 환경적 요인이 아닌 언어 정책의 탓으로 인해 다양한 종들의 이름이 단일화되면서 언어가 죽어가는 징후를 읽어낼 수 있다. 예를 들면 물고기의 종들에 대한 생태학에서 분류한 이름들이 『표준대사전』에 올림말로 체계적으로 실리지 않은 예들을 볼 수 있다. 그렇지 않아도 다종의 물고기 이름이 지속적으로 종명에서 과명으로 통합되는 추세를 보이는 경향인데 종명에 대한 분류학적 어휘가 마치 옥수수 이빨이 빠지듯이 체계적 공백을 보임으로써 언어 절멸을 가속화시키고 있다. 김익수가 쓴 『춤추는 물고기』(다른세상, 2000)의 물고기 종별 분류표에 실린 물고기 이름이 『표준대사전』에 실리지 않은 어휘는 *표시를 하였다.

미꾸리과: *종개, 쌀미꾸리, 미꾸리, 미꾸라지, *참종개, *부안종개, *미호종개, *왕종개, *남방종개, *동방종개, 새코미꾸리, 기름종개, *점줄종개, *줄종개, *북방종개, 수수미꾸리, *좀수수치

망둑엇과: *날망둑, *꾹저구, 왜꾹저구, *문절망둑, *왜풀망둑, *흰발망둑, *비늘흰발망둑, *풀망둑, *열동갈문절, *애기망둑, *무늬망둑, *갈문망둑, 밀어, *민물두줄망둑, *황줄망둑, *검정망둑, *민물검정망둑, *줄망둑, *점줄망둑, *날개망둑, *모치망둑, *제주모치망둑, *꼬마청황, *짱뚱어, *말뚝망둥어, *큰볏말뚝망둥어, *미끈망둑, *사백어, *빨갱이, *개소겡

언어의 절멸을 예고하는 잣대 가운데 하나가 다양한 종명種名이 상위 과명科名으로 점차적으로 통합되는 추세를 보이는 것이다. 그런데『표준대사전』에서조차 *표가 표시된 토속 물고기 이름들이 올림말로 실리지 않음으로써 언어 다종성 자체를 무너뜨리는 역할을 하고 있다. 물론 대상물이 점차 절멸의 상황으로 치닫고 있지만 어문 정책을 반영한다는 사전에서조차 올림말로 다루지 않고 있다. 한편으로는 학교 교육에서 이러한 종 다종성에 대한 교육이 치밀하지 않음으로 인해서 표준어의 외연에 방치되어 있는 생태 어휘들이 무너져 내리고 있다. 이러다가 조만간 우리의 모국어를 이루는 모래성의 아랫부분부터 차츰차츰 붕괴될 것이다.

박수현이 쓴 『바다생물 이름 풀이사전』(지성사, 2008)은 우리 일상생활에서 늘 접할 수 있는 바닷고기에 얽힌 이야기를 재미있게 풀어낸 책이다. 기자 생활을 하면서 접한 다양한 바닷고기를 소개한 책이라는 면에서 일반 독자들도 쉽게 접근할 수 있다. 이 책에서 첫 번째 소개하는 가오리는 '노랑가오리(딱장가오리, 상양어湘洋魚, 해계어海鷄魚, 황홍黃紅, 전기가오리(시끈

가오리, 쟁개비)-쥐가오리-매가오리(연분鳶鱝, 황홍어黃紅魚)'와 같은 다양한 종류를 소개하고 있다. 그런데 '쥐가오리'를 매가오릿과로 뜻풀이를 하면서 정작 '매가오리'는 『표준대사전』에 실려 있지 않다. '쥐가오리'의 한자어나 토속적인 이름은 하나도 소개하지 않았다.

우리나라의 여러 학문 분야 가운데, 학술용어를 순수 우리말로 사용하고 있는 분야가 생물학 분야라고 할 수 있다. 필자가 근무하던 대학교에서 식물생태학을 전공하는 모 교수의 저서 교열을 봐주면서 깜짝 놀란 일이 있다. 생물학자가 국어학자들보다 순수 우리말로 된 학술 용어 사용을 고집하며 더욱 우리말을 아낀다니 기가 막히는 일이 아닌가? 어찌된 연유인지는 몰라도 생물학에서 동·식물 명칭은 거의 대부분 우리말로 이름을 지어놓았다. 듣기에도 말하기에도 매우 편하고 가깝게 느껴져 더욱 친근하게 다가왔다.

우리의 모국어가 자연에 의한 언어 절멸이 아니라 표준어라는 국가 정책에 의해 언어의 다종성이 붕괴되는 인위적 재해에 직면해 있다. 문제는 그 정책을 관리하는 이들이 얼마만큼 위기 의식을 갖고 있는가가 문제이다. 토착 지식을 싣고 있는 방언은 인류가 이룩해온 지식과 문화의 정보가 가득 담겨 있다. 그 토착 지식의 정보를 유용하게 해독하여 문화콘텐츠로 전환한다면 대단한 경쟁력을 가질 수 있을 것이다. 사라진 나비와 풀꽃들을 3차원 디지털 영상물에서 회생시키는 감성 콘텐츠 개발 노력이 절실하게 필요하다. 3D 영상 콘텐츠에서 꽃의 향기를 맡을 수 있는 콘텐츠 진화를 꿈꾸어 보자.

9. 마지막 보루, 창조적 문학 언어

모든 언어나 방언은 고도의 표현력과 아름다움을 지니고 있다. 세계의 언어와 방언이 그토록 많은 것은 경제적으로 낭비라는 주장은 개인이나 기업이 의사소통을 하는 데 많은 경비가 지출된다는 근거를 들고 있다. 사실

세계의 다양한 언어와 방언에 대처하는 데 많은 비용이 들어가는 것이 사실이지만 그들의 다종성이 가져다주는 지적 축적이나 문화 창조의 힘에 비하면 그것은 아무것도 아니라는 말이다. 특히 시와 소설을 창작하는 데 방언은 놀라우리만치 위력적인 힘을 가지고 있다. 오탁번의 『헛똑똑이의 시 읽기』(고려대학교출판부, 2008:228)에서 "사실 시라는 장르에서 '표준어'라는 개념은 무의미할 뿐만 아니라 좀 야만적이기까지 한 것이다. 사랑과 슬픔을 어떻게 문법적으로 표준어에 맞추어 전달할 수 있겠는가. 표준어라는 것은 사회적 규범으로서 필요한 것이지 오밀조밀하고 변화무쌍한 정서를 토로하고 시의 도구로 하는데 아무래도 최적이라고 우길 수는 없기 때문이다."라고 방언의 효용성을 강변하고 있다.

한국시인협회에서 한국시 100년, 한국시인협회 창립 50주년 기념으로 방언 시집 『요 엄창 큰 비바리야 냉바리야』(서정시학, 2007)를 출간하였다. 시인 101명이 자신의 고향말로 쓴 시를 묶은 것이다. 편집 기획 의도가 매우 참신하다. 특히 지역의 정서를 드러내는 데는 토착어만큼 유용한 것이 없을진대 문화의 다양성과 지역적 개성을 존중한다는 측면에서 '표준어'의 범주를 훌쩍 뛰어넘는 이러한 시도는 우리들의 흥미를 끌어당기기에 충분하다. 이 시집의 머리말에 "꽃밭도 여러 종류의 꽃들이 조화롭게 어울려 피어 있어야만 아름다운 것이 아닙니까. 문화 현상도 마찬가지입니다."라고 시집 편찬 의도를 설명하고 있다. 어디 문화 현상만 그러할까. 생태의 종의 다원성이 보장될 때 종의 진화가 보장되듯이 언어 역시 다종적 토착어가 존재할 때 언어의 진보적 발전이 가능하리라. 한국시인협회 오세영은 "오늘의 한국 시인들은 그 어느 때보다도 국어의 중요성에 대해 성찰하고 그 보존과 발전에 심혈을 쏟지 않으면 아니 될 상황에 처했다."라고 강조하고 있다. 시인들이 우리 토착민의 언어를 보존하기 위해서 토착적인 시의 목소리로 담아낸 것이다. 여기 표준어가 아닌 토착민의 방언으로 9개 도의 토착어 시집으로 꾸민 『요 엄창 큰 비바리야 냉바리야』(서정시학, 2007)의 작품에서 방언이 어떤 기능을 하는지 살펴보자.

> //"내가 아주 어릴 때/손님으로 오신 사돈댁에게/칼국수를 대접하고 싶으셨던 할머니/"야야, 정지에 가서 흘러깽이와 편뎅이를 가져온"/"진죠지 만들어 사돈댁 캭 물리자."/눈치 빠르신 어머이가/홍두깨와 안반을 가지고 와서 국수를 밀어/손님을 대접했지만//「중략」//가끔 꿈 속에 오셔서/"다황으로 재피질 하지 말라, 오줌쌀라."/은근하고 구수한 말씀을 하고 가실 땐/너무나 그리워 왈칵 눈물이 나올 것 같다.//
>
> — 김성수의 「울 할머니의 추억」에서

김성수 시인의 「울 할머니의 추억」이라는 시의 한 대목이다. 강원도 횡성 방언인 '정지(부엌), 흘러깽이(홍두깨), 편뎅이(안반), 다황(성냥), 진죠지(국수), 재피질(장난질)'과 같은 토속 어휘들을 언제 어떤 상황에서 다시 사용할 수 있을까? 꼭 적합한 자리에 보석처럼 박혀 빛을 발하는 토착 시어들을 그동안 너무 오랫동안 내버려 두었던 것이 아닌가?

박명자 시인의 「눈 오는 마실」에서 '던데기(언덕 위), 굿뎅이(굿쟁이, 무당), 네베시(너붓이), 장베기(머리위)'나 박용하 시인의 「살구」라는 시에서 '물게져앉는다(물러앉는다), 밉괄시룹지(밉살스럽지), 갠부러(일부러), 달부어여웠다(엄청나다), 맹근(방금)'과 같은 강릉 말씨를 들으면 금방이라도 그리워하던 고향 친구가 달려올 것 같은 느낌이다.

서울과 지근 거리에 있는 용인은 사투리가 없을 것만 같은데 각 지방에서 서울로 가는 마지막 길목인 용인 말씨가 의외로 복합적인 방언들이 소리를 일으키며 일어나고 있다. 김유선 시인의 「용인 전상서」라는 시에 '짜장(차라리), 누루미(부침개), 술경지(술지게미), 깨부숭이(깨소금), 흰설기(백설기), 속볶다(속을 끓이다), 달챙이(몽당, 끝이 닳은), 후루매기(두루마기), 짚똥가리(짚더미), 템자리(두엄자리), 색경(거울)'과 같은 방언형이 옹골옹골 모여 있다.

잠잠하던 분위기가 경상도로 넘어오니 왠지 시끌벅적해지는 느낌이다. 혓바닥에 힘이 더해지고 소리의 높낮이가 오르락내리락한다.

//아래채 까대기 반너며 지울고/깨진 비단카리 널브러진 쇠똥 개똥 천지삐깔인 골목/흙내음 배터지는 담부락 따라 눈감고도 찾아가는 집/니 금바실 양반 망내아들 맞제. 아이가?/언날 아침 챙이쓰고 소곰 얻으로 왔었재/와 아이라요. 아지매 그곱은 얼굴 다 오데 갔소?/하이구마 세월이 그리 대삐릿네/내사 인자 할마이 아이가/허우대 멀금하던 바깥양반/만날천날 땅딸구판에 눌러붙어/그 택택하던 살림 야금야금 다 날리삐고//

— 김석규, 「대추징이 아지매」

'까대기(헛간), 지울고(기울고), 비단카리(사금파리), 널브러진(널려 있는), 천지삐깔(흔해 빠진), 담부락(담벼락), 니(너), 대삐릿네(되어버렸네), 멀금하던(당당하던), 만날천날(매일같이), 택택하던(넉넉하던), 날리삐고(날려버리고)' 등의 어휘에 경상도 액센트까지 실어놓는다면 어감이 어떨까? 시어는 이래서 힘이 실린다. 표준어로 실어낼 수 없는 마력과 같은 시어가 탄생된다.

다음은 우리나라 최초의 비운의 여류 소설가, 백신애의 소설에 나타나는 어휘들이다. 경북 영천 태생이었던 백신애의 작품 속에는 어렵잖게 영천 방언의 어휘를 찾아 볼 수 있다. 영천 출신의 농민 시인인 이중기가 보내온 자료들이다. '채스르다(몸을 부들부들 떨며), 딸래장자(미상), 말머르쟁이(미상), 빼둘쳐(순식간에 비틀며 빼내어), 무가내(속수무책), 새음(철), 허갈밭(미상), 훗들치고(홀로 외롭게), 흥성드무리(드물게, 드문드문하게), 금실마리(금실가닥), 끼끔(찝찝하다), 동글갈숨(동글하면서 갸름하다), 새자개(貝)(새로운 자개), 쇠통 정신이 없구나(온통 정신이 없구나), 스닿기우며(스치는 듯 살짝 닿으며), 털구령(놓치다, 미상), 못찍한(묵직한), 어여내었습니다(살을 도려내는 듯하였습니다), 응혹(응당), 대패밥 모자(대패밥으로 만든 모자), 재처(다시 다구쳐), 묵척(미상)'과 같이 뜻을 확인할 수 없는 어휘를 포함하여 많은 방언형이 나타난다.

"감스릿하다/감스릿하게(불빛의 밝기가 낮아 어두침침하다), 감으르치다/감으러친(손이나 발목을 삐다), 갓근스럽게(매우 친절하게), 갋다(맞대응하다. 나란히 마주 대응하다), 거발거리다/건방거려도(건방을 떨다), 걸(껄)어매다(옷 같은 것을 꿰매다), 구부넘기(구르는 것. 밑에 깔려 있는 상태에서 뒤집어 올라앉는 것), 구지리 (구질구질하게), 금실마리(미상), 꼴조둥이(입이 튀어나온 모양새를 가지고 부르는 별칭), 꼽다시(아주 어쩔 수 없이. 고스란히), 내품다(속으로만 생각하고 밖으로 들어내지 않다), 눈끔직이(눈을 깜짝거려 보내는 신호), 담사리(나이 어린 머슴이나 식모. 집안에 들어가서 머슴이나 식모살이를 하는 것), 동계다(겹쳐 놓다. 포개어 놓다), 따뜨무리하다(다소 따뜻한 정도. 차츰 따뜻해지다), 뜸배질(송아지가 어미 소의 젖이 잘 안 나와 머리로 들이 받는 행위), 멍짜(멍청한), 무가내하다(막무가내로 대하다), 박구채로(여러 사람이 돌아가면서 말하는 것), 반드라시(반듯하게 누운 모양새. 특히 어른 앞에 버릇없이 누운 모양), 빈줄러(비좁은 상태에서 서로 조금씩 당겨서 같이 앉게 하는 것. 조금씩 아껴), 성글러(고기나 나물 같은 것을 큼직큼직하게 썰다), 소리끼 없이(전혀 소리나 흔적도 없이), 십스구리(입맛이 쓴), 싱구이(기어코), 알부랑(속속들이 부랑한), 암창궂다(앙큼스럽다), 얌뚱마리(아주 체면 없이 하는 짓), 어덥사리(어둠이 막 내리는 무렵), 에로나(정말로), 에이 고라 사(어떤 일이 뜻대로 되지 않았을 때의 투덜거림), 영우(아주), 우장(비옷. 곧 옷이 매우 큼을 비유하여 이르는 말), 울겁(필요 이상으로 과장되게 겁을 내는), 움숙하다(음습하다), 입추신(먹을 것을 추스르는 것. 서술어가 '못하다'와 호응하여 먹는 것조차도 챙기지 못함을 말한다), 자무(물)러져(기절 혹은 혼절하여), 자취끼 없이(아무 자취나 흔적 없이), 제각금(제가끔), 종담장(담장 보다 조금 낮고 가로 막이 기능을 하는 담장), 질겁(몹시 겁을 냄), 짚수세(지푸라기가 흩어진 모양새), 짜들리다(쪼들리다), 쭈글치다(쭈그려 앉다), 찡글치다(몹시 싫어 두 번 다시 보기 싫다), 챙기 해보다(챙겨보다), 칭구다(자동차 같은 탈 것이 들이받은 행위), 칭칭대(계단), 털구렁(놓치다), 튀미하다(사리분별이 정확하지 못하다), 튀방(잔소리), 튀적거리다(별 생각 없이 트집을 잡으며 투덜대다), 팔찜(팔장), 하머나(이제나저제나 몹시 안타깝게 기다리는. 벌써), 하묵이(물기에 흠뻑 젖음. '하북이'의 변이형), 한 죽이(손으로 뭉칠 정도의 삶은 나물), 해울음(아주 숨이 넘어 갈 것 같이 크게 우는 울음. 큰 울음), 허갈밭(거친 밭뙈기를 일컫는 말), 홀카닥(홀라당, 대번에), 훗돌치다(샐쭉해서 약간 돌아앉는 행위), 흐먹이(흥건하게, 충분할 만큼 넉넉히), 흥성드무리(빽빽하지 않고 드문드문한 상태, 겅성드뭇이). 흥성드뭇하게(드문드문, 겅성드뭇하게). 희분하게(희붐하게)"

위의 예와 같은 재미있는 어휘들을 백신애 소설 여기저기에서 찾아볼 수 있다. 결국 20세기 초기의 어휘들 중 비표준어는 사전 편찬 대상에서 제외함으로써 엄청나게 많은 어휘들을 잃어버리는 결과를 낳았다. 시인 송수권은 『우리나라의 숲과 새들』(고요아침, 2005)에서 "국어의 표준어는 서울말이지만 판소리 가락의 표준어는 전라도 말이다. 남도 언어의 말 가락이 휘늘어지고 치렁치렁함도 이 때문이다. 눙치는 가락이요 산조散調(민중의 가락)인 허튼 가락이며, 이를 덤벙 기법이라 한다. 정악과는 그 격이 다르다. 따라서 나는 시에서 표준어는 언어 폭력이라 믿으며 정서를 억압하는 개념적 또는 논리적 언어라고 믿는다. 논리적 언어로 정서는 번역되지 않는다."라고 '표준어'의 획일성에 대해 비판하고 있다. 김성칠의 『역사 앞에서』(창비, 1993)는 1950년 전후에 쓴 일기문이다. '복명, 금명일, 미타하게, 호세등급, 충용, 갹금, 전곡을 내다, 통히, 청해다가(초청해서), 매씨댁, 반절을 깨쳐줌만, 환시하에, 소사, 언하, 거진, 이태 동안, 유량한, 사보타지, 미타한, 초솔한, 못다 타다, 기연미연, 극단한 반동화, 당래할, 기수, 무지스레 얻어맞고, 비루칙칙한'과 같이 이 책은 입말에 가까운 일기체이기 때문에 당시의 생생한 어휘의 모습을 보여주고 있는데 오늘날의 의미나 호응관계가 다르게 느껴지는 어휘가 한 둘이 아니다.

나날이 쏟아져 나오는 문학작품에 실린 생생한 모국어를 수집 관리하는 일은 개인 연구자가 하기엔 너무나 힘든 일이다. 이들을 국가 사전 지식 관리 차원에서 효율적으로 수집 관리하는 방안이 마련되어야 한다.[16] 세계 여러 언어학자들은 문학어에서 사용되지 않은 언어나 방언은 곧 절멸하리라는 예측을 하고 있다. 문학 언어는 언어를 새로 생산하는 창구인 동시에 언어 절멸을 알려주는 신호등의 역할을 한다.

전성태가 쓴 "방언의 상상력" 『한국어의 규범성과 다양성』(태학사, 2008)에서 문학 작품에서 방언 사용의 중요성을 "작가에게 미의식은 언어에서 나온다. 언어에서 발현되고 언어로 표현된다. 작가는 언어의 바다에 외바늘 낚시를 드리우고 바다를 감지하는 존재이다. 문학의 언어는 의사를 전달하는 도구적 기능에만 머무르지 않는다. 작가에게 언어란 인간 존재의 일부분으로 격상된다. 방언 역시 언어 예술이 궁극적으로 지향하는 미의식 위에 앉아 있다. 표준어의 위세 속에서 방언을 지향하는 일은 작가에게 한 층 더한 미의식을 요구한다. 토속성과 해학이 한껏 고양된 문장이 되든, 저항과 풍자의 날렵한 서사가 되든 방언을 지향하는 글쓰기는 언어에 대한 강도 높은 수공업적인 자세를 동반한다."라고 주장하고 있다. 우리말과 글의 마지막 지킴이가 시인과 작가라고 생각한다. 문학 언어의 획일화가 몰고 올 위기에 대해 전성태(2008)는 "모국어라는 큰 숲이 서울말 일색으로 바뀐다면 그건 소나무만 무성한 숲이거나 아까시만 무성한 숲이기 쉽다. 그것을 두고 풍성하고 안정된 숲이라고 말하기는 곤란하다. 세계의 언어들이 사멸해가는 현상을 보면서 우리 모국어의 최후를 상상하기는 어렵지 않다. 언젠가는 제주방언을 사용하는 어떤 이가 문화재처럼 보존되다가 그의 부음이 전해질지도 모른다. 더 나아가 한국어도 영어의 위세에 밀려 그런 식으로 절멸할지도 모른다. 사실 이것은 우리의 역사적 체험 속에서도 가능한 상상이다. 일제의 식민지 역사가 지금까지 계속되고 있다면 지금쯤 거의 모든

---

[16] 이상규, 『시와 방언』(경북대학교출판부, 2004)

문학작품이 일본어로 창작되고, 모국어의 흔적은 연변 등지로 나가야 겨우 찾을 수 있을지 모른다."라고 예고한다.

10. 웹 기반 언어 지식 정보 처리

2000년대 한국 사회에는 정보 기술 강국으로 가는 기적적인 일이 진행되었다. 소위 초고속 정보망이 전 국토를 연결하는 사업이 진행된 것이다. 전 세계에서 가장 앞서는 정보 기술의 강국으로 가는 정보 고속도로가 구축되었다. 초고속 정보망 구축 사업은 IT, CT, NT, AT 등 다양한 정보 기술의 발전을 앞당기는 견인차 역할을 해 왔다. 그 이후 다양한 동영상 콘텐츠를 비롯하여 용량이 많은 자료가 다량 생산·유통됨으로써 어지간한 초고속 정보망으로는 소통의 어려움이 없다.

이제 한국어를 단순한 의사소통의 한 수단으로만 연구할 것이 아니라, 자연 언어로서의 특성을 기계적으로 처리하여 다양한 기술 창출과 학문 발전을 기대할 수 있는 자원으로서 다루어야 한다.

사전이란 인간의 언어 자산을 처리하는 전통적인 방식이라고 할 수 있다. 과거 사전 편찬은 주로 수작업으로 이루어져 왔다. 올림말을 카드로 만들어 순서대로 배열하고 올림말을 중심으로 문법 정보, 품사 정보, 뜻풀이, 어원 정보, 용례 등을 여러 사람이 나누어서 기술하는 방식으로 사전을 만들었다. 그러나 최근에는 사전 편찬의 방식도 컴퓨터를 활용하여 대량의 말뭉치를 구축하여 활용함으로써 더욱 높은 수준의 사전으로 완성도를 높이는 쪽으로 발전되고 있다. 그뿐만 아니라 시소러스나 온톨로지와 같은 낱말 의미망을 활용하여 컴퓨터가 미리 어휘의 뜻풀이에 도움을 줄 수 있는 연산 기법을 도입하려는 노력이 진행 중이다. 더불어 웹상에서 어휘나 문장의 의미를 기계적으로 처리할 수 있는 방안을 연구하려는 웹시맨틱스Web Semantics에 대한 연구도 시도되고 있다.

사전 편찬의 완성도를 높이기 위해 컴퓨터를 활용하는 하나의 방안으로, 기존 사전의 올림말이나 뜻풀이 체계의 불균형 유형을 검토하고 이를 토대로 하여 개념, 관계, 속성을 자동으로 추출하는 온톨로지 기반 연구의 가능성을 제시하고자 한다. 시소러스의 기법으로 올림말의 선정이나 균형적 배치의 문제를 해결할 수 있다.

주석 말뭉치 구축은 자연 언어 처리를 위한 기초 작업이라고 할 수 있는데, 21세기 세종계획을 중심으로 형태, 구문, 의미 분석이 가능한 태그를 부착한 말뭉치를 구축하여 이를 사전 편찬에 실제로 이용하고 있는 단계이다.

한국과학기술원(카이스트)에서는 코어넷CoreNet 개념을 기반으로 한, 다국어(한·중·일) 어휘망 구축 작업이 진행되고 있다. 그 외에 단일어 사전과 기존의 워드넷을 이용한 방식으로써, 어휘들의 개념의 관계를 연결시켜 만든 어휘 데이터베이스인 한국전자통신연구원ETRI 어휘망 구축 사업이 있다. 부산대학교 코렉스KorLex는 워드넷을 영한 번역으로 구축한 것으로 다국어 사전 편찬의 방식을 모색하고 있다. 오름정보에서는 40만 용어 이상의 국내 최대 시소러스인 넥서스베이스NexusBase를 구축하고 있으며, 앞으로 다국어 시소러스 형태로 구축할 예정이라고 한다.

사전 편찬 작업이 수작업으로 진행될 경우 수십만이나 되는 올림말의 선정에서부터 이들에 대한 뜻풀이를 한 개인이 할 수도 없고 설사 한 개인이 한다 하더라도 이들의 체계적 균형을 맞추기란 거의 불가능한 일이다. 정도의 차이만 있을 뿐 종래의 수작업으로 이루어진 사전은 이러한 체계의 불균형이라는 근본적인 문제를 모두 안고 있다. 그러나 최근 정보화 기술의 발달로 인해 이러한 체계의 불균형을 어느 정도 극복할 수 있는 방안으로서 시소러스나 어휘망 연구가 진행되고 있다. 일본 국립국어연구소의 경우 일찍부터 시소러스 연구를 기반으로 하여 사전 편찬 기술의 체계적 균형을 맞추는 노력을 해 왔다. 그러나 우리나라의 경우 『표준국어대사전』 간행 사업 이후 사전 편찬 기술의 향상을 위한 노력이 거의 없었다고 할 수 있다. 최근 남북이 공동으로 추진하고 있는 『겨레말큰사전』의 편찬 사업을 위해서도, 그리고 『표준국어대사전』의 보완 작업을 위해서도 사전 편찬 기술의 향상을 위한 노력이 불가피한 상황이다.

국가 사전의 완성도는 그 나라의 국력과 비례한다. 최근 한국어가 세계어의 문턱에 진입하였다. 세계지적재산권기구WIPO 제43차 총회에서 한국어를 국제 공개어로 인정한 것이다. 또한 한국어를 배우려고 하는 국내외 외국인이 급증하고 있다. 이제 한국어 사전을 국내인만을 위한 것이 아니라 한국어를 배우려는 외국인을 지원할 수 있는 웹기반 다국어사전으로 발전시켜야 할 때다. 학계의 노력과 함께 국가에서도 국가 발전 전략의 일환으로 적극적인 재정 지원이 필요하다.

06
: 식민 국어에서 세계 언어로 :

1. 황국 식민화 정책과 조선어

조선조 후기 양반과 상민들이라는 이분법적 계층 구도의 모순과 한문과 언문諺文이라는 소통 양식의 가치가 격렬하게 충돌되는 혼란 속에서 일제 식민지 시대로 진입하게 되었다. 일제 식민지화는 이러한 암흑을 뚫고 새로운 근대성의 판타지로 다가설 수 있는 충분한 무대 장치가 되었던 것이다.

일본은 황국 식민화 정책의 서막이 된 메이지 유신으로 천황을 중심으로 한 국가주의로 일체 단결하는 것이 지상 과제였다. 지방을 배회하던 무사들의 불평과 불만을 식민 제국 건설의 선봉자로 투신하도록 유도함으로써 아시아 신제국주의 건설의 꿈은 하나씩 열매를 맺었다. 무사 계급인 낭인들은 유럽을 모델로 하는 일본 근대화의 꿈과 중상주의를 상품으로 하여 아시아의 내면으로 깊숙하게 파고들었다. 그들의 국가주의의 상징이 바로 '국어國語'와 '국자國字'였다. 발 빠르게 동경을 중심으로 한 말씨를 표준어로 상정하고 동아시아의 선민으로 자처하면서 그들의 근대화의 발전 모델을 식민 국가에 이식하기 시작하였다.

이러한 대외적 분위기 속에서 오랫동안 한문 문화권에 젖어 있던 조선은 일본의 근대화적 모델을 거부할 수 없는 국면으로 접어들었다. 최근까지 한자를 사용하지 않으면 나라가 망할 것이라는 추단을 하는 이들이 많은 것을 보면, 그 당시에 한문체에서 순한글 문체로의 전환을 사회적으로 수용했다는 사실은 놀라운 일대 변혁이 아닐 수 없다.

순한글 문체로의 전환에 필수적으로 전제되는 일은 한글 표기와 정서법의 통일을 위해 언어를 표준화하는 일이었다. 그래서 일본의 표준어 제정의 원리를 그대로 복사함으로써, 일본의 식민지 수탈에 대한 비판과는 무관하게 서울 중심의 표준어 정책이 우리나라 국민들에게 수용되게 되었다. 당시 민족주의자들의 한글 운동이 민족 구국운동이라는 사실에 대해 지금까지 아무 비판없이 수용되어 왔다. 그러나 실상 한글 운동이 나라찾기 운동인 동시에 식민지에 반대하는 운동이라고 이데올로기화하기까지는 상당한 시간이 필요했을 것이다. 식민지 지배 아래에서 국어 운동은 곧 민족 운동이며 절대적인 선善이었다는 인식의 한계성에 대한 새로운 검토가 필요하다.

초기, 표준어를 중심으로 한 계몽적인 국어 운동은 일제의 식민지 근대화 논의와 일치했다. 곧 식민 시대의 국어 운동가들은 일제식 근대화의 방식으로 국어의 표준화 정책을 아무 비판 없이 수용할 수밖에 없었다는 한계가 전제되어 있다.

문화적인 측면에서 볼 때 근대화 시기는 다양한 통합적 이데올로기가 창출된 시기라 할 수 있다. 전근대의 문물과 제도, 인간관계와 사회 제도 등으로부터 새로운 식민지적 문물과 제도, 사회 제도와 인간관계가 새롭게 조형되던 시기이다. 그런데 식민지배자인 일본의 근대화와 식민지 조선의 근대화가 이질적인 것 같아 보이지만 매우 유사한 목표를 지향하는 과정을 걷고 있다. 당시 상층부의 지식인 다수가 일제의 식민지화 정책에 가담할 수밖에 없었다.

식민지배 방식으로의 국가주의 · 민족주의와 식민 저항으로의 국가주의

· 민족주의는 다의적 개념으로 식민 지배자와 피식민 엘리트 층의 의식이 자연스럽게 합치되었으며, 이러한 기반이 근대를 장식하는 중요한 계몽적 수사학이 될 수 있었다. 지방의 토호 지배 권력의 종말과 더불어 천황을 중심으로 한 새로운 국민국가를 건설하고자 한 지배자 일본의 '지배' 목표와 기존의 사회 제도와 가치를 무너뜨리고 근대화로 나아가려는 피지배자 조선의 '저항'이라는 욕망이 일치하였다. 조선의 그 욕망의 표현은 민족주의라는 양상으로 일본의 식민지에 대항하는 조직적 힘으로 발휘될 수 있었다. 그 민족주의의 표상으로 가장 적절한 것이 '국어(한글)'이었다. 그래서 자연스럽게 한문 소통의 구조에서 한글 소통 구조로의 일대 혁명적 변화가 가능했던 것이다. 식민지 초창기에는 '국어'의 자리에 일본어와 조선어가 개별화된 표상으로 부상했지만 곧바로 일제의 식민 지배 방식으로 내선일체의 국어, 선민화된 국어는 '조선어'가 아니라 '일본어'일 수밖에 없었다. 일제의 선민화의 이면에 타자화된 조선은 야만적이고 비위생적인 미개한 민족이라는 관념으로 표상화되었다. 그러한 관점에서 야만의 조선에서 선민인 일본 사람들의 국어인 일본어로 조선의 국어의 대상을 교체하는 식민 지배 언어관을 확고하게 구축하였다. 이러한 식민주의 언어 포식을 반대하는 운동이 한편으로는 계몽의 수단으로, 또 다른 한편으로는 민족 해방운동이 될 수밖에 없었다. 따라서 한글 운동을 통해 근대화와 민족 자주를 실현하려고 했던 민족 지도자들은 자연히 반식민주의적 항일 인사로 분류될 수밖에 없었던 것이다.

근대화의 바람을 타고 일본의 표준어를 그대로 근대적 국민주의의 상징으로 복제한 조선의 표준어는 어떤 위치를 점하고 있는 것일까? 식민 시대의 표준어 정책은 활자 매체인 신문을 중심으로 한 저널리즘과 보통학교 교육, 기독교 성서의 번역·보급 사업과 결탁함으로써 새로운 계급의 내부와 외부를 준별하는 경계가 되었다. 이러한 운동의 중심에 유럽과 미국 유학파들이 자리하고 있는 점으로 미루어 보아도 국자國字 운동이 조선조 사회의 위계와 구조를 깨고 새로운 근대화로 이행하는 데 도움을 준 것은 명백하다.

당시 소통 체계였던 한문에서 한글로의 이전이라는 문화 변용은 일제 식민지화, 즉 국가의 멸망이라는 역사적 사실과 함께 무게가 실린 역사적 변화임을 알아야 한다. 어찌 이런 일이 일어날 수 있었는가?

일제가 1931년 만주를 침략하고 이어서 1937년 중일전쟁에서 승리하자 일본은 조선에 대한 책략을 일대 전환하게 되었다. 한반도를 침략하여 주권을 절멸시킨 다음 경제 수탈과 함께 민족 언어와 문자를 비롯한 민족 문화와 역사를 말살시키려는 황국 식민화皇國植民化 정책이 1936년 8월 5일 제7대 조선 총독인 미나미 지로南次郎가 취임하면서 본격화되었다. 1937년 3월 일본어 사용 강화에 대한 통첩이 내려지고, 황국신민의 서사 제정 시행(1937년 10월), 일본어 강습소 전국 설치(1938년 1월), 창씨개명 실시(1940년 2월), 신문 등 게재 제한령(1941년 1월), 초등학교규정 공포(1941년 3월), 조선어학회 기관지 『한글』 폐간(1942년 5월) 등 조선어 말살 정책이 강화되었다. 1942년 제8대 조선 총독으로 고이소 구니아키小磯國昭가 임명되자 조선어학회 사건(1942년 10월), 진단학회 해산(1943년 9월), 조선교육령 제4차 개정(1943년 5월) 등의 정책을 통해 황국 식민화 정책이 더욱 강화되었다.

고은(2007)은 일제의 언어정책을 다음과 같이 회상하고 있다.

"일본 제국주의는 초기에 조선의 물질적 주체를 탈취하는 것으로 식민지 정책을 진행했다. 그래서 조선의 언어와 문자는 일단 자치의 대상으로 남겨두었다. 그런데 주체를 상실했을 때 그 주체를 대행하는 것이 서술 주체라는 사실과 그 서술 주체가 언젠가는 없어진 주체를 복원하는 힘의 문화적 동력인 사실도 확인되었을 것이다. 민족을 정의하는 데 먼저 그 민족의 언어가 있느냐 없느냐를 묻는다면, 식민 통치의 광기로는 조선어와 문자는 마땅히 제거해야 할 마지막 주체의 유산이었다. 이같은 조선어 말살 정책과 함께 강행된 것이 창씨개명이다. 모든 조선 사람의 조선 이름을 바꾸는 것이 식민지 조선을 일본화하는 핵심이었다. 이광수는 스스로 일본 이름으로 바꾼 뒤의 기쁨으로 글을 썼다. '초등학교 1학년인 내 이름은 다카바야시 도라스케高林虎助였다.'
　언어가 인간의 주체 기호라는 사실은 식민지에서의 모국어가 어떻게 모독당하는가를 말해 주는 것과 아울러 언어 자체가 인간 존재의 고향이라는 사유를 함께 요구하고 있다."

일제는 1931년을 전후하여 조선어와 한글의 사용과 교육을 저지시키고 대신 일본어 보급과 교육을 강화함으로써 1937년 중일 전쟁 이후 조선어와 한글 말살 정책과 함께 일본어 상용 정책을 강력하게 추진하였다. 1938년 3월 3일 제3차 '조선 교육령'에 조선어 과목을 초중등학교에서 수의과목隨意科目으로 전락시키는 동시에 수업 시수도 대폭 줄였다. 그리고 1941년에는 '초등학교 규정'(1941년 3월 31일)을 공포하여 형식적으로 남아있던 조선어 과목이 완전히 사라지게 함으로써 교육 제도상에 조선어말살 정책을 완결하게 되었다.

일제가 식민 초창기 근대화의 표본으로 조선에 그들의 이념을 이식하려고 했을 때에 조선 지식인들이 그들의 구곽을 깨고 근대화로 이행하려는 목표와 일치함으로써 '한문'에서 '한글'로의 문자 체계의 혁명적 변화를 이끌어내었지만, 그 한글 운동가들이 추구한 민족주의적 탈식민주의의 성향을 깨달은 일제는 문화 정책의 방향을 수정하게 된 것이다. 동아일보, 조선일보, 조선중앙일보라는 3대 기관지를 틈만 나면 폐간시키려고 노력하여 동아와 조선중앙을 1936년부터 무기한 정간시켰다가 1937년 6월 2일 동아만 복간되었다. 이와 함께 1940년 1월에는 총독부 기관지 성격인 매일신보에 동아와 조선을 매수 통합시키려고 했지만 성공하지 못했다. 그러다가 1940년 8월 11일 경리부정 사건을 빌미로 하여 동아와 조선은 자진 정간

형식으로 폐간되었다. 1941년에는 『문장』, 『인문평론』 등 각종 잡지들도 폐간되자 공식적으로 조선어로 된 신문이나 잡지는 한 가지도 남지 않게 되었다.

조선어말살 정책의 일환으로 '조선어학회'를 탄압 해체하였으며 동 기관지였던 『한글』을 1942년 3월에 폐간시켰다. 1942년 9월 조선어학자 정태진을 구속하고 같은 해 10월 1일 『조선말큰사전』 편찬위원인 이극로, 정인승, 이윤재 등 11명을 체포 구금하였다. 1942년 10월 21일 이만규, 이병기 등 7명을 추가 체포하였고, 12월 23일에는 3차로 윤병호, 전인섭, 안재홍 등 8명을, 1943년 3월에는 김도연, 서민호 등 2명을 체포 구금하였다. 조선어학회 회원을 체포 구금하여 가혹한 고문을 가하는 동시에 『조선말큰사전』 원고 3만 2천 장과 20만 장의 어휘 카드를 압수하였다. 일제가 조선어학회 회원들을 구속 수감하는 죄목은 '치안유지법 위반'이었는데 당시 판결문의 내용은 다음과 같다.

"본건 조선어학회는—소화 6년(1931년) 이래로 피고인 이극로를 중심으로 하여 문화 운동 가운데 그 기초적 운동인 어문 운동을 취하여 그 이념으로써 지도 이념을 삼아 표면으로 문화 운동의 가면 아래 조선 독립을 위한 실력 양성 단체로서, 본건이 검거되기까지 10여 년의 장기에 걸쳐 조선 민족에 대해 조선 어문 운동을 전개하여 온 것으로서, 시종 일관 진지하고 변함없는 그 운동은 조선 어문에 쏠리는 조선 인심의 동향에 잘 맞아서 그 마음속에 깊이 파고들어, 조선 어문에 대한 새로운 관심을 일으켜서 다년간에 걸쳐 편협한 민족 관념을 배양했으며, 민족 문화의 향상, 민족 의식의 앙양 등 그 기도한 바 조선 독립을 위한 실력 신장의 수단을 다하지 않은 바가 없었다. 조선어학회는 이리하여 민족주의 진영에 단연 확고한 지위를 차지하며, 저 조선 사상계를 휩쓰는 공산주의 운동 앞에 엎드려 아무 하는 일 없이 또는 자연 절멸 또는 사교 단체로 떨어져 겨우 연명·보존하고 있는 민족주의 단체 사이에서 오직 민족주의의 아성을 사수하는 것으로서 중시되기에 이르렀다. 아래와 같은 사업이 어느 것이나 다 조선어신문의 열 있는 지지 아래 조선인 사회에 비상한 반향을 일으켰으며, 그 가운데 조선어사전 편찬 사업 같은 것은 역사상의 민족적 대사업으로서 촉망받기에 이르렀다."

일제는 조선어학회의 활동이 표면으로는 문화 운동을 가장하여 조선 독립을 위한 운동으로 전개되었다고 말하고, 조선어학회를 10여 년의 장기간에 걸친 조직적 독립 운동 단체로서 조선인들의 일관된 민심으로 편협한 민족 관념을 배양하는 데 기여한 불법 민족주의의 단체로 규정하고 있다. 특히 조선어 편찬 사업을 민족주의적 대사업으로 조선인의 관심을 끌어 모은 불온한 사업으로 규정하고 있다.

일제와 우리 선각자들의 꿈의 환영이 근대화라는 점에서 일치하였지만 항구적인 목적에 있어 식민과 독립으로 각각 달랐기 때문에 끝내 결별하지 않을 수 없었던 것이다. 마침내 민족 언어는 회복하게 되었지만 상흔처럼 남은 것이 있으니 서울을 중심으로 한 '표준어'의 준거였다.

2. 사투리의 눈물

1881년부터 1910년 사이에 신구약 성서 번역에서 사용한 철자법과 1912년, 1921년, 1930년 세 차례에 걸쳐 '조선어철자위원회'를 구성하여 교과서 편찬에 필요한 언문철자법이 있었다. 특히 조선총독부에서 시행한 1, 2차 언문철자법은 표음중심의 철자 표기안이었으나 3차 개정 시에 장지영, 권덕규, 정열모, 최현배, 신명균 등이 가담하여 형태주의 철자법으로 바꾸었다. 이것은 주시경 선생이 제안한 국문연구소 의정안과 상당한 차이가 있었다. 그뿐만 아니라 조선어 규범화의 주도권을 쟁취하기 위해 조선어연구회(조선어학회)를 중심으로 1930년 12월 13일부터 1933년 10월까지 약 3년 동안 한글맞춤법 통일안 제정을 추진하였다.

1930년 12월 13일 12명의 한글맞춤법 통일안 제정위원회(권덕규, 김윤경, 박현식, 신명균, 이병기, 이희승, 이윤재, 장지영, 정인섭, 최현재, 정열모, 이극로)를 구성하여 2년간 심의를 거쳐 1932년 12월에 맞춤법 초안을 완료하고 1932년 12월 22일 임시총회에서 제정위원 6명(이만규, 이세정, 이상춘, 이탁, 이갑, 김선기)을 추가로 증원하였다. 1932년 12월 26일에서 1933년 1월 4일까지 개성에서 1차 독회를, 1933년 7월 25일에서 8월 3일까지 화계사에서 2차 독회를 거쳐 65항목 및 부록 9항목을 확정하였다. 1933년 10월 19일 조선어학회에서는 임시총회를 열어 「한글 맞춤법 통일안」을 완성하였다. 총 433시간에 125차례에 걸친 회의를 통해 오늘날의 한글맞춤법 통일안의 원안인 「한글 맞춤법 통일안」을 1933년 10월 29일 오후 5시 30분 한글날 기념식에서 최종 발표하였다.[17]

조선어사전의 올림말로 올릴 표준어를 제정하는 일 또한 매우 중차대한 과제였다. 1934년 12월 이윤재, 최현배, 이희승이 중심이 되어 조선어표준어사정위원회를 구성하고 전국적으로 73명으로 구성된 사정위원은 1935년부터 1936까지 활동하였다.[18]

전등어와 각립어 가운데 전등어는 서울을 중심으로 한 가장 세력 있는 방언을 선택하고 각립어 또한 음운론적 분화형 가운데 역사적인 변화를 고려하는 동시에 그 세력권을 고려한 조선어 표준말 선정 원칙을 정하였다.

1935년 1월 2일~1월 6일까지 온양온천에서 제1회 독회를 열었으며 수정위원 16명을 선정하여 세부적인 수정을 거쳤다. 1935년 8월 5일~8월 9일까지 서울 강북구 우이동에 있는 봉황각에서 2차 독회를, 1936년 7월 30일~8월 1일까지 인천 제일공립보통학교에서 제3차 독회를 열었다. 이 과정에서 전문용어를 보완하기 위해 이덕봉, 정문기, 송석하 등을 고문으로 선임하였

---

[17] 한글맞춤법 통일안 제정 과정에 대해서는 『한글학회 100년사』, 한글학회, 2009. 참고.
[18] 『사정한 조선어 표준말 모음』 완성 과정과 세부적 활동상화에 대해서는 박용규, 『조선어학회 항일 투쟁사』, 한글학회. 2013. 참고.

으며, 특히 3차 독회 이후 수정위원이 중심이 되어 밤낮을 가리지 않고 초안을 마련하여 교육기관, 언론기관, 종교기관, 문필가 등 500여 곳에 보내어 사정안에 대한 자문을 거쳤다. 1936년 10월 28일 한글날 기념식(490주년)에서 「조선어 표준어 사정안」을 최종 발표하였다. 표준어 6,231개, 약어 134개, 방언 3,082개, 한자어 100개로 사정 낱말 수는 총 9,547개였는데 그 후 조선어학회에서는 『사정한 조선어 표준말 모음』이라는 책자로 발간하여 배포하였다.

국가의 언어 관리의 한계를 경북 안동 시골 할머니의 풍자적인 말로 표현하면 "내 말도 국가가 관리하니껴?"라고 풍자하고 있다. 우리말과 글은 표준어라는 갇힌 상자 속의 언어가 아닌 은유의 구름(담화적 의미)과 같은 것이다. 국가가 감당해야 할 일은 언어의 통일성을 위한 기반을 만들거나 상황 분석에 열중하는 것이다. 더 나아가 학계나 학술 단체는 언어 소비자들의 말과 글을 통합적으로 가름하는 데 협업해야 할 것이다.

근대 한국어의 이상은 규범주의에 바탕을 둔 사전과 문법에 우리말을 온전하게 담아내는 일이 그 당시 당면과제였다. '조선어학회(한글학회)'가 추진했던 우리말큰사전 사업과 더불어 어문 규정의 제정이 바로 그것이다. 한국어는 서울말이어야 하듯이 독일어라면 독일 수도의 한 변이형만을 골라 「한 나라의 언어이어야 하고, 모든 독일 사람은 그들만을 포괄해야 한다」고 생각했듯이 언어를 표준화해야 한다는 강박의 결과물이다. 조선조 500년 우리말을 잡초처럼 너무 오래 방치해 두었던 결과이다. 언어의 변이를 사회 통합과 애국심에 반하고 국가와 민족에 반하는 경멸의 대상으로 만든 것은 일제 식민 강점기 하에서 만들어 낸 결과이다. 실제로 국어학자들이 호들갑을 떠는 만큼 규범과 문법 부재의 오랜 동안 우리의 말과 글이 그처럼 혼란만 있었던 것은 결코 아니다.

그 시대에 민간 학술 단체가 이끌어 온 우리말의 규범화와 큰사전 편찬 사업의 노력을 국가가 회수한 뒤에 『표준국어대사전』이라는 견고하게 갇힌 언어 상자를 만들었다. 규범주의자와 그들에게 매료된 학자들은 서울 언어는 '옳고', 지방의 언어는 '그름'으로 편을 갈라놓고 그것을 기반으로 하여 법령집(문법과 사전)을 탄생시킨 것이다. 그런데 당시 환산 이윤재와 외솔 최현배 선생의 생각은 조금 달랐다. 한국어의 지리적 계층적 변이형을 최대한 사전에 담기 위해 환산은 '전등어(어원 분화형)'와 '각립어(음운 분화형)'라는 개념을 만들었으며[19], 외솔은 비록 제한적이지만 『시골말 캐기 잡책』을 만들어 언어의 다양성을 유지하려는 노력을 보였다. 제한된 시간과 자본의 부족으로 그들의 이상은 달성되지 않았지만 그 이후 마치 국어를 법령처럼 규제하고 한자에 대한 사대주의와 영어의 나라로 바꾸려는 배타적 언어관을 지닌 이들이 득세하게 되면서, 방언이나 신조어, 전문용어, 외래어 등 엄청나게 쏟아져 나오는 언어 자원의 관리는 손을 놓고 있는 실정이 아닌가?[20]

국어 정책은 한글로 삶의 그물을 짜는 모든 이들에게 직접적인 영향을 미친다는 면에서 그 중요함에 대해 아무리 강조를 해도 지나침이 없다. 한국어 사용자뿐만 아니라 국가 언어로 표현되는 다양한 지식관리 영역과 긴밀한 연관성을 맺고 있기 때문에 국어 정책의 방향 설정과 그 운용 과정은 매우 신중하게 하지 않을 수 없다. 최근 다문화 사회로 진입하면서 한국어

---

[19] 이윤재, 「사정한 조선어 표준말 모음의 내용」, 『한글』 제4권 제11호, 1936. 「표준어를 될 수 있으면, 전 조선 각 지방의 사투리를 있는 대로 다 조사하여 여기에 대조하여 놓는 것이 떳떳한 일이겠으나, 이것은 간단한 시일에 도저히 성취할 수 없는 것일뿐더러, 분량이 너무 많아 인쇄에도 곤란을 면하기 어려울 것이므로, 그리 못된 것을 매우 유감으로 생각하는 바이며, 여기에 유어로 대조한 것은 다만 서울에서 유행하는, 즉 서울 사람으로서 여러 가지 쓰는 서울 사투리만을 수용함에 그쳤습니다. 그리고 각 지방의 사투리 전부를 조사 수집하는 것은 이후 별개의 사업으로 할 작정입니다.」

[20] 국립국어원에서 물론 지역어조사사업, 생활용어조사사업 등의 성과가 없었던 것은 아니다.

정책의 중요성은 더욱 가중되고 있음에도 불구하고 그런 현실에 대한 인식은 매우 뒤떨어져 있다.

　대중의 지식 평준화는 선진 국가로 향하는 지름길이다. 대중의 지식을 고도화하는 가장 기초적인 일은 바로 다양한 언어 지식을 체계화하여 한국어 사전을 편찬하고 이를 웹 기반에서 공유함으로써 가능하다. 규범은 사전 편찬자들에게나 필요한 것이지 전 국민이 이해해야 할 필요가 과연 있는 것인가? 국민들은 사전을 통해 불편함이 없이 어문생활을 영위할 수 있도록 해야 함에도 어문학자들이 알아야 할 지식의 영역까지 요구해서는 안 될 일이다. 어문 규범의 기계화 지원을 통해 전 국민의 글쓰기의 불편함을 줄여 나가야 할 것이다. 대중의 지식과 정보 통합 능력을 인터넷을 통해 협업함으로써 중간 관리 비용을 최소화할 수 있기 때문에 국가 지식 생산을 고도화하는 하나의 방안으로 검토해야 할 것이다. 온라인상에서 누리꾼의 정보 생산에 대한 신뢰성 문제가 제기될 수 있지만 비판적 관점에서 머물러 서 있지 말고 대중의 지식 기반을 강화함으로써 대중 스스로 미래를 선택하고 미래를 만들어 내는 주인공이 될 수 있도록 국가 지식 생산과 관리 방식의 혁신이 필요하다.[21]

3. 쉽고 다양한 방언을 버린 댓가

　지역어에 대한 압력이 나날이 증가하고 있다. 지역어 중 상당수가 문화적으로 강력하며 공격적이고 부가가치의 생산이 높은 대도시의 언어 즉 표준

---

[21] 현재 문화체육관광부에서 추진하고 있는 위키식 국민형사전 편찬 사업이 이러한 관점에서 2008년 필자가 제안한 결과의 산물이다. 하루빨리 개방하여 국민들의 호응을 얻어낼 수 있는 기반을 만들어야 하며, 이 사업의 주체를 정부 기관이 관장만 할 것이 아니라 민간 전문 학술 단체로 이양해야 할 필요가 있다. 제2의 『표준국어대사전』과 같은 국민들의 비판대상이 되지 않기 위해서도 민간 기관이나 단체나 사업자에게 이양할 것을 권한다.

어에 밀리고 있다. 강력한 권력을 지닌 공중파 방송미디어에서는 노골적으로 지역어를 표준어의 하위 언어로 취급하면서 표준어 사용을 권장하거나 혹은 증장하고 있다. 미디어에 노출된 아이들은 지역어를 사용하지 않으려 하고 있으며 자기 지역을 떠나 다른 지역에 이동하게 되면 더욱더 표준어에 의존하려 하고 있다.

이러한 전망은 지역어의 소멸이 동물 또는 식물종의 소멸과 같이 자원의 고갈에 견줄 수 있는 문화의 소멸을 의미한다. 지역에서 사용하는 언어(어휘, 특이한 발음과 성조, 문장구조)에는 인간의 경험과 세계 그 자체를 보여주는 그 지역의 독특한 문화를 대표해주는 것들이 있다.

그 예로써 부산 지역에서 쓰는 '딸'에는 기존의 의미 외에도 부산에서만 통용되는 '처녀 혹은 아가씨'의 의미가 첨가되어 있다. 또한 전라도의 어휘 중에 '귄이 있다 없다'라는 말의 '귄'을 예로 들 수 있다. 첫눈에 어느 한 곳 흠잡을 곳 없이 아주 예쁜 얼굴이지만 '귄'이 없다면 시간이 흐를수록 질린다는 뜻이고, 첫눈에 에이 하면서 고개를 돌릴 정도로 못난 얼굴이지만 '귄'이 있다면 보면 볼수록 예뻐진다는 의미를 지니고 있다.

많은 지역어가 역사의 발전 과정에서 사라져 갔다. 이런 지역어는 국가적인 선언이나 민속적 관점에 의해 인위적으로 존재할 수 없으며, 오직 이들 언어사용자들의 선택결과에 따라 존속하거나 사라져갔던 것이다. 모든 언어는 의사소통의 도구라는 점에서 동등하며 지역어도 예외가 아니다. 모든 지역어는 언제든지 표준어로 격상될 수 있는 잠재력을 지니고 있다. 언어는 전반적으로 사용하거나 폐기되는 사회의 도구이자 결과이기 때문이다. 언어의 운명은 사회·정치 환경보다도 세력 혹은 권력관계의 결과로 나타나고 있다. 그러므로 표준어는 권력을 쟁취하는 언어인 것이지 지역에 관계없이 보통 사람들이 사용하는 보통어(공통어)가 아닌 것이다.

하지만 매스 미디어가 강력한 권력을 행사하며 표준어를 제1의 공용어로 사용하면서 지역어는 '빠른 속도로 고요한 절망적 자살'[22]을 선택하고 있다. 특히 제주도의 지역어는 육지의 지역어와 달리 매우 특별한 형태를 유지하다가 역사의 격변과 차별과 매스 미디어에 의해 높은 자살률을 나타내고 있다. 자살률이 높아지자 그에 따라 소멸의 위기에 직면해 있는 것이다.

어떤 지역의 대부분 아이들이 더 이상 지역어를 배우지 않게 되고 결국 그 언어의 마지막 사용자가 죽게 되면 그 지역어는 마침내 소멸되고 만다. 지역의 주민들이 사용하는 언어를 표준어가 아니라는 이유로 억압하고 표준어라는 언어공동체에 강제적으로 편입시키려고 하면 할수록 지역어의 소멸은 빠른 속도로 진행된다. 나아가 지역어 공동체 부모들이 그들 자녀들에게 그들의 지역어보다는 표준어를 사용하도록 권유하는 경향이 증가하면, 지역어는 유산으로서의 가치마저도 상실하게 될 것이다.

그러나 표준어공동체에서도 지역어를 은밀하게 사용함으로써 지역적이며 혈연적인 문화를 존속시키려는 의지도 한편으로 나타나고 있다. 그것은 지역공동체의 일원이라는 강력한 유대의식이 잠재되기 때문으로 보인다. 지역어는 지역공동체의 자긍심과 정체성을 유지하는 문화적 수단으로 작용하기 때문에 여전히 생명력을 지니게 되는 것이다. 부산의 사직구장에서 노골적으로 '쎄리라' 등의 지역어를 사용하는 것은 그 지역이 갖고 있는 권력지향성과 크게 무관하지 않다고 볼 수 있다. 그러기 때문에 부산의 지역어는 정체성의 강한 상징으로서 역할을 하고 있는 것이다.

4. 표준어 제정 과정과 배경

우리나라는 갑오개혁 이후부터 1930년대에 이르기까지 여러 가지 급격한 문화적 변화를 경험하였다. 먼저 의사소통의 수단과 방식이 달라졌다.

---

[22] 앨런 재닉·스티븐 툴민 지음 석기영 옮김, 『빈, 비트겐슈타인, 그 세기말의 풍경』, 217쪽, 이제이북스.

20세기 초 대다수 조선인들을 지배하던 한문, 한자에 의한 문자 소통 방식이, 소위 '국어'라는 새로운 소통 방식으로 변화되었다. 일제의 근대화 과정과 일치된 문자 개혁과 표준화 작업은 성공적으로 이행되었는데, 특히 새로운 매체와 매체 언어에 의한 혁신적인 변화가 문자 개혁과 표준화 사업을 성공으로 이끌었다. 일본으로부터 유입되어 온 새로운 활자 매체와 소리의 제작 기술이 개량되면서 신문과 잡지의 대량 보급과 라디오 공중파의 보급이 가능해졌다. 이러한 매체 변화와 더불어 제도화된 교육을 통해 문자 의사소통 방식의 혁명적 변화가 이루어지게 되었다. 여기서 한 가지 짚고 가야 할 중요한 문제가 있다. 폭넓은 계층에서 한글이 자연스럽게 유통되면서 한문을 계승하던 집단은 급격한 몰락을 하지 않을 수 없었지만, 신교육 세대에게 새로운 문자 소통의 또다른 우상으로 떠오른 것이 바로 일본어였다는 사실이다. 한문이 차지하던 자리에 일본어와 일부 영어라는 소통 방식이 대체 수단으로 자리를 차지하게 되었다는 것이다.

 한글 사용의 확산은 근대화라는 환영과 계몽이라는 방식으로 걷잡을 수 없이 빠른 속도로 진행되었다. 한글의 문자로서의 우수성이 여기서도 입증된다고 할 수 있다. 1896년 「독립신문」이 간행되고 1903년에는 최초로 영화가 상영되었으며, 1907년에 유길준의 『노동야학독본』이 간행되는 등, 1910년대부터 시작된 보통학교 교육이 확산되었다. 학교를 통한 글읽기와 글쓰기는 '한문' 또는 '한문 현토체'에서 '한글'로 새로운 변화를 겪으며 급속도로 민중으로 파급되었다. 1927년에는 경성방송국JODK의 방송이 시작되는 등 최단 시일 내에 근대화라는 이름으로 문화와 사회 소통 방식과 구조가 충격적으로 변화된 것이다.

 표준어를 채택하는 과정은 정서법의 확정 시기와 밀접한 관계를 맺고 있다. 곧 갑오개혁 이후 1894년 11월 21일 고종 31년 칙령 제1호에서 '法律勅令總以國文爲本(법률칙령총이국문위본)…….'이라고 하여 한글을 공용어로 처음으로 인정하였다. 1895년 5월 8일 이 칙령이 공포될 때 이 조항은 '법률칙은 다 국문으로서 본을 쓰고······.'라고 하여 국한문으로 번역되었다. 군국기무처에서 의정부 이하 각 관청의 편제와 직무를 근대 정부 조직으로 개편할 때 학부學部를 신설하여 국문(한글) 철자를 관장하게 하여 '국문'을 인정하게 되었으며, 이 칙령은 한글을 공식적인 나라 글자로 인정한 이른바 문자 혁명을 가져오는 계기가 되었다. 이러한 문화 변용은 대한 제국 몰락 이후 자력으로 이루어진 것이 아니라 일제의 철저한 식민화의 전략에 의한 것이었다. 일본을 통해 유입된 서구 근대화의 환영으로 촉발된 유교적 한문 전통 사회의 몰락과 동시에 계몽적 표상으로서 전통적 글쓰기의 변화를 가져 온 것이다.

우에다 가쓰토上田万年(1867~1937)는 '국어'와 '국가'를 유기적으로 연결시키려는 관점에서, 국어 정책을 추진하던 주체였던 총독부는 학부에 '국문연구소'를 설치하고 언론, 출판, 교육계에 '언문일치'와 표기법 제정을 추진하였다. 개화기에 들어 국한문 혼용체가 세력을 얻게 되고 1885년 신교육 제도가 실시되면서 우리말 교육이 정식으로 시행되었다. 신교육 제도의 도입으로 교과서 제작과 그에 따른 국어 교육이 필요해지자, 자연스럽게 국어를 대표하는 '표준어' 문제가 대두되게 되었다. 다시 말하자면 갑오개혁(1894년) 이후 개혁의 일환으로 '언문'이 '국문'으로 격상되었는데, 이는 일본의 사회 통합 방식인 '국어' 정책과 그 변화의 축을 같이하고 있었다. 1907년(융희 1년)에 국문연구소가 개설되어 1907년 9월 16일부터 1909년 3월 3일까지 위원들의 의정안 '국문연구의정안'을 마련하였으나 나라가 망하면서 채택되지 못하였다. 1912년 조선총독부의 '보통학교용 언문철자법'에서 "경성어를 표준어로 함"이라는 규정이 처음으로 발표되고, 뒤이어 제2, 제3의 '언문철자법'이 발표된 후, 1933년에 비로소 조선어학회의 '한글 맞춤법 통일안'이 최종으로 확정되었다. 이 안을 근거로 하여 "표준말은 대체로 현재 중류 사회에서 쓰는 서울말로 한다."라고 규정함으로써 표준어의 기반이 확정되었다.

'한글 맞춤법 통일안'이 제정되기 이전, 1907년에서 1909년 사이의 국문연구소의 활동이나 1920년 조선총독부가 주관한 『조선어사전』 간행 사업은 일제의 식민 통치를 위한 전략과 밀접한 관계를 맺고 있었다. 일본은 선민의식을 바탕으로 그들이 수행했던 국어(일본어) 정책을 그대로 조선에 이입시키려 했던 것이다. '동경 야마노테선山水線 안의 동경 말씨'를 일본의 표준어로 정한다는 수도 기반의 어문 정책이 그대로 우리나라에 도입된 것이다.

일본의 경우 메이지 유신 이후 야마노테선 안의 동경 말씨를 표준어로 규정하였으나, 동경시 규모의 급격한 팽창과 인구의 증가로 인해 1949년 이후에는 NHK 방송 언어가 주도하는 동경 공통어(일본인 다수가 사용하는 말) 정책으로 일대 전환하였다. 그러나 우리나라는 아직 전근대적인 표준어 사정 원칙을 그대로 고수하고 있다. 일본은 메이지 유신 직후부터 곧바로 표준어를 사정하기 위해 대대적인 언어 지표 조사를 여러 차례 진행하여 그 성과를 모아 약 32권의 일본어대사전을 편찬하였고, 이를 토대로 하여 교육용 공통어를 선정하여 일반에게 보급하고 있다.

정리하자면, 우리나라와 일본에서 20세기 벽두에서부터 '국어'의 개념이 강화되기 시작하는데 이웃 일본의 경우와 우리나라의 경우는 그 형편이 달랐다. 일본은 지방 분권이 와해되고 천황을 중심으로 한 민족의 통합이라는 과제를 안은 상황에서 내부 불만 세력인 지방의 무사들을 해외로 배출시킴으로써, 내부적인 갈등을 외부로 발산시키는 동시에 조선과 대만 등의 식민 국가를 발판으로 제국주의적 기반을 착실하게 닦게 되었다. 그러한 때에 '국가'나 '민족'의 개념은 천황을 중심으로 하는 민족적 통합의 구심점 역할을 하였기 때문에 일본의 '국어' 정책에 있어 표준어가 절대적으로 필요했던 것이다. 그리고 동경의 야마노테선 내부의 교양 있는 사람들의 말씨를 일본어의 표준으로 삼는 전략은 우리나라 선각자들에게 타자적인 모습으로 반영됨으로써 한문 문화권에서 과감하게 벗어나 우리 '국어'도 일본으로부터의 민족주의적 저항의 방식으로 또는 계몽주의적 방식으로 자연스럽게 국내에 정착하게 되었다.

1) 표준어 제정 찬반론

1933년 당시에도 표준어 제정에 대한 시각의 차이가 없었던 것은 아니다. 표준어를 '서울말'을 중심으로 정하자는 입장과 '공통어'를 중심으로 하자는 견해 차이가 있었다.

먼저 서울 중심의 표준어를 주장한 견해를 살펴보자. 정렬모는 "방언 가온대 가장 세력 있는 것이 표준어가 되는 것이니 어느 말이든지 대개 서울말이 표준어가 된다."라고 하여 표준어의 근거를 서울로 하는 이유를 제시하였다. 조선어학회(1933)에서는 "표준말은 대체로 현재 중류 사회에서 쓰는 서울말로 한다."(한글 맞춤법 통일안 총론 2항), 조선어학회(1934)에서는 "어느 나라든지 표준말을 대개 그 나라 수부의 말로 정하는 것이 보통이다."라고 하였다. 또한 김병제는 "대개는 그 나라의 수부首府 곧 서울말이 표준말로 되고, 그 이외의 말은 모두 방언方言으로 치게 된다."라고 하여 표준어의 대상 지역을 정치, 경제의 중심 지역인 수도 '서울'을 기준으로 하기를 주장하였다.

공통어를 중심으로 해야 한다는 시각도 만만찮았다. 정렬모는 "본시 표준어라는 것은 근거를 수부에 두기는 하나 실상은 교양 있는 전국민의 공통어를 이르게 되는 것이올시다."라고 하였고, 이윤희는 "만사람에게 공통되는 즉 어느 계급에만 속해서는 못 쓴다는 그러한 것이라야 (중략) 지리적으로는 시골말과 서울말의 가운데에서 추릴 것."이라 하였다. 홍기문은 수도의 변경 가능성과 수도말이 아닌 표준어의 예를 들면서, 수도말의 사용 범위가 반드시 다른 지방말의 사용 범위보다 넓은 것도 아니고 또 수도말의 모든 점이 지방말보다 항상 우수한 것도 아님을 주장하였다. 또한 고재휴는 "그 지방의 말을 지방말이라 하야 수천년간 혀에 구든 그 어음과 어법을 일시에 탈거한다는 것은 지방말은 너무 천시하고 서울말을 무조건 숭앙하는 자이다. 될 수가 잇다면 경성말을 표준어로 하면서 지방말을 적의취사하야 남북선말을 살리는 동시에 경성말이던디 지방말이던디 무용의 사어 고어 방언은 수정 혹은 버리고 정당한 전 지방을 통하야 통일적인 말로 표준어로 삼고 보급시켜야 한다. (중략) 경성말도 한 방언이요 기타 지방말도 방언임으로 전 지방말을 엄정취사하야 가장 통일적 합리적인 표준어를 세워서 조선말을 통일시켜야 할 것이다."라고 하였다.

　오늘날 한국어는 여러 방언이 모여서 성립된다. 그러한 관점에서 본다면 고재휴의 "경성말도 한 방언이요 기타 지방말도 방언임으로 전 지방말을 엄정취사하야 가장 통일적 합리적인 표준어를 세워서 조선말을 통일시켜야 할 것이다."라는 논점과 일치하고 있다.

　또한 홍기문의 관점도 눈여겨보아야 할 것이다. 곧 수도의 변경 가능성과 수도말이 아닌 표준어의 예를 들면서, "수도말의 사용 범위가 반드시 다른 지방말의 사용 범위보다 넓은 것도 아니고 또 수도말의 모든 점이 지방말보다 항상 우수한 것도 아니다."라는 기술은 오늘날의 방언학의 개념과 상통한다. 그리고 수도가 확장되는 경우나 이전을 하는 현실을 예견한 견해이다.

　1934년에 발간된 『한글 맞춤법 통일안 해설』에 따르면 당시 '서울말'의 성격을 "한 나라의 말 가운대 곳을 따라 조금씩 다른 것이 있나니, 그 가운대 한군대의 말을 표준말로 정하고 그 밖의 말들은 모두 방언方言이 된다. 어느 나라든지 표준말을 대개 그 나라 수부의 말로 정하는 것이 보통이다. 이는 수부는 한 나라의 중앙으로 정치 경제 문화의 중심이며, 또 물자와 인중이 집산하는 대이므로, 그 곳의 언어는 모든 방언의 혼성이요 중화이기 때문이다."라고 규정하고 있다. 따라서 우리나라의 표준어는 '서울 토박이 말'이 아니라 '서울에서 쓰이는 전국적인 말'로도 해석이 가능하다.

수도의 규모가 커지거나 인구가 급격히 늘어난 상황은 우리나라나 일본의 사정이 꼭 같다. 1933년 이후 수십 년 동안 표준어 규범에 따라 학교 교육을 시행한 결과 서울 방언이 남한 전역의 공통어로 굳게 자리를 잡았다. 동경의 경우와 마찬가지로 서울의 도시 규모도 엄청나게 커졌고 또 살고 있는 사람들도 누가 토박이인지 구분이 안 될 정도로 늘어났다. 전체 서울 시민 가운데 교양 있는 순수 토박이는 극소수에 지나지 않는 것이다.

1933년 조선어학회에서 발표한 '한글 맞춤법' 총칙 제1항에서는 "한글 마춤법은 표준어를 그 소리대로 적되, 어법에 맞도록 함을 원칙으로 한다." 라고 규정하였다. 그리고 표준어를 규정한 '표준어 규정'의 총론 2항에서는 "표준말은 대체로 현재 중류 사회에서 쓰는 서울말로 한다."로 규정하였다. 그 이후 1936년 조선어학회에서는 표준말을 사정하였으며, 다시 1988년 문교부에서는 한글 맞춤법을 개정하였다. 이 개정 한글 맞춤법 총칙 제1항에서는 "한글 맞춤법은 표준어를 소리대로 적되, 어법에 맞도록 함을 원칙으로 한다."라고 규정하고 '표준어 규정' 총칙 제1항에는 "표준어는 교양 있는 사람들이 두루 쓰는 현대 서울말로 정함을 원칙으로 한다."라고 수정하였다.

2) 1933년 표준어 규정

: 표준말은 대체로 현재 중류 사회에서 쓰는 서울말로 한다.

1988년 표준어 규정
: 표준어는 교양 있는 사람들이 두루 쓰는 현대 서울말로 정함을 원칙으로 한다.

1933년 안과 1988년 안의 표준어 규정 총칙을 몇 가지 맥락으로 구분하여 그 차이점에 대해 살펴볼 필요가 있다. 첫째, 대상이 '표준말'이냐 '표준어'이냐의 차이, 둘째, 기준 시점이 '현재'인가와 '현대'인가의 차이, 셋째, 대상의 사회적 계층이 '중류 사회'인가와 '교양 있는 사람들'인가의 차이가 있으며, 넷째, 대상 지역으로 '서울말'은 두 안이 일치한다.
  먼저 '표준말'은 마치 입말만을 대상으로 한정하는 것으로 생각되기 때문에 입말과 글말을 두루 포괄한다는 측면에서 '표준어'로 개정한 것 같다. 그러나 이 '표준어standard language'라는 용어는 '비표준어'를 상정하고 있기 때문에 '표준어 규정' 총칙 제1항의 규정에서 제외되는 일상어는 모두 비표준어로 규정된다는 문제점을 안고 있다. 이 문제에 대해 더욱 깊은 논의는 일단 뒤로 미루어 둔다.
  기준 시점의 문제에서 낱말의 어휘적 의미의 혼란을 피하기 위해 '현재⇒현대'로 수정한 것은 타당하지만, 과연 '현대'란 어느 시점에서 어느 시점까지를 말하는지 분명하지 않다.
  대상인 사회적 계층 문제에서는 '중류 사회'와 '교양 있는 사람들이 두루 쓰는'이라는 표현의 차이를 보이고 있는데, 여기에는 두 가지 문제점이 있다. 먼저 '중류 사회'를 '교양 있는 사람들'로 수정하였으나 전자의 중류 사회란 어느 사회 계층을 뜻하는지 불분명하며, 역시 '교양 있는 사람들'이라는 계층적 정의 또한 그 범주의 불분명함은 물론이거니와 이 계층에서 제외되는 서울 사람들을 포함하여 나머지 지역 사람들은 '교양이 없는 사람들'로 비하될 수밖에 없다. 특히 이와 같은 문제를 검토하여 위헌적 요소가 있다고 판단한 '텃말두레'에서 위헌 소송을 제기한 바도 있다. 또한 최근 다양한 지역과 계층의 사람들의 언어가 존중되어야 한다는 관점에서 언어 인권론을 주장한 사례도 있다. 이뿐만 아니라 1988년 개정안의 '교양 있는 사람들이 두루 쓰는'에서 '두루 쓰는'이라는 대목은 바로 일본의 공통어적 개념을 부분적으로 도입한 것으로 판단된다. 두루 쓴다면 어느 범위까지 두루 쓰이는지 분명하지 않다. 이러한 규정을 준수하기 위해서는 충분한 국어 사용 실태 조사를 토대로 하여 사용 빈도를 측정한 과학적 방식으로 해야 하지만 이러한 과정을 제대로 거친 적이 한 번도 없다.

대상 지역으로 '서울말'을 지정한 것은 두 안이 일치한다. '서울말'이 표준어라면 나머지 지역의 말은 전부 '비표준어'여서 버려야 할 대상으로 인식하고, 또 실제로 『표준국어대사전』에서는 "두루막 명'두루마기'의 잘못.", "두루매기 명'두루마기'의 잘못." 등과 같이 뜻풀이를 하고 있다. 물론 이와 같은 음운론적 변이형을 올림말로 올려서도 안 되겠지만 이들을 '서울말'이 아니어서 비천하고 권위가 없는 말로 인식하게 된 것이다. 서울말이 아니어도 훌륭한 낱말들은 셀 수 없이 많은데 사회·문화적 차이 때문에 서울 지역에 없는 말은 전부 내다 버려야 할 말인가. 인구 20만 시절의 서울 지역의 말과 인구 1천만을 헤아리는 오늘날의 서울 지역의 말과는 엄청난 차이가 있다. 오늘날 '서울말'이란 허구적인 존재일 뿐이다. 이러한 현실적 한계를 간파한 일본은 일찍이 '동경어'라는 기준에서 두루 통용되는 '공통어'라는 기준으로 규범어 기준의 지역적 제한을 없앤 것이다. 규범적인 언어는 반드시 필요하다. 그러나 위와 같은 논리도 과학성도 없는 규정에 기대어서 표준어를 규정함으로써 잃어버린 것이 너무나 많다.

광복과 더불어 우리말은 정치적 이데올로기의 지배로 서울과 평양을 중심으로 다시 두 개의 '국가어'로 분할되는 상황이 되었다. 북쪽에서는 1966년 김일성의 다음과 같은 교시를 근거로 하여 문화어를 제정하였다. "우리는 우리 혁명의 참모부가 있고 정치, 경제, 문화, 군사의 모든 방면에 걸치는 우리 혁명의 전반적 전략과 전술이 세워지는 혁명의 수도이며 요람지인 평양을 중심지로 하고 평양말을 기준으로 하여 언어의 민족적 특성을 보존하고 발전시켜 나가도록 하여야 하겠습니다."(1966년 5월 14일) 이처럼 북쪽이 표준어의 기준을 바꿈으로써 남과 북이 언어의 규범차이를 보이게 되었다. 북에서는 1966년 '문화어발음법'을 제정하여 『조선말규범집』에 실었고, 남에서는 1988년 '표준어발음법'을 제정하였다. 남쪽이 북쪽에 대응하여 훨씬 뒤에 표준어 발음법을 제정하게 된 것인데 두음 법칙, 음운 첨가와 같은 부분에서 남북 간의 차이를 보이게 된다.

남쪽에서는 외국어나 한자어를 순화한 순화어를 사용하도록 권장하고 있으나 북쪽에서는 다듬은 말을 국가에서 통일하도록 지도하고 있다. 남쪽에서는 1948년 문교부 편수국에서 주관하여 '우리말 도로 찾기'를 간행하여 일제 잔재를 청산하는 운동을 벌였다. 여기에서 시작하여 1976년에는 문교부에서 '국어 순화 운동 협의회'를 구성하여 대대적인 국어 순화 운동을 전개하였다. 예를 들면 운동 관련 용어 중에 '포볼'을 '볼넷', '코너킥'을 '모서리 차기', '사이드 라인'을 '옆줄' 등으로 순화하는 운동을 전개했지만 큰 성과를 보지 못하고 오히려 희화의 대상이 되었다. 북쪽에서는 1964년 이래 말다듬기를 시작하여 1987년 '다듬은 말' 2만 5천 개를 선정하여 발표하였으며, 여러 차례 어휘 정리 사업을 민족 주체성을 고양한다는 관점에서 전개해 왔다.

남쪽에서는 서울을 중심으로 한 표준어 정책을, 북쪽에서는 평양을 중심으로 한 문화어 정책을 펼침으로써, 한 민족 언어가 두 가지 다른 규범으로 분리되었다. 민족어의 규범은 전라도, 경상도, 함경도, 황해도 등 우리나라 모든 지역의 사람들이 사용하는 일상어를 모두 포괄하는 개념이어야 한다. "어느 지역 일상어가 더 낫고 어느 지역 일상어가 더 못하다."라는 상대적 가치 평가는 결코 있을 수 없다. 전라도면 전라도 말, 경상도면 경상도 말 자체가 하나의 가치를 지닌 말의 체계이므로 개별 일상어가 가진 가치를 인정하고 이를 갈고 보존하려는 노력도 기울여야 할 때이다. 그럼에도 불구하고 인위적인 언어인 표준어나 문화어의 규정에 묶여서 서울말이나 평양

말이 아닌 지역 방언은 없애 버려야 할 대상으로 폄하하고 있다.

전체적인 개념으로 사용되는 민족어란 흔히 표준어만을 뜻하는 개념으로 이해하고 있기 때문에 '한국어 문법'이라면 흔히 표준어에 적용되는 국어 문법을 뜻하는 것으로 이해해 왔다. '한국어'라는 개념이 이처럼 제한적으로 사용되어서는 안 될 것이다. 더군다나 우리나라는 남과 북으로 갈라져서 각각의 규범이 존재하는 상황이니만큼 이를 통합하고 소통하기 위해서도 한반도에 거주하는 동포는 물론이고 재외 동포들이 사용하는 일상 언어를 포괄하는 개념으로 이해해야 한다. 남쪽의 표준어를 중심으로 한 여러 방언과 북쪽의 문화어를 비롯한 여러 방언과 전 세계에 흩어져 사는 재외 동포들의 여러 방언도 사회 역사 체제에 의해 생성된 우리 민족어의 하위 방언이라고 할 수 있다.

5. 방언을 되살리기 위해

제국주의-식민 시대의 언어 정책은 억압과 굴종, 일방적 지배의 방식으로 진행되었다. 그 결과는 타자화한 피지배족의 언어나 변두리 언어의 몰락으로 이어졌다. 그런데 금세기 이후에는 언어 사용자 스스로 자본 중심의 우월한 언어에 자발적으로 가담하고 있다는 측면에서 차이를 보인다. 이와 함께 획기적인 정보통신 기술의 발달이 가져온 의사소통 방식의 변화가 이를 더욱 부추기고 있다. 지식·정보 생산성의 증가와 함께 유통 방식이 발달하면서 언어가 대량으로 뒤섞여 자본 중심의 언어로 집중되는 현상이 매우 뚜렷하게 나타나고 있다. 강압적 변화가 아닌 자발적 변화라는 점이 더욱 의미심장하다.

국가 간의 언어와 문자가 뒤섞이면서 개인의 지식·정보의 수준 차이에 따라 동일한 정보를 서로 다르게 해석하거나 그 내용을 파악하는 개별적인 능력 차이가 사회 계층적 차이로 양극화되고 있다. 글을 읽을 줄은 알지만 글에 실린 낱말이나 문맥의 의미를 파악하지 못하는 증상을 난독증이라 부른다. 의학적인 원인으로 난독증을 갖게 된 사람도 있지만 최근에는 복잡한 언어 환경과 개인 사이의 지식과 정보 격차 때문에 난독자가 늘어나고 있다. 난해한 한자어, 인터넷 상의 외계언어, 신조어, 외래어, 외국어 한글 표기, 약어, 전문용어의 확대와 확산 때문에 개인적 소통 능력이 양극화되는 것은 분명 문제가 있다.

표준어중심주의의 패러다임을 '언어 생태주의' 혹은 '상태언어학'으로 언어정책의 패러다임으로 이해하는 것이 필요하다. 상태주의는 유행이 아니라 문화 다양성과 언어다양성을 유지하는 최고한의 가치인 것이다.

생태주의는 '큰 것에 비해 작은 것을 우대하고 힘의 계속적인 팽창이 약한 것의 희생을 야기하는' 것에 대항하는 패러다임이다. 이러한 패러다임에 토대를 두고 있는 '상태언어학' 혹은 '언어 생태학'은 다수 언어 및 대언어의 팽창에 따라 '정체되거나 수축되는' 소수 언어를 보호하고 거대한 단일 언어의 위세로부터 '작고 평균적인' 다양한 언어들을 보호하고자 하는 분야이다. '언어 생태학'이라는 명칭은 1970년 아이나르 호우건Einar Haugen의 강연 '언어의 생태학The Ecology Language'에서 유래되어 1972년 그의 논문집에 이 이름을 붙임으로써 학술적 명칭이 되었다. 호우건은 「특정 언어와 그의 환경 간의 상호 관계에 대한 탐구」라고 '언어 생태학'을 정의하고 있다. 이 언어생태학의 관점에 의해 노먼 데니슨Noman Denison은 소멸되어 가는 언어들을 소멸의 위기에 처한 동식물들과 똑같이 중요하다고 보았다.

알빈 필Aiwin Fill은 '생태 언어학'에서 다루는 주제를 「거대하고 경제적으로 강한 언어에 의한 소수 언어의 억압, 소수 언어의 소외로 인한 언어사회의 통일, 위기에 직면한 언어의 소멸이나 존속 등…」이라고 설명한다. 위협에 처한 동식물을 보호하는 것이 중요하듯이 위기에 처해 있는 소수 언어의 소멸을 막아내는 것도 최소한 그에 못지않게 중요하다고 강조하고 있는 것이다. 루이 창 칼베가 제시한 '정치적, 언어적으로 올바른 담론'은 '생태 언어학'의 관점에서 소수 언어들을 옹호하는 본보기가 되고 있다.

우리나라는 세계적으로도 가장 짧은 시간 내에 눈부신 경제적 발전과 민주화를 이루어낸 것으로 알려져 있다. 세계는 우리의 지난 민주화의 이력과 오늘날 한국의 발전상을 경이적인 눈으로 바라보고 있다. 뿐만 아니라 그 기적과도 같은 성장의 비책을 연구하고 배우려 한다. 부존자원도 풍족하지 않고 기술의 기반도 잘 갖추어지지 않은 상태에서 어떻게 그렇게 짧은 시간 내에 민주 제도의 정착과 경제적 부강을 동시에 이루어 낼 수 있었는가? 뛰어난 국가 지도자의 힘이었을까? 아니면 국민의 저력이었을까? 어느 것 하나도 틀린 것은 아니나, 완전한 정답도 아니다.

현재 우리나라는 지구 상 어느 나라도 따라잡기 힘들 정도의 정보화 기술력과 고급 콘텐츠 기반 그리고 뛰어난 문화 기획력을 통한 문화 연출을 선도할 수 있는 역동적인 힘을 가지고 있다. 이 거대한 정보 문화의 힘의 원천은 바로 한글이라는 위대한 문자의 힘은 아닐까?

한글을 창제하신 세종대왕의 애민 정신이 민주화의 열기에 부응하여 맘껏 국민의 뜻을 펼 수 있게 한 것이 오늘의 민주주의의 저력이 아닐까 생각한다. 1980년대에서 1990년대로 이어져 온 대학의 민주화 운동을 주도한 핵심은 바로 한글이라는 정보 매체로 전달된 신문과 저널 그리고 대학교의 대자보였다. 실용적 편리성을 추구한 세종대왕의 정보화 예견력은 바로 2000년대의 한글 정보화 시대를 겨냥한 것이었다.

2000년대 들어 우리의 정보화 기술과 그 내용인 콘텐츠 구축도 전 세계를 선도할 만큼 빠른 속도로 진행되었다. 이러한 일이 가능했던 것은 바로 세계의 문자 중 가장 합리적이고, 과학적이며, 디지털 기술로 조합하기에 가장 적합한 한글이라는 우리 문자가 있었기 때문이었다. 최근 휴대 전화의 기술이 전 세계에서 가장 앞선 나라, 휴대 전화의 자판을 활용하여 가장 빠른 속도로 개인 정보를 교류할 수 있는 나라로 우리나라가 꼽히고 있다. 휴대 전화의 한글 자판이 한글의 자음과 모음의 가획加劃 원리에 기초한 것임을 모르는 사람은 없다. 560년 전 세종이 창제한 한글이 조선 시대에는 한문 문화에 짓눌렸고, 일제강점기에는 일본어에 짓밟히면서 연명하다가 이제 바야흐로 한글이 제대로 대접받는 시대가 되었다.

우리는 인터넷 검색을 통해 전 세계인들과 만나며 온갖 정보와 지식을 쉽게 공유할 수 있는 지적 민주화를 누리고 있다. 정보화 덕택에 우리 국민들은 지적 수준의 편차가 거의 없는 세상을 살고 있다. 이처럼 인터넷을 통해 세계인들과 교류하고 지식 정보를 공유할 수 있는 저력은 바로 한글의 과학성에서 나온다.

오늘날의 이러한 문명적인 상황을 '디지털 노마디즘'이라고 한다. 인터넷을 통해 전 세계가 소통하고, 양질의 정보력이 자본주의 시장을 압도할 것이라는 질 들뢰즈의 예견이 현실로 나타난 것이다. 이러한 때 온라인을 통한 소통의 새로운 가치체계를 정립해야 한다. 지난날 말을 타고 전 세계를 지배했던 민족의 언어를 유목민형 언어라 정의했는데, 이젠 말馬이 아닌 인터넷 언어를 통해 서로 다른 민족과 국가 간에 소통하는 시대에 이른 것이다. 그런 측면에서 보면 우리나라는 마치 13세기 몽골과 같은 21세기의 디지털 유목 강국인 셈이다.

그 저력의 밑바탕에는 바로 우수한 한글의 과학성과 합리성이 있었다. 이제는 한글이 한국인만의 문자가 아니라 세계인의 문자로 활용될 수 있도록 세계에 알릴 차례이다. 국립국어원에서는 몽골과 중앙아시아·러시아 등 재외 동포들이 많이 살고 있는 지역에 연차적으로 100여 개의 '세종학당'을 설립할 계획을 진행하고 있다. 한글을 첨병으로 문화 교류를 활발하게 전개해 한국을 중심으로 한 21세기 동북아 지역 문화 공동체를 형성하고 새로운 우방 관계를 만들어 나가야 한다. 한국 문화 즐기기(이른바 '한류')

열풍이 한창인 지금이야말로 아시아의 내면적 소통을 위한 수단으로 우리말과 상대 국가의 말이 소통되도록 하려는 국가적인 노력을 시작해야 할 적절한 시기이다.

지난 20세기, 제국주의 국가들의 언어 식민화 정책과 자본주의 강대국의 언어 약탈 정책으로 인해 동아시아의 많은 민족의 언어가 절멸의 길을 걸어 왔다. 언어의 절멸은 망국과 민족 해체로 이르는 길일 뿐만 아니라 함께 살아온 사람들의 문화와 정신의 절멸을 의미한다. 만주 벌판에 흩어져 살던 만주족이나 여진족들이 사용하던 만주어나 여진어, 몽골 대초원을 말 타고 달리던 칭기즈칸의 후예들이 사용하던 몽골 문자들은 이미 사라져 버린 지 오래이다.

특히, 아시아 지역에는 근대 서구 자본주의의 폭력과 제국주의의 억압으로 점철된 고통스러운 기억을 간직한 나라들이 많다. 강대국으로부터 겪은 식민지의 고통과 전쟁으로 받은 엄청난 상처들을 가슴 속에 고스란히 묻어 놓고 사는 사람들이 가장 많은 지역이 아시아 지역이다. 베트남, 캄보디아, 파키스탄 등의 나라뿐만 아니라 한반도와 동북아 지역의 많은 나라들이 식민 지배와 전쟁의 상처를 입은 채 버텨 왔다. 최근 필리핀의 경우 그들 민족어인 타갈로그어가 공용어인 영어의 위세에 눌려 중류 계층에서는 타갈로그 영어와 같은 혼종 언어가 나타나고 있으며 교육에 소외된 하위 계층의 사람들은 타갈로그어밖에 모르는 상황이 전개되었다. 더군다나 대부분의 아시아인들은 내면적 식민화의 그늘이 길게 드리워진 것도 알지 못하면서 서로가 따뜻한 연대의 손을 단 한 번도 잡아 보지 못한 채 살아왔다.

세계 최대 대륙인 아시아, 그 중심에 서 있는 세 나라, 곧 3마리의 용으로 비유되는 중국, 일본, 한국이 있다. 이 세 마리의 용 가운데 유일하게 다른 나라를 지배한 경험이 없는 나라는 한국뿐이다. 아시아의 여러 다른 나라와 마찬가지로 역사적으로 전쟁과 식민화 등 많은 상흔을 가지고 있지만, 한국의 글과 말은 절멸되지 않았을 뿐만 아니라 지속적인 발전을 거듭하여 오늘에 이르고 있다. 오히려 눈부신 경제 성장과 더불어 세계적인 정보 통신(IT) 산업을 이끌고 있는 선도 국가로 성장할 수 있었던 바탕에는 바로 세계적으로 우수한 문자인 '한글'이 있었기 때문이라고 해도 과언이 아니다. 글과 말은 이처럼 소중한 존재이다. 아시아의 문화 연대를 위해서는 아시아 내부에 서로 소통할 수 있는 통로를 만들어 나가야 한다. 지배적 언어로서 소통하는 것이 아니라 서로 인접해 있는 언어로 소통의 연결고리를 만드는 언어 횡단의 방식으로 아시아는 하나가 되어야 한다. 아시아인들의 새로운 내면적 소통을 위해서는 다양한 민족과 국가 상호 간의 언어와 문화를 이해하는 데 주력해야 한다.

우리의 말과 글을 아시아인들에게 적극적으로 가르치는 동시에 그들의 언어와 문화를 이해하려는 태도를 지녀야 한다. 이젠 아시아의 단결과 평화를 이끌어 갈 책임이 우리에게도 주어진 것이다. 더욱 성숙한 모습으로 아시아 여러 나라들을 따뜻하게 안으면서 서로 의사를 소통하기 위해 적극적으로 나서야 한다. 아시아인들을 우리 친구라고 생각한다면 이제부터라도 그들과 더불어 살아가는 새로운 아시아의 세계를 꿈꾸어야 한다. 국가주의나 민족주의의 경계를 넘어야 하는 일은 아시아의 새로운 연대와 공존으로 나아가기 위한 필수적인 전제 조건이다. 그리고 아시아 지역 국가 간에 소통이 이루어질 수 있는 문화적 공동체를 결성하는 일은 21세기 세계의 평화와 질서를 이끌어 가기 위한 매우 절실한 과제가 아닐 수 없다. 앞으로 아시아인들의 역사와 문화의 다양성을 동등하게 공유할 수 있는 '소통의 방식'으로서 우리 겨레의 말과 글이 튼튼하게 자리를 잡도록 우리는 함께 노력해야 한다.

우리가 새로운 아시아의 꿈과 이상을 키우는 데에 맏형 노릇을 하기란 그렇게 쉽지 않다. 최근 포스코POSCO 재단에서 '아시아 지역 학술 연구 지원 재단'을 설립하고, 또 새로운 아시아의 가치를 창출하려는 의도로 『아시아ASIA』라는 잡지 출간을 지원하고 있다니 고맙기 짝이 없다. 이러한 의지와 노력이 하나의 큰 물줄기가 되어 도도하게 흘러 새로운 역사를 기록해 주길 기대해 본다. 더불어 살아가는 평화로운 아시아를 우리 손으로 이끌어 가는 더욱 풍성한 미래의 삶을 설계해 보자. 우리 이웃, 아시아인들과 함께 인류 공동체의 삶을 설계해야 한다.

6. 남북 언어 통일을 향한 노력

앞서 제기된 문제들을 포괄할 수 있는 새로운 대안으로서 표준어는 어떤 개념으로 제정될 수 있을까? 표준어에 대한 지역적인 규정으로 '서울'을 내세운 것은 '반지역적'이고 '수도 중심적인' 권위적 사고의 소산이라 할 수 있다. 또한 계층적으로 '교양인'이란 도대체 누구를 두고 한 말인가? 따라서 '표준어'의 기준에서 한 차원 나아가 '한민족 간에 두루 소통되는 공통성이 가장 많은 현대어'라는 '공통어'의 개념으로 확대할 필요가 있다.

여기서 '공통어'란 무엇인가부터 생각하기로 하자. '공통어'란 '한 나라의 어디서나 공통으로 두루 의사를 교환할 수 있는 언어'로 정의할 수 있다. 곧 한민족 언어(겨레말)의 규범이 되고 또 잘 다듬어진 말인 표준어의 기반이 되는 공통어는 바로 '민족 언어 내에서 방언 간의 공통성'을 토대로 해야 할 것이다. 지역 사회 성원 간의 공통성이 많은 방언, 보통사람들이 소통하는 데 불편이 없는 말은 공통어의 기반이 될 수 있다. 지금까지 표준어 규정은 서울을 제외한 지역의 방언을 배타적인 관점에서 다루어 왔지만, 공통어 규정은 서울말과 지역 방언이 상호 공존하는 방식으로 처리할 수 있다. 겨레말은 여러 방언을 토대로 하므로 그 방언의 공통성을 모아 표준어의 기반으로 삼아야 한다. 곧 '한민족의 방언 가운데 보통사람들이 두루 사용하는 공통성이 가장 많은 현대어'를 표준어의 기준 바탕으로 삼아야 한다. 공통어와 방언이 서로 대응되는 개념이라면 '공통 표준어'는 '공통어를 기반으로 다듬은 인공적인 언어'라고 말할 수 있다. 곧 민족어는 이러한 공통 표준어를 기반으로 제정되어야 할 것이다.

행정수도 이전 계획이 추진된다면 현행 표준어 선정의 지역적 기준도 '서울(수도)' 지역에서 '충청(행정수도)' 지역으로 옮겨야 할 것인가? 표준어의 기반을 이루는 수도 지역의 말, 즉 '서울말'이라는 제약을 개정하지 않을 수 없다. 일본에서도 이러한 권위적 지배의 시대를 벗어나면서 수도 중심의 '표준어' 정책에서 탈피하여 민중들이 많이 사용하고 있는 방언을 가려 모아서 사용하는 공통어 정책을 채택하고 있다. 영미권에서도 소통발화RP: Received Pronounce를 어문 정책으로 활용하고 있는 사례를 고려해야 할 것이다.

한민족의 의사소통은 공통어를 기반으로 할 때 비로소 우리 민족의 언어 자산은 풍족해질 수 있으며, 이념과 체제의 한계도 언어로 극복할 수 있게 될 것이다. 이러한 측면에서 지역의 사회 전통과 정신적 향취가 남아있는 방언을 공통어로 되살려 우리 언어 자산을 풍족하게 운영해야 할 것이다.

각종 어문 규범과 국어사전은 우리 국어가 시공간 또는 사회 계층에 따라 급격하게 변화하는 것을 방지하기 위한 일종의 장치들이다. 단일한 언어임에도 불구하고 남쪽과 북쪽으로 갈라진 운명 때문에 서로 다른 어문 규정을 적용하고 있어 남북 언어의 이질화 문제를 낳고 있다. 그뿐만 아니라 중국에 거주하는 동포와 중국인들이 한국어를 배우느냐 조선어를 배우느냐에 따라 두음 법칙의 차이, 띄어쓰기의 차이, 사잇소리 규칙의 차이 등으로 인해 많은 혼란을 겪고 있다. 문제는 이러한 불편함이 문제가 아니라 남북의 화해와 통일을 주장하는 많은 사람들이 진정으로 남북 어문 규정 하나도 속 시원하게 통일을 보지 못하는 것이 참으로 안타까운 일이 아닐 수 없다. 물론 최근 '겨레말큰사전 편찬위원회'에서 남북 어문 규범 통일을 위해 학술회의를 통한 노력을 하고 있다니 참으로 다행스러운 일이다.

7. 남북의 언어 차이

얼마 전 김현식 씨가 쓴 『나는 21세기 이념의 유목민』이라는 책을 읽다가 남북의 언어차이를 보이는 어휘들을 뽑아보았다. '조선전쟁(한국전쟁)', '감정제대(의가사제대)', '젓대(피리)', '당과자(사탕과자류)', '젓사탕(캬라멜)', '옹근(완전한)', '밥곽(도시락)', '전주대(전봇대)', '정보일꾼(정보요원)', '상점(가게, 슈퍼)', '국수(냉면)', '긴 양말(스타킹)', '닭공장(양계장)', '밥공장(떡방앗간)', '가정부인(전업주부)', '결속하다(끝내다)', '일없다(상관없다)', '수표하다(사인하다)', '무리등(샹들리에)', '직승기(헬리콥터)', '위생대(생리대)', '단고기국(개장국)', '과일단물(음료수)'과 같은 어휘 차이뿐만이 아니다. '청첩장', '축의금', '방명록', '고희', '하객', '피로연', '스티커' 등 남북 문화와 이념의 차이 때문에 엄청난 언어 차이가 있다. 특히 남한에서는 넘쳐나는 한자어와 마구잡이로 유입되는 외국어 때문에 고유한 국어의 모습은 차츰 사라지고 있는 듯한 느낌이다.

가끔 한자를 빌려 토를 달던 이두나 향찰의 시대로 되돌아가는 것이 아닌가 하는 생각이 들 때가 있다. "國家發展 戰略을 樹立하기 爲해 戰略 테스크 포스팀을 構成할 것." 정부 공직자가 작성한 공문서의 일부이다. 우리말은 '을', '하기', '해', '을', '것'과 같은 토씨 이외에는 전부 한자어이거나 외국어이다. 남과 북에서 한쪽에서는 민족주체 사상에 입각하여 고유어를 발전시키려는 노력을 하고 있지만 한쪽에서는 국적 불명의 외국어가 홍수를 이루어도 관망만 하고 있는 실정이다.

김 씨는 "갈라진 양쪽의 언어가 하나로 되어 양측 사람들 사이에 의사소통이 원활히 되어야 진정한 민족통일이 이루어진다. 남한말을 못 알아먹어 어려움을 겪을 때마다 나는 심한 모멸감과 소외감을 느꼈다. 이런 기분은 사람의 감정을 나쁘게 만들어 버린다. 그래서 무슨 통일이 되겠는가. 동독과 서독의 통일에서 보듯이 철조망이 무너지는 물리적인 통일보다는 서로 다른 체제로 나뉘어 살았던 사람들이 하나로 합쳐지는 정서적인 통일이 훨씬 어렵기 마련이다. (중략) 나는 남북한 간에 말이 다르다는 것. 한 민족인데도 서로 말을 못알아 먹는다는 게 가슴 아팠다. 민족이란 말이 갈라지면 영영 갈라지고 만다."라고 말한다. 탈북 지식인의 남북 언어 혼란에 대한 이야기를 곰곰이 새겨들어야 할 것이다.

최근 중국을 비롯하여 러시아 등 여러 나라에서 한국어를 배우려고 하는 젊은이들의 수가 급속도로 늘고 있다. 그런데 북쪽에서 출판된 문법책을 배운 이와 남쪽에서 출판된 문법책을 배운 이들이 심한 혼란을 겪고 있다. 물론 그들의 문법 교사가 누구인가에 따라서도 마찬가지의 현상이 벌어지고 있다. 사전을 찾아보는데 자모 순서가 남과 북이 다르다. 따라서 사전을 찾는 일부터 혼란스럽기 짝이 없다. 자모 순서는 훈민정음에서부터 우리 전통의 갈래를 찾으면 얼마든지 남과 북이 통일을 합의할 수 있는 일임에도 불구하고 남북 학자들은 목을 걸고 서로 엇길로 가고 있다. 학파 운운하면서 여기에서 이단으로 가면 마치 반조국, 반민족적 역적으로 삼을 듯한 태세다.

한국어를 배우는 외국 학생들에게 큰 혼란을 주는 것이 두음법칙이다. 남북의 사람들은 기본적인 사항 몇 가지만 이해하면 쉽게 적응할 수 있지만, 외국어로 한국어를 배우는 사람에게는 매우 난해한 일이 아닐 수 없다. 몇 해 전 북의 '龍泉' 지역에서 폭발사고가 났을 때, '용천' 또는 '룡천'으로 읽어야 하는지 또 그 표기는 어떻게 해야 하는지 혼란에 빠진 적이 있었다. 외국인에게는 '임수경'과 '림수경'이 마치 다른 사람으로 이해될 수밖에 없다. 여기서 더 나아가 로마자로 표기하면 남쪽 표기와 북쪽 표기 방식이 달라져 결국 한 사람이 다른 네 사람으로 둔갑하게 된다. 남쪽에서 '柳'씨

문중에서 성씨 표기에 두음법칙을 적용하지 않도록 청원을 낸 결과 인권 차원에서 승소 판결을 얻어냈다. 그러나 아버지는 '류'로 표기하는 것이 허락되었으나 아들은 '류' 표기가 허락되지 않아 아버지는 '류'씨고 아들은 '유'씨가 되어 마치 서로 남남이 되었던 적이 있다. 그러나 2007년 8월 1일부터 호적에 올라간 '유', '이'씨氏를 '류', '리'씨氏로 바꿀 수 있게 대법원의 개정 호적예규가 시행되었다. 성씨의 결정은 개인의 인격권 중 하나라는 판단에서이다. 개인의 인격권과 관계 있는 고유명사에 대한 두음법칙의 예외를 인정한 것은 다행스러운 결정이었다. 남북한 학자들 간에 벌어지는 '두음법칙'의 논쟁은 학술적인 논의는 별개로 하더라도 통일을 위한 실용적인 노력은 반드시 필요하다.

또 한 가지는 남북한의 띄어쓰기의 차이이다. 여기서는 간단하게 그 대응 방안만 제시하고자 한다. 파생어나 합성어의 경우, 그 경계를 일반인들이 잘 이해하지 못하기 때문에 띄어 써야 하는지 붙여 써야 하는지 혼란에 빠진다. 대체로 북쪽에서는 의미 단위로 붙여 쓰는 쪽을 선택하고 있다. 남북 간에 띄어쓰기 목록을 작성하고 띄어쓰기를 잘못한 오류 말뭉치를 구축하여 자동적으로 오류를 수정하는 프로그램을 개발하여 활용하는 방안을 모색할 필요가 있다. '고속버스'는 붙여 쓰지만 '회사 버스'는 띄어 써야 한다. '회사버스'를 붙여 쓴 경우 자동으로 '회사 버스'로 전환하는 프로그램을 남북 공동으로 개발한다면 이 문제는 큰 논쟁 없이 해결할 수 있다.

남북의 외래어 표기는 물론이고 사용 범위에 대한 차이는 실로 심각한 차이를 보이고 있다. 남북 언어 차이를 유발하는 주범이 '외국어 및 외래어 표기법'이라고 할 수 있다.

'흐루시초프'는 러시아 발음으로는 '흐루쇼쁘'로 '스탈린'은 '스딸린'으로 '톨스토이'도 '똘스또이'로 원음주의로 발음해야 하는 것이 원칙이다. 그러나 된소리 표기를 하지 않는 예외 규정이나, 원음의 발음과는 거리가 먼 표기 때문에 '임수경'과 '림수경', '스탈린'과 '스딸린'이라는 다른 두 사람이 존재하는 결과가 되며, '파리'와 '빠리'는 서로 다른 두 지명처럼 보이게 된다. 지금 50대인 사람들은 '시저Gaius Julius Caesar'라고 말하고 썼지만 이제는 원음주의 원칙에 의해 '카이사르'라고 말하고 써야 한다. 어문 규정이 세월에 따른 변화를 수용하는 것은 당연하지 않은가?

지난 20세기에는 자본이 중심 지역으로 집중됨에 따라 중심에서 소외된 공간의 변방화 현상이 급속도로 진행되었다. 정보나 물류 이동의 속도가 가속화됨으로써 변방의 자본, 정보, 인재 그리고 문화에 이르기까지 중심부로부터의 수탈이 강화되었다. 수도와 지방, 지역 거점 도시와 시골이라는 공간적 대칭성과 계층의 불균형은 자본과 인재의 집중화를 초래하였으며, 생산 구조뿐만 아니라 삶의 존재 방식에까지 차등성이 심화되었다. 정치 권력과 경제력, 그리고 문화 자원이 모두 수도 서울 또는 지방 거점 도시에 집중된 결과 자본을 장악하기 위한 배타적 지역 패권주의가 나타났으며, 지역간 불균형은 날이 갈수록 확대되어 심각한 지경에 이르렀다. 그 결과 지역 갈등은 점차 증폭 심화되었을 뿐만 아니라 '서울-과잉'의 비효율과 '지방-결핍'의 비능률이 겹쳐 국가 전체 발전을 위한 효율성은 크게 떨어지고 있다. 이와 함께 문화도 중앙, 중심을 향한 획일화 현상이 자리 잡음으로써 다양성과 개별성을 생명으로 하는 지역 문화는 함몰되고 있다. 그러한 가장 현저한 현상의 가운데 하나가 지역 방언이 급격히 사라져가는 현상이다.

중심 지역이 주변 지역을 착취하는 빨대 효과 현상은 지방과 지방, 그리고 국가와 국가 간의 관계에서도 마찬가지이다. 지난 세기 세계사적으로도 패권적 자본 중심 국가가 인류문화를 지배한 양식은 다른 국가의 자본뿐만 아니라 문화에 대한 의미 체계와 문화 코드마저 파괴하는 절대적인 영향력을 행사해 왔다.

지금에 와서 그동안 소외되었던 세계적 변방 또는 국가 내부에서의 변방에 새로운 의미를 부여하는 일은 결코 새롭거나 낯선 일이 아니다. 역사학에서도 미시사에 대한 관심으로 역사적 대상의 폭이 넓어지고 있으며, 철학계에서도 인간 삶의 변방화와 일상성에 대한 성찰을 게을리하지 않는 추세이다. 이성적 과학주의와 합리적 사고가 키워 온 자본 중심 또는 다수 지향주의로 달려온 인간 삶의 위기에 대처하기 위한 대안은 소외되었던 소수자 혹은 변방 사람들의 삶에 대한 성찰을 강조하는 일이며 그들의 가치를 새롭게 인식하는 일이다.

특히 우리나라는 지구상에 단 하나 남은 민족 분단 국가로서 정치·경제 통합과 사회·문화 통합을 통한 남북 통일을 이루어야 할 숙명적 과제를 안고 있다. 통일 조국을 위해 필수불가결한 조건은 중앙 집중적 권한의 과감한 지방 분산, 즉 지방 분권화라고 할 수 있는데, 그 중 우리가 해야 할 일 가운데 한 가지가 지역 언어를 존중하는 적절한 언어 정책을 실천하는 일이라 하겠다. 서울-평양을 중심으로 한 언어 정책이 아니라 서울과 평양을 포함하고 나아가서는 평안, 함경, 경기, 충청, 전라, 강원, 경상, 제주를 모두 아우를 수 있는 '공통어 언어 정책'이야말로 지역 간의 갈등과 분열을 초월하여 문화적 통일성을 확보하는 절대적인 교두보가 될 수 있으며, 지역의 문화적 정체성을 일깨우는 가장 핵심적이고 본질적인 일이라 할 수 있다. 수도 중심의 언어, 곧 표준어가 지난 시대의 권위적 중앙 중심의 상징으로 버티고 있는 한 지방 문화의 다원적 발전은 결코 기대할 수 없을 것이며, 더 나아가 통일 조국의 언어 통합도 하나의 꿈에 지나지 않을 것이다.

최근 문화 다원주의에 입각하여 방언의 공식적인 사용을 정당화한 사례는 여러 방면에 걸쳐 확산되고 있다. 특히 대중 매체가 주도적이라 할 수 있는데, 방송에서뿐만 아니라 영화, 드라마, 소설, 연극 등 다양한 분야에서 방언을 사용하려는 욕구가 분출되고 있다. 이러한 경향은 방송 언어에서 특히 두드러지게 관찰된다. 곧 드라마나 오락 프로그램에서 방언을 사용하는 인물이 등장하는 경우가 많다는 점이다. 방언이 이렇게 부상하는 현상은 단순한 흥미 유발이나 호기심의 발로에서가 아니라 표준어 중심의 지배적인 언어관에서 일탈하려는 민중들의 심리가 반영된 결과이다.

1933년 이후 수십 년 동안 표준어 규범에 의한 학교 교육의 결과 서울 지역 방언이 남한 전역의 공통어 또는 보통어로 이미 굳게 자리를 잡고 있다. 때문에 아직 서울말이 아닌 지역 방언은 없애 버려야 할 대상으로 폄하되고 있다. 정부의 어문 정책의 기본 틀을 서울 지역의 언어로 한정시킴으로써 지역어 곧 방언은 급속도로 절멸되고 있는 실정이다.

이러한 상황에서 다행스럽게도 최근 정부에서 발표한 '문화 비전 21'에서는 방언을 국가 문화 자산으로 인정하고 지역 다원주의의 관점에서 지역 민중들의 공동체 삶 속에 살아 있는 방언을 국가 사업으로 전면 조사하는 일을 서두르고 있다. 정부에서도 방언을 우리말 문화유산으로 인정하는 새로운 언어문화의 형성을 위해 '규범적 무질서'에서 '질서 있는 다원주의'로 언어 정책의 전환을 예고하고 있다. 더 이상 '방언'이 표준어에 비해 거칠고 나쁜 말씨가 아니라 '위풍당당한 지역어'로 그리고 선조들이 남긴 언어문화 유산으로 그 가치를 새롭게 자리매김하게 될 것이다.

'방언'을 흔히 '사투리'라고 말하기도 하지만 '시골말', '촌놈말', '무찐말', '어찐말'이라고 하여 '표준어'에 대응되는 권위가 없는 촌스러운 말씨라는 의미로 이해하는 경우가 많이 있었다. '방언'과 관련되는 용어는 대체로 표준어를 전제로 하여 다소 부정적인 의미로 사용되어 왔다. 하지만 최근에 학술적 용어로 '방언方言', '지역어地域語'로 부르기도 하고, 지역 문화의 중요성이 강조되면서 방언 자체의 고유한 가치를 부여한다는 의미로 '탯말'이라고 하기도 하며, 그 구어성, 일상성을 강조하여 '일상어'라고 하기도 한다. 현재의 방언을 통해 우리는 과거와 만날 수 있으며, 또 과거를 되돌아볼 수 있다. 또한 방언은 우리 선조들의 일상 삶의 현장을 재구할 수 있는 계기도 마련해 준다. 잊혀 가는 방언은 무형 문화재로서의 소중한 가치를 지니고 있는 것이다.

'시간에 의한 공간의 절멸' 또는 '시간에 의한 공간의 대체'에 의해 공간이 동시화하는 상황, 곧 '시간에 의한 공간의 섬멸'이라는 상황에서 공간적 의미와 경제적 가치가 더욱 중요시되고 있다. 이러한 측면에서 지역의 사회 전통과 정신적 향취가 남아있는 방언을 배척해야 할 부정적인 대상으로 치부할 것이 아니라 공통 표준어로 되살려 우리 언어 자산을 풍족하게 운영해야 할 것이다. 이상적인 표준어는 서울말 중심이 아니라 '공통어' 중심으로 형성되어야 하는데, 그러기 위해서는 전국의 일상어와 방언에 대한 면밀한 조사와 연구가 선행되어야 한다.

중심부의 언어와 변두리 언어가 서로 배타적 관계가 아니라 상호 교호적인 관계로 발전될 때 한 민족, 한 언어가 더욱 풍요롭게 영위될 수 있을 것이며, 이들을 포괄하는 언어 정책의 역량이 갖추어질 때 진정한 민족 언어 통일의 소망이 실현될 것이다.

지방에서 자란 사람들은 초중등학교를 다니던 시절 학교에서 사용하는 말과 집에서 사용하는 말이 달랐다. 경북 안동 출신의 수필가 김서령(2006)은 방언에 대한 그리움을 다음과 같이 회상하고 있다.

> "경북 안동 지역 사람들은 집에서는 '큰으매(할머니의 호칭)'라고 부르고 학교에선 교과서의 표준말대로 '할머니'라고 글을 썼다. 어린 시절부터 가슴속에는 이중의 자아가 생겨날 수밖에 없었다. 그게 중층의 겹이고 두께라면 좋았을 텐데 하나가 하나를 억누르니 문제다. 학교 교육을 통해 표준말에 익숙해지면서 방언들을 차츰 기억 속에서 지워버릴 수밖에 없다. 단 한 음절에 수백 마디 의미를 함축하던 다채로운 감탄사들과 정이 뚝뚝 듣는 향기로운 종결 어미들과 섬세하고 정교해 후두둑 날개쳐 올라갈 듯한 생생한 형용사들을 이젠 다 잊어 버렸다. 표준말이 아니란 죄로 팽개쳤던 보물들, 금쪽같은 그 말들은 지금 어디로 사라졌나.

세상이 어디나 똑같아졌다. 남원도 통영도 부산도 광주도 서울 거리와 다를 바가 전혀 없다. 똑같은 햄버거집, 통닭집, 똑같은 모양의 아파트, 똑같은 커피가게와 외상이 허용되지 않는 상가들만 즐비하니 도무지 공간을 이동한 실감이 나질 않는다. 전에는 지방마다 위풍당당하게 귀를 울리던 방언이 있었건만 그걸 듣기가 점점 어려워진다. 텔레비전의 보급과 교통발달의 영향인지, 표준말 교육의 개가인지. 아무튼 퍽도 재미없는 일이다. 마치 새마을 운동으로 초가집이 슬레이트집으로 확 바꿔어버린, 잊어버린 우리 시골의 풍경이 그리워지듯, 표준어화의 획일화가 가져다 주는 편리함보다 잊어버린 시골말이 너무도 많아 시골말이 더욱 그리워진다."

교양은 뭐고 서울 사람이란 또 누구란 말인가. 물론 말의 효율성을 높여주는 언어 규범이 필요 없다는 뜻은 아니다. 특정 지역 말을 규범어로 정해 놓고 다른 지역 말은 방언으로, 이급 언어로 소외시켜버리는 배타성이 문제라는 것이다. 우리도 '상호 의사소통이 가능한, 공통성이 가장 많은 현대어'로 표준적 언어의 폭을 확대해야 한다. 그래야 평양말을 문화어로 규정한 북한의 말씨도 함께 아우를 수 있어 통일 이후에 예상되는 언어적 갈등을 미리 막을 근거도 생긴다.

07
우리가 함께 지켜내어야 할 절멸 위기의 제주어[1]

1. 제주어는 세계 유산

제주도는 섬 자체가 유네스코가 지정한 세계자연유산으로 등재될 만큼 긴 역사와 오랜 전통을 지닌 천혜의 아름다운 섬이다. 온통 사면이 바다로 둘러싸여 천혜의 자연 경관을 갖추고 있으며 제주만이 가진 풍부한 오랜 역사적 전통 속에 다양한 유무형의 문화유산이 보존되어 전승되고 있다.

제주어는 일찍 한반도의 언어와는 상당히 차이를 보였을 것으로 추정된다. 오랜 시간 동안 고립된 시간을 뛰어넘어 육지와의 이동과 이주 그리고 접촉이라는 교섭에 의해 점차 동화하여 제주방언으로 자리를 잡고 있다. 이질적인 언어에서 동질적인 언어로 통합되어 형성된 제주방언에는 제주사람들의 문화적 상상력과 토속적 정보가 아로새겨져 있는 원형이라고 할 수 있다.

제주의 상고시대에 대한 연구는 그동안 많은 연구 성과들이 있었지만

---

[1] 본고는 2019년 11월 11~12일 사이에 제주특별자치도에서 개최한 「절멸위기의 제주어 보전과 부흥 방안, 세계언어학자들에게 듣는다」라는 주제로 개최된 국제학술대회에서 기조 강연을 한 필자의 원고이다.

아직 미명의 어둠과 신비 속에 가려져 있다고 할 수 있다. 건국신화에서는 한국의 전통적인 건국신화의 시조의 탄생과 달리 남방 계열에서 보이는 고·부·량의 3성신이 땅에서 출현하여 바다를 건너온 3신녀와 혼인을 맺는 양상으로 나타난다. 이 제주의 건국 신화는 16세기 무속 제사로 연결될 만큼 지속적으로 추승되어 온 특징을 가지고 있다. 명칭은 고대부터 '州胡', '耽羅', '乇羅(托羅)', '儋羅', '涉羅', '耽牟羅/耽毛羅' 등의 다양한 표기로 남아 있는 제주는 상고시대에 독립 국가로 존재하다가 5~6세기에 백제와 신라와의 접촉에 이어 복속되는 과정을 거쳤다. 제주의 대외 교류는 대체적으로 서부 마한 세력에서 전남 동부권으로 그리고 소가야로 이어지는 특징을 보여주고 있어 한반도와의 문화적 통합화 과정을 보여준 것으로 확인된다.[2] 특히 『삼국지』<위지동이전>에 남아있는 '주호州胡'의 기록을 참고하면

"또 주호州胡가 마한의 서쪽 바다 가운데 큰 섬에 있다. 그 사람들은 대체로 키가 작고 언어는 한韓과 같지 않다."[3]

라고 한다. '주호'는 '오랑캐 마을, 섬'이라는 중국 시각에서 부여한 명칭이라고 볼 수 있는데 이에 대해 이병도(1976:297-299)나 진용하(2002:93-95) 교수는 당시 제주를 '단주亶州/澶州'로 기록한 『삼국지』나 『후한서』 기록에 근거하여 중국 사람들이 원주민 집단과 혼동하여 외래자나 침략 거주 집단

---

[2] 김경주, 「탐라시대 전기의 취락구조와 대외교류」, 『고대 동아시아와 탐라』, 경인문화사, 41~95, 2019. 참조
[3] 제주방언의 뿌리가 어디에 있는가의 문제에 대해서는 아직 확고한 연구가 이루어지지 못했다. 이러한 고 문헌기록에 근거하여 현재적 관점에서 유네스코 국제표준화기구ISO에서 제주방언를 언어로 분류했다고 해서 곧 제주방언는 한국어와 독립된 언어라는 것이 학계의 주류 의견임을 입증하는 것은 아니다. 예컨대 중국의 민 방언이나 우 방언도 ISO 639에 의하면 별개의 언어로 인정되지만, 중국어의 하위 방언으로 보는 것이 일반적이다.

을 낮추어 불렀던 것으로 해석하고 있지만 '단주亶州/澶州'가 반드시 제주를 지칭한다는 근거도 불명료하다고 주장한다. 그러나 작은 제주 섬 내에 굳이 원주민 집단과 구분한 외래 이주 집단이 있었다고 하더라도 이를 분리해서 명명할 뚜렷한 근거가 미약하다. 따라서 이 기록에 근거하여 상고시대의 제주어의 현상은 삼한 계열과는 분명히 달랐음을 말해주는 매우 소중한 기록이라고 할 수 있다.[4] 역으로 현재의 제주방언은 그동안 육지와의 교류와 접촉을 통해 상당한 동질화가 진행되었지만 표준어 교육이 시행되기 이전을 고려해 보면 개별 언어적 차이였는지 방언적 차이였는지 추론할 수 있는 근거가 될 수 있다.

장창은(2019:111)이 '주호'는 삼한 가운데 거리가 가장 가까웠던 마한 지역인 전남 해안지역으로 추정하여 제주가 한반도와의 교역의 확장으로 문화나 언어가 이질적인 것에서 동질적인 것으로 전환되는 오랜 과정을 거친 것으로 추정하고 있다. 곧 『삼국지』<위지동이전>에 '주호국'에서부터 고구려 문자명왕 13년(504)조의 '섭라', 백제 문주왕과 동성왕주의 '탐라', 신라 문무왕과 애장왕주의 '탐라'에 이르기까지 교류의 역사를 통해 제주의 언어 또한 변화의 부침을 거듭했을 것이다. 그 기간 동안 제주는 한반도뿐만 아니라 일본과 중국 그리고 몽골 등 동아시아 전역에 걸친 교류사의 흔

---

[4] "제주방언가 언제부터 본토 한국어와 의사소통이 안 되었는지 그 정확한 근원은 찾기 힘들지만, 제주방언가 본토 한국어와 소통이 되지 않았던 것은 고대에도 마찬가지였는지 정사 삼국지와 후한서를 보면 주호국(탐라국의 전신으로 추정)의 언어가 한韓과 다르다는 얘기가 언급되어 있다. 적어도 삼국 시대 이전시기부터 타 지방언어와 크게 차이가 났다는 얘기이다. 이후 탐라국이 건국된 후에는 고대 문헌자료가 미비해서 기록을 찾아보기 쉽지는 않은데, 자료가 극히 부족하지만 가령 『삼국사기』, 『신당서』 등에는 7세기의 탐라국왕 이름으로 '유리도라儒李都羅', '도동음률徒冬音律' 등이 등장하는데 같은 시기 백제인이나 신라인들의 인명과는 그 체계가 다르다. 한반도에서 떨어진 지리적 특성 상 백제, 신라, 고려 순서로 속국이 되고 편입되기 전까지 제주방언는 탐라국 시대 중에도 독특한 언어학적 특성을 가졌을 것이라고 짐작할 수 있다.", <위키사전> 참조.

적을 남기고 있다.[5] 1105년 고려 숙종 시기에 탐라국은 탐라군으로 개칭되면서 사실상 속국 지위가 박탈되고, 본토에 있는 중앙정부의 통제권에 들어왔다. 다만 이후에도 탐라국왕은 성주로 호칭이 바뀌고 대를 이어 계속 세습되었고, 어느 정도의 자치권은 계속 허용되었다. 몽골 제국과의 여몽전쟁 시기에는 삼별초가 제주도를 점령하여, 최후 항전지로 이용되기도 했으며, 몽골 간섭기에는 말을 키우기 좋은 환경에 주목해 원나라의 직할령인 탐라총관부가 설치되어 요양행성 산하에 들어갔다. 그 동안 탐라국은 주변으로부터 이리 치이고 저리 치이며 잦은 수탈과 간섭에 시달렸다. 원나라는 탐라총관부를 설치하여 적극적으로 제주의 정치에 지배적 영향을 미치고, 사람들(주로 병사)의 이주를 통해 제주의 사회, 문화에 직접적인 영향을 끼치게 된다. 이러한 과정을 통해 제주방언의 많은 어휘, 특히나 목축 관련 용어는 중세 몽골어의 영향도 많이 받았다.

이러한 관점에서 제주의 민속 문화의 중요성과 함께 그 공간 내부에 생존하던 사람들의 지식 정보를 교류하는 언어는 매우 소중한 변화의 흔적을 반영하고 있다고 할 수 있으며, 그러한 이유 때문에 제주방언의 소중함을 더욱 강조하려는 것이다. 언어학적인 자산으로서 제주방언은 그 기원에서부터 현재까지의 변화와 변동을 탐색하는 데 매우 소중한 역사적 자산이기도 하다. 현재 제주방언의 어휘나 문법형태소나 조어법이 육지 방언과 현격한 차이를 보여주는 것도 있지만 다양한 동일성을 함께 포함하고 있기 때문에 그 가치가 더욱 높은 것이다.

특히 본고에서는 절멸위기 5단계에 진입한 제주방언의 보존과 활용을 위해 그동안 노력해온 과정을 되돌아보는 동시에 앞으로 우리가 취해야 할

---

[5] 이유천, 「탐라의 대일 교섭」, 『고대 동아시아와 탐라』, 경인문화사, 195~227, 2019. 최희준, 「탐라국의 대일교섭과 항로」, 『고대 동아시아와 탐라』, 경인문화사, 231~261, 2019.

과제들을 점검하고자 한다. 특히 절멸위기에 처한 제주방언의 조사 채록과 보존을 위한 유네스코 무형유산 등재와 함께 그리고 남북의 통일언어 시대를 열기 위한 남북 방언조사의 추진을 감당하기 위한 <국립방언원> 설립 추진과 그것을 제주에 유치할 것을 제안하려는 것이 본고의 목적이다. 이 순간이 우리가 함께 절멸 위기의 제주방언을 지켜내기 위해 행동해야 할 적절한 시점이다.

2. 언어 다양성에 대한 인식

21세기에는 최소한 세계 언어의 절반 정도가 절멸해 버릴 수도 있다고 한다. 무슨 일 때문에 이 다양한 사람들의 목소리가 침묵하게 되는 걸까? 지난 세기 서방 유럽의 몇몇 국가 언어가 아프리카와 오스트레일리아, 아메리카 등 적도 하반부에 살던 수많은 원주민들의 언어를 포식glottophagie하였다. 변두리 토착민의 언어는 지구에서 한번 없어지면 대체가 불가능한 천연자원과도 같은 것이다. 언어의 다양성이 조금이라도 줄어들면 우리가 끌어와 쓸 수 있는 지적 기반도 함께 낮아지기 때문에 인류의 환경 적응력은 현저히 감소된다. 우리 주변의 다양한 언어와 방언이 두려우리만큼 빠른 속도로 절멸해 가고 있는데도 그 누구도 이런 위기를 느끼지 못하고 있으며, 특히 언어학자들은 이러한 상황을 총체적으로 이해하려고 하지 않는 데 문제의 심각성이 있다.

세계적인 언어의 식민지화와 그 이후 산업자본주의의 발달과 함께 변방의 토착민들의 언어를 포식해 온 언어 식민주의의 증거들은 곳곳에서 발견된다. 케냐의 작가 응구기와 시옹오는 토착민의 언어인 키쿠유어로 글을 쓴다는 이유로 투옥을 당했으며, 우비크족의 대량 학살로 말미암아 우비크어가 절멸의 길로 들어서기도 했다. 특히 지난 2백 년 동안 언어의 절멸을 초래하는 과정이 가속화되었는데 언어의 절멸은 다양한 생물 종의 절멸 위협과 마찬가지로 인류가 당면한 매우 심각한 문제라고 할 수 있다. 생물종의 다양성이 무너지면 지구의 위기를 예견할 수 있듯이 언어 다양성의 절멸 현상도 인류의 지적 문명의 재앙이자 다가올 불행을 예고하는 신호라고 할 수 있다. 민족이나 부족의 언어를 조직적으로 멸시하고 짓밟는 언어 식민지화에 대해서 일말의 문제점도 의식하지 않았던 언어학자들은 이제 지난 시대를 한 번쯤 되돌아보아야 한다.

한국어도 이미 잠재적 위기potentially endangered에 처해 있다고 할 수 있다. 지금 한국어는 사회적, 경제적으로 불리한 위치에 있고, 더 큰 언어로부터 커다란 압박을 받고 있으며, 앞으로 어린 사용자가 줄어들 징후를 보이고 있다. 데이비드 크리스탈이 쓰고 권루시안이 옮긴 『언어의 죽음Language Death』(이론과실천, 2005:42)에서는 언어의 위기에 대해 스티븐 웜이 분류한 5단계 분류법을 소개하고 있다. 그에 근거한다면 외국어가 물밀듯이 들어와 지배하고 위협하는 상황에서 한국어는 점점 죽어가는 언어라고 진단할 수 있다. 특히 외래어와 외국어의 어휘 침식lexical erosion과 영어 공교육 강화 움직임은 이를 더욱 가속화하고 있다. 그러나 이러한 상황에 대해 어느 누구도 심각하게 받아들이는 사람은 찾아보기 어렵다. 일부 언어학자들이 지난 세기 동안 전 세계의 변두리 국가나 부족들의 언어가 절멸하는 양상과 속도로 금세기에는 경악할 만큼 더욱 빠른 속도로 전 세계 언어의 반 이상이 절멸하리라 예상한다. 더군다나 한국어의 일부인 제주방언의 절멸은 너무나 급속도로 진행되고 있다는 점이 더욱 위기감을 불러일으키고 있다.

제주 토착인들은 과연 제주방언을 어떻게 대접하고 있는가? 제주방언으로 교육을 하고 있는가? 당당하게 문학작품을 쓰고 있는가? 생각해 보아야 할 문제이다.

3. 언어 절멸의 진행

언어의 식민지화는 여기에서 멈추지 않고 영어의 세계화라는 이름으로 전 세계의 국가와 민족 그리고 부족들에 이르기까지 영어로 지배할 기운을 보이고 있다. 이미 영어 그 자체가 엄청나게 다양한 변이형을 가진 변종 Variation이나 혼종의 영어로 둔갑하여, 지난 세기에 죽어간 토착민들이 사용하던 언어의 자리를 무서운 속도로 다시 메우고 있다.

특히 지난 200년 동안 식민 지배, 벌목, 채광, 다국적 기업 등 다양한 요인에 의해 언어의 절멸을 초래하는 과정이 가속화되었다. 이처럼 언어의 절멸은 다양한 생물 종의 절멸 위협과 마찬가지로 인류가 당면한 매우 심각한 문제라고 할 수 있다. 생물 종의 다양성이 무너지는 것으로 지구의 위기를 예견할 수 있듯이 언어 다양성의 절멸 현상은 인류의 지적 문명의 재앙이자 다가올 불행을 예고하는 신호라고 할 수 있다.

지배 언어가 피지배 언어를 포식하는 언어 식민주의와 마찬가지로 한 국가 안의 사정을 들여다보면 도시 언어(표준어)가 변두리 언어(방언)를 포식하는 관계가 성립된다. 곧 도시 언어가 지배 언어로, 변두리 언어가 피지배 언어의 관계로 대응된다. 한 국가 안에서도 중심의 공동체가 변두리 공동체보다 훨씬 우월하다는 것을 이론화하는 데 성공함으로써 언어 지배의 시도를 정당화하고 있다.

4. 언어 절멸에 대한 대처

위험에 처한 언어의 보존을 위해서는 두 가지 조건이 필수적이다. 첫 번째는 그 언어 사용자들이 문자를 갖는 것이고, 두 번째는 그 문자에 대한, 그리고 그 문자에 의한 교육이 체계적이고 지속적으로 이루어지는 것이다. 대한민국에서 기금을 지원하고 있는 세종대왕 문해상은 두 번째와 관련하여 중요한 의미가 있다. 문맹퇴치 활동에 대한 격려와 지원이 모두를 위한 교육EFA: Education for all 프로젝트와 위험에 처한 언어 보존 모두에 기여할 수 있음을 강조하고 싶다.

위험에 처한 언어의 보존을 위해서는 구어를 문어로 발전시키는 것이 필요한데, 대부분의 위험에 처한 언어는 언어의 집이라고 할 수 있는 문자가 없다. 대한민국은 위험에 처한 언어, 특히 동북아지역의 언어에 대한 전사 및 보존 사업에 참여하고 있고 이를 더 확대할 의사가 있다. 유네스코에서도 이 사업에 참여하는 국가들이 서로 협조할 수 있도록 지역별로 지원해 주는 방안을 제안한다. 아울러 한중일 3국이 문화 다양성 및 언어 다양성에 관한 여러 가지 선언을 채택하고 국제 협정을 체결하는 방안을 제안한다.

1970년 이후 매년 개최해 온 '지구의 날'과 같은 활동을 통해 환경 위기를 일반인에게 알려온 방식으로 많은 사람에게 언어 절멸의 위기에 대해서도 관심을 갖도록 해야 한다. 환경에 부정적인 영향을 주는 인간 행위가 결과적으로 환경 재해를 불러오듯 절멸 위기에 처한 언어들과 멸종 위기에 처한 생물 종 사이에는 많은 유사성이 있다. 그 중 가장 명백한 점은 절멸한 언어는 대체 가능하지 않다는 점이다. 작은 규모의 군집 사회를 보존하고 새로 조성하는 노력이 언어와 문화를 보존하고 지원하는 방안이 될 것이다. 유네스코를 비롯한 세계 각국에서는 절멸 위기의 언어를 보존하기 위해 다양한 활동을 전개해 왔다.[6]

---

[6]
- 1981년 유럽 의회에서 가에타노 아르페Gaetano Arfé가 '지역 언어, 문화 및 소수 민족의 권리를 다루기 위한 공동체 헌장'을 채택
- 1992년 캐나다 퀘백주에서 개최된 국제언어학회International Linguistic Congress 에서 소수언어 보호를 위한 헌장 채택
- 1992년 유럽 의회가 '지역 또는 소규모 언어들을 위한 유럽 헌장European Charter for Regional or Minority Languages' 국제 협약 채택
- 1992년 유네스코와 국제연합에서 '민족적, 인종적, 종교적, 언어적 소수자들의 권리 선언Declaration on the Rights of Persons belonging to National of Ethnic, Religious and Linguistic Minorities'채택
- 1990년 미국에서 '아메리카 토착 언어를 쓰고 익히고 발전시킬 아메리카 원주민

언어의 다양성과 공존을 위한 노력은 새천년을 열면서 세계적인 화두로 논의되었으나 국가우월주의와 배타적 민족주의가 다시 경쟁적인 국가이기주의의 목표로 전환된 나라들이 늘어나면서 생태와 언어 다양성에 대한 관심은 점차 줄어들고 있다. 그리고 위에서 살펴본 국가별 언어와 생태 다양성 보존에 대한 노력들이 아직은 미시적인 효과밖에 거둘 수 없지만 일반인에게까지 확산될 날이 올 것으로 기대한다.

5. 우리나라에서 방언의 절멸

일제의 지배 방식으로써 '국어'와 '민족'이라는 이념이 필요했듯이 민족주의자들은 저항을 위해 '국가'와 '민족'이라는 이념이 필요했으며, 이러한 식민주의적 방식으로 표준어의 설계와 그 당위성을 지배자와 피지배자가

들의 자유권을 보존, 보호, 증진하기 위한 법'통과
- 1992년 미국에서 '아메리카 원주민들을 도와 그들이 자기 언어들의 생존과 지속적인 생명력을 확보하도록 돕기 위한 법안'통과
- 1993년 11월 유네스코에서 '위기 언어 레드북Red Book of Endangered Languages' 채택
- 1995년 동경대학교에서 위기의 언어들에 대한 '국제 정보 센터International Clearing House for Endangered Languages'개설
- 1995년 미국에서 '위기 언어 기금Endangered Languages Fund'설치
- 1995년 영국에서 '위기 언어들을 위한 재단Foundation for Endangered Languages' 설립
- 1995-2004년 일본 오사카가쿠인대학교 절멸 위기의 환태평양 언어 보존
- 1996-1998년 헬싱키대학교 핀우그르 어 데이터뱅크 구축
- 1998년 동경외국어대학교 구어 카라임 어(튀르크어족) CD프로젝트
- 2000년 미국 오스틴대학교 라틴아메리카의 토착어 아카이브 구축
- 2003-2006년 한국 알타이어학회의 알타이 어 현지 자료조사
- 2007년 일본 아이누 문화 연구 재단에서 아이누 어 보존
- 2007년 전국 지방자치단체 중 제주도가 가장 먼저 방언에 관한 조례인 <제주방언 보존 및 육성 조례> 제정
- 2008년 한국에서 개최된 제18차 세계언어학자대회에서 '언어의 공통성과 다원성'을 주제로 채택

함께 공유하고 인정할 수밖에 없었다. 근대화의 환영으로 경성京城(-서울-)을 중심으로 하는 표준어가 성립되었고 다른 모든 방언은 경성 표준어에 비해 열등한 것으로 간주되어 표준어의 방언 포식이 시작되었다.

모든 부족 또는 민족의 토착 언어나 방언은 그 나름대로의 가치를 지닌다. 부족 또는 민족의 토착 언어나 방언에는 그들 부족이나 민족의 삶의 지혜와 생존 전략뿐만 아니라 그들이 살아가면서 느낀 감정과 정서가 반영되어 있기 때문에 이것은 그들의 언어와 관련해서 사회적 결속을 어떻게 하고 있는지를 보여 주는 값진 자산이다. 국어와 방언은 모두 고유한 어휘, 문법, 그리고 음운 체계를 가지므로 국어와 방언 사이에는 국어라는 측면에서는 어떠한 차이도 있을 수 없다. 그러나 국어와 방언에 차이가 있다면 '지위 획득'이라는 면에서 국어가 방언보다 존중된다. 국어가 규범적인 언어인 표준어와 일치한다는 편견은 방언이 국어가 아니라는 오해를 낳는다. 엄밀한 의미에서 우리나라 '국어'는 '국가어'이다. 표준어가 국가어인 '한국어'와 문화어가 국가어인 '조선어'를 합치면 민족 단위의 하나의 '국어'가 될 수 있다. 민족어가 남과 북으로 분단되어 있기 때문에 두 '국가어'를 합쳐야만 진정한 하나의 통일된 '국어'라는 개념으로 통합될 수 있다.

숱한 토착 방언이 죽어간 묘지 앞에서 한국 표준어만 생존할 수 있을까? 다시 표준어를 포식할 거대한 자본 언어인 영어가 입이 큰 베스처럼 입을 벌리고 표준어를 포식할 준비를 하고 있다. 국어가 토착 방언에 미치는 언어폭력과 포식에 대해서는 전혀 무관심한 일부 학자들은 국어는 국어를 구성하고 있는 방언들의 총합이라고 규정하면서 국어의 특질은 개별 방언들이 갖는 공통적 특질로 구성된다는 대단히 목가적인 설명만 되풀이하고 있다. 일부 방언학자들에 의한 이러한 논점은 방언들 사이의 관계를 진지하게 역사적으로 얽어내려고 하기보다는 오히려 언어 식민화와 언어 포식을 정당화하는 식민주의 이데올로기에 봉사하는 일종의 지적 테러리즘을 불러일으키는 행위라고 볼 수 있을 것이다.

　현재 한반도에 모국어를 관리하는 정부가 두 개 있다는 현실은 우리들의 모국어를 항시 반쪽만 사용하도록 강요하는 동시에 이를 통한 이데올로기의 대립과 갈등을 다시 폭력의 수준으로 우리들에게 노정시키고 있다. 김형수(2006)는 "남과 북에서 서로 대결 의지를 높여 온 위정자들이 반공 정책과 반자유주의 정책을 강제한 결과 억압에 의한 언어의 자살 현상도 극심했다."[7]라고 평가하고 있다. 중심에 자리한 표준어와 문화어, 그리고 변방에 자리한 방언들과 죽어가는 토착 방언들 간의 관계에서 지금 우리는 무엇을 해야 하는가? 멸종으로 치닫는 생태계의 현상과 같이 죽어가는 습지, 물고기, 새, 사라져가는 나무와 들풀처럼 변두리의 방언도 함께 저 세상으로 보내야 할 것인가? 소수 언어인 방언의 미학을 되살려 내는 방식을 모색해야 한다. 자본주의 '비즈니스 문명'의 유통 질서의 세계를 거꾸로 되돌려, 버려진 것, 변두리의 것, 소외된 것들에 대해 이름을 불러주고 관심을 갖게 하는 일이 필요하다.

　어떤 발전이든 그 발전은 다양성이 전제되어야 하며, 오직 다양성이 보장될 때만이 진보적 발전이 가능하다. 그런데 우리는 끊임없이 우리의 문화와 언어를 단일화하고 획일화해 나가려고 함으로써 지속적인 발전을 우리 스스로 가로막고 있다. 한 언어는 한 민족의 독립성과 자주성을 확립하는 선결 조건이다. 빌려 온 외국 언어에 어떻게 우리의 고유한 삶과 경험의 무게를 온전히 잘 실어 낼 수 있을까?

6. 생태계 보존의 열쇠는 언어

　많은 사람들도 어느 정도 인식하고 있고, 방언학자(언어학자)들이 우려

---

[7]　김형수, 「변두리가 중심을 구원할 것이다 - 한국 문학이 아시아 연대를 꿈꾸는 이유」, 『ASIA』, VOl 1. NO.3, 16~17쪽, 2006.

하고 있는 바와 같이, 우리의 방언은 현재 심각한 위기에 처해 있다. 이를 좀 더 객관적인 방법으로 검토해 보기로 하자. 크리스털(2000/2005:36-38)은 한 언어가 살아남는가 사라지는가 하는 인자를 세 가지로 가정하고 있음을 본다. 하나는 가정(집)에서 그 언어를 사용하는 사람들의 비율이다. 사용하는 사람의 비율이 높으면 그만큼 살아남을 확률이 높고, 그 비율이 낮으면 그만큼 사라질 가능성이 높을 수밖에 없다. 둘은 그 언어를 사용하는 평균 나이인데, 평균 나이가 낮을수록 살아남을 가능성이 크고, 평균 나이가 높을수록 앞날이 불투명한 언어라는 것이다. 셋은 언어 손실이 일어나는 시점이다. 비록 어릴 때는 가정에서 그 언어(모국어)를 썼지만, 또래 집단의 압력이나 취업 시장의 요구가 강할 경우 지배 언어를 쓰게 되는 경우가 허다한데, 이럴 경우 모국어는 손실되는 언어로 이해된다. 그러한 언어 손실이 적으면 적을수록 그 언어는 살아남을 확률이 높고 그 반대라면 사라질 위기에 처하게 됨은 자명한 이치일 것이다.

이러한 관점을 우리의 방언에 대입해 보면, 비관적인 결론에 도달하게 된다. 정확한 통계 자료가 없기는 하지만, 가정에서 방언으로 말하는 일은 현저하게 줄어들었고, 사용한다 해도 그것은 이제 50대 이상의 연령층에서나 가능한 일이다. 이러한 것은 학교 교육, 텔레비전 등 대중매체를 통한 표준어에의 노출이 그 주된 이유이다. 그리하여 설령 어린 시절에는 가정에서 부모나 조부모로부터 방언을 듣고 말했다 해도, 10대가 되면 학교 교육, 또래 집단의 압력 등으로 방언 사용에서 점점 멀어질 수밖에 없게 된다.

이런 점을 감안하면, 우리의 방언은 현재 킹케이드(1991:160-163)가 말하는 '위기에 처한endangered 언어'[8]이거나, 월(1998:192)이 말하는 '위기에 처한endangered 언어~심각한 위기에 처한seriously endangered 언어'이거나, 밤

---

[8] 생존이 가능할 정도로 충분히 많은 사람이 사용하고 있지만, 상황이 우호적이고 공동체의 의지가 커져야 살아남을 수 있는 언어.

그보세(1997:22)가 말하는 '박탈된deprived 언어'에 속할 수밖에 없다.[9]

이 세계가 어떻게 하나의 생태, 하나의 언어집단으로 동질화가 이루어질 수 있겠는가? 언어로부터 생태계 삶의 방식이 동질화된다고 가정해 보자. 그 상황이 바로 인류의 종말적 상황이라고 할 수 있다. 토착적 지식의 가치가 얼마나 중요한가. 필리핀 하누우족은 컴퓨터 언어는 하나도 모르지만 그들은 450종 이상의 동물과 1천5백종 이상의 식물을 구분할 능력을 가지고 있다. 우리말은 'CUT'에 대응되는 '썰다'류의 동사가 무려 45가지로 구분된다. 한식의 칼솜씨가 거저 나온 것이 아니라는 말이다. 발리섬에 사는 발리인들의 사원 두레 조직으로 이루어진 농사 관계 체계는 매우 독특하다. 아시아 은행이 추진한 현대화된 계획이 그들의 토착 지식 체계를 무시하고 개발을 추진하다가 실패한 사례도 있다. 다양한 언어는 그들 나름대로의 자원과 관행을 가진 다양한 사회 조직망 속에서 진화되어 온 것이다. 바로 그들의 관행과 자원을 침탈당할 때 그들의 언어는 사라진다. 이러한 관점에서 유네스코에서는 제주방언 역시 절멸 위기의 언어로 진단한 바가 있다.

7. 제주지역어의 생태 지수 측정

2007년 국립국어원에서는 제주지역어의 생태지수를 조사하기 위한 용역을 발주하여 2008년도에 그 보고서를 제주대학교 강영봉 교수가 주관하여 완성하였다. 이 보고서의 조사 방법으로는 생물종의 수를 세는 단순한 방법보다 다양성을 더 잘 나타낼 수 있는 측정 방법이 필요하듯이 생태계의 풍부함을 계량적으로 나타낼 수 있는 측정 방법을 고안하기 위해서도 종의 명명 방법에 대한 철저한 조사와 함께 세대별 인지율, 이해율, 사용률을 조사할 필요성을 제시하고 대상이 존재하는 경우, 대상이 절멸한 경우, 대상

---

[9] 세 학자의 용어와 그 뜻은 크리스털(2000/2005:41-43)에서 다시 인용한 것이다.

이 대체된 경우 등으로 구분하여 인지율, 이해율, 사용률로 구분하여 세대별 구분에 따라 조사하였다. 예를 들어 제주도어로 된 동식물 이름을 선정하고 그 제주방언을 대상이 존재하는가 혹은 그 대상이 절멸하였는가 또는 그 대상이 다른 것으로 대체되었는지 조사한다. 조사 대상은 연령별 1군(10~20세), 2군(20~40세), 3군(40~60세), 4군(60세 이상)으로 구분하여 연령별 대상에 대한 인지율, 곧 사물을 본 적도 없지만 대상을 알고 있는 경우, 제주방언을 단 한 번도 사용하지 않은 경우에 대한 인지율 조사와 대상을 확인한 적은 있지만 제주방언을 한 번도 사용한 경험이 없는 경우의 이해율에 대한 조사, 대상을 알고 있으며 실제로 제주방언으로 말한 경험이 있는 경우를 설문 형식으로 조사하였다.

이 조사 보고서를 근거로 하여 대표적인 문헌자료에 나타나는 제주방언의 절멸 과정을 추적하기 위한 사례를 먼저 들어 보면 다음과 같다. 역사 문헌에 남아있는 대표적인 어휘는 '굴레, 손콥, 녹대(쉬염), 가달(석), 고지, 뎅유지' 등의 조사 결과는 다음 같다. 이들 문헌어는 전체적으로 '굴레(13.3%), 손콥(37.9%), 녹대쉬염(10.0%), 가달석(0.4%), 고지(7.5%), 뎅유지(45.4%)'이다. '뎅유지'가 사용 빈도가 높은 것은 요즘도 일반 가정에서 '뎅유지'를 이용하여 차를 만들거나 제수祭需로 쓰기 때문에 그런 게 아닌가 한다. '뎅유지'라는 어휘에 대한 사용률과 이해율에 대한 조사 통계는 아래의 도표와 같다.

〈표 2〉 강영봉 외, 『제주 지역어 생태 지수 조사 보고서』, 국립국어원국립국어원 · 제주대학교 국어문화원 2008-01-54, 2008.

성 별	사용(%)	이해(%)	예전사용(%)	이해못함(%)	모름(%)	계
60대	65.0%	20.0%	13.8%	1.3%	0.0%	100%
40대	53.8%	27.5%	8.8%	6.3%	3.8%	100%
20대	17.5%	16.3%	2.5%	10.0%	53.8%	100%
합 계	45.4%	21.3%	8.3%	5.8%	19.2%	100%

연령에 따른 사용률과 이해율의 조사 내용을 살펴보면 '뎅유지'는 '당나라 유자唐柚子'인데 관습적으로 제수로 사용되고 있는 관계로 어느 정도 사용률이 유지되고 있지만 이해율은 거의 바닥세이다. 60대 이상에서 65.0%, 40대 53.8%, 20대 17.5%가 사용하며, 40대 3.8%, 20대 53.8%가 모르고 있다. 여자의 사용 빈도가 남자보다 10.8% 높은 편이다. 2010년 들어 30대 이하 연령층에서 반말 어미와 일부 특정 어휘를 제외하고는 사투리가 거의 전멸한 상태이다. 덕분에 경어로 따지면 표준어와 거의 같다고 볼 수 있다. 제주시 같은 도시 지역이나 외래인 유입이 많은 지역에서 제주방언 절멸 현상이 두드러진다. 가족이나 친구끼리 사용하는 것 외엔 표준어 말씨랑 차이가 거의 없다. 가령 음식점에 예약 전화를 할 때도 그냥 표준어를 쓴다. 그리고 산북이 산남보다 사투리 사용 빈도가 덜하다. 이미 돌아가신 분들이 많은 8~90대 세대는 거의 외국어 수준의 제주방언을 썼고, 그 아래 5~60대는 토종 제주방언을 알아들을 수는 있지만 점점 사용을 덜 해가고, 지금 2~30대에 와서는 전술했듯 몇몇 단어와 어미 정도만 빼면 표준어와 크게 차이가 없다. 이대로 가다간 거의 표준어화된 지금 젊은 층의 제주방언마저 먼 미래엔 지금 우리가 노인분들의 제주방언을 듣는 것처럼 생소하게 들릴 수도 있을 것이다.

이렇게 조사한 결과를 분석할 경우 제주방언의 절멸 과정을 시간별 계층별로 확인이 가능하며, 정확하게 생태 환경의 변화 과정에 대한 미시적 사항의 기록보존이 가능하다. 제주방언을 보존하기 위해서는 우선 제주방언의 자료를 보존하는 일이 선결되어야 한다. 오디오 자료와 이를 전사한 전사 자료, 비디오 자료, 나아가서 대상물의 보존까지를 고려해야 할 것이다. 이와 함께 제주방언을 사용하는 사람들의 인식 전환이 필요하다. 보존의 당위성을 인식하고 가정 언어로, 나아가서 학교 교육 언어로서 사용자의 수와 그 환경을 확대하려는 의지가 필요하다. 무엇보다도 제주방언이 절멸 위기라면 구체적으로 어떤 과정을 거쳐 절멸되는지 그 과정을 조사하여 기록 자료로 수집 보존해야 할 것이다. 앞으로 제주방언을 보존하는 일은 관련 학자와 제주 지역민들의 힘이 합쳐질 때 가능한 일이다.

8. 왜 제주방언이 중요한가?

첫째, 지금까지 방언은 지리적으로 계기적인 연속체라는 가정 아래에서 공통언어에서 다양하게 분화 내지는 분지된다는 관점에서만 접근해 왔다. '접촉'이라는 관점에서 바라보면 다른 언어나 방언이 접촉하여 평준화 leveling가 일어난 새로운 혼합형의 방언체계가 나타날 수도 있다. 바로 제주방언은 다른 언어에서 혹은 상당히 이질적인 방언에서 시차성을 준 접촉에 의해 새로운 변종으로서 제주방언이 형성이 되었다는 관점에서 제주방언은 매우 소중한 방언일 수밖에 없다. 물론 서부독일어와 네델란드어와 같이 접촉과 반대가 되는 고립의 관계에서도 방언의 분화와 언어의 단절이 생겨날 수 있지만 제주방언은 세계적인 관점에서도 언어지리적 연계가 아닌 접촉을 통한 새로운 혼합형의 방언 생성을 밝혀 줄 수 있는 주요한 모델이 된다.

둘째, 제주방언은 그 지리적 특성으로 인해 고어가 많이 남아있는 방언으로 알려져 왔지만 제주방언에 고어가 특별히 더 많다고 하기보다 육지 방언과의 접촉을 통한 독자적 발달을 보인 형태가 매우 풍부하게 있다는 점에서 더 주목된다.

제주방언이 육지와 떨어져 있기 때문에 방언 차이가 많다고 하는 관점은 동일 언어에서 분화되었다는 관점이지만 또 다른 입장에서는 원래 달랐던 언어에서 오랜 역사 동안 접촉과 이주와 관할로 인해 동질화가 진행되어왔다는 관점도 있을 수 있다.

현재적 관점에서는 한국어족에 속한 하나의 언어 분화라고 할 수 있다.

다만 그 기원에 관한 문제는 결코 쉽게 해결할 수 있는 문제는 아닐 것이다. 제주방언에 ISO 코드가 없었기 때문이다. 위키백과는 ISO 코드가 없는 언어에 대한 위키 개설 허가를 내주지 않아왔는데 2014년에 제주방언에 jje라는 코드가 부여되었기 때문에 개설이 가능해진 것이다. 제주말 위키 신청 허가에 대하여 위키재단에서는 활동할 수 있는 모어 화자만 확보를 한다면 이라는 조건 하에 긍정적 반응을 보여왔다.

셋째, 제주방언은 그 자체로 하나의 체계를 가지고 있으면서 독특한 특징을 가지고 있다. 현재 한국어의 변종으로 제주방언은 단모음체계에서도 표준어와 달리 /ᄋᆞ/(골대, ᄆᆞ디, ᄇᆞ름, ᄎᆞ다)가 존재하는 대신 /위/, /외/가 존재하지 않는다. /외/는 [왜](쉐스랑, 줴:, 웬광이)로 /위/는 [우ᐧ이](구ᐧ이밥)로 실현되고 있다. 그리고 최근에는 /에/와 /애/도 변별성이 약화되고 있다. 어두음절에서 구개음화(지프다, 질매, 성제, 숭)도 실현되며, 움라우트가 실현되는 예(궤기, 퉤끼)와 전부모음화의 예(실피, 실:게, 직ᄉᆞ다, 징:멩)도 있다. 'ᅀ'에 대응되는 'ㅅ'(ᄀᆞ실, 저슬, ᄀᆞ세)이나 어중 'ㄱ'이 실현되는(심그다, 뎅기다) 등의 고어형에 대응 변종이 많이 나타난다.

어두 경음화가 아닌 유기음화가 실현되는 '털다(떨다), 착콩(짝콩), 촌물(짠물)'의 예는 제주방언에서 세력을 가진 변종이다. 어말에서 정지음(ㅂ, ㄷ,ㄱ)이 외파음으로 개음절화(보끄다, 바트다, 나끄다, 더프다)하여 제주방언의 특색을 보여준다.

어법적으로도 주격에 모음 뒤에 '-래(리)'가, 속격에 '너의'가 '느+zero(이)(느것, 느신, 느떡)'로, 혹은 '-네'(느네, 조카내), 대격으로 '-얼, -럴, -ㄹ'(모살쯤얼, 나빌), 부사격으로 '-의, -으게'(ᄆᆞ실, 서귀포레, 바당더레)가 공동격에 '-왕, -광'(겡이왕 꽤기왕)이 사용되고 있어 표준어와 차이가 많이 난다. 특수조사에도 '-영, -이영'(나영 가이영)이 '-이랑'에 대응되며 강조의 '-야, -이야'도 '-사, 이사'(ᄂᆞ리사, 밥이사)로 실현되며 명사뿐만 아니라 동사나 형용사에도(와사, 아프믄사) 사용된다.

선어말어미 체계에서도 현재 시상에 '-ㅁ-'이(감쩨, 잡암서), 미래 시상에 '-카, -커, -코, -쿠'(가컨가, 가커라, 가쿠까, ᄒᆞ코, ᄒᆞ케민, ᄒᆞ케걸랄, ᄒᆞ카푸뎅, ᄒᆞ쿠뎬)와 같이 실현되어 표준어와는 많은 차이를 보인다.

어말어미에서 '-우다'(겡이우다), '-수다'(그럽수다)와 '-ㅁ네다'(모름네다), '-ㅂ디다'(홉디다)가 표준어 '-요'에 대응되는 '-예'(잡암신게예)와 '-서'(어섭서, 아팜서)가 '-오/소'에 대응되는 '-메'(추우매, 안되메)가 '-ㄴ다'에 대응되는 '쩌'(올라감쩌)가 '-노라'에 대응되는 '-고라'(ᄒᆞ고라)가 사용된다. 의문형어미에서도 '-ㅂ니까'에 대응되는 '-우까(꽈)'(붓이우까), '-수까(꽈)'(가밥수까), '-수광'(홈수광)이 쓰이며 '-누냐'에 대응되는 '-디아'(입어반디아)가 실현된다. 명령형어미에는 '-ㅂ시오'에 대응되는 '-ㅂ써'(받읍써)와 '-제'(갑씨제)가 사용되며 청유형어미에는 '-ㅂ주'(갑주, 가주)가 쓰인다.

접속어미로는 '-고'에 대응되는 '-곡'(ᄇᆞ름 불곡). 이유나 원인을 나타내는 '-아서', '-고서'에 대응되는 '-그네'(먹어그네), '-멍'(자멍)이, '-영'(ᄒᆞ영), '-니까'에 대응되는 '-나네'(보나네)와 '-난'(나시난)이 쓰인다. 의도의 '-려', '-려고'에 대응되는 '-젱'(가젱), '-다고'에는 '-덴, -렝, -엔, -앵'(가젱, 먹젱, 간덴, 가키앵)이 쓰인다.

어휘적인 특징은 제주방언의 조어상의 특징뿐만 아니라 절도이기 때문에 매우 독특한 자연환경과 생활어휘가 육지와는 많은 차이를 보여주고 있다. 의미 영역이나 어원을 달리하는 단어 또는 몽골어 등의 외래어로 인해 독특한 모습을 보이는 단어가 매우 많이 나타난다. '패마농(파), 대사니(마늘), 꿩마농(달래)'을 총칭하는 말('마농')이 있다든지, '새끼줄'의 방언형이 굵기에 따라 '배(大), 네끼(中), 노(小)'로 분화되어 있다든지 하는 것은 의미 영역을 달리하는 경우다. 아울러 '구덕(바구니의 일종), 올레(골목에서 마당으로 들어오는 짧은 골목), 허벅(물동이의 일종)' 등처럼 제주 지역에서만 발견되는 특수어도 그 수가 상당하다.

넷째, 한편 제주방언은 대방언권의 하나로, 방언권 내의 언어적 동질성이 매우 강하다. 전통적으로 한라산을 중심으로 산북 방언과 산남 방언으로 구분해 왔지만, 다른 방언권의 경우와 비교할 때, 두 방언의 차이는 하나의 소방언권을 하위 구획한 정도의 차이에 불과하다. 그럼에도 불구하고 오늘날의 제주방언은 '세대'에 따른 방언차를 매우 크게 드러내는데, 이는 대부분의 젊은층 화자들이 전통적 제주방언 대신에 표준어의 한 변종을 사용하기 때문이다.

다섯째, 아직 제주방언의 기원에 대한 문제는 신비에 가려져 있다. 김공칠(1999:26-30)에 의해 유구어와의 친족관계와 아이누어가 한반도와 구주를 거쳐 제주방언과 접촉하였다는 가설 위에 고구려어와 가라어와의 친근성을 제시한 바가 있지만 그렇게 신뢰할 만한 것이 되지 못한다.

유네스코와 국제표준화기구, 『에스놀로그』(2011)에서는 제주어를 방언보다는 하나의 별개 언어로 분류하여 독립적인 언어로 보았다. 이러한 논의를 기반으로 하여 상고 제주방언의 기원 문제와 한반도나 일본, 유구, 아이누, 만주어와의 기원적인 문제도 더 깊이 있는 연구가 진행될 필요가 있을 것이다.

생태학적으로 생물 다양성의 감소에 관한 위기에는 모두가 동의하고 있으나 언어 다양성의 감소에 관한 위기에는 둔감한 것이 오늘의 현실이다. 방언의 절멸로 인해 초래되는 문화의 퇴조와 문화적 자산의 손실에 관한 문제점을 지적하고 이를 극복하기 위한 노력은 거의 이루어지지 않고 있다. 이제 우리도 방언의 절멸위기에 대응해야만 한다. 이것이 문화다양성과 언어다양성 그리고 창조의 다양성을 유지하고 발전시키는 길일 것이다. 이를테면 2007년 강창일 의원이 발의한 <지역어 보존 및 육성에 관한 법률안>과 같은 정책적 노력으로 지역어가 절멸해가고 있는 속도를 늦출 수 있을 것이다. 제주특별자치도에서는 2007년 <제주방언 보존 및 육성 조례> 제정과 재개정의 과정을 거치면서 자치 정부 스스로 지역어 보존과 보육을 위한 노력을 시작하였다. 강창일 의원이 국회에 발의한 <지역어 보존 및 육성에 관한 법률안>의 제안 이유를 살펴보면

"표준어가 확산되고 영어의 중요성이 강조되는 요즘 제주방언와 같은 지역어가 사멸해 가는 위기를 맞고 있음.
언어는 단순한 소통의 수단이기 전에 그 언어를 사용하는 이들의 얼과 혼으로서 지역어의 보존은 바로 국어를 지키고 발전시키는 것이며 이를 통하여 우리 민족 고유의 문화 창달이 가능하고 국가의 문화경쟁력을 높일 수 있을 것임.
이에 지역어정책의 수립·시행, 지역어 능력 향상, 지역어 연구·조사 등을 통한 지역어의 보존과 육성·발전의 기틀을 마련함으로써 국어의 발전과 민족 문화 창달에 이바지하려는 것임."

이라고 하여 오랜 전통과 뿌리를 갖고 있는 제주방언의 절멸 위기에 대한 인식과 함께 언어는 그 지역의 지식 정보의 보고인 동시에 정체성을 드러낸 문화발전의 본질이라는 점을 깊이 인식하고 있다. 따라서 이 <지역어 보존 및 육성에 관한 법률안>이 상정되어 입법화된다면 곧 바로 국립방언연구원의 설립과 유치가 가능한 것이다.[10] 다만 아쉬운 것은 이 법안이 국회에

---

[10] 법안의 주요 내용은 아래와 같다.
   가. 각 지방의 지역어를 보존·육성함으로써 국어의 발전과 민족문화 발전에 이바지함을 목적으로 함(안 제1조).
   나. 특별시장·광역시장·도지사 및 특별자치도지사는 지역어의 보존과 육성을 위하여 5년마다 지역어보존기본계획을 수립·시행하고, 이에 따른 세부 시행계획을 수립·시행하여야 함(안 제4조).
   다. 특별시장·광역시장·도지사 및 특별자치도지사는 2년마다 지역어 보존과 육성에 관한 시책 및 그 시행결과를 해당 지방의회의 해당 상임위원회에 보고하도록 함(안 제6조).
   라. 특별시·광역시·도에 지역어심의위원회를 두어 지역어보존기본계획의 수립에 관한 사항 등 지역어의 보존과 육성을 위한 중요사항을 심의하도록 함(안 제8

계류된 상태로 있다는 것이다. 그 후에 오영훈 의원실에서 지속적으로 이 상정안을 수정하여 국립방언연구원 설립안을 제시하려는 학술세미나를 하기도 하였다. 오영훈 의원실의 협력과 경상북도의 지원으로 필자가 주관하여 <국립방언연구원 설립 법안> 마련을 위한 학술세미나를 개최한 바가 있다. 우리나라에 왜 '국립 방언연구원'(이하 '방언연구원')이 설립되어야 하며, 그렇게 설립된 방언연구원의 목표는 무엇이어야 하는지를 심도 깊게 논의하였다. 필자는 국립방언연구원의 설립 당위성과 관련해서는 두 가지 점이 분명하게 지적되어야 한다고 판단한다. 첫째는 그 연구원이 왜 '방언'을 중심에 두는 연구원이어야 하는가라는 점이고, 둘째는 방언연구원이 왜 '국립'이어야 하는가라는 점이다. 첫 번째 문제 제기에 대한 답은, 방언은 매우 소중한 존재이기 때문에 그것만을 전문적으로 다루는 연구원이 필요하다는 것으로 압축된다. 특히 통일을 내다보면서 한 언어로 두 가지 표준어와 문화어라는 지향성을 통합하기 위해 표준어 연구와 관리를 중심으로 하는 국립국어원은 한계를 지닐 수밖에 없기 때문이다. 두 번째 문제 제기에 대한 답은, 국가 기관이 아니고서는 방언과 관련되는 각종 문제를 체계적이고 지속적으로 운영하기 어렵다. 지금 우리나라의 방언, 특히 제주방언은 절멸 위기의 단계에 이른 존재이며, 그런 사정으로 하여 국가기관이 여기에 깊이 관여하지 않고서는 해결의 실마리를 찾을 수 없다.

이번 학술회의를 통해 제주방언의 본질적인 언어학적인 연구 성과를 거

조).
마. 특별시장·광역시장·도지사 및 특별자치도지사는 지역어의 홍보·보급·교육 등을 위하여 필요한 사업을 시행하고 지역어의 보존·육성을 목적으로 활동하는 법인·단체 등에 대하여 필요한 지원을 할 수 있음(안 제9조부터 제12조까지).
바. 특별시장·광역시장·도지사 및 특별자치도지사는 지역어주간을 정하여 기념행사를 개최하고, 지역어의 보존과 연구를 위하여 지역어연구소를 설치할 수 있음(안 제14조 및 제15조).

두는 것도 중요하지만 필자는 제주특별자치도에서 국립방언연구원을 설립 추진하기 위하여 관련 법안을 제정하는 방향을 제시하는 것이 매우 중요한 목표로 삼고 싶다.

9. 제주특별자치도에 '국립방언연구원' 설립 추진을

방언 자료는 문헌자료의 부족을 매울 수 있다는 측면에서 국어학 연구에 있어서 매우 중요한 연구 영역을 차지해 왔다. 이러한 종래의 방언 연구의 목표는 바로 방언이 가지고 있는 다양성, 곧 다양한 변이형과 변종을 유지하고 있기 때문에 이들의 상호 비교를 통한 국어사의 실마리를 풀 수 있는 단서가 될 수 있기 때문이기도 하다. 방언 연구가 종래 국어사를 보완하는 기능적 지위가 아니라 국어의 생태 기반의 유지 발전이라는 문제와 깊은 관련성이 있기 때문에 방언학에 대한 연구가 언어생태학적 관점에서 접근하려는 노력이 절실하게 필요하다.

방언연구원이 지향해야 할 목표는 1. 지역어정책의 기본방향과 추진목표, 2. 지역어 선양과 지역어의 발굴·보존에 관한 사항, 3. 주민의 지역어 능력 향상에 관한 사항, 4. 지역어정책과 지역어교육의 연계에 관한 사항, 5. 지역어의 관광자원화에 관한 사항, 6. 지역어의 정보화에 관한 사항, 7. 지역어 발전을 위한 민간부문의 활동 촉진에 관한 사항, 8. 그 밖에 지역어의 사용·발전 및 보존에 관한 사항을 효과적으로 추진하는 데 두어야 한다.

국립방언연구원의 목표를 달성하려면 여기에 맞는 조직을 꾸려야 한다. 제주 지역에 '본원'을 두고, 각 도 단위에 최소한 하나 이상의 '분원'을 두어 유기적 관계를 형성해야 성공할 수 있을 것이다. 분원은 방언학을 전공으로 하는 사람과 향토 연구자를 아우르는 조직으로 구성되어야 한다. 분원은 각 군 단위별 회원이 중요한 위치에 오도록 하고, 이들로 하여금 면 단위별 방언 조사를 하게 해야 한다.

국립방언연구원은 표준어로 올릴 말들을 방언조사를 통해 발굴하여 정리한 뒤 이를 국립국어원으로 보내어 심의를 받게 해야 한다. 국립국어원에서는 방언연구원에서 상정된 말들을 국어심의회의 심의를 거쳐 사정된 말들을 표준어로 고시해야 한다. 이렇게 하면, 지나치게 폐쇄적이라고 비난 받고 있는 우리의 표준어 정책은 거기에서 자유로울 수 있고, 이것이 곧 공통어 정책으로 이행하는 첫걸음이 될 것이라고 필자는 믿어 의심치 않는다.

향후 남북통일 국어정책을 위해서도 남의 표준어와 북의 문화어를 절충하는 방식이 아닌 합리적인 방식을 도출하기 위해서도 남북 방언조사를 성실하게 추진하여 사용자를 중심으로 새로운 공통어를 선택하는 장기적인 어문정책 수립을 위해서도 국립방언연구원 설립은 절실하게 필요하다. 이와 같은 우리말의 정책 수립에 절실하게 긴요한 국립방언연구원의 설립 추진이 제주에서 시작되어야 한다는 당위성에 대해 어느 누구도 이견을 제시할 수 없을 것이다. 표준어의 외연을 확대하면서 통일국어 정책의 기반을 마련하며 나아가서는 절멸 위기에 있는 인류의 무형자산인 제주어의 보존을 위해서도 국립방언연구원의 설립을 강력하게 요청하는 바이다.

10. 유네스코 세계 무형 유산 등재

2018년 유네스코가 지정한 세계 무형 유산은 "마사이 족 남성의 3단계 통과의례"(케냐, 2018), "투와트와 티디켈트 지역 포가라의 수량 측량인(물 관리자)들의 지식과 기술"(Algeria, 2018), "왓 스베이 안뎃의 르콘 콜"(Cambodia, 2018), "수리 자젝(태양 관측)(Pakistan, 2018) 등의 사례가 있다.

세계 유산은 '탁월한 보편적 가치OUV: Outstanding Universal Value'를 갖고 있는 부동산 유산을 대상으로 한다. 어떤 유산이 세계 유산으로 등재되기 위해서는 한 나라에 머물지 않고 세계적인 보편성을 띤 탁월한 가치가 있어야 한다. 보편적 가치라는 측면에서 제주방언은 절멸 위기에 처한 인류의 지식 정보라는 면, 제주방언의 기원과 접촉에 의한 변화 과정을 연구하는 데 매우 사료적 가치를 지닌 대상으로 인정된다.

세계 무형 유산은 영향력, 시간, 장소, 인물, 주제, 형태, 사회적 가치, 보존 상태, 희귀성 등을 기준으로 선정된다. 한 나라 문화의 경계를 넘어 세계의 역사에 중요한 영향력을 끼쳐 세계적인 중요성을 갖거나 인류 역사의 특정한 시점에서 세계를 이해할 수 있도록 두드러지게 이바지한 경우 선정된다. 이러한 관점에서도 매우 이질적인 언어가 방언으로 편속되어 가는 진화 과정을 관찰할 수 있는 매우 독특한 제주방언은 세계 무형 유산으로 등재될 수 있는 기본 요건을 갖추고 있다.

유산의 '진정성Authenticity, '독창적Unique이고 비대체적Irreplaceable' 유산으로 절멸 위기에 있는 제주방언의 보존을 위해서 세계 무형 유산으로 충분한 가치가 있는지 앞으로 심도 깊은 논의들이 있어야 할 것이다.

세계적 관점에서 유산이 가지는 중요성 즉, 한 지역이 아닌 세계적으로 어떠한 영향을 끼쳤는지 여부, 그리고 시간Time, 장소Place, 사람People, 대상/주제Subject/Theme, 형태 및 스타일Form and Style이라는 다섯 가지 요소 가운데 뛰어난 미적, 형식적, 언어적 가치를 가지거나 형태 및 스타일에서 중요한 표본이 된 경우라는 선정 요건에 대해서도 그 중요성을 증명할 수 있는 근거를 찾아내어야 할 것이다..

제주방언에는 육상, 민물, 해안 및 해양 생태계와 동·식물 군락의 진화 및 발전에 있어 생태학적, 생물학적 주요 진행 과정을 입증하는 사료의 보고이기도 하다. 보존 관점에서 볼 때 보편적 가치가 탁월하고 현재 멸종 위기에 처한 종을 포함한 생물학적 다양성의 현장 보존을 위해 가장 중요하고 의미가 큰 자연 서식지를 포괄하고 있다. 제주방언은 유산의 가치를 충분히 보여줄 수 있는 충분한 제반 요소를 보유하고 있으며, 보호 및 관리체계를 갖추기 위해서 국립방언연구원이 설립되어야 할 당위성이 있는 것이다.

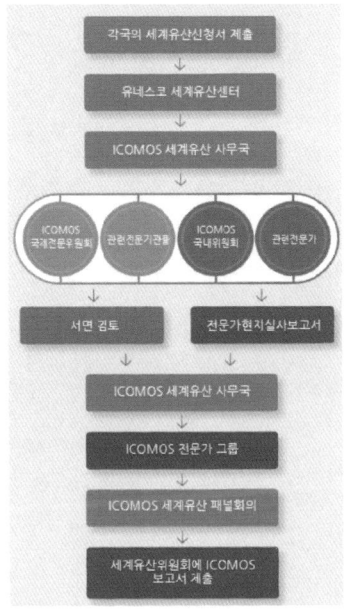

세계 무형 유산 등재 절차는 세계유산협약에 가입한 각국 정부가 유네스코 세계유산센터에 잠정목록 등재 신청서를 제출하면서 시작된다. 이러한 과정을 준비하기 위해서는 향후 제주특별자치도의 지속적인 지원과 관심이 없이는 불가능하다. 아울러 제주민뿐만 아니라 전 국민이 절멸 위기의 제주방언의 보존을 위해 행동해야 할 시점이라고 생각한다.

고정된 규범적 언어 곧 표준어만이 남아있다면 향후의 국어사 연구는 매우 단조로워질 수밖에 없게 된다. 한 나라의 언어가 다종성을 유지할 때 소통에 매우 많은 장애가 있을 것이라는 의구심은 말 그대로 우려에 지나지 않는다. 2005년 유네스코에서 생태의 종다원성의 확보와 언어나 문화의 다원성이 보장될 때 보다 건강한 종의 다원성이 유지가 가능하다는 선언이 이루어지기까지 언어학자들과 국민 모두가 위기의 언어 보존을 위한 노력을 시작해야 할 것이다.

08
AI 기반 방언 기록 정보 확장 전략[1]

1. 지식의 둥지

하늘에 떠 있는 무수한 별자리를 적절한 범주로 묶은 성운의 명칭을 부여한 방식이 동양과 서양에서 각기 달랐다. 무한히 흩어진 지식을 정보의 개념으로 국어사전에서 품사를 기준으로 하여 몇 가지 클러스트로 묶어내듯이 다양한 지식 정보를 촘촘하게 엮어 연관 검색이 가능하고 또 새롭게 융합할 수 있도록 체계적으로 구성하는 전통은 인류 문명의 출발에서부터 시작된 것이다. 마치 별자리를 명명하듯이.

최근 인공지능(AI)이라는 것이 갑자기 하늘에서 뚝 떨어진 것이 아니라 인류 문명의 출발에서부터 지식 체계를 정리하고 갈무리는 하는 방식이 있었음을 별자리 이름과 그 분류 기준과 방식에서 확인할 수 있다. 한 사람이 기억할 수 있는 지식과 정보의 양은 매우 유한하다. 그러나 문명이 점점 발달되면서 넘쳐나는 지식과 정보를 갈무리하는 둥지인 사전(Dictionary)이라는 근대적 지식 창고를 만들어 활자로 기록하여 차곡차곡 담아왔다. 품사

---

[1] 이상규, 「AI 기반 한글 지식 정보 확장 전략」, 2021년 10월 9일, 「21세기 인문가치 포럼」에서 발표한 내용임.

와 전문 지식의 범주에 따라 거시구조인 올림말과 미시구조인 품사, 뜻풀이, 예문의 형식, 문법 정보 등으로 짜서 만든 지식 정보의 창고인 셈이다.

컴퓨터가 발전하면서 사전을 초월하는 폭발하는 지식 정보를 대량으로 디지털화한 코퍼스 구축의 단계를 거쳐 이젠 대용량의 지식 정보를 더욱 정교하게 연관 검색과 지식 정보의 융합이 가능한 촘촘한 거물망을 짜는 한편 이를 이용하여 기계가 인공적인 추론과 상상이 가능한 수준에 도달하기 위한 노력이 가속화되고 있다. 사전의 둥지에서 선형적인 지식의 뭉치를 온톨로지라는 계열적으로나 통합적인 지식 정보의 체계적인 유관성을 입체적으로 구현하기 위해 노력해 왔다. 다양하게 흩어진 지식 체계를 일정한 존재의 온톨로지 구성 체계로 인식할 수 있는 알고리즘으로 묶어내고 또 이를 토대로 딥러닝이라는 기계학습 구조로 발전시키고 있다. 인간 소통 방식을 기계 소통 방식으로 혹은 기계와 인간이 상호 소통하는 시대로 진화하고 있다.

특히 세계에서 가장 우수한 한글로 기록된 텍스트와 그 이미지를 소리와 묶어 쌍방향으로 전환이 가능한 멀티모달 ISLA데이터 구축 가능성을 확인하기 위해 종이에 서사화된 글씨를 자동으로 컴퓨터 텍스트 문서로 전환하는 OCR 툴 개발을 위한 방법으로 한글 글씨를 Block Diagram 문자 이미지 알고리즘 라벨링을 대용량으로 구축한 사례를 소개하고 그 한계점을 극복하기 위한 한글 문자의 구성 관계를 훈민정음 해례본의 구성원리에 따라 최소한의 변별적 자질로 알고리즘을 제안하였다.

이러한 AI연구의 추세에 따라 손으로 만들었던 사전을 텍스트와 이미지 그리고 음성이 결합된 멀티템 AI사전으로 발전시킬 필요성이 있다고 판단된다.

최근 지식 정보 관리가 자연언어를 빅데이터(대용량 코퍼스)로 구축하여 관리함으로써 신속하고 정확하게 지식 정보를 융합하고 검색하여 새롭게 응용하여 재창조할 수 있는 방향으로 진화되고 있다. 그뿐만 아니라 AI 기술의 발전으로 정보검색의 효율화와 기계적인 추론과 인지 및 기계 학습 알고리즘의 집합으로 라벨링하여 딥러닝이 가능한 인공지능의 기술 축적이 이루어지고 있다. 이러한 성과들은 분명 전통적인 한국어 연구의 기반 위에서 가능한 것이었다. 특히 사전 편찬 기술의 내재적인 발전에 힘입은 바가 크다. 그러나 이제 다시 한국어 연구 영역을 자연언어 처리 기술 쪽으로 확대 발전시키지 않으면 연구 협업이 불가능하게 될 것이다. 특히 사전 편찬 기술이 AI빅데이터 구축에 응용되는 온톨로지 라벨을 정교하게 부착하여 더욱 정교한 방향을 발전되어야 할 것이다. 다시 말하자면 텍스트 중심 원시 데이터의 가공과 관리 방식이 진화해야 할 전환의 시점이다.

제4차 지식 정보 혁명의 시대에 지식 정보의 뭉치를 효율적으로 전달하는 다중적 방식의 기초는 역시 웹 혹은 앱을 통해 이루어질 수 있다. 카오스 상태로 흩어져 있는 다양한 고급 지식과 정보를 사람들이 유용하게 활용할 수 있도록 융합하고 재구성하려는 기획이 없다면 개인차는 물론이거니와 국가 간의 경쟁력은 더욱 약화될 것이다. 이처럼 근대 지식 정보의 대중화의 통로가 바로 사전이라고 할 수 있다.

2. 지식 정보의 대용량화(Corpus)와 온톨로지

사전 지식의 정보 처리 환경은 진화하고 있다. 인터넷을 활용하여 Ubiquitous Computing/Networking이 가능하며, 인간 언어로 기술될 내용을 기계가 이해하기 쉽게 의미표지를 부착할 수 있는 시맨틱웹, 또는 온톨로지의 기술력을 사전 편찬에 활용할 가능성은 대단히 희망적이다. 인터넷을 통한 정보 기술력은 학습을 통해 스스로 지식을 축적하고, 추론을 통해 스스로 새로운 지식을 창출하며, 이를 사람과 기계 간, 기계와 기계 간 적절히 이용할 수 있는 자연언어 처리 기술력으로 발전될 전망이다. 따라서 사전 발전의 가능성은 어휘의 의미관계 정보를 얼마만큼 미시적으로 부여할 수 있는가에 달려 있다.

빅데이터의 낱말밭 체계를 온톨로지 기반으로 구축할 가능성과 그러한 온톨로지 기반이 구축되었을 경우 온톨로지 맵Ontology Catagraph로 발전시킬 가능성과 그 유틸리티에 대해 사례를 중심으로 살펴보자. 최근의 시맨틱웹, 지식공학, 인공지능, 자연어처리 등 정보기술 분야에서의 온톨로지는 각각의 지식(혹은 단어, 개념)이 전체 지식 체계 중에서 어디에 위치하는지 밝히는 연구 분야를 의미하는데, 어떤 단어와 단어 사이의 상관관계를 더 빠르고 편하게 검색할 수 있어야 한다. 온톨로지 개념을 적용한 컴퓨터 분야는 역시 지식 표현과 활용을 연구하는 인공지능 분야다. 특히 에이전트 분야는 이미 90년대 초부터 분산된 환경에서 에이전트들이 상호작용을 통해 의미 있는 문제를 해결하기 위해서는 서로 공유할 수 있는 기본 지식 기반이 필요하다는 것을 인식하여 일종의 온톨로지라 할 수 있는 개념 계층도concept hierarchy 등을 이용했으며, 지식과 정보를 교환하기 위한 질의어(예: KQML-Knowledge Query and Manipulation Language)와 지식교환 형식(예: KIF-Knowledge Interchange Format) 등을 정의하고 있다. 지식 정보의 대용량화를 통해 지식 정보를 유용하게 활용할 수 있는 기반이 클라우드라고 할 수 있다. 여기저기 컴퓨터 내에 흩어져 있는 가치 있는 지식 정보를 유효한 구조를 구축한 것을 클라우드라고 할 수 있다.

지난날 2차원적 사물의 구조를 체계system이라고 하였다면 3차원의 구조를 패러다임paradyme이라고 하였다면 이젠 다차원의 세계에서 상상의 다차원적 지식의 구조를 클라우드cloude라고 말할 수 있다. 다시 말하면 산재해 있는 지식을 통합적 계열적 관계로 구조화하던 방식에서 다차원의 방식으로 진화해온 결과 그 지식 구조화를 위한 거물 짜는 방식이 달라졌다고 말할 수 있다.

최근 AI를 전제로 한 대량의 지식 정보가 코퍼스로 구축되면서 이를 효과적으로 관리하기 위해 국어형태소분석기를 개발한 것은 메타언어 관리와 분석을 위한 획기적인 연구성과라고 할 수 있다. 시소러스와 같은 어휘망 구축을 위한 각종 툴 개발에서 더 발전된 온톨로지의 방식으로 지식 정보를 입체화하는 노력의 일환으로 AI의 방식으로 데이터셋을 구축하고 있다.

3. 온톨로지는 다층적 입체적인 지식체계

온톨로지Ontology란 사람들이 세상에 대하여 보고 듣고 느끼고 생각하는 것에 대하여 서로 간의 토론을 통하여 합의를 이룬 바를, 개념적이고 컴퓨터에서 다룰 수 있는 형태로 표현한 모델로, 개념의 타입이나 사용상의 제약 조건들을 명시적으로 정의한 기술이다. 온톨로지는 일종의 지식표현 knowledge representation으로, 컴퓨터는 온톨로지로 표현된 개념을 이해하고 지식처리를 할 수 있게 된다.

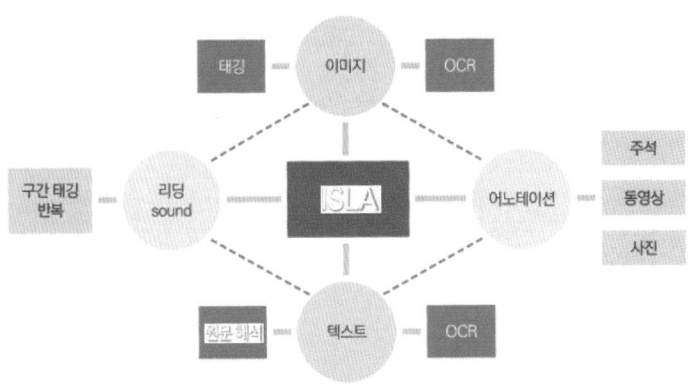

〈그림 1〉 4차원 ISLA 텍스트 개발

텍스트 중심의 지식 정보 관리에서 더 확장하여 이미지, 사운드, 텍스트, 주석 등을 웹이나 앱을 기반으로 지식 정보를 소통하는 데이터까지 확장하기 위한 사례로 한글 필사 OCR시스템에 대한 내용을 소개하려고 한다. 곧 한글 분석 기반에서 ISLA데이터 구축 방안의 일환으로 필사 자료인 이미지 영상 자료를 텍스트로 전환하는 방식이다. 향후 텍스트와 이미지 그리고 사운드가 자유롭게 순환적 혹은 그 역의 방향으로 전환이 가능한 방향으로 자연언어 정보 처리 기술력을 고도화하는 동시에 융합 언어 정보 처리기를 만들어 소비자에게 제공해 주어야 할 것이다. 이미 음성을 텍스트로 전환한 클로바노트와 같은 음성 인식 엔진인 Block Diagram이나 영상 인식 기술 개발이 빠른 속도로 발전하고 있다. 이러한 기술력을 기반으로 지식 정보를 품고 있는 텍스트 데이터구축에서 음성데이터, 이미지데이터, 주석데이터를 상호 연동적으로 입체화한 멀티모달 대용량 데이터셋 구축을 위한 전략 가운데 이미지와 텍스트를 연계하는 한글 이미지 자동인식 OCR 개발의 사례와 딥러닝 모델 구축 방안을 소개하려고 한다. 이 연구의 모델은 향후 음성 인식과 이미지 인식툴로 더욱 고도화할 수 있을 것이다.

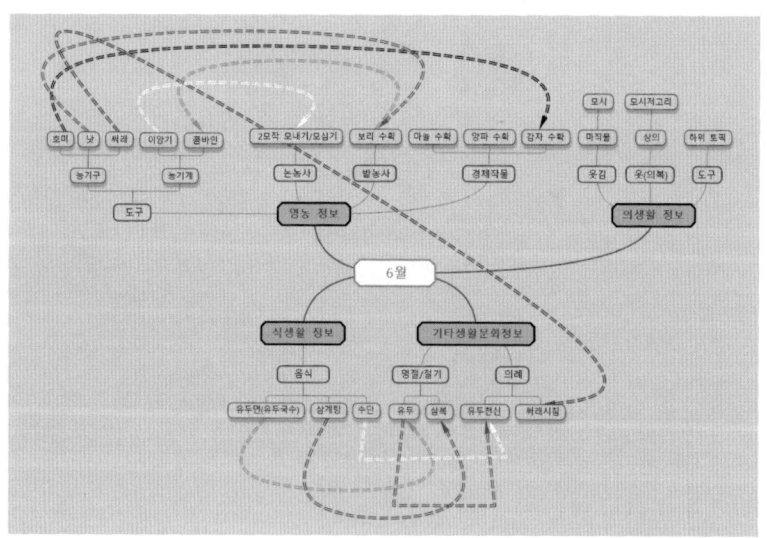

사전 지식에 기초하여 낱말망을 더욱 정교하게 그 네트워킹을 입체적으로 구조화하는 일을 위해 텍스트 중심에서 한 걸음 더 나아가서 이미지(Image), 소리(Sound), 문자(Letters), 주석(Annotation) 등으로 확대시킬 필요가 있다. 그뿐만 아니라 이들 빅데이타에서 유효한 지식 정보를 종횡으로 엮어낼 수 있는 거물망의 구축 단계에서 자연언의 알고리즘을 이용하여 딥러닝이 가능한 입체적 조직으로 구성해야 한다.

멀티모달이란 활자화하거나 서사체로 쓴 텍스트 중심 데이터 연구에서 이미지, 음성, 텍스트, 주석 등 원시 데이터에 다양한 지식 정보를 연계 구축하는 융합구축 방법인 멀티모달 빅데이터 구축을 위한 하나의 시도 모형에 대해 살펴보려고 한다. 종이나 기타 매체에 기록된 텍스트는 일종의 이미지 자료이다. 이 이미지 자료를 디지털 텍스트로 자동 전환하고 이를 다시 음성으로 쌍방 전환이 가능하도록 만든 빅데이타를 멀티모달이라 하고 그 일부 특정 주제로 묶여진 것을 데이터셋이라고 규정한다. 한 예를 들어 세시에 맞추어 농업 활동과 관련된 다양한 낱말들을 연계하여 묶을 수 있는 라벨링을 [그림-2]과 같이 상하위의 온톨로지의 연계망을 부착한다면 단순한 사전 지식을 융합하고 통합하여 매우 유용한 지식 정보로 활용할 수 있게 된다.

추론과 인지가 가능한 인공지능 AI를 구동하기 위해서는 방대하게 축적된 데이터들을 입체적으로 얼개망을 연결하여 검색과 이용이 자유롭게 구성해야 하는 일이 전제 조건이다. 온톨로지는 또 어휘 간 의미 모호성을 통해 발생할 수 있는 의미충돌을 방지시켜주며, 같은 개념에 대한 다른 어휘를 연결시켜줌으로써 특정 개념에 대해 더욱 상세하고, 관련성 높은 정보 제공해 줄 수 있게 한다. 개방형 디렉터리 프로젝트에서는 자발적으로 참여하는 사람들이 인터넷 정보의 분류체계를 만들고 있으며, 이 분류체계는 구글 등 상용 검색 사이트를 비롯한 수많은 사이트에서도 사용될 정도로 대표적인 웹 정보 분류체계로 받아들여지고 있어, 처음 방문하는 사이트에서도 익숙한 분류 카테고리를 이용할 수 있는 경우가 점점 많아지고 있다. 이제 기계가 다양한 원시 지식 정보를 연계하여 딥러닝과 추론과 인지가 가능한 인공지능의 가능한 방식으로 발전하고 있다.

4. 텍스트 이미지의 문자 전환(OCR)

AI 환경에서 지식 정보 관리는 이미지image, 사운드Sound, 텍스트Letters와 주석Annotayion이 개별적으로 분리되어 있는 것이 아니라 상호 융합적 연계를 궁극적 목표로 한다. 그 가운데 하나의 사례인 이미지 인식에 대한 OCR 분야는 주로 폰트 활자를 중심으로 연구가 진행되어 왔다. 쓰여진 글씨를 단순히 텍스트 문자로 전환기술이 아니라 쓰여진 글씨를 자동으로 텍스트로 전환하고 이를 음성으로 지원하는 순환적 교류가 가능한 동시에 알고리즘을 통해 다양한 변형의 글씨를 딥러링을 통해 학습할 수 있는 멀티모달의 데이터셋을 구축하는 기술적 목표를 두고 있다.

한글 서사 이미지 자료들을 한글 텍스트 데이터로 전환하기 위해 음소 단위의 공간 영역의 변이역Variation area을 읽어낼 수 있는 문자 공학으로서의 시스템 개발을 한다면 성공률이 매우 높겠지만 가변수가 너무나 많다. 한글은 목판이나 금속활자본이나 손글씨가 주종을 이루는 데 활자본은 기존의 개발된 OCR을 변용하면 이용이 충분히 가능하지만 손글씨 한글은 음소 단위의 변이역을 활용한 방식을 적용하기 거의 불가능한 상황이다. 글씨의 굵기(wf)나 선과 획의 방향성과 붓글씨의 속도, 종이의 거친 정도, 먹의 표면장력 먹의 점도 등의 변수 너무나 다양하기 때문에 기계처리의 한계에 봉착된다.

5. Block Diagramm 문자 이미지의 알고리즘과 딥러닝

한글 서사 이미지 자료를 판독하는 일은 한문보다 더 어렵다. 주로 붓글씨로 쓴 손글씨의 물리적 다변성은 너무나 크기 때문이다. 서사자에 따라 세로글씨로 띄어쓰기가 되지 않은 자료들의 주종이기 때문에 글씨가 분절 segmentation이 되지 않은 것이 대분분을 차지한다.

서울대학교 기계항공학부 마이크로유체역학실험실에서 발표한 것처럼 손글씨는 선의 굵기가 붓의 크기, 붓의 속도, 먹의 표면장력, 먹의 농도, 글씨 속도, 심지어 종이의 표as의 질적인 문제와도 상관관계를 갖는 3차원의 공간 속에 실현되는 행위이다. 따라서 종래의 표준 활자에 대한 인식 시스템으로 3차원의 옛글씨 판독은 거의 불가능에 가까운 것이다. 최근 서사 이미지를 대량으로 모아 기계학습이 가능하도록 알고리즘으로 학습시키는 방식 또한 일대일의 대응방식일 뿐이다. 따라서 한글의 자모를 분리시켜 국제문자자판기 활당부호로 대응시켜 모든 한글 이미지를 기계가 판독하여 전사할 수 있도록 이미지 리딩 멀티 데이터셋을 구축하는 방식으로 접근할 수도 있다. 그러나 서사자 간의 글씨 서체가 다르고 문자 자간의 바이트가 일정하지 않기 때문에 성공률이 매우 저조할 수 있다. 그뿐만 아니라 연결획과 문자획의 구분되지 않기 때문에 이를 기계적으로 처리하는 데 한계가 있다. 동일한 문자도 단독형과 연결형의 자형이 다르다. 연결획과 문자획을 구분할 수 있어야 판독의 오류를 줄일 수 있다. 정확한 판정을 위해서는 연구자는 전후 문맥을 고려하는 경우가 많다.

6. 한글 이미지 Block Diagramm 인식과 인공지능 학습용 데이터 구축

문자 인식 방식이 ① 통계적 판별(문자 먹의 화상요소의 숫자), ② 구조인식(음소결합)이 있었는데 문자도형의 특징인 필획의 특징, 기하학적 특징, 위상학적 특징, 특정점분포 등의 종래 코테크 등에서 개발한 OCR시스템은 서사체의 글씨를 인식시키는 성공률이 매우 낮을 수밖에 없다. 따라서 한글 이미지 뭉치 곧 Block Diagram으로 데이터를 구축하여 이를 변별적 뭉치로 만들어 학습시키는 전략이다. 따라서 종래 OCR시스템과는 전혀 상반되는 접근 방식인 점에서 특장점이 있으며 향후 음성 Block Diagram과의 연계와 주석 어노테이션 연계가 용이하여 새로운 AI기반의 학습체계를 구축하는데 기여하게 될 것이다.

지금까지 문자 공학적인 측면에서 ① 문자 밀집 기억 방식, ② 트리다이아그람 방식, ③ 해싱Hashing 기억 방법 등으로 문자 인식 시스템을 구성하였지만 시대에 따른 음소의 차이, 음소결합 원리를 극복할 수 있는 방법이 없다.

한글 활자 글씨를 인식하는 데 초점이 맞춰져 있던 기존의 OCR을 활용한 문자 인식 수준을, 이미지 문자를 인식하는 기술로까지 발전시킴으로써 그 호환성의 폭을 확장시킬 필요성이 있다. 한글 이미지를 음절 단위로 나누어 이를 Block Diagram으로 인식시키는 방식의 OCR이라고 정의할 수 있다.

앞으로는 이미지의 음성적 전환으로까지 발전시켜 나가야 한다. 다만 이미지나 음성의 분절Segmantation 기술로 전환되지 않은 상황이기 때문에 이미지와 텍스트 그리고 음성 자료로 연계하는 획기적인 기술 개발을 위해서는 1천만 음절의 필사 이미지 자료를 Block Diagram으로 기반을 만들고 이를 음성 구성 방식에 따라 라벨링을 하여 대량코퍼스로 구축하여 자동으로 활자 인식 코드로 전환하는 기술이 개발되어야 할 필요성은 아무리 강조해도 지나침이 없을 것이다. 여러 제약 조건으로 인해 대부분 단순 원본 스캐닝을 통한 보전 단계에 머무르고 있는 옛 한글 자료의 실효적인 이용과 현대적 의미의 한글 서비스가 필요하다.

① 단음절 의미 디지털 문자 전환 범위

한글에서 자음이 19개 모음이 21개 받침문자가 27개 내외로 시대에 따라 고유어를 표기하느냐 외래어를 표기하느냐에 따라 그 음소의 숫자는 달라진다. 대체적으로 현대국어를 중심으로 67개 정도가 사용되고 있으나 한글에서는 시대에 따라 그 숫자가 훨씬 더 많아진다.

개략적으로 현대국어에서는 C+V형이 19×21=399개이며 (C)+V+C형이 10,773자로 구성되어 총 1만 1,172개로 추산된다. 옛문자의 경우 초성의 C는 91자, 중성의 V는 75자, 종성의 C는 67자로 고유어 표기에 사용되는 문자는 초성 75자, 중성 42자, 종성 126자이며 외래어 표기에는 초성 125자, 중성 91자, 종성 133자이다. 이를 조합하면 고유어 표기에 약 45만자, 외래어 표기에 약 150만 문자가 된다. 이론적으로 가능한 자음과 모음의 총합적 결합으로 이루어진 1,623만 5,173개의 문자와 식별할 수 있는 시스템을 만들어내는 일은 결코 용이한 일이 아니다.

문자 인식 시스템 구성 방식에서 발상의 대전환을 꾀한 음절 단위를 하나의 이미지 텍스트를 Block Diagram으로 인식할 수 있도록 대량의 데이터를 구축하여 단음절 구성의 원리인 C(C)+V(V)+C(C)의 구성 형식인 총 1,407가지의 라벨을 묶음(알고리즘)으로 만들어 옛문자를 음절단위를 기준으로 하나의 이미지 번들로 인식하는 방식은 너무나 복잡하다. 따라서 C(C)+V(V)+C(C)의 구성 형식인 총 1,407가지의 라벨 묶음을 컴퓨터 자판기에서 규정하는 국제음성부호 자판배당 기호로 대체한 알고리즘으로 라벨링함으로써 이미지 텍스트를 용이하게 문자 텍스트로의 전환이 가능하지만 기능 분담량이 너무 많이 차지한다.

② 단음절 옛글씨를 Block Diagram 이미지 구축 순서

원시 데이터 프로세스 4단계 Image Filtering-Denoising-Binarization- Morphological Transform를 적용하여 첫째, 작업 도구를 가지고 이미지 텍스트를 세그먼테이션하고 둘째, 각종 서지적 주석과 동시에 알고리즘에 따른 정제된 라벨링을 부여한다. 데이터 라벨링 공정은 매우 중요하다. 1,407가지의 라벨을 묶음(알고리즘)을 단순화하기 위해 26가지의 단음절의 음소결합 방식에 근거한 알고리즘 구성, 참값의 기준을 Block Diagram 이미지로 인식률이 높을 것으로 예상되는 활자본을 참값Ground Truth으로 정하고 각종 어노테이션을 부착한다. 셋째, 데이터 학습 단계는 Block Diagram 이미지로 구성된 대용량의 원천데이터와 라벨링 데이터을 묶은 학습데이터를 알고리즘으로 규정된 라벨 유형에 따라 문자 인식 학습을 통해 모델 성능을 개선 강화해 나간다.

7. 딥러닝 인공지능 모델

현재 OCR을 활용한 한글 텍스트 추출·변환 기술이 미비(극소수 인력이 수작업을 통해 한글을 판독하여 구축)하여, 대부분 원문 이미지와 수작업으로 이루어진 원문 전사 자료와 해석 자료로만 제공되고 있는 한계가 있다. 따라서 다양한 옛 한글 자료에 대한 자동인식 시스템개발을 통해, 한글 콘텐츠에 대한 검색 및 분석 등의 자유로운 활용이 절실하다.

한글은 단음절을 단위로 하나의 이미지로 인식시켜 그 이미지의 음소결합 방식을 라벨로 개발하면 대량의 이미지 데이터 기반을 구축하는 종래 개발된 OCR의 역발상의 방식으로 전개할 수 있다. 그러나 대용량으로 구축된 자료 외에는 판독이 어렵고 오자와 같은 다양한 자소가 결합된 이미지 판독은 거의 불가능하며 전자문서로의 전환에 어려움이 많다.

한글을 자음과 모음을 단음절로 나누어 대량의 Block Diagram 이미지를 국제음성부호라벨링으로 전환하는 OCR을 구축하였더라도 컴퓨터 기계가 판독할 수 있는 글씨는 연역적으로 Block Diagram 이미지 외에는 판독 불가능하다. 따라서 데이터 구축에 동원된 자료 외에는 판독이 불가능한 한계점을 극복하기 위해서는 한글 조합 가능한 모든 음소에 대한 알고리즘을 설정해야 하는데 매우 난삽하고 복잡해진다.

자소 인식 알고리즘 라벨과 딥러닝 방안에 대해 살펴 보자. 모음이나 자음의 변별적 자질을 응용하여 대체 알고리즘으로 딥러닝을 할 수 있는 멀티 모달 데이터셋을 만들 수도 있다. 딥러닝을 위한 알고리즘 구성 방식은 ① 음절을 ITU국제표준자판부호, ② 변별적자질 클러스트로 대체, ③ IPA음성부호 대체 방식 등 여러 가지가 가능하다. 이러한 방식으로 할 경우 학습량이 증가되기 때문에 모든 가변수의 문자들의 변별성을 가장 간단하게 도출하는 것이 유리하다. 필자가 제시하고 싶은 방식은 다음과 같다.

Block Diagram 이미지에 대한 알고리즘을 국제 음성부호로 1:1대응 데이터 구축을 한들 변이 자소에 대한 인지률은 매우 낮을 수밖에 없다. 그뿐만 아니라 실제로 단음절 구성 가능한 상상의 결합 문자는 248,617+210,958+3,435=463,010자이며 이들의 자모문자의 합은 248,617×2+210,958×3+3,435×4=1,143,848자의 음소로 결합되는 것으로 추정되는데 이들을 모두 국제음성부호 자판에 대입하는 일은 거의 불가능하다.

① 모음

		중성 문자		제자방법
기본자	상형자	ᆞ ㅡ ㅣ	3자	상형
	초출자	ㅗ ㅏ ㅜ ㅓ	4자	합성
	재출자	ㅛ ㅑ ㅠ ㅕ	4자	
합용	2자상합	ㅘ ㅝ ㆇ ㆊ	4자	초출자+재출자
		ㅣ ㅢ ㅚ ㅐ ㅔ ㅟ ㅖ ㆌ ㅞ 10자		1자 중성+ㅣ
	3자상합	ㅙ ㅞ ㅞ ㆎ	4자	2자 중성+ㅣ

② 자음

기본문자			운용문자		
기본자	가획자	이체자	병서		연서
			각자병서	합용병서	
아음 ㄱ	ㅋ	ㆁ	ㄲ		
설음 ㄴ	ㄷㅌ	ㄹ	ㄸ		(ᄛ)
순음 ㅁ	ㅂㅍ		ㅃ	ㅳ ㅄ ㅴ ㅵ ㅶ ㅷ ㅺ ㅼ ㅽ ㅾ ㅴ ㅵ	ㅸ ㅱ ㆄ ㅹ
치음 ㅅ	ㅈㅊ	ㅿ	ㅆ ㅉ		
후음 ㅇ	ㆆㅎ		ㆅ (ㆀ ㅥ)		
5자	9자	3자	8자	10자	5자
기본문자 17자(제한적 음소문자)			병서 16자		연서 5자
초성 23자(ㆀ ㅥ 포함 25자)			15자(ᄛ 포함)		
모두 40자					

연서법	ㅇ連書脣音之下　則爲脣輕音	ㅇ·를 입시·울쏘·리 아·래 니·서·쓰·면 입시·울·가 비야·볼 소·리 드외ᄂᆞ·니·라
병서법	初聲合用則竝書 終聲同	·첫소·리·를 ·어·울·워 ·뚫·디·면 굴·바 ·쓰·라 乃:냉終쥬ᇰㄱ 소·리·도 ᄒᆞᆫ·가·지·라
부서법	· ㅡ ㅗ ㅜ ㅛ ㅠ 附書初聲之下 ㅣ ㅏ ㅓ ㅑ ㅕ 附書於右	··와 ㅡ·와 ㅗ·와 ㅜ·와 ㅛ·와 ㅠ·와·란·첫소·리 아·래 브·텨 ·쓰·고 ㅣ·와 ㅏ·와 ㅓ·와 ㅑ·와 ㅕ·와·란 ·올ᄒᆞᆫ 녀·긔 부·텨 ·쓰·라

기본자		ㄱ ㄴ ㅁ ㅅ ㅇ
기본자+가획		ㅋ ㄷㅌ ㅂㅍ ㅈㅊ ㆆㅎ
기본자+기본자	좌우	ㄲ ㅄ ㅅㅣ
	상하	ㅸ ㅱ ㆄ ㅹ
이체자		ㆁ ㄹ ㅿ

물론 이들 모음 29자와 자음 40자를 넘어선 한글 구성 문자들을 모두 알고리즘으로 묶을 수 있는 전 세계에서 유래를 찾아볼 수 없이 간편하고 과학적 구성 원리를 가진 문자라고 할 수 있다.

8. 문자인식 알고리즘 라벨링

Block Diagram 이미지에 대한 알고리즘을 국제 음성부호로 1:1대응 데이터 구축을 한들 변이 자소에 대한 인지율은 매우 낮을 수밖에 없다. 곧 (1) 개인 서사 방식의 차이나, (2) 음절 구성 상에 나타나는 이서체, (3) 캘리그라프 디자인 서체의 차이는 물론 음절 다발 구성에서 서체의 모양과 크기 변화를 인식할 수 있는 딥러링이 불가능하다. 이러한 약점을 극복하기 위해 자형 인식 알고리즘 구성을 모음인 경우 11종의 변별자질로 자형의 값을 명시하면 단 한 자형도 겹치지 않는 유효한 자형인식값을 도출할 수가 있다.

훈민정음해례에서도 명시한 바와 같이 기본자를 중심으로 가획의 원리와 부서법과 병서법과 연서법의 원리를 이용한 자소 인식의 틀이 된다. 본고에서는 훈민정음의 원리에 기반을 둔 자소의 한글처리를 위한 획기적인 새로운 방식이라고 할 수 있다.

따라서 한글 문자 인식을 획의 구성원리와 원칙에 따라 가획의 원리를 기본으로 하여 자소에 대한 대응 자질로 [+수평(Horizental)], [+수직(Vertical)], [+사선[Diagonal]] 자질과 가획과 첨획의 위치 [후방], [상], [하]라는 아주 적은 숫자의 자질 묶음으로 모음 29자와 자음 40자를 모두 변별시켜줄 수 있는 알고리즘 라벨링이 가능하다. 자음이나 모음 모두 "·, ㅡ, ㅣ" 세 가지의 구성으로 이루어진 매우 과학적인 문자이다. 자음 또한 가획과 부서 그리고 연서라는 자소의 중첩방식으로 기획된 훈민정음 해례의 구성원리에 부합한 자획 구성체계의 원리에 기반을 둔 것이다.

다시 말하면 철저한 개별 음소 간에도 언어학적으로 유의미한 변별적 자질의 문자인 동시에 문자체 자체가 가로형이냐 세로형이냐 복합형이냐에 따라 변별할 수 있으므로 개별 문자 개별적인 라벨을 부착하여 딥러닝이 가능하다. 따라서 자획의 숫자를 기준으로 세로형, 가로형, 복합꼴에 따라 데이터 라벨링을 해야 하여 기계학습을 통해 필사체 이미지 한글을 판독할 수 있도록 알고리즘을 구성할 수 있다.

① 모음 자획 구성의 인식 라벨링 자질

	획수	[점]	[수평]	[수직]	[사선]	[원]	수평 반획			수직 반획		
							[반전]	[반중]	[반후]	[반고]	[반중]	[반저]
		D	H	V	Dl	R	HF	HC	HB	HH	HM	HL
•	1	+	-	-	-	-	-	-	-	-	-	-
ㅡ	1	-	+	-	-	-	-	-	-	-	-	-
ㅣ	1	-	-	+	-	-	-	-	-	-	-	-
ㅗ	2	-	+	-	-	-	-	-	-	+	-	-
ㅏ	2	-	-	+	-	-	-	-	-	-	+	-
ㅜ	2	-	+	-	-	-	-	-	-	-	-	+
ㅇ	1	-	-	-	-	+	-	-	-	-	-	-
ㅛ	3	-	+	-	-	-	-	-	-	++	-	-
ㅑ	3	-	-	+	-	-	-	++	-	-	-	-
ㅠ	3	-	+	-	-	-	-	-	-	-	-	++
ㅕ	3	-	-	+	-	-	++	-	-	-	-	-
ㅘ	4	-	+	+	-	-	-	-	+	+	-	-
ㅝ	4	-	+	+	-	-	-	+	-	-	+	-
ㅙ	6	-	+	+	-	-	-	-	++	+	-	-
ㅞ	6	-	+	+	-	-	++	-	-	++	-	-
ㅣ	2	+	-	+	-	-	-	-	-	-	-	-
ㅢ	2	-	-	+	-	-	-	+	-	-	-	-
ㅚ	3	-	+	+	-	-	-	-	-	-	+	-
ㅐ	3	-	-	++	-	-	-	+	-	-	-	-
ㅟ	3	-	+	+	-	-	-	-	-	-	-	+
ㅔ	3	-	-	++	-	-	+	-	-	-	-	-

ㅚ	4	-	+	+	-	-	-	-	-	-	++	-
ㅐ	4	-	-	++	-	-	-	++	-	-	-	-
ㅟ	4	-	+	+	-	-	-	-	-	-	-	++
ㅔ	4	-	-	++	-	-	-	++	-	-	-	-
ㅙ	5	-	+	++	-	-	-	+	-	+	-	-
ㅞ	5	-	+	++	-	-	-	+	-	-	-	+
ㅙ	7	-	+	++	-	-	-	++	=	++	-	-
ㅞ	6	-	+	++	-	-	+	-	-	-	-	++

② 자음 자획 구성의 인식 라벨링 자질

	획수	병서	연서	[수평]			[수직]			[사선]		[원]	[수평 반획]			[수직 반획]		
				고	중	저	전	중	후	좌	우		전	중	후	고	중	저
		PW	AW	HH	HM	HL	VF	VC	VB	DI	역시	R	HF	HC	HB	HH	HM	HL
ㄱ	2	-	-	+	-	-	-	-	+	-	-	-	-	-	-	-	-	-
ㄴ	2	-	-	-	-	+	+	-	-	-	-	-	-	-	-	-	-	-
ㅁ	4	-	-	+	-	+	+	-	+	-	-	-	-	-	-	-	-	-
ㅅ	2	-	-	-	-	-	-	-	-	+	+	-	-	-	-	-	-	-
ㅇ	1	-	-	-	-	-	-	-	-	-	-	+	-	-	-	-	-	-
ㅋ	3	-	-	+	+	-	-	-	+	-	-	-	-	+	-	-	-	-
ㄷ	3	-	-	+	-	+	+	-	-	-	-	-	-	-	-	-	-	-
ㅌ	4	-	-	+	-	+	+	-	-	-	-	-	-	+	-	-	-	-
ㅂ	4	-	-	-	+	+	+	-	+	-	-	-	-	-	-	-	-	-
ㅍ	4	-	-	+	-	+	+	-	+	-	-	-	-	-	-	-	-	-
ㅈ	3	-	-	+	-	-	-	-	+	+	-	-	-	-	-	-	-
ㅊ	4	-	-	+	-	-	-	-	+	+	-	-	+	-	-	-	-
ㅎ	2	-	-	+	-	-	-	-	-	-	+	-	-	-	-	-	-
ㅎ	3	-	-	+	-	-	-	-	-	-	+	-	+	-	-	-	-
ㆁ	2	-	-	-	-	-	-	-	-	-	+	-	-	-	+	-	-
ㄹ	5	-	-	+	+	+	+	+	-	-	-	-	-	-	-	-	-
ㅿ	3	-	-	-	-	+	-	-	+	+	-	-	-	-	-	-	-
ㄲ	4	ㄱP	-															
ㄴㄴ	4	ㄴP	-															
ㄸ	6	ㄴP	-															
ㅃ	8	ㅂP	-															

ㅆ	4	ㅅP	-
ㅉ	6	ㅈP	-
ㆅ	6	ㅎP	-
ㆀ	4	ㅇP	-
ㅳ	7	ㅂPㄷ	-
ㅽ	8	ㅂPㅌ	-
ㅄ	6	ㅂPㅅ	-
ㅴ	6	ㅂPㅈ	-
ㅥ	4	ㅅPㄴ	-
ㅺ	5	ㅅPㄷ	-
ㅼ	6	ㅅPㅂ	-
ㅻ	8	ㅂPㅅPㄱ	-
ㅵ	9	ㅂPㅅPㄴ	-
ᄛ	6	-	ㄹVo
ㅸ	5	-	ㅂVo
ㅱ	5	-	ㅁVo
ㆄ	5	-	ㅁVo
ㅹ	9	-	ㅂVㅂ

자형의 인식 툴을 앞에서 제시한 바와 같은 선의 변별적 구성 자질을 딥러닝의 모듈로 지정하면 획의 굵기, 획의 상호 간격과 문자 조합에서 나타나는 변이형들을 텍스트로 용이하게 전환할 수가 있다. "획-자소-음절" 구성 단계에서 획을 기준으로 한 자소의 형성과 다시 이들의 결합으로 이어지는 음절 구성의 결합체를 변별적 자질로 구성되는 라벨링이 가능하게 된다.

앞에서 제시한 모음 29자, 자음 40자를 중심으로 획의 구성 요소와 원리가 단 한 가지도 겹치지 않는 훈민정음 창제 당시의 부서법과 연서법 그리고 가획의 원리에 기반한 과학적 문자임이 입증된다. 음절구성원리에 따른 국제규격의 자판기에서 제공할 수 있는 C+V형이 19×21=399개, (C)+V+C형이 10,773자, 총 1만 1,172개로 추산되는 문자 영역의 외연의 모든 자형의 텍스트 입력이 가능하며 자동 정보처리에서 한글의 음절 다발 구성에 대한 문제 해결에도 매우 유용하게 응용될 수 있다. 다만 자획의 입력 순서 규칙에 대해서는 앞으로 더 보완될 필요가 있다.

국가별로 자신들의 기준에 따른 표준적인 사전구축을 위해 노력을 지속적으로 해왔다. 예를 들어 척도(거리, 시간, 온도 등)를 나타내는 용어를 국가 단위로 표준화하는 작업을 지속적으로 하고 있지만 지역에 따라 국가에 따라 의미역의 차이나 어휘의 분화 과정에 엄청난 차이가 존재한다. "각자가 다른 용어를 쓰더라도 같은 대상(존재)을 이야기한다면, 그 속성이 같지 않겠는가"라는 관점에서 출발한 것이 온톨로지 기반사전이다. 사전의 계열적 체계의 균형 규범 관리를 반영하는 사전으로서는 사전의 올림말이나 뜻풀이의 체계적 균형이 반듯하게 잡혀야 한다. 현재의 기록 지식으로서의 종이 사전을 이용자의 편의를 위해 디지털 지식 지도로 전환하면 보다 유용하게 지식의 생성이나 관리가 가능해진다. 텍스트로 구성된 선형적 사전 지식 정보를 비선형적인 의미구조화를 꾀한 디지털 데이터로 구축해야 한다. 현재의 사전은 올림말과 그 뜻풀이를 중심으로 지식 체계를 구축한 것이라면 이들 올림말과 올림말의 의미적 상호 관계나 뜻풀이와의 관계를 다양한 검색이 가능하도록 하는 한편 이들 어휘 의미적 계열 관계를 체계적으로 재구성하는 방안이 넓은 의미에서 사전적 온톨로지라고 할 수 있다. 이 사전적 온톨로지는 일종의 지식 지도knowledge map다. 현재의 종이 사전은 단순한 기록document 자료인 텍스트이다. 이것을 다양한 정보로서의 활용도를 높이기 위해 정보 알고리듬으로 처리한 데이터를 정보 데이터information data라고 할 수 있다. 다시 말하자면 평면적인 사전 자료는 자모 순서로 배열한 선상적 자료에 불과하지만 정보 데이터는 올림말과 올림말의 관계나 풀이말과 풀이말의 관계, 또 올림말과 풀이말의 관계를 계열적인 관계로 재구성한 계층적 자료다. 정보 데이터는 고정된 것이지만 사용자의 인식의 관계를 고려하여 지식 알고리듬으로 재구성한다면 추론이나 판정 등의 자연언어 처리 기술로 발전시킬 수 있다. 현재의 기록 지식으로서의 종이 사전을 이용자의 편의를 위해 디지털 지식 지도로 전환하면 보다 유용하게 지식의 생성이나 관리가 가능해진다. 텍스트로 구성된 선형적 사전 지식 정보를 비선형적인 의미구조화를 꾀한 디지털 데이터로 구축해야 한다. 지속적으로 사전이 진화하듯이 사전 내부 구조체계를 결정짓는 어휘망의 매듭이 훨씬 더 정교하게 구성될 필요가 있다.

하늘에 무수한 별자리를 적절한 범주로 묶어낸 별자리 이름을 부여하는 방식이 동양과 서양 그리고 우리나라에서 각기 차이는 있으나 적절한 이름이 달려 있다. 하늘의 별과 같은 무한한 지식과 정보의 코퍼스를 국어사전에서 품사로 묶어내듯이 촘촘한 지식 정보를 연관검색이 가능하고 또 새롭게 융합할 수 있도록 체계적으로 구성한 방식은 인류 문명의 출발점에서부터 시작된 것이다.

세종대왕께서 한글을 창제하실 때 한글은 학의 울음소리, 바람소리 등 세상 만물의 소리를 적을 수 있는 문자라고 하셨듯이 개략적으로 현대국어에서는 C+V형이 19×21=399개이며 (C)+V+C형이 10,773자로 구성되어 총 1만 1,172개로 추산된다. 옛글자의 경우 초성의 C는 91자, 중성의 V는 75자, 종성의 C는 67자로 고유어 표기에 사용되는 글자는 초성 75자, 중성 42자, 종성 126자이며 외래어 표기에는 초성 125자, 중성 91자, 종성 133자이다. 이를 조합하면 고유어 표기에 약 45만자, 외래어 표기에 약 150만 글자를 표기할 수 있는 만능의 문자이다. 이론적으로 가능한 자음과 모음의 총합적 결합으로 이루어진 1,623만 5,173개의 글자와 식별할 수 있다. 그러나 이러한 글자를 기계로 전환하는 시스템을 만들어내는 일은 결코 용이한 일이 아니다. 지금까지 글자 공학적인 측면에서 ① 글자 밀집 기억 방식, ② 트리다이아그람 방식, ③ 해싱Hashing 기억 방법 등으로 글자 인식 시스템을 구성하였지만 시대에 따른 음소의 차이, 음소결합 원리를 극복할 수 있는 방법이 없다.

글자 인식 시스템 구성 방식에서 발상의 대전환을 꾀한 음절 단위를 하나의 이미지 텍스트를 Block Diagram으로 인식할 수 있도록 대량의 데이터를 구축하여 단음절 구성의 원리인 C(C)+V(V)+C(C)의 구성 형식인 총 1,407가지 라벨을 묶음(알고리즘)으로 만들어 옛글자를 음절단위를 기준으로 하나의 이미지 번들로 인식하는 방식은 너무나 복잡하다. 따라서 C(C)+V(V)+C(C)의 구성 형식인 총 1,407가지의 라벨 묶음을 컴퓨터 자판기에서 규정하는 국제음성부호 자판배당 기호로 대체한 알고리즘으로 라벨링함으로써 이미지 텍스트를 용이하게 문자 텍스트로의 전환이 가능하지만 기능 분담량이 너무 많이 차지한다. 향후 Block Diagram으로 인식할 수 있는 음성인식 시스템과 연계가 가능하여 이미지와 텍스트와 그리고 사운드를 통합적으로 관리할 수 있는 새로운 기술적 전망이 가능하게 된 것이다. 그뿐만 아니라 실제로 단음절 구성 가능한 상상의 결합 글자는 248,617+210,958+3,435=463,010자이며 이들의 자모글자의 합은 248,617×2+210,958 ×3+3,435×4=1,143,848자의 음소로 결합되는 것으로 추정되는데 이들을 모두 국제음성부호 자판에 대입하는 일은 불가능하다.

따라서 한글 문자 인식을 획의 구성원리와 원칙에 따라 가획의 원리를 기본으로 하여 자소에 대한 대응 자질로 [+수평(Horizontal)], [+수직(Vertical)], [+사선[Diagonal]] 자질과 가획과 첨획의 위치 [후방], [상], [하]라는 아주 적은 숫자의 자질 묶음으로 모음 29자와 자음 40자를 모두 변별시켜줄 수 있는 알고리즘 라벨링이 가능하다. 자음이나 모음 모두 "ㆍ, ㅡ, ㅣ" 세 가지의 구성으로 이루어진 매우 과학적인 문자이다. 자음 또한 가획과 부서 그리고 연서라는 자소의 중첩방식으로 기획된 훈민정음 해례의 구성원리에 부합한 자획 구성체계의 원리에 기반을 둔 것이다.

다시 말하면 철저한 개별 음소 간에도 언어학적으로 유의미한 변별적 자질의 문자인 동시에 글자체 자체가 가로형이냐 세로형이냐 복합형이냐에 따라 변별할 수 있으므로 개별 문자 개별적인 라벨을 부착하여 딥러닝이 가능하다. 따라서 자획의 숫자를 기준으로 세로형, 가로형, 복합꼴에 따라 데이터 라벨링을 해야 하여 기계학습을 통해 필사체 이미지 한글을 판독할 수 있도록 알고리즘을 구성할 수 있다.

9. 방언 AI 빅 데이터 구축

인공지능 기술의 발전과 함께 음성데이터의 구축과 함께 음성 라벨링을 단 정밀전사를 대형 데이터베이스로 구축한 다음 지역별 방언 특히 드러나는 음성 전환을 기계학습을 할 수 있는 데이터셋으로 구축할 필요가 있다.

인공지능 산업은 기존 산업의 영역과 인공지능 기술이 접목되는 AI+X분야에 초점이 맞춰지고 있으며 이로 인한 기존 산업 영역에 대한 데이터셋 구축은 인공지능 서비스의 개발에 최우선 과제 가운데 하나이다. 효과적인 인공지능 개발을 위해서는 실제 응용산업과 관련된 부가지식이 필요하며 어떤 데이터가 유효한지 여부, 산업 내에서의 문제점 해결, 방향성 사용 가능한 서비스의 제시가 중요하다.

인공지능 학습데이터의 대다수는 음성과 영상 이미지텍스트 등으로 이루어져있으며 이 가운데 음성과 텍스트 데이터는 NLP(Natural Language Processing)의 핵심적인 부분을 차지하고 있으며 다양한 분야의 포괄적인 활용이 가능하다. 한국어 고령자의 지역 방언을 수집하여 음성 데이터를 정밀한 방언 담화 라벨링이 부착된 전사자료를 대량 구축할 필요가 있다.

한국의 방언은 지역적 특색과 환경, 문화의 특성이 담겨 있는 언어자료이지만 표준어 중심의 국어교육이 강화되어 방언이 대량 사멸해 가고 있다. 향후 방언 담화 빅데이터는 언어 연구뿐만 아니라 산업에 활용될 가치가 매우 높다. 네비게이션이나 티비에서 시리에게 방언 인식 학습을 시킨다면 기계인식률이 향상될 수 있다.

09
방언의 미래를 생각한다[1]

　인문학의 연구 방법이 자료의 조사와 처리를 컴퓨터를 활용함으로써 대량의 자료 수집과 처리를 하는 방향으로 발전되고 있다. 한편 소위 인공지능 분석의 시대에 들어서서 인문학과 통계학이나 컴퓨터공학 등의 자연과학 분야와의 융합적인 방향으로 나아가는 진전된 모습을 곳곳에서 찾아볼 수 있다. 현대에 들어서서 최근의 문명 발전의 통시사를 미국의 조선사 연구학자인 Wagner박사는 ① 거대 철기문화 시대(Big-Iron Era,~1990), ② 개별 퍼스널컴퓨터 시대(Personal Computer Era, 1980~1999), ③ 기계학습 시대(Machine Learning Era, 2000~2009), ④ 인공지능(AI)의 딥러닝 시대(Deep-Learning Era, 2010~현재)[2]로 구분하고 있다. 현재 딥러닝 시대에는 사람이 처리할 수 있는 자료처리 능력의 한계에서 훨씬 벗어나 대량의 자료를 처리할 수 있게 되었다.

---

[1] 방언학회 특강 자료, 2018.6.22. 세명대학교에서 개최된 한국방언학회에서 발표한 퇴임 고별 강의 내용이다.
[2] 밀란 하마넥(Milan Hejtmanek), "The Wagner-Song Munkwa Project and it's Legacy", *Asian & Near Eastern Languages*, GYU Conference, 2018.에서 재인용한 것임.

따라서 언어 체계적 관점에서의 아주 미시적이고 제한된 방언 조사 방법에서 한 걸음 더 나아가 대량의 방언 조사를 통한 방언 텍스트 데이트와 방언음성 데이터를 어떻게 확보해야 하며 또 이를 어떤 방식으로 데이터를 관리하고 활용할 것인가 그 미래를 예측해 나가야 할 것이다.

본고에서는 특히 대량 방언 자료의 처리 방식으로 토폴로지 데이터 분석 방법(Topological Data Analysis)의 도입과 이를 활용하여 빅데이터 속에서 일정한 구조를 발견할 방안으로 방언연구의 미래를 설계해야 할 것을 제안하며 이와 함께 방언연구의 목적이 보다 더 확장되어야 할 것과 당면한 남북 언어의 통일을 위한 기반 마련을 위해 방언학이 어떻게 기여해야 하는지? 그리고 대량 방언 자료의 확보를 위해 필드언어학의 방법의 변화와 방언지도 제작의 기술적 한계를 뛰어넘는 방안을 모색해 보고자 한다.

1. 방언연구 목적의 확장

우리는 현재 AI시대에 들어선 딥러닝 시대를 살고 있다. 국어학의 일부로서의 방언학이 인간학의 일부로서 방언학으로 그 본질이 변화하고 있다. 지금까지 방언 연구의 목적은 한 언어의 지리적 혹은 사회적인 다양성을 조사하고 공시적 체계를 기술하여 공통어(대표성을 띤 표준어)의 체계적 기술에 기여하는 것을 일차적인 목적으로 했다. 일정한 시간의 변화에 따른 언어 변화의 다양성을 문헌자료에서만 확보하기 힘들기 때문에 지리적 혹은 사회적 다양한 변이형을 통해 한 언어의 통시적 변화를 기술하는 데 기여하는 것을 목적으로 해 왔다. 곧 "한 언어는 상호 의사소통이 가능한 방언의 집합이다.(A Language is a collection of mutually intelligible dialects)"라는 J. K. Chambers & P. Trudgill(1980:3)의 가정을 전제로 하여 우리나라에서도 1980년도 이후 군단위 면단위를 중심으로 한 지역어 조사가 한때 활발하게 전개된 바 있었다. 이러한 분위기는 1979년부터 한국정신문화연구원에서 시작한 전국방언조사의 시행과 더불어 자료집의 간행과 함께 국립국어원에서 시작한 2006년 남북지역어조사 사업에 이르기까지 매우 고무적으로 전개되어 왔다.

한편 중국의 왕력王力은 자신의『漢語音韻史』의 서론에 한어음운사 연구를 위해 기초지식으로 갖추어야 할 네 가지 가운데 방언을 들고 있다. 이기문(1961:13)의『國語史槪說』에서도 "문헌의 결함을 보충하기 위하여" 방언학을 연구한다고 하였다. 80년대 이후 곽충구(1991), 백두현(1992), 최전승(1995) 등은 방언을 국어사 연구에 단순하게 활용만 한 것이 아니라 개별 방언 자체에 대한 통시적 연구까지 확장시켜나갔다. 그리고 이병근(2004)의『어휘사』를 통해 문헌자료와 방언자료를 입체적으로 재구성하여 방언의 어휘 분화 과정을 보다 정밀하게 기술하였다. 이 기간 동안 방언연구를 통한 국어사연구는 더욱 풍성한 성과를 이루어내었다. 최전승(1995)은 '쇠쥬'와 '댄쵸'와 같은 변이형을 통해 규칙의 상관관계의 추상성이나 일반성의 확보나 규칙 순위라는 보다 정밀한 음운론적 기술이 가능하게 하도록 그동안 국어사에서 금기 사항이었던 필사 전라도 판소리 자료와 한국정신문화연구원에서 조사한 전국구비문학 채록 자료까지 방언 자료로 활용하였다. 움라우트와 단모음화라는 규칙 순위와 피보기 규칙 등 다양한 해석의 가능성은 바로 자료의 다양성과 매우 긴밀한 관계가 있었다. 이처럼 방언자료의 질적 문제에 대한 경계를 넘나들지 않을 수 없었던 것은 그만큼 방언자료의 미세한 조사 결과가 없었던 탓이기도 하다.

방언 연구가 공시적으로 지역 혹은 사회요인에 따른 방언의 분화를 체계적으로 기술하는데 머물러 있을 수 없음은 아래의 몇 가지 사례를 통해서도 입증된다.

첫째, [으] : [어]가 100% 변별을 보이는 데이터에서는 매우 분명한 변별적 음소로 처리할 수 있지만 99~1% 사이로 통계적 분포가 다른 것은 어디까지 음소대립으로 인정해야 할 것인가? 아니면 이러한 상황을 어떻게 해석해야 할 것인가? 이와 유사한 예로 [ㅸ]의 반사형과 [ㅿ]의 반사형이 뚜렷이 동서 방언 차이로 드러난다. 전라방언의 [ㅿ]분화형이 경상방언보다 우위이나 [ㅸ]의 반사형을 그 반대의 양상을 보이고 있다. 전통적인 대립이라는 음소분석의 기준이 대량 방언 자료를 해석하는 데는 무력해질 수 있다. 6모음체계 지역인 경상방언에서 '외'와 '위'의 이중모화과정을 설명하는데 단모음화를 거친 다음 다시 이중모음으로 변화했다는 기술이 과연 타당성을 갖는 것일지 의문이다. 둘째, 어떤 변화가 언어지리적으로나 사회계층적으로 일목요연하게 계기적으로 나타난다면 문제가 없는데 'ㄴ물>노물', 건너뛰기(Jumping diffusion)이나 단절(discontinuance diffusion), 급격한 변화(Radical Change)를 보이는 규칙변화에서 일탈되는 자료를 재해석하려는 노력을 해야 할 것이다. 셋째, 역사적으로 고립된 차용형(솔/졸)이나 화석형(얼게미) 등의 자료의 분포만을 드러낸다면 무슨 소용이 있는가? 넷째, 구개음화, 움라우트, 전부모음화 등의 다양한 음운 현상의 규칙적용 범위나 제약의 면제 폭을 언어지도에는 담아낼 수가 없다.

향후 방언 연구는 우선 대량의 방언 자료 속에서 구조적 증거를 찾아낼 수 있는 다양한 분화형을 대량으로 확보하는 일이 무엇보다 중요하다. 이쯤해서 2000년 이후 생태다양성의 중요성이 강조되면서 언어 또한 중심과 주변의 양항적인 가치로서가 아닌 다양성의 관점에서 그 가치를 새롭게 평가되어야 한다는 목소리가 나오기 시작하였다. 이상규(2007) 『방언의 미학』과 가장 최근 정승철(2018)의 『방언의 발견』에 이르기까지 표준어에 상대되는 가치로서가 아닌 대상으로서 방언의 중요성이 논의되고 있다.

방언 연구의 목적이 공시적인 언어의 하위체계로서만이 아니라 통시적으로 언어사의 기술을 위해 도움을 주기 위해서도 되도록 다량의 방언자료를 수집하고 관리해야 할 필요성이 제기된다. 그리고 방언을 통한 계통적 유래를 가진 분화형이나 차용형조차도 매우 중요한 대상이 아닐 수가 없다. 부추의 방언형인 '솔', '졸', '소풀'의 어원적 유래는 계통적인 접근을 하지 않으면 좀처럼 풀리지 않는다. 그리고 고대로 거슬러 올라가 경주의 향가나 고구려의 지명이나 인명에 통구스 언어가 잔존되었을 가능성을 전혀 무시할 수 없을 것이다. 여진의 관제에 속하는 '훠판(官)'의 형태가 「찬기파랑가」에 '花判'으로 대응될 가능성이 충분하다. 이러한 관점에서 방언의 연구는 공시적 연구와 통시적 연구 그리고 계통적인(차용) 연구의 세 가지 관점으로 확대시킬 필요성 있다고 판단된다.

한편 방언은 그 지역의 문화의 전통과 체계를 갈무리하고 있다. 경북 안동지역의 '식해'는 다른 지역과 그 제조방법에서부터 차이를 지니고 있다. 특히 제례에 사용되는 음식 문화의 차이의 한 예로서 경북 상주지역에서는 결혼식 음식으로 '콩나물힛집'이라는 다산과 장수를 기원하는 민속음식이 존재한다. 따라서 방언 연구의 목적은 언어문화라는 측면에서 그 영역이 확대되어야 할 것이다.[3]

위에서 말한 방언 연구의 목적을 좀 더 확대된 것으로 인식하다면 자연스럽게 방언의 연구가 언어학의 주변 곧 역사나 문화적 관점으로 그 시각을 확대한다면 우선 방언자료를 Big데이터로 구축할 수 있는 쪽으로 나가야 할 것이다. 그러기 위해서는 한 국가의 표준어 관리와 더불어 방언의 조사와 활용을 위한 국립방언연구원의 설립이 절실하게 필요한 시점이라고 할 수 있다.

2. 표준어와 남북언어의 문제

한국어 공동체는 매우 다양하다고 할 수 있다. 근대 한국어의 이상은 규

---

[3] 오니시 다쿠이치로 지음·이상규/다키쿠치 옮김, 「민속과 풍습」, 『현대방언의 세계』, 한국문화사, 2015.

범주의에 바탕을 둔 사전과 문법에 우리말을 온전하게 담아내는 일이 그 당시 당면과제였다. '조선어학회(한글학회)'가 추진했던 『조선어큰사전』 사업과 더불어 어문 규정의 제정이 바로 그것이다. 한국어는 서울말이어야 하듯이 독일어라면 독일 수도의 한 변이형만을 골라 "한 나라의 언어이어야 하고, 모든 독일 사람은 그들만을 포괄해야 한다"고 생각했듯이 언어를 표준화해야 한다는 강박의 결과물이다. 조선조 500년 우리말을 잡초처럼 너무 오래 방치해 두었던 결과이다. 언어의 지리적 혹은 사회적 변이를 사회 통합과 애국심에 반하고 국가와 민족에 반하는 경멸의 대상으로 이데올로기화한 것은 일제 식민 강점기하에서 만들어낸 결과이다. 우리는 그동안 규범과 문법 부재의 오랜 기간 동안 흘러왔지만 국어학자들이 호들갑을 떨어온 만큼 우리의 말과 글이 그처럼 많은 혼란과 급격한 변화가 있었던 것은 결코 아니다.

그 시대에 민간 학술 단체가 이끌어 온 우리말의 규범화와 큰사전 편찬 사업의 노력을 국가가 회수한 뒤에 『표준국어대사전』이라는 견고하게 갇힌 언어 상자를 만들었다. 규범주의자와 그들에게 매료된 학자들은 서울 언어는 '옳고', 지방의 언어는 '그름'으로 편을 갈라놓고 그것을 기반으로 하여 규범집(문법과 사전)을 탄생시킨 것이다. 그런데 놀랍게도 당시 환산 이윤재와 외솔 최현배 선생의 생각은 조금 달랐다. 한국어의 지리적 혹은 계층적 변이형을 최대한 사전에 담아내기 위해 환산은 '전등어(어원 분화형)'와 '각립어(음운 분화형)'라는 개념을 만들었으며,[4] 외솔은 비록 제한적

---

[4] 이윤재, 「사정한 조선어 표준말 모음의 내용」, 『한글』 제4권 제11호, 1936. "표준어를 될 수 있으면, 전 조선 각 지방의 사투리를 있는 대로 다 조사하여 여기에 대조하여 놓는 것이 떳떳한 일이겠으나, 이것은 간단한 시일에 도저히 성취할 수 없는 것일뿐더러, 분량이 너무 많아 인쇄에도 곤란을 면하기 어려울 것이므로, 그리 못된 것을 매우 유감으로 생각하는 바이며, 여기에 유어로 대조한 것은 다만 서울에서 유행하는, 즉 서울 사람으로서 여러 가지 쓰는 서울 사투리만을 수용함에 그쳤습니다. 그리고 각 지방의 사투리 전부를 조사 수집하는 것은 이후 별개의 사업으로

인지만 『시골말 캐기 잡책』을 만들어 언어의 다양성을 유지하도록 사전 올림말에 방언을 최대한 퍼 담으려는 노력을 보였다. 안타깝게도 당시 상황으로 보면 그 방언 조사는 매우 제한적일 수밖에 없었다.

그러나 1933년 「마춤법통일안」을 제정하면서 한 나라의 언어 규범을 "서울 지역의 중류계층"으로 고정하였다. 이는 엄밀하게 말하면 일본의 동경어 표준정책과 같은 맥락에서 이루어진 것이다. 그러나 동경의 표준어는 1943년 동경 공통어로 바뀌었으나 우리는 그대로 유지하다가 남북 분단 이후에는 서울-표준어와 평양-문화어라는 두 가지 언어권력화가 가세함으로써 다시 이를 통합할 어떤 노력도 하지 않고 있다.

필자는 지난 2006년도 국립국어연구원에서 시작했던 「남북지역어조사사업」을 추진하면서 공통어 정책을 제안한 바가 있다. 많은 사람들이 인지하고 있는 어휘·음운·문법을 공동모델로 삼자는 이야기이다. 매우 추장적인 것 같지만 남북 분단의 통합을 위해서도 이러한 조치가 필요하다. 한국어의 기원 문제를 두고 표준어와 문화어의 정치적 투쟁은 눈에 보이지 않겠지만 엄청나게 치열하게 전개될 것이다.[5] 이러한 측면에서 공통어 정책의 전환은 시간을 두고 추진해 나가야 할 과제라고 할 수 있다. 그러기 위해서는 엄청난 공력을 투입해서 미세한 방언조사를 시행해야 할 것이다. 이러한 언어의 다양성을 보존하는 일은 방언 연구뿐만 아니라 한국어 공동체의 결속을 위해서도 절실하게 필요한 일이다. 「겨레말큰사전」 사업 추진으로 중단된 남북 지역어 조사사업이 다시 점화되어 미래 한국어의 기반을 마련하는 일을 꾸준하게 전개해야 할 것이다. 이와 함께 대량을 방언 조사와 더불어 담화의 텍스트 자료의 코퍼스 기반을 구축하여 보다 객관적으로 남북

할 작정입니다."
[5] 고대 한국어의 기원에 대한 문제도 고구려 중심이냐, 신라 중심이냐에 따른 논의도 언어 정치적 측면에서 남북 간의 팽팽하게 대립하고 있다.

공통어를 추출하는 기반을 준비해야 할 것이다. 그리고 다양한 변이형의 토대가 구축될 때에 방언의 변화와 변이 추이에 대한 연구의 타당성이 더욱 확보될 것이다.

3. 방언 연구 목적과 필드의 변화

우리나라에서는 국가적 단위에서 비록 국부적이긴 하지만 방언조사를 시행한 두 차례의 경험이 있다. 그러나 빅데이터로서의 방언조사가 아닌 언어 연구를 위한 매우 제한된 항목을 한정한 조사였다. 방언 조사는 지역 구어에 대한 조사와 지역 구어가 반영된 텍스트 조사로 구분될 수 있다.

첫째, 지금까지 방언조사는 언어학적으로 유의미한 항목만을 선택하여 제한된 항목을 질문지나 체크리스트를 만들어 조사를 수행해 왔다. 그러나 최근 방언질문지에 의한 방언조사에 대한 한계와 방언 연구의 목적이 확대됨에 따라서 방언조사의 대상이 점차 확대되는 방향으로 흘러가고 있다. 특히 사회조사를 위해서 계량조사 방법이 음성데이트 구축과 함께 추진되는 사례도 있다.[6] 나카이 세이이치(中井精一, 2005)는 300여 명의 조사자들이 도야마현의 전철역에서 현지인을 대상으로 직접 인터뷰하거나 혹은 휴대전화의 메일을 이용한 대량의 음성데이트와 방언자료를 빅데이트를 구축하고 있다.

둘째, 방언의 텍스트화의 문제는 담화자료 구축과 마찬가지로 고도의 기술이 필요할 것이다. 지금까지 텍스트와 유리된 방언이 간헐적으로 문헌기록에 간간이 섞여 있는 제한된 텍스트 자료를 가지고 개별 지역 방언사를 구축한다는 일은 결코 용이하지 않다. 텍스트 자료에 실린 방언 자료 조사를 수집하는 것만으로는 방언 연구의 목적에 부합하는 자료를 얻어내기 쉽

---

[6] 나카이 세이이치(中井精一)·이상규/이순형/김경숙 공역, 『사회언어학적 조사와 연구방법』, 이회, 2005.

지 않다. 우리나라에서도 이처럼 제한적인 조사 항목의 한계를 극복하기 위해서 2006년부터 시행한 남북방언조사에서는 담화조사 방법이 활용되기도 하였다. 현재 방언 음성자료의 코퍼스 구축의 기술적인 한계가 있기 때문에 담화 텍스트를 대량으로 구축하여 방언 코퍼스를 구축할 필요가 있다.

텍스트 방언 조사의 지역적 제한성을 뛰어넘기 위해 순순한 방언 텍스트를 체계적으로 구축한 경험은 거의 없다. 앞에서 살펴본 바와 같이 구비문학조사나, 민속조사 방안으로 그리고 담화문법 연구를 위한 정도의 텍스트 방언 조사 결과가 있을 뿐이나 지금까지 나온 자료를 구어의 빅데이트 구축의 방식으로 방언 담화의 기록 자료로서 생활 담화조사나 구비문학 조사의 데이트화를 시도해야 할 것이다. 앞으로 문어의 빅데이터인 방언의 담화 코퍼스 구축과 마찬가지로 순수한 방언 텍스트를 코퍼스로 구축하기 위해 자료를 조사하는 방안도 강구되어야 할 것이다.

향후 방언조사는 기록전사 자료와 방언 텍스트에서 추출한 자료와 음성자료를 연동해서 사용할 수 있는 전산화 화여 데이트를 집게 할 수 있도록 방언자료의 코퍼스 구축을 위한 소프트웨어를 개발하여 활용할 수 있도록 환경을 바꾸어야 할 것이다.

앞에서 살펴본 바와 같이 방언연구의 목적이 확장되고 또 도시화가 진전되는 상황의 Field 환경이 변화되고 있기 때문에 종래의 고전적 방언 연구 방식은 이미 해가 저물고 있다. 이제 새로운 사고방식으로 새로운 방언 연구의 아침의 창문을 열어야 할 것이다. 조사한 언어 자료를 구축하는 자동 전산시스템으로 언어지도까지를 그리는 작업이 비교적 용이해진 상황이다. 따라서 지리적 분포 내에서 방언의 역사적 변천과 공시적 분포만을 해명하는 방식에서 더욱 확장하여 생활어휘, 식산의 종합적 분포(최명옥, 2015: 255~272), 농촌어휘나 산촌어휘(나카이 세이이치(中井精一), 2000) 등의 조사 대상이 점차 확대되는 모습을 보여주고 있는 것은 매우 긍정적인 측면이라 할 수 있다.

  최근 일본에서 활발하게 논의되고 있는 필드언어학의 연구 주제가 바뀌고 있다. 전통적인 방언 조사는 주로 개인 생활 중심의 조사였다면 필드언어학에서는 개인 생활보다 사회집단의 인간관계를 중시하는 데 초점을 맞추고 있다.(나카이 세이이치(中井精一), 2001:8) 개인이 네트워킹의 실태나 개인 네트워킹에 따는 결속되는 집단 사이의 동태적인 언어 특징에 대해 그동안 너무 무관심해 왔다는 지적이다. 이러한 동태적 언어지도 제작을 위해 나카이 세이이치(中井精一)의 방언조사 방식으로 휴대폰, 이메일, 카톡방, i-mode(NIT회사에서 개발)을 통한 앙케이트 질문방식을 활용하는데 그 사례를 들어보면 아래와 같다.

    조사의뢰 e-mail
    수강생 여러분께
    나카이입니다. 아래 사항에 대해 좀 가르쳐 주십시오. "비가 후리후리다"라는 말을 듣고 비가 "억수로 내린다"라는 사람과 "지금 곧 비가 쏟아질 것같다."라는 사람이 있습니다. 여러분은 어떻습니까?...

    조사 답신
    목, 26일 10월 2000. 14:36:52+0900
    히야시 데리코입니다. 답장이 늦었습니다. 저는 "비가 억수로 내린다"라는 뜻으로 생각합니다.

  다량의 정보를 확보하기 위해 재학생들에게나 혹은 전철 구간마다 현지조사를 하는 방식도 활용한다. 특히 메일 조사방식은 정확한 제보자 신분 확인이 가능하지만 거주지나 출신지 정보를 확인하기 어렵고 나중에 자료처리를 하는 공정이 어렵기 때문에 질문지 형식을 전산처리하여 휴대폰이나 이메일 조사를 실시하기도 한다. 개별적으로 해결해야 할 많은 문제가 있는 것으로 보이지만 전통적인 방언조사 방식에서 뛰어넘어 새로운 환경에 걸맞은 다량의 자료조사 방식으로 새롭게 나갈 필요가 있다.

4. 정태적 방어지도에서 동태적 방언지도로

방언자료를 수집한 이후 이를 지리적으로나 사회계층적인 분포 양상이나 확산이나 변화의 방향성을 확인하기 위해서는 방언지도dailect map를 주로 활용해 왔다. 용도를 중심으로 방언지도의 제작 방식은 지리적인 분포도(상징지도, 등어선지도 등) 제작에서 사회계층적 방언지도화(오기노 추나오: 1994, GLAPS, 다카하시 겐지: 2002, 볼링언어지도)와 지리 및 계층 등 다층적 변인을 고려한 방언분포를 구현하려는 GIS(오니시 다쿠이치로, 2015, 일본 Mandara)방언지도에서 방언거리측정 지도(Segy: 1973), 방언 변화방향 지도(이기갑: 1998), 입체 표층지도(Hans Goeble: 2000) 등이 있다.

결국 방언지도는 다양한 방언의 분, 변화의 방향(출발과 종결), 규칙 제약의 차이의 표현, 도시 위계의 차이(건너뛰기 확산), 언어 외적 요인의 반영 등의 정보를 한곳으로 모아 다양한 방식으로 연출하여 이를 해석하는 데 도움을 줄 수 있도록 하는 것이 목적이다. 그러나 종래의 방언지도(지리·사회)에서는 조사 지점 간의 위계(인구, 교통, 인구의 집산)에 대한 정보가 배제된 상황의 그림일 뿐이다. 물론 거시적인 방언 분화형의 분포를 이해하는 데에는 도움이 되지만 변화의 출발과 종결, 방언 어휘의 역사적 정보, 규칙의 제약이나 특징의 표현 등 보다 전문적인 지식을 그려내는 데는 실패했다고 할 수 있다.

종래 정태적인 방언지도가 가지고 있는 정보 전달의 한계는 ① 모든 방언지도가 동질적인 것으로 처리(인구, 구성원, 지리적 거리 등), ② 방언 변화의 추이나 방향 예측이 불가능하다. ③ 연구 목적에 맞는 방언지도 제작이 매우 어렵다는 문제를 안고 있다. 따라서 정태적 방언지도를 뛰어넘기 위한 노력을 해야 할 것이다. 궁극적으로 마련한 자동 방언지도 제작 시스템을 구축하는 것이 목적이 아니라 연구자의 목적에 알맞은 지도 제작이 그 궁극적 목표이다. 방언의 변화 추이와 방향을 드러낼 수 있고 심지어는 규칙의 차이조차도 지도상에 현현시킬 수 있으며 나아가서는 지리적 층위와 사회계층적 층위도 함께 구동시키려고 하는 목표가 필요하다.

한 세 가지 정도의 동태적 방언지도 제작을 위한 세 가지 방안에 대해 살펴보자.

첫째, 최근 빅데이터 처리를 위한 통계분석 프로그램을 활용한 2차원적 평면도에서 방언지도에서 설명하지 못했던 다양한 미시 정보를 처리할 가능성이 매우 커졌다. 엑셀을 활용한 빅데이터 처리를 좀 더 발전시킨 SAS, SPSS, R 등의 통계 솔루션을 방언지도와 함께 활용한다면 방언지도에서 구현하지 못한 언어변화 추세에 대한 정보를 보다 정밀하게 관찰할 가능성이 보인다.

통계 솔루션으로서 토폴로지 자료 분석Topological Data Analysis 방법을 방언데이터 분석에 활용한다면 언어지리적, 사회계층적, 역사적 변화 정보까지를 담아낼 가능성이 크다. 이러한 방법론은 일본에서 이미 GIS를 방언지도 제자 소프트로 전환시킨 MANDARA의 시스템을 활용하고 있으나 활용하기가 결코 쉽지 않다.

지도에 가두어둔 자료를 R-솔루션의 방식으로 펼쳐보았을 때 훨씬 자료 해석이 쉬워질 수 있다는 가정 아래에서 Map-maker로 제작한 상징부호지도와 대비해 보자.

넷째, 음성 언어지도 제작은 일본에서 기시에 신스케岸江信介·기베 노부코木部暢子·이시다 유우코石田祐子의 음성 자료의 구현을 위해 지금까지의 방식은 Transcriber1.4로 수동으로 음성 파일을 적절하게 잘라서 엑셀에 구축하여 언어지도로 링크하는 수준이다. 이미 구어 자료의 코퍼스 구축을 위한 자동 태깅 기술은 널리 활용하고 있지만 음성 자료의 자동 태깅 기술의 가능성은 현재로서는 요원해 보인다.

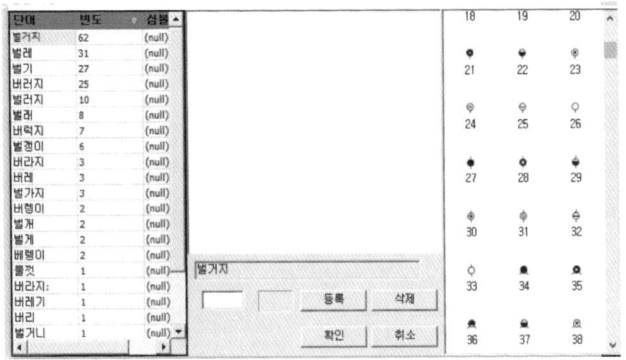

〈그림 13〉 방언 변이형의 출현 빈도

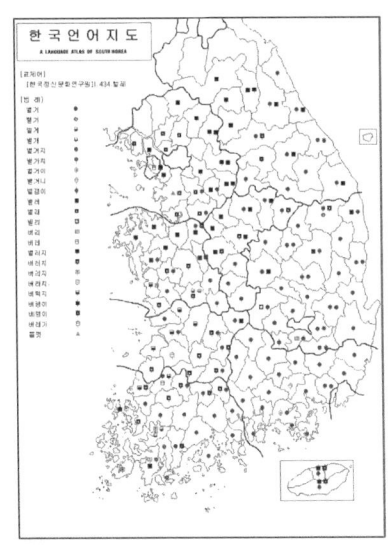

〈그림 14〉 '벌레'형의 방언 지도

예를 들어 한국정신문화연구원에서 간행한 『한국방언자료집』에서 '벌레'의 방언형을 Map-maker를 활용하여 변이형의 출현 빈도는 〈그림 1〉과 같다. 이 데이터를 활용하여 그린 지도는 〈그림 2〉와 같다. 이 상징지도는 다양한 변이형의 지리적 분포를 나열하는 수준의 지도에 머물고 있다. 두 가지 강력한 세력을 지닌 '벌레'와 '버러지'의 경쟁관계나 혹은 이들의 변화의 방향의 과거와 미래를 전혀 예측할 수 없는 단순한 진열지도에 수준에 머물고 있다. 그뿐만 아니라 매 지점의 인구수나 교통

관계나 주변 지리적 환경 등 방언 분화나 통합을 유발할 수 있는 제반 요인들은 전혀 드러나지 않는다.

지금까지 언어지도 제작의 기술이 데이터를 지도에 자동으로 배열하는 수준의 기술에 머물고 있으므로 이를 뛰어넘어선 방언 분화의 방향이나 추이나 연구자가 필요한 정보만 추출하여 동태적 방언지도를 제작하기 위해서 토폴로지 자료 분석Topological Data Analysis의 방식을 이용하면 매우 효율적이라 할 수 있다. 가능하다면 토폴로지 자료 분석에 의한 결과를 반영할 수 있도록 방언지도 제작 프로그램을 새롭게 구성해야 할 것이다. 예를 들면 SEAL에서 시도한 원그래프Cricle Graphs를 사용한 확산지도로 제작한다면 두 경쟁 관계에 있는 방언의 확산 추이를 쉽게 판별해 볼 수 있을 것이다. 어중 '-g-'의 약화 탈락의 판세를 지도를 통해 용이하게 판독할 수 있을 것이다.

R-솔루션을 활용하는 경우 다양한 방식으로 방언 분화형의 경쟁 관계라든지 변화 방향이라든지 심지어 규칙의 순위나 분화형의 확산 방향 등 다양한 정보를 미시적으로 분석할 수 있는 이점이 있다. '벌레'의 방언 분포에서 지역별 '벌레'형의 방언 분화형 간의 경쟁 관계를 판독할 수 있다. '벌레'와 '벌게'와의 어중 '-g-'의 잔류 유무나 접사 '-어지', '-앙이'의 세력 분포의 경쟁 관계를 이 그림 자료를 통해 읽을 수 있다.

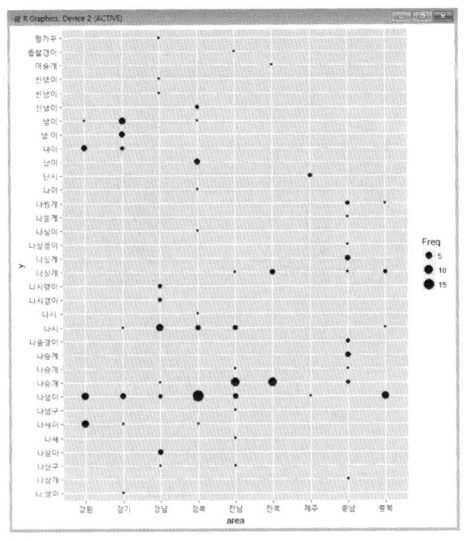

〈그림 15〉 R-솔루션을 이용한 '냉이'의 지리적 동태분석

<그림 3>은 '냉이'의 방언분화의 지역적 동태적 분화 상황을 읽을 수 있도록 R-솔루션을 활용한 것인데 이러한 동태적 분포 상황을 방언지도에 현현할 수 있는 시스템 개발이 요청된다. 수집된 자료를 곧바로 방언지도로 옮기기 이전에 R-솔루션을 활용하면 매우 유리하다. 종래에 정태적인 방언지도에서는 지점별로 균질적인 상징부호로만 표현할 수밖에 없으므로 해당 지점의 숨은 정보들을 읽을 수 없게 된다. 다만 Fukusima(2002)는 SEAL을 통해 방언 세력과 동태적인 변화 방향의 추세를 표현하기 위해 노력하기도 했지만 빅데이터 시대의 방언 연구를 위해서는 토폴로지 자료 분석 Topological Data Analysis의 방식을 활용하는 것이 매우 유리하다.

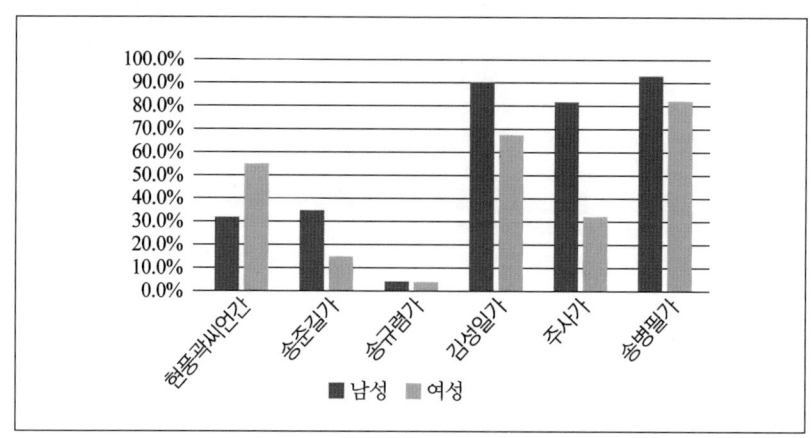

〈그림 16〉 언간에 나타나는 ㄷ-구개음화의 성별 차이(안주현, 2018:69)

　<그림 4>는 엑셀을 활용한 계량적 분석 방식으로 한글 언간자료에 나타나는 ㄷ-구개음화 현상을 가문별 성별로 분석한 토폴로지 자료 분석 Topological Data Analysis의 사례이다. 제한된 자료, 자료의 일관성에 대한 검토가 전제되지 않은 상황에서 현풍곽씨 언간에서는 다른 가문의 언간과는 달리 남성이 여성보다도 ㄷ-구개음화의 빈도가 낮은 결과로 해석될 위험성을 보여주고 있다. 토폴로지 자료 분석 자료가 대량의 자료가 아니거나 자료 간의 방언 출현의 빈도 차이를 고려하지 않은 경우 이와 같은 위험한 오류를 가져올 수 있는 것이다. 결국 대량의 자료 처리를 효과적으로 대비하기 위해서는 앞으로 예견될 수 있는 다양한 문제들을 충분히 검토할 시간이 필요하다.

　끝으로 우리나라에서도 GIS의 활용의 가능성은 이미 2000년 벽두부터 제기되었지만 아직 방언 연구에서 이를 활용하거나 혹은 방언 연구용으로 전환한 소프트웨어가 소개된 것을 보지 못했다. 그러나 일본 국립국어연구소의 경우 오니시 다쿠이치로(大西 拓一郞, 2015)를 중심으로 GIS를 활용한 일본 방언 분석을 위한 MANDARA라는 자체 소프트웨어를 개발하여 활용

하고 있다. 방언 자료의 공간정보뿐만 아니라 지리정보(표고, 철도, 인구밀도 등)를 입체적으로 방연하여 방언의 전파 방향, 전파속도 등의 정보와 함께 언어외적 정보(지역사회집단, 우월성)까지를 표현해내고 있다. 그러나 방언정보와 방언외적 정보가 이가 맞지 않거나 상관의 일반성을 잃어버린 경우에 대한 오류들이 종종 발생하기도 한다.

5. 방언 변이의 풍속화

방언 연구는 결국 방언 변이의 풍속화를 여러 가지 지표에 따라 효율적으로 그려내고 이를 해석하는 일이라고 할 수 있다. 앞에서도 말했지만 방언 연구의 목적이 언어의 내질적인 체계의 기술에서 한 걸음 더 나아가 방언의 문화와 사회 풍속과 긴밀한 관계도를 그려내는 쪽으로 그 진폭이 넓어진 것은 사실이다.

종래 현지에 나가 제한된 질문지를 가지고 조사하는 방식에서 다량의 방언 데이터를 구축하더라도 딥러닝의 시대 다양한 토폴로지 자료 분석 기술을 가지고 대량 방언 자료의 처리 능력을 갖추게 되었다.

이러한 시대 변화에 맞추어 방언 조사의 방식 또한 변화를 시도해야 한다. 다양한 방언 담화의 음성 자료와 함께 텍스트 자료를 구축하고 이를 대량 코퍼스로 전환하는 기술을 갖추어야 할 것이다. 아울러 이를 해석하고 판독하기 위해 다양한 토폴로지 자료 분석 솔루션에 대한 인식과 이를 응용하고 활용할 수 있는 융합 기술력을 갖추어야 할 것이다.

이러한 AI시대를 대비한 방언 연구는 방언학 자체의 발전뿐만 아니라 인문학과 지역문화를 살찌게 하는 원동력이 될 것은 분명하다. 따라서 국립방언연구원의 설립과 함께 남북의 방언조사와 남북통일 언어 정책으로서 공통어의 기반을 확보하기 위해서도 규범 중심의 언어 연구에서 살아있는 문화 중심의 방언연구가 보다 활성화되기를 기원한다.

:: 참고문헌

강영봉 외,『제주 지역어 생태 지수 조사 보고서』, 국립국어원국립국어원·제주대학교 국어문화원 2008-01-54, 2008.
고광민,『제주도의 생산기술과 민속』, 대원사, 2004.
고동호,「제주방언의 구개음화와 이중모음의 변화」,『언어학』13집, 1991.
고은,『우주의 사투리』, 민음사, 2007.
고형진,「방언의 시적 수용과 미학적 기능」,『동방학지』125호, 연세대 국학연구원, 2004.
곽충구,「이용악 시의 시어에 나타난 방언과 문법의식」,『문학과 언어의 만남』, 태학사, 1999.
곽충구,「중부방언의 성격과 그 특징」,『국어 방언연구의 현황과 전망』, 한국정신문화연구원, 1995.
국립국어원,『어문 규범 영향 평가 결과 보고서』, 국립국어원·현대리서치연구소, 2005.
국립국어원,『표준국어대사전』, 두산동아, 1999.
권병탁,『한국경제사특수연구』, 영남대부설 산업경제연구소, 1972.
권영민,「삼백예순날 하냥 섭섭해 우옵내다 -김영랑의「모란이 피기까지는」」,『새국어생활』제9권 제2호, 1999.
권영민,「이육사의 절정(絶頂)과 강철로 된 무지개의 의미」,『새국어생활』제9권 제1호, 1999.
권인한,「음운자료로서의 만해시의 언어」,『문학과 언어와의 만남』, 신구문화사, 1996.
권재일,『남북 언어의 문법 표준화』, 서울대학교 출판부, 2006.
금성출판사,『금성국어대사전』, 금성사, 1995.
김공칠,『탐라어연구』, 한국문화사, 1999.
김민수,『국어 정책론』, 고려대학교 출판부, 1973.
김보경,「표준어의 망상, 사투리의 망상」,『당대비평』26호, 생각의 나무, 2004.
김서령,『김서령의 家』, 황소자리, 2006.
김수업,『말꽃타령』, 지식산업사, 2006.
김순자,『와치와 바치』, 각, 2006.

김억 편, 『소월시초』, 박문서관, 1939.
김영배, 「백석시의 방언에 대하여」, 『한실이상보박사회갑기념논집』, 1987.
김영배, 『증보 평안방언연구』, 태학사, 1997.
김영철, 「현대시에 나타난 지방어의 시적 기능 연구」, 『우리말글』25집, 우리말글학회, 2002.
김용직, 「방언과 한국문학」, 『새국어생활』제6권 제1호, 국립국어연구원, 1996.
김용직, 「한용운의 시에 끼친 R. 타고르의 영향」, 『한용운연구』(신동욱 편), 한국문화 연구총서 5, 새문사, 1982.
김윤경·김영서 옮김, 『언어전쟁』, 한국문화사, 2001.
김윤식·최동호, 『소설어사전』, 고려대학교출판부, 1998.
김이협, 『평북방언사전』, 한국정신문화연구원, 1981.
김재홍, 『시어사전』, 고려대학교출판부, 1997.
김재홍, 『한용운 문학연구』, 일지사, 1982.
김정대, 「국립 방언연구원 설립의 당위성과 목표」, 『한국어 다양성과 통일의 과제』, 경북대학교 한국어문화원. 2015. 10. 30.
김정대, 「'통일 표준어' 선정 작업을 위한 제언」, 『단산학지』9, 전단학회, 2005.
김정대, 「경상남도 방언의 멋과 맛」, 『새국어생활』제16권 제1호, 2006.
김정대, 「공통어 정책: 표준어 정책의 새로운 모색」, 『2006 언어정책 토론회 자료집』, 국립국어원, 2006.
김주원, 「알타이 언어 현지 조사의 의의와 방법」, 국립국어원 언어정책 토론회, 2006.
김진해, 「중심 지향의 문화 넘어서기」, 언어 자원의 다원화를 위한 학술세미나, 제주대학교, 2007.
김태균, 『함북방언사전』, 경기대학교 출판부, 1986.
김하수, 「'한글 맞춤법 통일안'의 사회언어학적인 의미 해석」, 『주시경학보』12, 탑출판사, 1993.
김학동, 『한용운 연구』, 한국문학연구총서 5, 새문사, 1987.
김현식, 『나는 21세기 이념의 유목민』, 김영사, 2007.
김형수, 「변두리가 중심을 구원할 것이다-한국 문학이 아시아 연대를 꿈꾸는 이유」, 『ASIA』Vol.1, No.3, 2006.
김흥수, 「소설의 방언에 대하여」, 『국어문학』25, 전북대, 1985.
김흥수, 「시의 언어학적 분석 시론」, 『어학』11, 전북대, 1984.

남기심,「문화유산으로서의 국어」, 한민족어의 통일적 발전과 방언 조사 연구에 관한 학술 모임, 2003.
다니엘 네틀·수잔 로메인, 김정화 옮김,『사라져 가는 목소리들 (그 많던 언어들은 모두 어디로 갔을까?)』, 이제이북스, 2003.
데이비드 크리스탈, 권루시안 옮김,『언어의 죽음(Language Death)』, 이론과실천, 2005.
루이 장 칼베, 김병욱 옮김,『언어와 식민주의』, 유로서적, 2004.
리디아리우, 민정기 옮김,『언어횡단적 실천』, 소명출판사, 2006.
문순덕,『제주방언문법』, 세림, 2003.
문영호,「북남언어의 통일적발전과 민족고유어」, 한민족어의 통일적 발전과 방언 조사 연구에 관한 학술 모임, 2003.
민현식,『국어 정서법 연구』, 태학사, 1999.
박남일,『우리말풀이사전』, 서해문집, 2004.
박용후,『제주방언연구』, 서울신문사출판부, 1947
박호영,「이용악 연구」,『인문학보』6, 강릉대, 1988.
박호영,「현대시 해석 오류에 관한 문학교육적 고찰」,『국어교육』99집, 한국어교육학회, 1999.
백남수,「탐라국의 동아시아 교섭과 신라」,『고대 동아시아와 탐라』, 154~191, 경인출판사, 2019.
변학수,「외국의 어문정책과 방언 정책의 실례 분석」,『한국어 다양성과 통일의 과제』, 경북대학교 한국어문화원. 2015. 10. 30.
사회과학원 언어학연구소,『조선말 대사전』, 사회과학원, 1992.
상희구,『대구시지』(상)(하), 오성문화, 2021.
석우명,『제주방언방언집』, 서귀포문화원, 2008.
석주명,『제주도방언연구』, 동원사, 1960/고대대민족문화연구소, 1988.
小倉進平,『朝鮮語方言の硏究』, 동경: 암파서점, 1944.
손병희,「이육사의 생애」,『안동어문학』2-3집, 안동어문학회, 1998.
손준식·이옥순·김권정,『식민주의와 언어』, 아름나무, 2007.
손중석,「새로운 표준어 정책 방향」, 언어 자원의 다원화를 위한 학술세미나, 제주대학교, 2007.
스기우라 고헤이 외,『아시아의 책·문자·디자인』, 한국출판마케팅연구소, 2006.
신 평,「국립 방언연구원 설립의 법률적 검토와 시안」,『한국어 다양성과 통일의 과제」, 경북대학교 한국어문화원. 2015.
신용하, 「탐라국 명칭의 기원에 관한 연구」, 『한국학보』 107, 일지사, 2002.
안병희, 「우리나라의 방언과 국문학」, 『국어와 민족문화』, 집문당, 1984.
안상순, 「표준어 어떻게 할 것인가」, 『새국어생활』14권1호, 국립국어원, 2004.
앤드루 로빈슨 지음·최효은 옮김, 『로스트랭귀지』, 이지북, 2007.
앤드류 달비가 쓰고 오영나가 옮긴, 『언어의 종말(Language in Danger)』, 작가정신, 2008.
앨프리드 W. 크로스비가 쓰고 안효상과 정범진이 옮긴 『생태 제국주의』, 지식의 풍경, 2002.
양명희, 「현진건의 20세기 전반기 단편소설 낱말 조사」, 국립국어연구원, 2002.
양병호 편, 『오매 단풍들것네』(원본 김영랑 전집), 한국문화사, 1997.
에드워드 홀, 최효선 옮김, 『침묵의 언어』, 한길사, 1999.
연세대학교 언어정보개발연구원, 『연세한국어사전』, 두산동아, 1998.
옥철영, 「어휘망과 국어사전의 체계적 구성」, 『한국어 어휘망 구축과 사전 편찬 학술회의』, 국립국어원, 2007.
위평량, 「토지의 방언적 성격」, 『한국언어문학』49집, 한국언어문학회, 2002.
유네스코 한국위원회, 『지구의 언어, 문화, 생물 다양성 이해하기』, 유네스코 한국위원회, 2003.
유네스코한국위원회, 「지구의 언어·문화·생물 다양성 이해하기(Sharing a World of Difference the Earth' linguistic, cultural and biological diversity)」, 2005. 유네스코한국위원회.
유종호, 『다시 읽는 한국 시인』, 문학동네, 2002.
윤명희, 『경상도우리댓말』, 소금나무, 2007.
윤애선, 「한국어 어휘의망 구축 현황 과제」, 『한국어 어휘망 구축과 사전 편찬 학술회의』, 국립국어원, 2007.
윤영천, 『이용악시전집』, 창작과비평사, 1988.
윤영천, 『한국의 유민시』, 실천문학, 1988.
윤지관, 『English, 내 마음의 식민주의』, 당대, 2007.
윤평현, 「혼불의 낱말특성 고찰」, 『혼불의 언어세계』, 전북대출판부, 2004.
응구기 와 시옹오, 백혜경 옮김, 『마음의 탈식민지화』, 수밀원, 2004.
이건/고창석 역, 「제주풍토기」, 『제주학』제4호, 1999.
이기갑, 「전라남도 방언 이야기」, 『새국어생활』제15권 3호, 2005.

이기갑, 『전남방언사전』, 태학사, 1998.
이기문, 「소월시의 언어에 대하여」, 『백영 정병욱선생 환갑기념논총』, 신구문화사, 1983.
이기문, 『개화기의 국문연구』, 일조각, 1970.
이남호, 『김소월시집』, 범우사, 1985.
이병도, 「주호고」, 『한국고대사연구』, 박영사, 1976.
이상규 외, 『방언을 지도에 입히다』, 민속원, 2019.
이상규, 「생태주의 언어관에 입각한 어문 정책의 방향」, 2013년 제3차 통합과 소통의 국어정책 개발을 위한 포럼, 2013.
이상규, 「한중일 자국어 보급 정책 및 현안」, 『한중일 언어 문화 교류 확산을 위한 국제 학술회의 기조발표문』, 2008.10. 11
이상규, 『국어방언학』, 2003.
이상규, 『둥지 밖의 언어』, 생각의 나무, 2008.
이상규, 『방언의 미학』, 살림, 2007.
이상규, 「경북·충북 접경지역의 어휘분화」, 『들메서재극박사환갑기념논문집』, 계명대학교출판부, 1991.
이상규, 「경상북도 방언 이야기」, 『새국어생활』제15권 제4호, 2005.
이상규, 「계열어의 방언 분화 양상」, 『추상과 의미의 실재』, 박이정, 1988.
이상규, 「남한 방언 어휘의 지리적 분화 양상」, 『어문총론』32, 경북어문학회, 2001.
이상규, 「다문화 시대의 한국어 세계화와 한글의 세계화」, 『문학사상』10월호, 2007.
이상규, 「멋대로 고쳐진 이상화의 시」, 『문학사상』9월호, 문학사상사, 1998.
이상규, 「방언 자료의 처리와 언어지도」, 『방언학』창간호, 한국방언학회, 2005.
이상규, 「방언지도 제작기를 활용한 방언 지도 제작」, 『방언학』2, 한국방언학회, 2005.
이상규, 『경북방언 문법연구』, 박이정, 1999.
이상규, 『경북방언사전』, 태학사, 2000.
이상규, 『위반의 주술, 시와 방언』, 경북대학교출판부, 2005.
이상규, 『컴퓨터를 활용한 방언의 연습과 실재』, 한국문화사, 2018.
이상규, 『방언을 지도에 입히다』, 민속원, 2019.
이상규, 「AI 기반 한글 지식 정보 확장 전략」, 『21세기 인문가치포럼』, 2021.
이상규, 「대구 경북 언어의 창」, 『함지』Vol.3, 행복 대구광역시 북구문화재단,

2021.
이상섭, 『님의 침묵의 낱말과 그 활용구조』(용례색인), 탐구당, 1984.
이숭원, 『한국현대 시인론』, 개문사, 1993.
이승재, 「융합형의 형태분석과 형태의 화석」, 『주시경학보』10집, 1992.
이승훈, 「김영란 대표시 20편 이렇게 읽는다」, 『문학사상』10월호, 1986.
이연숙, 『국어라는 사상』, 소명출판사, 2006.
이연숙·고영진·조태린, 『언어 제국주의란 무엇인가』, 돌베개, 2005.
이원진, 『탐라지』(제주대학교 탐라문화연구소 탐라문화총서 9, 영인본 인용)
이응호, 「갑오경장과 어문정책」, 『새국어생활』제4권 제4호 겨울, 1994.
이태영, 「국립 방언연구원의 운영과 미래 방향」, 『한국어 다양성과 통일의 과제』, 경북대학교 한국어문화원. 2015. 10. 30.
이태영, 「공통어 중심의 표준어 정책」, 언어 자원의 다원화를 위한 학술세미나, 제주대학교, 2007.
이태영, 「언어 특징」, 『채만식 문학연구』, 국어문학회 편, 한국문학사, 1997.
이태영, 「전라북도 방언 이야기」, 『새국어생활』제15권 제2호, 2005.
이형상 지음·이상규/오창명 역주, 『남환박물』, 푸른역사, 2009.
이형상, 『탐라순력도·남환박물』(고전자료총서 제1집), 한국정신문화연구원, 1979.
임제, 『남명소승』, 『제주도사연구』제4집, 영인본 인용.
임지룡, 『인지 의미론』, 탑출판사, 1997.
장창은, 「사서에 남겨진 고대 탐라국 운위 실체의 재검토」, 『고대 동아시아와 탐라』, 105~149, 경인출판사, 2019.
재주발전연구원, 『제주방언연구의 어제와 내일』, 제주발전연구원 제주학총서 11, 2014.
전성태, 「방언의 상상력」, 『내일을 여는 작가』34호, 한울, 2004.
전정구, 『언어의 꿈을 찾아서』, 평민사, 2000.
정백수, 『한국 근대의 식민지 체험과 이중언어 문학』, 아세아문화사, 2002.
정선태, 『일본의 근대, 근대 국민국가와 '국어'의 발견』, 소명출판사, 2003.
정시호, 『21세기 언어 전쟁』, 경북대학교출판부, 2000.
정연식, 『일상으로 본 조선 시대 이야기 1-2』, 청년사, 2001.
정운경/정민 옮김, 『탐라문견록: 바다 밖의 넓은 세상』, 휴머니스트, 2008.
정진웅, 「서울과 지방-그 중심지향의 문화를 넘어서」, 『당대비평』26호, 생각의 나무, 2004.
정한모·김용직,『한국현대시의 요람』, 박영사, 1975.
정효구,「「빼앗긴 들에도 봄은 오는가」의 구조시학적 분석」,『관악어문연구』제10집, 1985.
제주발전연구원,『제주방언 표기법 해설』, 제주발전연구원 제주학술총서 13, 2014.
제주특별자치도,『개정증보 제주방언사전』, 제주특별자치도, 2009.
조동일,「국립국어원에 바란다」, 제7회 국립국어원 언어정책토론회, 2006.
조동일,「어문생활사로 나아가는 열린 시야」, 2003년 11월 4일 국립국어원 주최 강연회 원고.
조동일,『하나이면서 여럿인 동아시아문학』, 지식산업사, 1999.
조성기,『한국의 민가』, 한울아카데미, 2006.
조태린,「'국어'라는 용어에 대한 비판적 고찰」,『국어학』48, 2006.
조태린,「계급언어, 지역언어로서의 표준어」,『당대비평』26호, 생각의 나무, 2004.
질 들뢰즈, 김재인 옮김,『천개의 고원-자본주의와 분열증』, 새물결, 2001.
채미하 외,『고대동아시아와 탐라』, 경인문화사, 2019.
천시권,「두루마기고」,『국어교육연구』8, 경북대 사범대 국어교육연구회, 1976.
천시권,「온도어휘의 상관체계」,『국어교육연구』12, 경북대 사범대 국어교육연구회, 1980.
최남선,『朝鮮常識問答』, 동명사, 1963.
최동호 외,『백석 시 읽기의 즐거움』, 서정시학, 2006.
최동호,『한용운 시전집』, 문학사상사, 1989.
최영준,『한국의 짚가리』, 한길사, 2000.
최전승,「시와 방언」,『국어문학』35집, 전북대, 1999.
최전승,『19세기 후기 전라방언의 음운현상과 그 역사성』, 한신문화사, 1986.
최학근,『증보 한국방언사전』, 명문당, 1990.
최현배,「중등 조선말본 길잡이」,『한글』2권 3호(통권 13호), 조선어학회, 1934.
페롱,『불한사전』, 교회사연구회, 1869.
프란츠 M. 부케티츠, 두행숙 옮김,『멸종 사라진 것들-종과 민족 그리고 언어』, 들녘, 2005.
하시모토 만타로, 하영삼 옮김,『언어지리유형론』, 제일출판사, 1990.
河野六郎,『朝鮮語方言學試考』, 서울: 동도서점, 1945.
한국알타이어학회 편,『절멸 위기의 알타이언어 현지 조사』, 태학사, 2006.

한국정신문화연구원 편,『한국방언자료집 VII-경상북도편』, 한국정신문화연구원, 1989.
한글학회,『우리말큰사전』, 어문각, 1991.
한새암 외,『전라도 우리 탯말』, 소금나무, 2006.
허 웅,『언어학-그 대상과 방법』, 샘문화사, 1984.
허만하,『청마풍경』, 솔, 2001.
허형만,『영랑 김윤식 연구』, 국학자료원, 1996.
현평효,『제주도방언연구』(제1집 자료편), 정연사, 1962.
홍만종,『산림경제』, 프린트판, 1718.
홍성호,『진짜 경쟁력은 국어실력이다』, 예담, 2008.
황대권,『야생초 편지』, 도솔, 2002.
황호덕,『근대 네이션과 그 표상들』, 소명출판사, 2005.
岸江信介・中井精一・鳥谷善史・石田祐子(2000),「エクセルとフアイルメーカープロを利用した言語地圖の製作-『德鳥縣言語地圖』製作を例として-」(大阪樟蔭女子大學日本語硏究センター報告」)
岸江信介・中井精一・鳥谷善史(2001),『大阪府言語地圖』(近畿方言硏究會)
國立國語硏究所(2002),『方言文法全國地圖』, 第5集(財務省印刷局)
德川宗賢(1993),「電子計算器の「言語地圖」への作成適用」,『方言地理學の展開』(ひつじ書房)
富山大學人文學部日本語學硏究室(2001),『富山言語動態地圖』
中井精一・坂口直樹(2000),「データベースソフトによる富山縣言語動態地圖の製作について」(『富山大學人文學部紀要』33)
富山大學人文學部GIS硏究會(2003),『人文科學とGIS』, 富山大學人文學部GIS硏究會
中村和郎・寄藤昂・村山祐司(1998),『地理情報システムを學ぶ』(古今書院)
福嶋秩子・福嶋祐介(2001),『パソコンによる言語地理學その方法と實踐 SEAL ユーザーズテムの世界』(ニユートンプレス)
Alan R. Thomas(1980), Areal Analysis of Dialect Data by Computer, Cardiff Unov. of Wales Press.
Fukushima, Chitsuko(1983a), "Pasokon niyoru Gengo-chirigaku eno Apuroochi (An Approach to Linguistic Geography Assisted by a Personal Computer). (SEAL User's Manual)", Private edition.

Fukushima, Chitsuko(1983b), "Izumo ni okeru kaion-rui no bumpu to sono soogooka: Pasokon niyoru Gengo-chirigaku no ichire tosite (Geographical Distribution of the Forms Related to the Old Vowel [au] and Its Synthesization: An Example of Linguistic Geography Assisted by a Personal Computer)", Tokyo University Linguistic Papers 4:103-10.

Fukushima, Chitsuko(1995), "Tokunoshima ni okeru shinzoku-meisho (Kinship Term in Tokunoshima)", Tokyo University Linguistic Papers 14:339-57.

Fukushima, Chitsuko(1997), "Standardization in England Based on the Morphological Data of CLAE." In: Viereck and Ramisch(1997):51-56.

John M. Lawler & Helen Aristar Dry edited(1998), "Using Computers in Linguistics", P. 178., Routedge, London & New York.

Peter Ladeforged(2003), Phonetic Data Analysis, An Introduction to Fieldwork and Instrumental Techniques, Blackwell Publishing.

Viereck, Wofgang, in collabolation with Heinrich Ramische, The Computer Developed Linguistic Atlas of England 1. Max Niemeyer Verlag, Tuebingen. 1991.

Viereck, Wofgang and Heinrich Ramische, The Computer Developed Linguistic Atlas of England 2. Max Niemeyer Verlag, Tuebingen. 1997.

Browdre, P. H.,"Jr, Eye Dialect as a Literary Device", A Various Language, Perspectives on American Dialects, Holt, Rinehart and Winston, INC, 1971.

Haugen, E, "Linguistics and Language Planning", In Bright, W(ed.), Sociolinguistics, The Hague, 1966.

Ives Sumner, "A Theory of Literary Dialect", A Various Language, Perspectives on American Dialects, Holt, Rinehart and Winston, INC, 1971.

Joseph, J. E.,"Dialect, language, and synecdoche", Linguistics, Vol.20-7/8, 1982.

Sang-gyu, Lee, "Gyeoremalkensajeon: An Alternative to Inter-Korean Communication", ASIA, Vol.2, No.3, Asia Publishers, 2007.

_____, "The World's Preeminent Writing System: Hangeul", Koreana, Vol.21, No.3 Autumn 2007.

Traugott, E., Closs, "Pragmatic Strengthening and Grammaticalization", Berkely Linguistic Society 14, BLS, 1988.

Bex, T. & Watts, R. J.(eds.), Standard English: The Widening Debate, London:

Routledge, 1999.

Geeraerts, Dirk, Diachronic Prototype Semantics, Clarendon Press, Oxford, 1997.

Hobsbawm, E., Nations and Nationalism Since 1780, 1990. (홉스봄, 강명세 옮김, 『1780년 이후의 민족과 민족주의』, 창작과비평사, 1994.)

Hughes, M., Nationalism and Society: Germany 1800-1945, 1988. (휴스, 강철구 옮김, 『독일 민족주의 1800-1945』, 명경, 1995.)

Joseph, J. E., Eloquence and Power: The Rise of Language Standards and Standard Languages, London: Frances Printer, 1987.

K. David Harrison, 『When Languages Dia』, Oxford Univ. Press, 2007.

Lee Sang Gyu, 「Creating Dialect Maps Using Map Maker」, 일본 국립국어연구소 주최 세계 언어지리학 국제학술대회, 2007.

Lee Sang Gyu, 「Linguistic Imperialism and Trans-language」, 『Asia Africa Literature Festival in Jeonju』 『asia africa, 2007:150-155, 2007.

Lee, Sanggyu, 「Gyeoremalkeunsajean: An Alternative to Inter-Korea Communication」, 『ASIA』, Vol.2, No3. Asia publishers, 2007.

Liberman, P., On the Origin of Language, New York: Macmillan, 1975.

Milroy, J. & Milroy, L., Authority in Language: Investigating Language Prescription and Standardisation, London: Routledge & Kegan Paul, 1985.

AI시대 언어정보 관리를 위한 제언
사투리의 눈물

1판 1쇄 발행 2022년 7월 18일
1판 2쇄 발행 2022년 8월 10일

지 은 이 | 이상규
펴 낸 이 | 김진수
펴 낸 곳 | 한국문화사
등   록 | 제1994-9호
주   소 | 서울시 성동구 아차산로49, 404호(성수동1가, 서울숲코오롱디지털타워3차)
전   화 | 02-464-7708
팩   스 | 02-499-0846
이 메 일 | hkm7708@daum.net
홈페이지 | http://hph.co.kr

ISBN 979-11-6919-004-6 93700

- 이 책의 내용은 저작권법에 따라 보호받고 있습니다.
- 잘못된 책은 구매처에서 바꾸어 드립니다.
- 책값은 뒤표지에 있습니다.

오류를 발견하셨다면 이메일이나 홈페이지를 통해 제보해주세요.
소중한 의견을 모아 더 좋은 책을 만들겠습니다.